평생교육학개론

성낙돈 · 가영희 · 안병환 · 임성우

공저

청목출판사

머리말

21세기는 평생학습, 평생교육을 필요로 하는 사회이다. 평균수명으로 인한 수명연장, 사회변화의 가속화, 과학과 기술의 진보, 정보통신 수단의 발달, 여가생활의 증대, 사회·경제적 생활양식의 변화 및 직업의 전문성 강화 요구 등은 학교에서의 학습, 교육만으로는 삶을 질을 유지, 향상하기 어렵게 하고 있으며, 이에 따라 생애의 전 과정에 걸쳐 일상의 다양한 공간에서 학습, 교육의 기회가 개발·촉진되어야 할 필요성을 제기하고 있다. 최근 평생학습, 평생교육의 실천과 연구에 대한 관심이 크게 늘고 있는 것은 이러한 사회적 여건을 반영하는 것이라고 볼 수 있다.

우리나라는 그 동안 헌법에 국가의 평생교육진흥 의무 조항을 삽입하고 평생교육법을 제정하며 평생교육 관련 정책을 적극적으로 시행하여, 평생교육의 발전에 크게 힘 기울여 왔다. 평생교육사 제도, 학점은행제, 독학사제도, 평생학습도시사업, 평생교육진흥원 체제 등 현재 운영되고 있는 평생교육제도의 주요 요소는 이와 같은 노력의 결과로 이루어진 것이다. 평생교육에 대한 학문적 연구 또한 지난 20여 년간 크게 성장하여, 관련 논문의 수효가 괄목할 만하게 증가되었고, 한국평생교육학회와 한국성인교육학회 등 관련 학회의 활동이 활발하게 이루어지고 있다.

그럼에도 불구하고 평생학습, 평생교육의 실천과 연구는 아직도 초기 단계에 있다고 해야 할 것이다. 특히, 이 분야에서의 학문적 연구는 여전히 발전과정에 있으며, 평생학습, 평생교육의 실천을 효과적으로 뒷받침하기 위한 체계와 내용을 가지기 위해서는 적지 않은 해결과제를 가지고 있다. 평생교육학을 학문적으로 공부하려는 학생들이나 혹은 평생교육사 자격 취득을 위해 공부하는 학생들에게, 평생교육 분야의 학문적 연구 결과를 어떻게 전달할 것인가 하는 것도 대학이 관심을 기울여야 할 과제의 하나라고 해야 할 것이다.

이 책은 평생교육 분야의 이론과 실제를 이해하는 데 기본이 되는 개념과 관점, 원리와 정책, 동향과 전망 등을 중심으로 기술한 것으로, 평생교육학을 공부하려는 학생들을 위한 입문서이다. 저자들은 대학에서 오랫동안 평생교육 관련 교과를 강의해 오면서 평생교육 분야의 학문적 기초를 용이하게 개관하고 학습할 수 있게 하는 교재의 필요성에 공감하였고, 이에 핵심적 이론 위주로 내용을 구성하여 가급적 간략한 방식으로 서술하였다. 이 책의 내용은 독창적이라기보다는, 평생교육 이해를 위해 보편적으로 요구되는 최소한의 것이다. 이에 기존에 출판된 평생교육학 관련 교재와 평생교육 관련 선행 연구 등을 참고하였다.

이 책은 총 12장으로 이루어져 있으며, 1~4장에서 평생교육의 의미, 평생교육의 다학문적 이해, 평생교육의 국제적 동향, 한국의 평생교육, 5~8장에서 성인학습 및 상담, 평생교육의 방법, 평생교육프로그램개발, 평생교육정책과 행정, 9~12장에서 평생교육의 실제, 노인평생교육, 다문화 사회의 평생교육, 인적자원개발을 다루고 있다. 전체 흐름을 보면, 먼저 평생교육 개념과 학문적 접근 및 국내외 평생교육의 동향을 살펴보고, 이어 평생교육학의 내용의 요체라 할 수 있는 성인학습이론과 평생교육의 방법, 평생교육프로그램 개발 및 평생교육 정책을 고찰한 후, 마지막으로 평생교육의 실제를 주요 영역별로 알아보는 순서로 구성되어 있다.

평생교육학은 발전 과정에 있는 학문 분야로 그 체계와 내용에 대하여 일치된 견해와 모형이 제시되기 어려운 실정이다. 이 때문에 현재 평생교육학을 제목으로 하는 교재가 많지 않을 뿐 아니라 각 교재의 구성 체계와 구체적 내용이 상이하여, 학생들이 어려움을 겪게 되는 것이 사실이다. 이 책은 평생교육학에서 다루어야 할 핵심 내용을 위주로 평이하게 기술하고자 하였으며, 평생교육학에 입문하는 학생들에게 도움이 될 수 있기를 바란다.

끝으로 이 책을 출판하는 데 수고해 주신 청목출판사 유성열 사장님과 직원 여러분들께 감사의 마음을 전한다.

2009년 2월

저자 일동

차 례

제1장

평생교육의 이해

1. 평생교육의 의미

평생교육이라는 용어는 1965년 UNESCO의 성인교육추진국제위원회에서 랭그랑(Lengrand)이 평생교육(lifelong education)이라는 연구보고서를 제출하면서부터 등장하게 된 것이다. 이러한 평생교육이란 용어가 국제적 용어로 알려진 것은 1972년 동경에서 개최된 세계성인교육회의부터이다. 이에 우리나라에서도 1973년 춘천에서 평생교육발전 세미나를 개최하여 평생교육발전에 대해 논의하게 되었다. 그 후 1982년에는 사회교육법이 공포되어 평생교육의 중요성이 인식되었으며 마침내 1998년에 평생교육법이 제정되었고, 2000년 3월에 시행령이 공포되어 시행에 들어갔다.

우리나라에서 새로 제정한 교육기본법은 교육관련 법체계를 새로 구조화하였다는 데 큰 의의가 있다. 교육기본법을 위에 놓고 그 아래 초·중등교육법, 고등교육법, 평생교육법을 병렬시킴으로써 법구조상으로 초·중등교육 및 대학교육과 평생교육을 대등한 위치로 만들었다. 이것은 법구조개혁상으로는 엄청난 개혁임에 분명하다. 이제까지는 학교교육이 교육제도를 지배해 왔으나 새 법이 제정됨으로써 학교교육과 학교 외 교육을 대등한 위치에 놓게 된 것이다. 그리고 또 한 가지 획기적인 개혁은 사회교육법을 폐지하고 평생교육법을 새로 제정한 것이다(교육부, 2000). 이로서 우리나라의 평생교육은 실질적인 도약기를 맞이했다고 볼 수 있다.

평생교육이란 말은 처음에는 야간과정(evening course)과 유사한, 비교적 과거에 실천되어 오던 것에 새로운 용어를 적용한 것이나 다름없었다. 그 후 점진적으로 그 아이디어가 전문직 훈련에 적용되었으며, 교육활동의 통합적 전망 속에서 인간의 지적, 정서적, 심미적, 사회적 그리고 정치적인 복합적 측면을 포괄하게 되었다. 그러나 지금은 평생교육이란 개념이 개인과 사회의 관점에서 전체 교육과정(entire educational process)을 포함한다. 처음에는 그것은 어린이의 교육에 관계되었다. 즉, 어린이들이 추구하는 자신의 삶(life)을 살아갈 수 있도록 돕는 한편 미래의 성인으로서 다양한 형태의 자율성과 자기학습을 위해 준비시키는 것이 기본적 사명이었다. 후기의 학습은 성인을 위해서 필요한 여러 가지의 광범위한 교육구조와 문화적 활동을 개발시키는 것이다. 그러므로 평생교육이란 모든 형태의 교육적 행위로서 순환적 관계의 도구이며 표현인 것이다(Faure, 1972).

그러면 평생교육이란 무엇을 의미할까?

평생교육에 대해서는 학자들에 따라 다양한 관점에서 제시되고 있는데, 평생교육의 개념 및 그 특징들을 보면 다음과 같다(Dave, 1976).

① 평생교육이라는 개념의 기초가 되고 있는 용어는 생(life), 평생(lifelong), 그리고 교육(education)의 세 가지이다. 이러한 용어에 포함된 의미와 그 해석 여하에 따라서 평생교육의 의미와 범위가 결정된다.

② 교육이란 형식적인 학교교육만으로 끝나는 것이 아니라 전 생애에 걸쳐 이루어지는 과정이다. 따라서 평생교육은 개인의 전 생애를 모두 포함하는 것이다.

③ 평생교육은 성인교육(adult education)에만 국한되는 것이 아니라 취학 전, 초·중등 교육 등의 모든 단계를 통합하는 것이다. 즉, 평생교육은 교육을 전체(totality)적인 관점에서 보려는 것이다.

④ 평생교육은 형식적, 비형식적 교육을 모두 포함하고 있다.

⑤ 가정은 평생학습의 과정을 시작하는데 있어 최초이면서 가장 민감하고도 결정적인 역할을 수행하고 있다. 이러한 평생학습의 과정은 가정에서의 학습을 통해 개인의 전생에 걸쳐 지속되는 것이다.

⑥ 평생교육체제에서는 지역사회 또한 중요한 역할을 한다. 지역사회는 어린이들이 지역사회와 상호작용하는 순간부터 시작하여 전 생애 동안 전문적, 일반적 영역에서 교육적 기능을 다해 나간다.

⑦ 학교, 대학, 훈련소 등과 같은 교육기관은 평생교육기관의 일부이긴 하지만 중요한 교육 기관인 것이다. 오늘날에 있어서는 그러한 교육기관들이 사람들을 교육시키는 데 있어 더 이상 독점적 위치에 머물 수 없고 사회 안의 다른 교육기관과 격리되어 존재할 수도 없다.

⑧ 평생교육은 종단적 또는 수직적 측면에 있어서의 계속성을 추구한다.

⑨ 평생교육은 또한 생의 모든 단계에서의 수평적, 심층적 측면의 통합을 추구한다.

⑩ 평생교육은 엘리트주의적 교육형태와는 반대로 성격상 보편성을 지닌다. 평생교육은 교육의 민주화를 도모한다.

⑪ 평생교육의 특징은 학습내용, 학습도구, 학습방법, 그리고 학습시간 등이 유연하고 다양하다는 점이다.

⑫ 평생교육은 새로운 학습자료와 학습매체 등이 개발될 때마다 그것을 교육의 현장에 활용할 수 있게 해주는 교육에 대한 역동적 접근방식이다.

⑬ 평생교육은 교육을 함에 있어 다양한 대안적 형태와 형식을 취한다.

⑭ 평생교육은 대체로 일반 교양적 요소와 전문적 요소라는 두 가지 요소를 갖고 있다. 이 두 요소는 서로가 완전히 분리된 별개의 것이 아니라 성격상 상호관련되어 있고 상호작용적인 것이다.

⑮ 개인과 사회의 적응적, 혁신적 기능은 평생교육을 통해서 수행될 수 있다.

⑯ 평생교육은 현존하는 교육제도의 결점을 보완한다는 측면에서 교정

적 기능을 수행한다.

⑰ 평생교육의 궁극적인 목적은 삶의 질을 향상시키는 데 있다.

⑱ 평생교육에는 세 가지 주요 선행요건들이 있는데 그것은 기회, 동기, 교육가능성(educability)이다.

⑲ 평생교육은 모든 교육에 대한 하나의 조직 원리이다.

⑳ 조작적 차원(operational level)에서 말하면, 평생교육은 모든 교육에 대한 전체적 체계를 제공하는 것이다.

평생교육은 교육개념의 광역성과 통합성, 교육시기의 계속성과 항상성, 교육대상의 평등성과 전체성, 교육접근방식의 다양성과 상대성 그리고 교육체제의 개방성과 탈정형성을 개념적 특성으로 하는 교육이념으로서, 이는 기존의 교육이념과 체제에 대한 새로운 교육의 패러다임이다. 따라서 평생교육은 교육형태상으로는 형식, 비형식, 무형식교육을 포괄하는 총체적 이념이며, 궁극적으로는 학습자의 자율적 학습수행과 교육적 선택의 자유를 통한 학습권이 보장되는 학습사회를 지향하는 개념이다(최운실 외, 1998).

이전의 평생교육법 제2조에는 평생교육이란 학교교육을 제외한 모든 형태의 조직적인 교육활동이라고 정의하고 있다. 그러나 일부 수정 보완된 평생교육법(2007. 12. 14)에서는 평생교육의 개념을 다음과 같이 제시하고 있다. 즉, 평생교육법 제2조에는 "평생교육이란 학교의 정규교육과정을 제외한 학력보완교육, 성인 기초·문자해득교육, 직업능력향상교육, 인문교양교육, 문화예술교육, 시민참여교육 등을 포함하는 모든 형태의 조직적인 교육활동을 말한다."(문자해득교육이란 일상생활을 영위하는데 필요한 기초능력이 부족하여 가정·사회 및 직업생활에서 불편을 느끼는 자들을 대상으로 문자해득(文字解得)능력을 갖출 수 있도록 하는 조직화된 교육프로그램을 말한다.)

이러한 평생교육 정의 아래 동법 제4조의 평생교육의 이념을 보면 다음과 같다.

① 모든 국민은 평생교육의 기회를 균등하게 보장받는다.

② 평생교육은 학습자의 자유로운 참여와 자발적인 학습을 기초로 이루어져야 한다.

③ 평생교육은 정치적·개인적 편견의 선전을 위한 방편으로 이용되어서는 아니된다.

④ 일정한 평생교육 과정을 이수한 자에게는 그에 상응하는 자격 및 학력인정 등 사회적 대우를 부여하여야 한다.

이상에서 제시된 내용을 토대로 보면, 평생교육이란 학교 정규교육과정을 제외한 모든 형태의 조직적인 교육활동으로서 개인 및 집단의 생활의 질을 향상시키기 위하여 개인적, 사회적, 그리고 전문적 발달을 도모하는 과정이라 볼 수 있다. 즉, 평생교육은 인간의 최대한의 발전을 이룩하기 위하여 행하는 조직적 교육활동이다. 흔히 우리가 말하는 학습사회(learning society) 또는 교육사회(educative society)라고 하는 것도 이러한 개념과 관련되어 있다.

2. 평생교육과 관련된 용어

평생교육과 유사한 용어는 무수히 많으나 대표적으로는 성인교육, 비형식교육, 계속교육, 회귀교육 등을 들 수 있다. 이들 여러 용어들은 지향하는 궁극적 이념에 있어서는 기존 교육체제에 대한 상보적·대안적 접근이라는 점에서 유사성을 지니나 그 구체적인 범주와 관점, 강조성에 있어서는 다른 점도 있다(최운실, 1998; Titmus, 1989; Merriam & Brockett, 1997; Brolin, 1995).

1) 계속교육

계속교육이란 용어는 미국에서는 continuing education으로, 영국에서는

further education으로, 독일에서는 Weiterbildung으로 표현되고 있다. 계속교육이란 일정한 단계의 학교교육을 마친 자가 직업이나 가정·사회생활을 영위하다가 사회생활이나 직업생활과 학업을 병행하기 위해 다시 교육의 장으로 돌아오는 것을 의미하며, 주로 성인의 학교를 통한 2차적 교육기회를 말한다. 따라서, 교육의 대상이 주로 성인이며 교육의 방식은 학교교육이 주가 된다는 점에서 성인교육 또는 비형식교육과 차이가 있다.

2) 성인교육

성인교육(adult education)은 대상을 분류준거로 한 용어로서 성인을 대상으로 하는 모든 형태의 교육활동을 총칭한다. 따라서, 교육의 대상은 성인이며, 교육방식은 형식·비형식교육이 모두 포함될 수 있다.

성인교육의 개념은 미국을 비롯한 구미 여러 나라에서 많이 사용되고 있다. 1967년 유네스코총회에서는 성인교육을 ① 성인들이 참여하는 모든 조직적 교육활동 ② 성인들이 그들의 능력과 소질을 키워 지식을 획득하고 직업이나 직업적 자질향상 또는 직업전환을 위해 실시하는 교육활동 ③ 조화롭고 영속적인 사회, 경제, 문화발전에 기여할 수 있도록 태도와 행동을 변화시켜 주는 조직적인 교육활동 ④ 자신이 속해 있는 국가나 사회가 성인이라고 인정하는 사람들을 대상으로 실시하는 조직적인 교육활동으로 정의하고 있다.

그리슨(Bryson, 1936)은 성인교육이란 일상적인 생활업무(business)에 참여하는 사람들에 의해 수행되는 교육목적을 위한 모든 활동이라고 정의하였다. 다켄왈드(Darkenwald, 1982)는 성인교육이란 성인들의 지식, 태도, 가치, 또는 기술에서 변화를 가져오기 위한 체계적이고 지속적인 학습활동이라고 한다. 또한 성인교육의 과정에 초점을 둔 정의로서, 성인교육이란 집단 또는 제도 내에서 성인들이 그들 자신이나 그들의 사회를 개선하는 개인이나 기관에 의한 계획을 포함하는 과정이다. 노울즈(Knowles)는 성인교육을 광범한 의미로서 성인학습의 과정으로 정의하고 있다. 기술적 의미로는 성인교육이란 특정 교육목표의 달성을 위한 광범한 다양한 제도에 의해 수행되는 일단의 조직화된 활동이다.

3) 생애교육

생애교육(career education)은 미국에서 시작하여 최근에 발달한 교육의 한 개념으로 주로 직업교육의 영역에서 많이 사용된다. 생애교육이란 개인이 생활의 일부로 혹은 생활수단으로서 일을 배우고 일에 종사하기 위하여 준비할 수 있는 경험의 총체 또는 개개인 모두가 일을 중심으로 한 사회의 가치관에 익숙해지고 이러한 가치관이 인격체제에 통합되어, 일이 개인에게 보람있고 만족될 수 있도록 생활화하는데 도움을 주는 학교와 지역사회간의 노력의 총체로 정의된다.

마를랜드(Marland) 등은 미국에서의 학업을 중단한 학생들의 비율이 높은데 아주 많은 관심을 가졌다. 그들은 이렇게 된 주요 이유 중의 하나는 미래의 성인으로서의 기능을 수행하는데 적절한 지식과 기술을 학교가 학생들에게 제공하지 못했기 때문이라고 생각했다. 따라서 생애교육의 특징은 교실을 교사와 학생 모두를 위한 작업장으로서 강조하는 것이다.

생애교육개념의 핵심은 생애역할(career role)개념이다. 개인들의 생애는 일생동안에 개인이 참여하는 여러 가지 작업역할로 이루어진다. 개인들은 학교를 졸업하여 고용될 때, 직업이 그들 생활의 중요한 부분이 된다.

생애교육의 목표를 보면 다음과 같다(Brolin, 1995).

① 사람들의 생애인식, 탐구, 의사결정을 돕는 것

② 고용적격성, 적응성, 승진 기술을 갖추게 하는 것

③ 개인적 분야 - 교육체제의 공동협력을 촉진 · 이행하기

④ 교육과 일을 관련 지움으로써 두 가지 모두의 더 좋은 선택이 이루어질 수 있도록 하기 위하여

⑤ 학급에 "생애"의 중요성을 불어넣음으로써 교육을 개혁하기

⑥ 개인의 전체적 생활양식의 의미 있는 부분으로 만들기

⑦ 편견과 고정관념을 감소시킴으로써 선택의 자유를 보호하기

생애교육은 생애인식, 생애탐구, 생애준비 그리고 생애동화(assimilation) 등의 상호 관련된 단계의 진보과정으로 개념화할 수 있다.

① 생애인식은 초등학교수준에서 시작되며 학생들이 일의 세계를 이해하도록 하고 학생들이 미래에 일의 세계와 어떻게 조화시킬 것인가 하는 것이다. 생애인식은 이러한 기간동안 일어나는 인간발달의 자기인식 측면과 관련된다.

② 생애탐구단계는 중학교수준에서 강조된다. 이 단계는 학생들이 생활양식과 직업에 관련된 그들의 흥미와 능력을 탐구하도록 도와주려는 것이다. 학생들은 자기 자신의 독특한 능력과 욕구를 파악하도록 배워야 하며, 경험을 쌓기 위한 지역사회의 여러 활동에 참여할 수 있는 기회가 주어져야 한다.

③ 생애준비단계는 고등학교수준으로서, 생애 의사결정과 기술획득과정이다. 학생들은 그들의 구체적인 흥미, 적성 그리고 이러한 특성들을 충족시켜 주는 생활양식 유형을 확인할 수 있어야 한다.

④ 생애동화단계는 학생들을 중등학교이후의 훈련과 지역사회-적응상황으로 변화시키는 것이다.

4) 회귀교육

회귀교육(recurrent education)은 OECD에 의해 주창된 개념으로 기존의 일회성 학교교육 체제가 지니는 비효율성과 한계를 극복하고 교육의 시기를 평생에 걸쳐 순환적으로 재분배하여 계속될 수 있도록 해야 한다는 새로운 교육도식을 전제로 하는 개념이다. 이러한 회귀교육은 학교교육과 직업생활을 주기적·순환적으로 반복하여 연계짓는 교육체제를 전제로 하며 그 주된 대상은 직업을 가진 성인이다. 교육의 주목적은 노동시장 변화에 따른 직업적 재적응과 생산성제고이며 교육의 계속성과 통합성을 강조한다는 점에서 다른 평생교육관련 개념들과 유사하다. 즉, 회

귀교육은 교육의 방식에 있어 학교교육이 주가 되고 학교교육과 직업이 순환적·주기적으로 반복되는 교육형태를 취한다는 점, 직업진로와 관련하여 교육주기를 설계한다는 점에 있어 다른 개념들과 차이를 보인다.

5) 사회교육

사회교육(social education)은 성인교육, 계속교육, 연장교육, 순환교육, 생애교육, 지역사회교육의 의미를 포괄하는 교육 활동을 지칭한다. 평생교육법으로 개정되기 이전의 우리나라 사회교육법 제2조 제1항에는 사회교육을 "다른 법률에 의한 학교 교육을 제외한 국민의 평생 교육을 위한 모든 형태의 조직적인 교육 활동을 의미한다."라고 규정하고 있다. 사회교육은 우리나라를 비롯하여 동남아시아 국가들, 즉 일본, 태국, 필리핀 등에서 일반적으로 사용하고 있는 용어이다.

6) 지역사회교육

지역사회교육(community education)은 처음에 저개발국가들의 지역사회개발을 위하여 수립된 계획에서 사회교육의 중요성을 인식하면서 공식적으로 사용되었다. 지역사회교육은 지역사회 전체가 지역사회 구성원들로부터 교육적 요구를 받아들여 봉사한다는 개념을 지닌 용어로써 지역사회 문제를 해결하여 지역사회를 발전시키고, 궁극적으로 지역사회 주민들의 자아실현을 돕고자 하는 사회교육 활동 체제를 말한다. 지역사회교육은 푸에르토리코나 다른 저개발국가에서 공식적으로 사용하는 용어이다. 과거 우리나라 1970년대 새마을 운동이 대표적인 지역사회교육의 형태라고 볼 수 있다. 지역사회교육도 성인 교육과 매우 유사하지만, 그 대상이 특정 지역에 한정되며 지역의 공통된 이슈를 해결하기 위한 교육이라는 점에서 일반 성인 교육과 다르다(NCEA, 2004). 지역사회교육은 지역사회학교운동에서 보여주는 대로 학교교육의 목표를 지역사회 요구에 맞게 설정하려는 데서 출발하였지만, 지역사회교육은 지역 주민의 교육을 통하여 지역사회를 개발해 보려는 목표를 가지고 있다는 점에서 평생교육의 범주에 포함될 수 있다고 할 것이다.

3. 평생교육의 필요성

우리가 살고 있는 사회는 변혁의 세기이다. 경제체제는 토지·자본·노동에 기초한 자원기반 경제에서 지식이 생산과 성장의 기본이 되는 지식기반 경제로 급속히 전환하고 있다. 기술적으로는 아날로그체제에서 디지털체제로 변화고 있으며, 국제적으로는 단위국가 체제에서 국경이 무의미한 세계체제로 전환하고 있다. 또한 교육은 학교교육중심, 공급자중심에서 평생교육중심, 수요자중심으로 변화고 있다. 인구구조는 인생 50년형에서 인생 80년형으로 바뀌고 있다. 그리고 평생직장은 사라지고 평생고용가능성이라는 말이 그 자리를 채우고 있다. 이와 같은 총체적 변화는 생애에 걸친 체계적인 인적 자원개발·관리라는 평생교육에 대한 정책접근을 요구한다(평생교육백서, 2000).

포레(Faure, 1972)는 사회변화로 인한 교육의 변화를 다음과 같이 설명하고 있다.

첫째, 수세기 동안 교육발전은 일반적으로 경제발전을 뒤따랐다. 이제는 교육발전이 경제발전을 앞지르고 있다.

둘째, 오늘날의 교육은 아직 존재하지도 않는 사회유형을 위하여 사람들을 준비시키고 있는 것이다. 이것은 전통적인 교육의 기능이 대체로 현대사회와 현존하는 사회관계를 재생산하는 것이었다는 점에서 이것은 교육체제의 더 새로운 변화를 제시하는 것이다.

셋째, 교육의 산출과 사회의 요구사이에서 일어나는 모순이 있다는 점이다. 과거에는 사회가 서서히 변화하고 또 교육의 결과를 쉽게 기꺼이

수용한 반면에 오늘날은 그렇지가 않다는 것이다.

넷째, 교육은 사회·경제적 발전을 위해서 과거보다 오늘날 더 많은 개혁을 필요로 한다. 왜냐하면 교육의 개혁 없이는 사회발전을 기대할 수 없게 되었기 때문이다.

평생교육은 크게 두 가지의 사회적 요청에서 대두된 교육의 혁신이다.

첫째로는 가속적인 사회변화에 따라 필요하다. 오늘날 과학 기술의 가속적인 발달로 지식이 급격하게 증가되고, 그 수명이 짧아짐에 따라 학교교육만으로는 생활에 필요한 지식과 기술을 습득하기가 어려워졌다. 또 직업구조가 변화되고 사회적 이동이 촉진됨에 따라 직업 및 사회생활에 적응하기 위하여 끊임없이 재교육이 요청되고 있다. 학교를 졸업한 후에도 계속적으로 학습하고 학교 이외의 장소에서도 교육이 이루어지는 평생교육이 필요하게 되었다.

둘째로는 민주사회의 최대 이념인 복지국가 실현을 위한 것이다. 현재의 제도하의 교육으로는 누구나 원하는 사람에게 균등한 교육기회를 부여하는데 한계가 있다. 따라서 어떤 이유에서든 교육의 혜택을 충분히 받지 못한 불이익집단 사람들에게 언제든지 그들이 원하는 시기에 교육기회를 제공해 줌으로써 개인적으로는 사회적 상승이동의 기회를 주고, 사회적으로는 사회정의가 실현되기 위하여 평생교육이 필요한 것이다(김병성, 1995).

권이종(2001)은 평생교육의 필요성을 다음과 같이 제시하였다.

① 현대사회의 급격한 변동에 따른 산업구조의 변화와 인간의 가치갈등, 인간소외, 기술의 변화와 혁신, 청소년문제 등은 학교교육만으로 대처하기 어렵다.

② 산업구조가 1차에서 2차, 3차, 4차 산업으로 이동해 가면서 지식산업이라 부르는 4차 산업의 비중이 증대되고 있다. 지식산업이란 새로운 지식을 생산하며 그러한 지식을 생산할 줄 아는 삶을 기르며 그런 지식의 소유자를 많이 길러낸다는 것을 전제로 한다.

③ 인간이 주체적 존재로 살아가기 위해서 끊임없는 자기성장과 자아

실현이 필요하다. 이러한 자아실현의 과정은 필연적으로 계속적인 자기개발과 성취를 위한 평생학습을 필요로 한다.

④ 과학기술의 가속적인 발전과 그로 인한 직업세계의 변화는 필연적으로 평생에 걸친 전문직업인으로서의 계속교육과 평생학습을 요청하고 있다.

⑤ 사회구성원의 삶의 기본권으로서 교육권과 학습권을 보장하고 교육기회 불균등 현상을 해소하기 위해서는 대안적인 교육체제로서의 새로운 평생교육체제가 필요하다.

⑥ 학교교육의 한계성과 문제를 극복하기 위한 평생교육의 필요성이 대두된다.

⑦ 지금까지 교육은 학교가 거의 독점해 왔다. 그러나 현대사회에 있어 학교는 평생에 걸친 교육의 보장과 지원에 한계가 있다.

⑧ 여가시간의 증대로 평생교육이 필요하다. 과거와는 달리 근무시간의 단축과 생활수준향상 등의 여가시간을 선용하려는 새로운 요구가 증대되면서 이 또한 평생교육을 촉발시키는 요인으로 등장하고 있다.

⑨ 평균수명연장에 따른 노인인구증가와 노령화사회로의 진입, 정년제도의 변화, 가족구조의 변화, 노인여가시간의 증대 등의 새로운 사회현상이 대두되면서 이에 따른 실버교육으로서의 평생교육의 필요성이 부각되고 있다.

가영희(2008) 등은 평생교육의 필요성을 다음과 같이 제시하였다.

1) 인간의 수명연장

과학기술의 발달로 인한 고령화 사회가 되어 가고 노인들의 평균 연령이 높아짐에 따라 노인들을 대상으로 하는 노인교육의 필요성이 증대되고 있다. 노인들은 다양한 영역의 교육에 대한 욕구를 가지고 있고 때문에 다양한 영역의 교육프로그램을 활용하여 노인들이 원하는 교육을 받을 수 있도록 하여야 한다. 또한 고령화가 되어감에 따라 일을 하고자 하는 노인들도 많아지고 있는 실정이므로 그들의 직업을 위한 교육도 이루어져야 하고 노인들을 위한 일자리도 점차로 확대하여야 한다.

2) 경제와 고용구조의 변화

지식기반 사회는 기업의 고용구조와 직업구조에서 분산조직 및 지식정보를 가진 전문직의 형성 등 매우 큰 변화를 초래하고 있다. 개인의 직업 라이프사이클(life cycle)이 대단히 짧아지고, 지식정보가 양적·질적으로 다양해지면서 개인의 경력이 다양화되고 유연해지고 있으며, 컴퓨터와 네트워크의 열린 가상공간을 통하여 가상현실 사회와 분산조직이 형성되는 것이 대표적인 고용구조와 직업구조상의 특성이라고 할 수 있다.

3) 세계화의 가속화

정보화 사회를 거쳐 지식기반 사회의 도래는 지식에 기반한 경제사회를 만들었으며, 세계화 범주 안에서 이해될 수 있다. 지식기반 사회는 기존의 세계화 경향을 더욱 가속시키며 동시에 새로운 통신, 정보기술, 교통, 경제의 상호의존성의 결과인 세계화는 지식발전의 원동력이 되고 있다. 세계화는 단순히 경제적인 측면에서 강조되는 것이 아니라 문화, 이념, 종교, 스포츠 등과도 매우 관련이 깊다고 볼 수 있다. 지구촌이 갈수록 좁아지는 상황에서 개인과 국가 모두 세계화에 동참할 수 있는 태도와 능력이 요구된다. 세계화와 관련하여 국가 간의 협력과 교류가 빈번해지며 반면에 경쟁도 치열하다. 단순히 외국인과의 언어적 커뮤니케이션 능력을 넘어서 그 나라의 각종 제도나 문화를 이해하여 자신의 것으로 소화해 내고 이에 기반한 새로운 지식의 창출과 활용이 요구된다.

4) 정보화 기술에 대한 적응

과학·기술의 발달, 정보통신의 발달에 따른 산업구조의 변화와 문화지체(cultural lag)로 인한 가치 갈등, 심각한 청소년 문제와 다양한 형태의 인간소외, 그 외에도 한 사람이 평생동안 직업을 자주 수정하지 않으면 안 될 뿐 아니라 생활의 행동반경이 전 세계적으로 확대되어 가는 현대사회에서 우리가 무사히 살아가는 데는 의무교육이나 학교교육만으로는 도저히 불가능하다. 학교교육은 주로 새로운 시대에 대처할 수 있는 능력을 키우는 기초교육에 역점을 두고 새로운 변화에 적응하기 위한 교육은 평생교육이 담당하게 되어야 할 것이다.

지식기반 사회에서 정보화 기술은 지식의 창출, 확산, 저장, 이용, 공유와 같은 여러 활동에 있어 가장 중요한 도구의 역할을 한다. 따라서 가치 있는 지식을 생산하고 가공하여 효과적으로 이용함에 있어 정보화 기술의 숙련도는 필수적이다. 정보화 기술은 과거 어느 때보다 엄청난 속도로 발전하고 있으며 지식기반 사회의 모든 시스템, 제도, 행정, 문화, 교육 등에 영향을 주고 있다. 따라서 지식기반 사회에 있어서 빠르게 진화하고 있는 정보화 기술에 대한 지속적인 교육의 필요성이 제기되는 것이다.

5) 자아실현의 강조와 삶의 질 향상

인간은 측정하기 어려울 만큼 대단히 잠재된 능력을 가지고 있으면서도 많은 환경적 저해 요인 때문에 그 능력이 사장되는 경우가 있다. 현대사회처럼 복잡하고 급변하는 시대에 인간이 주체적이고 자율적으로 적응하여 살아가려면 끊임없는 자기발전이 요구되는데 그것은 학교교육만으로는 불가능하기 때문에 평생교육을 통하여 보완하여야 할 것이다. 지식기반 사회는 어느 정도 경제성장을 이룩한 국가에서 나타날 수 있는 사회이며 기본적인 인간의 권리나 생리적인 욕구가 충족되는 나라에서 가능하다고 볼 수 있다. 기본적인 삶을 영위하기 위한 조건이 충족되면 보통 인간은 그 다음에 자신의 삶에 대한 질의 향상을 꾀하게 된다.

매슬로(Maslow)의 위계적 욕구이론에 의하면 인간은 하위 단계가 충족될 때 상위의 욕구를 충족하기 위해 동기 부여가 된다고 주장한다. 따라서 위계적 욕구 이론의 마지막 단계인 자아실현의 욕구는 자신의 잠재 가능성을 실현하거나 행동의 주체로서 스스로 자신의 정신적인 모습을 설정하여 그러한 이상을 실현하고자 하는 욕구를 의미하는데, 성인은 자아실현을 위하여 교육이 필요한 것이다.

6) 환경의 문제

지식의 생산과 사용으로 인해 세계적으로 급속한 경제성장과 인구의 증가로 인하여 예기치 않았던 환경문제를 야기시키게 되었다. 기존의 산업사회에서부터 정보화 사회 그리고 최근의 지식기반 사회로 오면서 환경문제는 더욱 심각해지고 있다. 도시화, 산업화, 자동화, 대량화, 자본화 등으로 인한 환경파괴는 지식기반 사회에서 아직까지 사회적 이슈로 작용하고 있다. 단순한 노동집약적 생산행위에서 기계화와 자동화로 인하여 날로 산업화가 심화되고, 지식을 창출하는 곳에 자본이 집약되며, 집약된 자본이 새로운 지식을 창출하는 환경에서는 인간의 개성이나 존엄성보다는 이익이 중심이 되고, 상대방과 더불어 사는 사회보다는 개인을 우선시하는 사회로 변하고 있다. 이러한 변화속도는 정보화 기술로 인해 더욱 가속화되고 있다. 따라서 사회변화로부터 파생되는 사회병리와 기존에 없었던 새로운 가치의 등장, 그리고 환경적 변화에 대처하기 위한 지속적이고 꾸준한 문화적 이해와 사회질서가 요구될 것이다. 이러한 환경변화와 어울리는 인간의 양성은 보통 공교육 제도 하에서 이루어지기 힘든 것이 현실이다.

7) 문화 욕구증가와 새로운 생활양식

과거에는 국가 간, 사회 간 서로 분리되었던 문화적 한계가 이제는 무너지고 사회생활 양식도 변했다. 지식과 기술의 발달로 세계화가 발생하여 공간적 한계가 무의미해지고, 인간의 수명은 연장되고, 또한 경제적 안정으로 인해 여가나 문화에 더 많은 관심을 갖게 되었다. 단일 민족, 단일 문화를 가지고 살았던 한국인들에게 해방 후 산업화 되면서 수출주도 경제정책과 세계화에 맞추어 많은 인구가 해외로 이주하였고, 아울러 많은 외국인들이 국내에 거주하게 되었다. 그 결과 서로 이질적인 국내인과 외국인간의 문화 차이로 인한 생활양식의 변화와 문화 가치의 향상이 평생교육의 필요성을 강조하는 계기가 될 것이다.

8) 노인, 여성, 장애인 등에 대한 지위 변화

현대 사회에서 노인, 여성, 장애인 등에 대한 역할이나 기대가 과거 어느 때보다 커지고 있다. 여성의 경우 과거에 가사를 전담하는 경우에는 특별한 교육의 필요성이 없었으나 성 평등과 다변화된 사회에서 여성은 직업을 가질 기회가 많아졌으며, 특별한 직업 없이 가사에 전념하더라도 급속한 사회변화에 대처하기 위하여 계속적인 교육을 받아야 할 필요성이 생겼다. 또한 여성은 직업을 갖지 않더라도 자신의 교양과 문화에 관심을 가지며, 자아실현과 삶의 만족을 위하여 교육에 대한 욕구를 가질 것이다. 현대사회는 노동집약적인 사회가 아니라 전문업종이 많아지므로, 성인, 노인, 여성, 장애인 등의 경제활동에 참여할 기회가 커졌으며, 그들의 지위 또한 향상되었다. 또한 과학기술의 발달로 인하여 고령화 사회가 되어감에 따라 성인들이 계속적으로 일 할 수 있는 기회가 증가하였고, 변화하는 사회에 발맞춰 교육을 받아야 할 필요성이 생기게 된 것이다.

이와 같이 오늘날 평생교육이라는 말이 급속도로 파급된 것은 이상에서 열거한 것들 외에도 사회변동의 급속화, 과학기술의 발달, 여가의 증대, 평균 수명의 연장, 매스미디어의 발달, 학교교육의 한계성 등을 들 수 있다. 특히 오늘날의 학교교육은 사회의 다양한 요구에 부응하지 못하며 획일적이고 지식 위주의 교육에 머물고 있다는 비판도 받고 있다. 이러한 것은 학교교육이 시간적, 공간적으로 제한을 받을 뿐만 아니라 교육내용도 제한을 받기 때문이다.

4. 평생학습사회의 의의

1) 평생교육과 평생학습의 개념

평생교육(lifelong education)은 인간 삶의 질적 향상이라는 이념을 추구하는 것으로 태교에서 무덤에 이르기까지 그 모든 생애에 걸쳐 행하여지는 교육이다. 따라서 인간의 발달단계에 따라 유아교육, 아동교육, 청년교육, 성인교육, 노인교육을 수직적으로 통합한 교육은 물론 가정교육, 학교교육을 수평적으로 통합한 교육을 총칭하는 의미로서 교육에 대한 원초적인 개념이며 교육의 공급 측면이 강조된다. 물론 우리나라의 평생교육법 제2조(2007. 12. 14)에서는 "평생교육이란 학교의 정규교육과정을 제외한 학력보완교육, 성인 기초·문자해득교육, 직업능력향상교육, 인문교양교육, 문화예술교육, 시민참여교육 등을 포함하는 모든 형태의 조직적인 교육활동을 말한다."라고 제시되어 있다.

이에 대한 평생학습(lifelong learning)의 개념은 교육의 수요 측면으로서 종전의 교육공급자(교육자) 중심의 교육이 아닌 수요자(학습자) 중심의 학습을 의미한다. 즉 평생학습이란 국민의 자질 함양과 삶의 질을 향상시키기 위한 모든 형태의 수요자 중심적 학습활동이다. 그러므로 평생학습은 개개인이 학습자가 되며 평생에 걸친 학습생활을 능동적으로 자기 스스로 관리한다.

가르치고 배우는 교육활동에 있어서의 학습자는 수동적 존재가 아니며 능동적이고 적극적인 존재가 된다. 학습자의 입장에서는 교육을 받는다는 개념이 아니고 학습의 기회를 제공받고 학습활동을 지원받는다는 개념이 평생교육에 대한 평생학습인 것이다.

따라서 평생학습은 개개인이 주체적 학습자로서 평생에 걸친 학습생활을 주체적으로 관리하도록 국가와 사회가 지원하는 제도이다. 평생학습은 배우는 교육활동에 있어서 학습자는 수동적 존재가 아니라 능동적이고 적극적인 존재로 인식되며 학습자의 입장에서 평생에 걸쳐서 교육의 문제를 다루려는 것이다. 교육자 본위의 기존 교육관을 비판하고 학습자 본위의 새로운 교육관을 추구하는 대안적 교육론이 평생학습이다(이형교, 2002).

특히, 오늘날은 과학기술의 발달로 지식과 정보량이 폭발적으로 증대하고 있다. 이러한 급변하는 사회에 적응하기 위해서는 형식적 학교교육만으로는 한계가 있음으로 일생동안 끊임없이 배우지 않으면 안 된다. 또한 복지국가 실현이라는 차원에서 교육적 혜택을 받지 못하는 소외계층을 위하여 언제든지 원하는 시간에 교육받을 수 있는 교육기회를 제공할 필요도 있다. 나아가 자기계발과 성취를 통하여 자아실현의 과정으로서도 평생학습이 필요하다.

다시 말하면, 평생학습이란 사람들이 일생을 통하여 필요로 하는 모든 지식, 가치, 기술 등을 획득하여 모든 역할, 환경 및 상황에서 자신감, 창의성 및 즐거움으로 그것들을 적용할 수 있도록 지원하는 것이다. 이러한 계속적인 지원과정을 통하여 인간잠재력의 발달을 가져오려는 것이다. 즉, 평생학습이란 평생에 걸쳐서 배우는 모든 과정과 내용을 말하고 평생교육이란 평생학습을 지원·실현하는 것이다.

이처럼 전통적 패러다임에서는 교육을 학습과 평가라는 너무 좁은 의미로만 이해되어 왔지만, 평생학습이라는 새로운 패러다임의 교수-학습에서는 다음과 같은 핵심 원리들이 고려되어야 할 것이다(Ranson, Rikowski

& Strain, 2001).

첫째, 능력과 사회의 능동적 성원의식을 위한 학습: 사람들이 생활하고 일하는 공동체의 능동적 시민으로 살아가고 능동적 시민이 되기 위한 준비를 하는 것으로 교육목적이 재음미되어야 할 것이다.

둘째, 모든 학습자를 위한 모든 욕구를 인식하는 총체적 학습자에게 가치부여하기: 학습은 좁은 범위의 인지적 과정으로만 생각할 것이 아니라 기본적인 인지적 기술과 능력개발은 물론이고 자아존중, 동기 및 웰빙 등을 강화함으로써 잠재력을 학습하고 실현하기 위한 삶의 질이 중시되고 있다.

셋째, 학습자들은 능력을 가지고 있다: 지능은 개인의 고정된 내적 특성이 아니라, 인간은 누구나 능력이 있음으로 경험을 통하여 그리고 열심히 노력함으로써 능력을 더 계발할 수 있다.

넷째, 능동적이고 유연한 학습의 교육: 학습자들이 자신이 속한 공동체의 능동적인 구성원이 되도록 하려면, 학습과 실제를 재 연계시켜 줄 수 있는 능동적인 학습 도가니를 마련해 줄 수 있는 장치가 필요하다. 실제적 학습과 반성적 문제해결을 하도록 하려면 구성원들이 학습에 참여하도록 동기를 부여해야 할 것이다.

다섯째, 가족의 참여: 학습자에 대한 보다 더 총체적 관점으로서, 성취를 추구하려는 새로운 교육은 부모와 가족을 실제에 참여하게 하는 것이다. 이것은 가족단위에 초점을 둠으로써 가족학습과 적극적인 부모-자녀의 상호작용을 통하여 부모와 자녀 모두에게 격려하여 최상의 효과를 가져올 수 있도록 하려는 것이다.

여섯째, 다양한 기관의 활동: 학습자와 가족의 모든 욕구를 표현하기 위해서는 가족지원, 건강과 사회적 서비스 등 교육에 대해 보다 더 통합적인 접근이 필요하다.

일곱째, 광범한 공동체의 참여: 실제에 가족을 참여시킴으로써 사회적 목적을 연계시키는 새로운 교육은 더 광범한 공동체의 참여가 필요하다.

2) 평생학습의 특징

이상과 같이 전통적인 교육과 달리 새로운 패러다임의 평생학습은 다음과 같은 특징을 지니고 있다.

첫째, 평생학습은 요람에서 무덤까지 모든 생활형태를 총괄하는 일생을 통한 학습에 관련되어 있다.

둘째, 학습은 광범한 영역을 포괄하고 있다. 즉, 모든 학습유형을 포함하는 것으로서 형식적·비형식적 교육뿐만 아니라 자기주도적 학습을 포함한다.

셋째, 고도의 기술사회에서 국가 조직 및 지역사회는 평생학습 기술 및 가치의 발달에 달려 있다.

넷째, '평생학습'은 모든 수준에서 인간의 잠재력을 계발하는데 있으며, 교육의 초점은 모든 학습자의 요구를 만족하게 하는 것이다. '학습'은 자신의 학습방법과 요구에 따라 학습할 도구를 학습자에게 부여하는 것이지 가르치거나 훈련시키는 것만은 아니다.

한편 평생학습에서 주된 체제적 특징을 다음과 같이 다섯 가지로 제시하기도 한다(교육인적자원정책위원회, 2004).

첫째, 형식적 과정뿐만 아니라 모든 학습이 인정되어야 한다. 학습결과를 전환하는 체제가 도입되고 있으나 비형식적 학습의 인정 등에서 아직 미흡하다. 성인을 포함한 학습자에게 정보를 제공하고 안내하는 체제의 정비는 여전히 어려운 과제이다.

둘째, 평생학습은 청소년과 성인 모두에게 탄탄한 기초 기술을 요구하며, 이는 특히 정규교육이 미흡한 사람에게 필요하다. 동기화가 중심적 위치에 놓여져야 한다. 이는 내용 숙달과 함께 학습 의욕을 강조하는 방향으로 교육과정과 교수법의 근본적인 변화를 요구한다.

셋째, 학습에 대한 접근의 형평성은 생애주기적 시각을 필요로 하며, 취학 전 아동 및 성인과 같이 학습이 제대로 제공되지 못하는 집단에 우선순위를 두어야 한다. 또한 다양한 학습 욕구를 배려할 수 있는 학습방법, 교육과정 및 장(settings) 등 기회의 질도 똑같이 중요하다.

넷째, 국가는 생애주기적 필요에 따라 재원을 산정하고 이를 효과적으로 배정하여야 한다. 추가적인 공공재원과 함께 민간재원을 끌어들일 수 있는 새로운 유인책이 필요하다.

마지막으로, 평생학습의 영역은 단일 부처를 넘어서는 것이며, 정책 조정에는 많은 관련 집단이 참여하여야 한다.

따라서 평생학습에 관련된 주요 요소를 보면 〈그림 1-1〉과 같다.

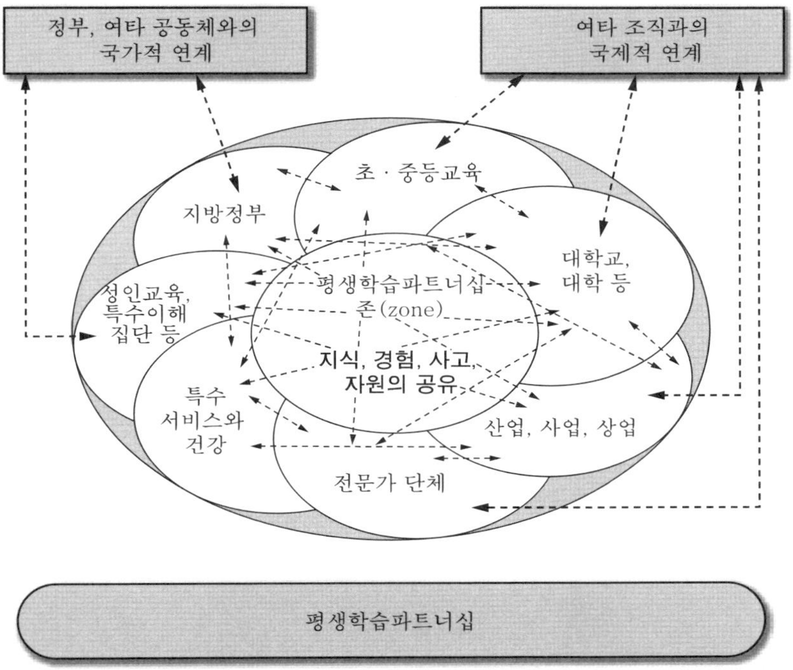

자료: N. Longworth(2003). *Lifelong Learning in action.* New York: Routledge Falmer.

〈그림 1-1〉 평생학습 파트너십

3) 평생학습사회의 출현

현대사회는 지식의 축적과 보급이 고도로 발달하고 지식의 증가가 가속화된 지식기반 사회이다. 세계은행은 이를 '지식혁명'이라 명명하였다. '지식기반 사회'란 사회가 지식에 의해 주도된다는 것을 표현한 말이다. 지식사회는 무형의 자산인 지식의 보유 여부에 의해 개인과 조직의 가치가 결정되는 사회이다. 그리고 새로운 지식의 습득과 창조를 위해 끊임없는 변화와 혁신을 요구하는 사회라고 할 수 있다. 지식사회에서는 지식이 생산의 중요한 요소로 등장한다.

지식사회는 계속적인 배움이 없다면 존재의 위협마저 받게 되는 사회이다. 대학 졸업으로 교육을 마쳤다는 사고방식으로는 이제 살아가기 어렵다는 인식이 확산되고 있다. 따라서 평생교육, 평생학습사회는 이 세대의 핵심어로 자리잡게 되었다. 평생교육, 평생학습은 지식기반 사회를 구축하기 위한 핵심적 수단이면서 교육 패러다임에 근본적인 변화를 가져올 수 있는 개념이기도 하다.

평생학습사회는 종래의 선택적이고 통제적이었던 학교중심 교육으로부터 탈피하여 모든 사람이 원하고 필요한 학습활동을 언제 어디서나 할 수 있도록 돕는 개방적이고 허용적인 열린 교육제도를 실현하고자 한다. 공동체 속에서 생존과 더불어 자아실현을 위해 언제 어디서나 학습할 수 있는 사회를 건설하자고 하는 데에는 기존의 교육에 대한 관점과는 다른 관점이 함축되어 있다. 교육을 학교교육과 동일시하는 사고를 탈피하였으며 교육을 교수자의 입장에서 제공해 주는 것보다 학습자의 입장에서 선택하고 요구할 수 있게 하자는 관점이다. 다시 말해, 가르치는 사람이 교육의 주도권을 가질 것이 아니라 배우는 사람이 교육에 적극적으로 관여한다는 관점이다. 학습자가 학습해야 할 내용을 주체적으로 판단하고 선택하고 요구하는 자기주도적 학습으로의 전환인 것이다(한순미, 2004).

교육자, 고용주, 사회는 주로 생산기술 개발에 초점을 두고서 빠른 변화와 고도의 기술사회 속에서 생활하는 구성원들에게 정보를 제공하고 있다. 특히 성인학습의 내용과 방법에 있어서의 경계가 무너지고 있음에 따라, 우리는 소위 학습사회의 출현을 목격하고 있는 것이다. 따라서 학습사회란 사회적 맥락에 대한 반응이다. Jarvis에 의하면, 급속한 테크놀로지수준의 변화는 사람들에게 일생을 통하여 그들의 학습을 확대하는데 필요한 사회적 조건을 제공함으로 학습사회가 출현하도록 하였다는 것이다(Merriam & Caffarella, 1999).

학습사회란 국민 각자가 자아실현, 생활향상 또는 직업적 지식·기술의 획득 등을 목적으로 생애에 걸쳐 자주적·주체적으로 학습을 계속할 수 있는 사회를 말한다. 개인단위로 이루어지는 학습을 개인학습(individual learning), 조직이나 집단에서 일어나는 체계적인 학습을 조직학습(organizational learning), 집단전체의 최우선의 가치를 학습에 두고 그 촉진을 도모하는 집단을 학습조직(learning organization) 또는 학습공동체(learning community), 그 범위를 넘어 도시 전체가 학습촉진을 위해 계획되고 관리 되는 곳을 학습도시(learning city)라 할 수 있다. 사회전체가 인간의 평생학습의 촉진을 최우선의 목표로 움직여 간다면 그것을 평생학습사회(lifelong learning society)라고 할 수 있다.

따라서 학습사회는 다음과 같은 특징을 가지고 있다.

첫째, 학습은 일생을 통한 계속적인 활동이다.

둘째, 학습자들은 자신의 진보를 위해 스스로 책임을 진다.

셋째, 능력, 개인적 가치와 공유된 가치 그리고 협동작업은 지식의 추구와 대등한 것으로 인정한다.

넷째, 평가는 실패정도보다는 오히려 진보정도를 고려하는 것이어야 한다.

다섯째, 학생, 부모, 교사, 고용주 및 공동체사이의 파트너십을 통해 성취도를 높이기 위한 학습이 이루어진다.

〈표 1-1〉 평생학습사회에서의 개인의 생존을 위한 핵심 기술과 능력

핵심 기술과 능력	내 용
자기경영기술	-개인적 잠재력 충족 -개인적 기술과 자신감 개발 -실질적인 목표설정 및 성취 -유지시각과 유머감각
지식관리와 해석	-정보기술도구 기법사용 -정보의 수집, 축적, 분석, 종합
새로운 지식을 실제에 적용하기	-이론과 실제의 연결 -지식을 행동으로 전환
학습을 위한 학습	-새로운 지식과 새로운 정보에 대한 개방성 -지식원천의 확인과 사용 -학습을 개인적 목표와 연관짓기
의문, 추리 및 비판적 사고	-좋고 나쁜 것 구별하기 -끊임없이 절차, 과정, 상황에 대한 개선의욕 -현상유지에 만족하지 않기
경영 및 의사소통기술	-공식적·비공식적 상황에서 자신을 명백하게 표현하기 -타인을 설득하기 -타인이게 귀 기울이기 -타인에 대한 도움주기
사고기술과 창의성	-문제해결을 위한 창의성과 상상력 발휘하기 -상황예측 및 미래비전개발
적응력, 유연성 및 다재다능	-자신감을 갖고 변화에 대처하기 -새로운 상황과 과제에의 적응 -개인적 방향을 변화시킬 준비
팀웍	-정보와 지식의 공유 -정보와 지식의 수용 -목표설정에의 참여 -공동목표 달성
평생학습	-개인적 기술과 능력의 끊임없는 개발 -학습습관 갖기

자료: N. Longworth(2003). *Lifelong Learning in action*. London and New York: Routledge Falmer.

이처럼 평생학습사회에 적응하기 위해서는 과거와는 달리 개인의 생존을 위한 다양한 기술과 능력을 요청하고 있다. 즉, 급변하는 사회변화에 적응하고 나아가 개인의 자아실현을 위해서는 기존의 형식적 교육만으로서는 한계가 있을 수밖에 없다. 따라서 기존의 형식적 교육을 보완하는

측면에서 그리고 실생활과 직접 관련되는 교육제공이라는 측면에서 국가, 지방자치 단체 그리고 각종 교육기관 등에 의한 각종 평생교육프로그램들이 개발·보급되고 있다.

이러한 평생학습사회에서 개인의 생존을 위한 핵심기술과 능력을 보면 〈표 1-1〉과 같다.

평생교육 또는 평생학습프로그램은 다양하고 수없이 많을 수 있다. 이 중에서 대표적인 한 예를 제시하고자 한다. 경기지역 평생교육 정보센터에서는 학습자의 요구와 수준에 알맞은 구체적인 프로그램집을 발간하기 위하여 "프로그램공모"를 하였다. 즉, 현장 실무자들을 중심으로 공모된 평생교육프로그램 중 특기적성 및 직업능력 향상 프로그램을 선정하여 평생교육프로그램 모델을 제시하였다. 이를 보면, '가사도우미프로그램', '가족과 함께하는 생활영어', '대중문화를 통한 청소년문화 이해 프로그램', '마술과 창의성 교실 프로그램', '박물관 견학을 통한 즐거움 찾기', '빵 나눔 자원봉사 프로그램', '보람을 찾는 영어사절단 프로그램', '보람을 찾는 일어사절단 프로그램', '보람을 찾는 중어사절단 프로그램', '봉사체험 아카데미', '사진촬영 프로그램', '선물포장프로그램', '성취와 기쁨과 취업을 위한 양식조리 기능사 자격증 취득 프로그램', '성취와 기쁨과 취업을 위한 일식조리 기능사 자격증 취득 프로그램', '성취와 기쁨과 취업을 위한 중식조리 기능사 자격증 취득 프로그램', '성취와 기쁨과 취업을 위한 한식조리 기능사 자격증 취득 프로그램', '성취와 기쁨과 취업을 위한 제과·제빵 기능사 자격증 취득 프로그램', '소외노인을 위한 사회적응력 배양 프로그램', '숲 안내자 양성과정 프로그램', '시 낭송가 양성 프로그램', '실직 가정 내 여성 가장을 위한 성공적인 창업·취업지원 프로그램', '어린이와 함께하는 놀이', '여성 환경 안내자 양성 아카데미', '음악을 통한 세계여행과 에티켓프로그램', '장애아동을 위한 상담 및 치료교육 프로그램', '재즈 댄스 프로그램', '전통 폐백이바지 프로그램', '주부 가요반 프로그램', '청소년육성체제 구축을 위한 성인층의 지원프로그램', '취업을 위한 출장 요리사 프로그램', '칵테일 사랑(자격증 취득) 프로그램', '풍수지리와 함께하는 우리의 전통사상 프로그램', '학교도서관 자원봉사자 양성 프로그램', '헤어 자격증 아카데미', '현장체험 아카데미' 등이다(경기지역평생교육정보센터, 경기평생교육프로그램, 2002).

5. 평생교육과 학교교육

지금까지는 대체로 교육이라고 하면 누구나 학교교육을 떠올렸다. 그리고 인간에 대한 교육도 학교가 그 핵심적 역할을 해왔다. 그러나 급격한 사회변화, 정보의 폭발적 증대, 과학기술의 발달 및 가치관의 급속한 변화 등은 자연히 전통적인 학교의 역할에 의문을 갖지 않을 수 없게 되었다. 그렇다고 해서 종래의 학교교육이 전적으로 잘못되었다는 말은 물론 아니다. 다만 어느 정도의 한계에 직면했다는 점은 부인할 수 없다. 가령, 홍수처럼 쏟아져 나오는 수많은 지식이나 정보를 한정된 시간속의 학교에서 모두 가르칠 수 없게 되었다. 따라서 앞으로의 교육개혁은 평생교육의 기초로서 학교교육방향과 관련 지어 모색되어야 할 것이다.

우선 학교교육과 평생교육은 어떤 차이가 있는지를 살펴보면 다음과 같다(송병순, 2000).

① 학교교육은 사회적으로 공인하는 면허증, 졸업증서를 수여하는데 반하여 평생교육은 이러한 자격증과는 무관한 교육을 한다는 것이다. 전통적으로 평생교육은 사회적으로나 법적으로 공인하는 졸업증서를 수여하지 않는 교육으로 인식되어 왔고 그러한 교육이야말로 진정한 평생교육이라고 자부하여 왔다. 근래에 일부의 평생교육기관에서도 면허증, 졸업증서를 수여하는 경향이 늘고 이러한 면에서 양자를 구분하는 일이 무의미해지고 있으나 지금까지 양자를 구분하는 첫째 기준이었다.

② 평생교육은 사회변화에 신속하게 대응하는 교육을 할 수 있는데 반하여 학교교육은 그에 대한 대응력이 부족하다. 그러한 경향은 학교의 교

과서와 교육과정의 개편주기를 보아도 쉽게 알 수 있다. 학교의 교과서나 교육과정은 최소한 몇 년 정도씩 걸리고 있으나 사회변화는 거의 매일 일어나고 있는 실정이다. 더욱이 학교교육은 제도화·조직화되어 있어 그 때 그때 선호에 따라 신속하게 대응하기 어렵다. 그러나 학습자에게 제공되는 평생교육의 교육프로그램은 언제나 신속하고 유연하게 편성·제공할 수 있다는 장점을 지니고 있다.

③ 평생교육은 대상이 다양하다. 학교교육의 대상은 취학연령이나 학령기에 있는 아동 또는 청소년으로 제한되어 있으나, 평생교육의 대상은 유아, 부모, 부녀자, 노인, 학교의 재학생에게 이르기까지 연령상의 제약이 없고 다양하다.

④ 평생교육을 실시하는 주체가 다종·다양하다. 학교의 경우 법적으로 국가와 지방자치단체 및 학교법인만이 정규의 학교교육을 실시할 수 있는 주체가 되는데 비하여, 평생교육은 그와 같은 제약이 없이 누구나 평생교육활동을 해도 된다. 청소년단체, 사회단체, 언론사, 대학, 각종기관과 시설은 물론 개인도 평생교육을 실시할 수 있다.

⑤ 평생교육의 내용이 참가자의 요구에 따라 다양하다. 학교교육이 장래에 대한 준비과정으로 추상적이고 고도의 계열성이 갖추어진 지식중심의 교육이라면, 평생교육은 현실생활이나 직업과 직결되는 실제적 지식이나 과업과 기술중심적인 내용이고 학습요소간의 계열성도 그렇게 엄격하지 않다.

⑥ 교육방법에 있어서 평생교육은 학습내용을 효과적으로 익히도록 교사의 조력과 학습자의 상호작용을 통해 다양하고 탄력성 있게 운영된다. 그러나 학교의 교육방법은 교육과정상의 정상화를 기하고 교사용 지침서에 따른 교사중심의 공식적이고 획일적인 측면이 강하다.

⑦ 평생교육의 기간은 장기간의 학교교육과는 달리 단기이며, 전일제수업보다는 흔히 정시제로 운영하며 시간의 융통성이 많다.

⑧ 학교교육이 일정한 대지 위에 물적 시설을 갖춘 학교라는 고정적 장소에 한정되어 학습한 내용과 그것이 실제로 적용될 곳과는 격리된 상

황에서 이루어지지만, 평생교육은 학습내용과 기능적으로 관련되는 장소와 시설을 효과적으로 이용한다는 공통성이 있다.

⑨ 평생교육의 효과나 보상은 일상생활이나 직업과 관련된 구체적이며 즉시적인 것이다. 그러나 학교교육은 졸업 후의 사회적·경제적 지위가 약속된 장기적이고 유예적인 보상으로서 교육의 효과가 즉시적인 것이 아니다.

⑩ 평생교육의 비용은 프로그램과 참가자에 따라 다양할 뿐만 아니라 정확한 경비의 규모를 추정하기가 불가능하다. 학교교육의 경우 학교급별 그리고 계열별로 표준화되어 있어 전국적 경비의 규모 추정이 가능하다.

⑪ 평생교육은 실시하는 주체나 참여자의 자율성과 자발성이 크게 강조되므로 학교 교육과 같은 국가의 중앙집권적인 관료적 통제보다는 실시하는 기관에서 활동내용에 따른 의사결정이 중요시된다. 민간단체나 자원단체는 자율적 통제가 지배적이다.

이상에서 보듯이 학교교육과 평생교육 간에는 차이점이 있다. 우선 제도적으로 크게 학교내 교육과 학교외 교육으로 구분된다. 따라서 학교내 교육과 학교의 정규교육과정 외 교육의 연계성 마련이 시급하다. 즉, 이제는 학교교육과 평생교육과의 연계성을 고려하지 않으면 안 되므로 이를 고려한 학교교육의 방향도 모색되어야 할 것이다.

이런 측면에서, 평생교육의 관점에서 교육과정을 평가하기 위한 준거의 개발 또는 평생교육 내에서의 교육과정평가 준거를 고려해야 할 것이다. 이를 보면 다음과 같다(Skager & Dave, 1978).

1) 수평적 통합

① 학교와 가정의 통합: 학교와 가정은 아동교육에 있어서 보완적인 역할을 수행하며, 교육의 질 개선에 협동적으로 작용한다.

② 학교와 지역사회의 통합: 교육과정은 사회문제와 발달문제에 관련되어 있다. 학교는 지역 사회문제해결에 도움을 주기 위하여 적절한 역할

을 수행한다. 지역사회시설, 자원과 경험이 학교활동을 위해 사용된다.

③ 학교와 작업세계의 통합: 학교는 작업과 생산활동에 적극적인 태도로 참여하도록 하기 위하여 적극적인 태도를 발달시키도록 도와주고 있다. 학교활동은 다양한 작업장에서 견학과 훈련과정을 통하여 실제적인 생산에 관련되어 있다. 학습자들은 그들의 미래의 연구와 생애에 관한 정보와 권고를 받는다.

④ 학교와 문화적 기관, 조직 및 활동과의 통합: 학습자들의 흥미와 기술은 실질적인 문화생활을 위해 발달되고 있다. 학습자들은 그들의 지역사회의 문화생활에 공헌한다. 영화, 음악, 박물관, 도서관, 스포츠는 학교교육과정에 통합되고 있다.

⑤ 학교와 매스미디어의 통합: 학교에서의 교수방법으로 매스미디어가 활용되고 있으며, 학습자들은 매스미디어에 의해 제공되는 정보를 비판적으로 평가할 수 있는 능력을 개발하여야 한다.

⑥ 연구주제(교과)들의 통합: 인본주의적 문화와 과학적 문화는 교육과정 내에서 상호 관련되어 있다. 다양한 학교의 교과는 더 넓은 연구분야로 통합된다. 쓸모없는 교과는 배제된다. 학습자들은 다른 부분의 교육과정들 사이의 관계를 이해할 수 있다.

⑦ 다양한 특성들을 가지고 있는 학습자들의 통합: 신체적, 지적, 종교적, 사회적 특성이 다른 학습자들이 학습과정에 함께 참여한다. 학습자들은 한 사회에 있어서의 신체적, 지적, 종교적, 사회적 특성이 다른 것을 조정하기 위한 필요성을 이해한다.

2) 수직적 통합

① 취학전 경험과 학교경험 간의 통합: 학습자들의 입학전 경험과 입학후 경험을 관련짓는다.

② 학교 내에서의 다른 학년들 또는 다른 수준들 간의 통합: 서로 다른 학교수준에서 조직과 연구내용을 체계적으로 연결하여야 한다. 교육과

정내용은 계속성을 유지하고 자연스럽게 다음 단계로 넘어가도록 조직되어야 한다.

③ 학교활동과 학교졸업후의 활동: 학습자들은 그들의 미래의 생애에 관심을 가지고 있다. 학교는 학습자들에게 학교의 프로그램과 조직에서 그 사회의 어떤 사람들의 실제적인 경험을 제공한다. 학습자들은 미래의 세계가 급속도로 변화한다는 것을 이해한다. 교육과정은 자연스럽게 전이되도록 하기 위하여 다른 형태의 성인교육으로 조정된다.

3) 자기성장지향성

① 자기이해: 학습자들은 자신들의 성장에 대한 책임감을 인식해야 한다. 학습자들은 그들의 발달과 성장을 위한 새로운 영역을 탐구한다. 학습자들은 그들의 능력을 더 잘 이해함으로써 자신감을 얻게 된다.

② 인간과 환경에 대한 이해: 학습자들은 그들의 물리적, 생물학적 환경에 관심이 있다. 학습자들은 그들의 지역사회, 국가와 국제환경에 관심이 있다.

③ 성취동기

④ 내적 판단준거의 설정

⑤ 진보적 태도와 가치의 설정

⑥ 퍼스낼리티의 통합: 학습자들은 이상적인 개인발달모델을 탐구하여 동화된다. 학습자들은 인간사회의 발달에 공헌하기 위해 노력한다.

4) 자기주도적 학습

① 학습의 계획, 평가에의 참여

② 학습의 개별화

③ 자기학습기술 개발

④ 자기평가와 협동적 평가기술 개발

5) 민주화

① 모든 사람들에게 차별 없는 교육기회의 균등화: 기회는 성, 종교, 사회적 배경 및 여타 개인적 특성에 관계없이 균등하다.

② 교수-학습과정에 있어서의 참여와 의사결정의 공유: 부모, 지역사회, 교사와 학습자들은 학교조직과 행정에 참여한다.

③ 건설적인 권위행사

④ 창의성과 유연성에 대한 격려

6. 평생교육의 과제

평생교육이란 말이 우리 사회에 공식적으로 등장한 것이 대체로 1970년대 초반일 것이다. 이후 1982년 사회교육법이 제정·공포됨으로써 우리나라도 본격적인 평생교육의 이념을 실천하는 실질적인 출발점이 되었다고 볼 수 있다. 이를 기점으로 특히 대학에 사회교육원이 설립됨으로써 더 활성화되었다. 그러다가 평생교육법은 2000년 3월 시행령이 공포됨으로써 시행에 들어갔다.

특히, 앞에서도 설명된 바와 같이, 새로 제정한 교육기본법은 교육관련 법체계를 새로 구조화하였다는 데 큰 의의가 있다. 이것은 법구조 개혁상으로는 엄청난 개혁임에 분명하다. 이제까지는 학교교육이 교육제도를 지배해 왔으나 새 법이 제정됨으로써 학교교육과 학교 외 교육을 대등한 위치에 놓게 된 것이다. 따라서 이제 평생교육은 실질적인 도약기를 맞이했다고 볼 수 있다.

교육부(2000)는 새로운 평생교육체제를 구축하기 위한 8대 과제를 다음과 같이 제시하여 실질적인 평생교육의 과제를 구체화시켰다.

① 평생학습 진흥을 위한 제도적 기반조성
② 방송·정보통신 매체를 활용한 원격교육활성화
③ 고령화 사회를 대비한 노인교육활성화
④ 성인학습자를 위한 학점은행제 운영
⑤ 자율학습자를 위한 독학학위제 운영
⑥ 전통문화의 계승·발전을 위한 문하생 학력인정제 도입
⑦ 학교시설을 이용한 평생교육기회확대
⑧ 학원설립·운영제도 개선

이제 평생교육의 법적 기반은 확고해졌다고 할 수 있다. 그렇다면 앞으로 평생교육의 정착과 발전을 위하여 무엇을, 어떻게 해야 할 것인가? 이를 위해 몇 가지 고려해야 할 점을 살펴보기로 하자.

첫째, 평생교육 체제는 학교, 사회, 그리고 가정이 공동으로 교육목적을 달성할 수 있도록 그 연계성이 구축되어야 한다.

둘째, 평생교육사회에 적합한 학교교육과정의 개혁이다. 학교교육은 평생학습사회를 대비한 적응능력과 기초 지식 및 태도함양에 초점을 두고, 나아가 여러 상황을 고려한 후 심화과정으로 나아가는 형태로 진행되어야 할 것이다. 특히, 자기주도적 학습능력과 학습자중심적 사고를 강화함으로써 자발적으로 활동하고 시대변화에 적응할 수 있는 힘을 길러 주어야 할 것이다.

셋째, 평생학습사회에 대한 인식의 변화이다. 과거 평생교육이 학교교육에 부수적인 것으로 생각하는 단계에서 이제는 학교교육과 대등한 차원에서 그 중요성을 인식해야 할 것이다.

넷째, 평생교육의 기회균등문제이다. 최근 다양한 평생교육관련 기관들이 생겨나고 있지만 실제로 여기에 참여할 수 있는 사람은 소수라 생각된다. 이유야 여러 가지 있겠지만 상당수의 평생교육프로그램이 경제적 뒷받침이 없이는 참여하기 어려운 것도 사실이다. 따라서 자칫하면 또 하나의 교육불평등 기관이라는 비판을 받을 수도 있다.

다섯째, 교육과정 및 프로그램의 개발문제, 학습능률 향상을 위한 교육

방법의 문제, 교육할 수 있는 인적자원의 보급문제, 시설 및 행정지원의 문제 등이 고려되어야 한다.

여섯째, 특히, 아동 및 청소년의 경우 효율적인 방과후 지도방안을 마련하고, 학교교육과 연계하여 청소년수련원 등을 유용하게 활용할 수 있는 방안을 모색해야 할 것이다.

제 2 장

평생교육의 다학문적 이해

평생교육에 대한 학문적 연구를 '평생교육학'이라고 정의한다면, 평생교육학의 역사는 길지 않다. 평생교육적 담론 자체가, 20세기 후반에 형성된 것으로, 그리 길지 않은 역사를 가지고 있기 때문이다. 이러한 상황에서, 평생교육에 대한 연구를 학문적으로 발전시키려는 노력 또한 제한적인 것이었다. 이 때문에 평생교육학은 상당기간 그 정체성이 불분명하고, 교육학의 범주 내에서도 그 위상 또한 주변적인 것으로 인식되기도 하였다.

그러나 20세기 후반에 들어 평생교육학은, 지식기반사회로의 이동에 따른 평생교육의 중요성이 부각되면서, 빠르게 성장하였다. 이에 평생교육학은 사회교육, 성인교육, 계속교육, 인적자원개발, 직업기술교육 등의 영역을 폭넓게 수용하면서 크게 발전하여 교육학 내에서의 위상과 잠재력이 크게 주목받게 되었다. 평생교육학은 더 이상 주변적인 학문의 위치에 있지 않으며, 어떤 의미에서는 오히려 교육학 분야를 이끌어 나가는 주도적인 학문으로서의 역할을 수행해 나가야 할 처지에 있는 것으로 기대되고 있다.

평생교육학에 대한 기대가 커지고 있는 만큼, 평생교육학을 발전시켜야 할 책임 또한 커지고 있다. 이에 많은 학문적 연구 노력이 요구되고 있다. 특히, 평생교육학의 종합적 학문으로서의 역할과 과제를 적극적으로 수행하는 것이 요청된다. 이러한 관점에서 평생교육에 대한 다양한 관점에서의 연구, 특히 다학문적 관점에서의 접근과 이해가 무엇보다 중요하게 요청되고 있다.

이 장에서는 먼저 평생교육학의 종합학문으로서의 학문적 성격을 살펴보고, 다학문적 접근방법의 필요성을 논의한다. 평생교육학 분야에서의 연구 동향을 개관한다. 마지막으로, 평생교육학의 과제를 고찰한다. 이 장의 내용 중 평생교육학 분야에서의 연구 동향에 대해서는 김진화(2007) 등의 논문에 크게 의존하여 작성하였다.

1. 평생교육의 다학문적 이해

1) 평생교육학의 학문적 성격과 과제

오늘날 평생교육의 이론과 실제가 상당 수준 가시화되고 있다. 그럼에도 불구하고, 평생교육을 다루는 학문 영역 – 우리가 평생교육학이라고 부르는 이론과 연구의 영역 – 은 학문 세계에서 그 위상과 정체성이 불명확한 것으로 인식되고 있는 경향이 있다. 사실상 평생교육학은 학문 공동체 내에서 학자들마다 서로 다른 방식으로 이해하고 있다고 해야 할 것이다.

평생교육 분야의 연구와 이론이 독자성을 지닌 학문 즉 평생교육학으로서의 위상과 정체성을 정립하기 위해서는 이미 학문의 한 분야로 인정되고 있는 교육학 일반의 연구방법과 지식 · 이론 체계를 활용해야 하며 둘째, 이와 동시에, 평생교육의 연구에서 독특하게 요구되는 학문적 접근방법과 지식 · 이론 체계를 발전시키고 이를 교육학 일반의 내용 및 체계와 통합시켜야 한다. 궁극적으로 평생교육학과 교육학 일반은 이음새가 없이 매끈하게 연결된 하나의 지식체계 — 교육적 현상 · 행위를 공통의 개념과 언어로 기술, 분석, 설명하는 하나의 통합된 이론의 구조와 내용—를 지향해야 할 것이다.

일반적으로 하나의 학문분야가 성립하기 위해서는 고유한 연구대상과 체계적인 연구방법, 그리고 객관적인 이론체계를 갖추어야 한다(이찬교 등, 1996). 다시 말하면, 독특하고 분명한 연구영역 또는 연구대상이 있어야 하고, 연구대상을 연구하는 객관적이고 체계적인 연구방법이 있어야 하며, 이러한 연구방법을 통해서 대상을 연구한 결과로서 얻어진 객관적인 지식의 체계나 이론체계가 구축되어 있어야 한다.

이와 같은 요건을 얼마나 잘 충족하고 있는가의 여부에 따라, 어떤 하나의 연구 분야가 독자성을 지닌 학문분야로 성립할 수 있는가에 대한 판가름을 할 수 있다. 예를 들어, 기존의 다른 학문들이 다루고 있는 대상이나 문제들을 다루고자 할 때, 혹은 연구방법의 객관성과 체계성이 신뢰할 만한 수준에 이르지 못할 때, 그 연구 분야의 학문의 독자성은 인정되기 어렵다.

이러한 학문의 성립요건에 비추어 볼 때, 평생교육학은 하나의 학문분야로서 인정될 수 있을 것인가? 이 질문에 대한 답은 기본적으로 '교육학은 하나의 학문분야로서 인정될 수 있을 것인가?'라는 물음에 대해 답하는 것과 다르지 않다. 왜냐하면 만일 교육학이 하나의 독립적인 학문 분야로 인정될 수 있다면, 평생교육학도 하나의 독립적인 학문 분야로 인정될 수밖에 없기 때문이다.

학문의 성격이라는 관점에서 보자면, 평생교육학은 본질적으로 교육학과 그 특성을 같이 한다. 교육학의 연구 대상은 교육이고, 평생교육학의 연구대상은 평생교육이라는 것 외에는 양자가 지니고 있는 연구방법상의 요건이나 지식 및 이론 체계상의 요건은 사실상 동일한 성격의 것이기 때문이다. 사실상 연구대상에 있어서도 평생교육이라는 범주가 교육이라는 범주에 속하는 것이라고 본다면, 양자는 별개의 것이 아니라 포함관계에 있는 것으로도 볼 수 있다. 이러한 관점에서는 평생교육학은 교육학에 내포되는 연구영역, 학문영역이 된다고 간주되며, 평생교육학은 평생교육을 연구대상을 하여 교육학에서 채용하고 있는 연구방법 활용하여 평생교육에 관한 객관적인 지식·이론의 체계를 구축하고자 하는 연구 분야로 정의된다. 요컨대, 평생교육학은, 그 정의가 어떻게 된다 하더라도, 교육학의 범주에 속하는 것이므로 기본적으로 교육학이 지닌 성격에서 벗어날 수 없다.

역사적으로, 교육학 자체의 학문적 성격에 대해서도 줄곧 논란이 있어왔던 것도 사실이다. 이를 테면, '교육학은 과연 독립적인 연구의 관점과 방법을 가지고 있는가?'라는 물음은 오랫동안 교육학자, 교육학도들에게 고통스러운 질문이었다. 이 질문에는 여러 가지 관점이 숨어 있다. 예를 들면, 교육학은 고유의 학문적 연구 방법을 가지고 있는 것이 아니라, 다른 학문에서의 연구방법을 차용(借用)하여 자기의 것처럼 내 세우고 있는 것이 아닌가? 또 '교육'이라는 연구 대상도 굳이 교육학에서 독점할 수 있는 것은 아니지 않는가? 그렇다면 '교육학'의 독특한 연구 대상, 연구 방법, 이론 체계라는 것은 사실상 존재하지 않으며, 교육학의 대부분의 내용은 결국 다른 학문들로부터 빌려온 것이 아닌가? 등과 같은 것이다.

오늘날 위와 같은 고통스런 질문에 대한 답은 분명하다. 교육학은 기본적으로 종합적 학문이며, 따라서 여러 학문에서 연구의 관점과 방법을 활용하는 학문이다. 역사적으로 교육학은 철학, 심리학, 사회학, 행정학, 경영학 등을 기본 학문으로 채택할 뿐 아니라 정치학, 경제학, 법학 등의 인접 학문을 활용하여 왔다. 교육의 핵심 과제가 '인간의 성장을 어떻게 도울 수 있을 것인가?'라는 점에서 볼 때, 그리고 교육학은 인간과 관련된 연구와는 불가분의 관계에 있으며 거의 모든 학문이 '인간과 관련된 연구'라는 점에서 볼 때, 교육학이 활용해야 할 학문의 범위는 매우 넓다.

따라서 '교육'과 관련된 문제 영역을 대상으로 하여, 의미 있고 타당한 연구의 관점과 접근 방법을 적용하여, 교육에 대한 이해(理解)를 발전시키는 데 기여할 수 있는 기술 및 설명의 체계를 추구하는 연구의 노력이라면 그것은 교육학에 속하는 것이라고 할 수 있다. 이러한 관점에서는, 오히려 여러 학문에서의 다양한 연구의 관점과 접근 방법을 최대한 적극적으로 활용하여 연구하는 것을 교육학의 활동 체계와 과정에서 극대화시키는 것이 바람직하다. 말하자면, 다학문적 연구의 관점과 접근방법이 요청되고 있다.

다학문적 접근을 활용하는 것은 평생교육학에서의 중요한 쟁점을 명료화하는 데에도 도움을 줄 수 있다. 사실상, 평생교육의 개념이나 이론에 대해서도 여전히 불명확하거나 상충하는 관점들이 존재하고 있다.

평생교육론은 오늘날 세계적으로 확산되었고, 그 타당성과 유용성이 당연시되는 교육이론으로 부각되고 있다. 이에 따라 많은 나라에서 평생교육론의 관점을 교육 관련 정책에 반영하려는 시도를 적극화하고 있다. 이와 같은 동향은 대체로 바람직하다고 할 수 있겠으나, 우려점이 전혀 없는 것은 아니다. 왜냐하면 평생교육론은 아직 누구나 동의할 수 있는 내용으로 완성된 것은 아니기 때문이다. 설령 평생교육론의 대의에 대해서는 동의할 수 있다 하더라도, 구체적 수준에서는 상당한 견해차가 존재할 수 있다. 유네스코와 오이시디 간의 시각의 차이, 강조점의 차이도 이러한 맥락에서 주목해야 할 것이다.

평생교육론의 내용이 보편적 타당성을 얻지 못한 상태에서, 평생교육의 긍정적 측면을 지나치게 부각시키는 교육 정책, 교육 실천은 자칫 예기치 않았던 문제를 야기할 수 있다. 예를 들면, 현실적으로 '평생교육'은 거의 무조건적으로 긍정적인 것으로 간주되고 있으며, 이에 따라 '평생교육'을 내세운 조직적·의도적 교육활동의 영역이 외형적으로 급속도로 확대되고 있다. 이러한 경향은 바람직한 것만은 아니다. 단순히 외형적으로 교육활동이 확장되는 것이 진정한 의미의 평생교육이 아닐 수 있을 뿐 아니라 오히려 평생교육론의 이상에 반하는 것일 수도 있기 때문이다.

최근의 연구 결과에 의하면, 평생교육의 개념은 여전히 논란의 여지를 안고 있다(강태중, 2001). 우선, 평생교육의 담론에서 이념으로서의 평생교육 개념과 실천으로서의 평생교육 개념은 일치하지 않고 있다. 평생교육이 성인 또는 사회 교육의 연장을 평생교육의 현실적인 의미로 사용되는가 하면, 말 그대로 평생의 의미가 강조되기도 한다. 또한, 평생교육의 실천적 접근이나 연구가 지니는 한계를 지적하는 반성의 목소리도 들리고 있다. 이러한 목소리는 지나치게 현실수용적이고 발전론적인 기존의 관점들을 비판하는 한편 우리의 실천과 연구에 반성적 준거를 제시하고 있다.

따라서 평생교육의 이론과 실제에 관련된 다양한 쟁점이나 문제를 명료하게 하고 그에 대한 적절한 대답을 구하는 것은 평생교육론의 발전을 위해서는 해결하여야 할 과제이다. 평생교육의 연구가 어떤 관심과 방향으로 진행되느냐는 평생교육론의 발전 여부에 크게 관련되어 있다. 평생교육론이 사회적으로 합의할 수 있는 교육적 개념과 가치, 목적과 목표를 내포할 수 있는지, 또한 사회적 현실에 적합한 체제와 요소, 내용과 방법을 포섭할 수 있는지 등의 문제를 해결해야 한다.

이러한 관점에서는 평생교육론마저도 계속 발전되어야 할 교육 이념이며, 결코 어떤 상황에서나 무조건적으로 수용되어야 할 교조적(敎條的) 이념으로 이해되어서는 안될 것이다. 말하자면, 유네스코나 오이시디가 발전시켜 온 평생교육의 담론마저도 학문적으로 재검토되어 그 이론적 타당성이 보다 엄밀하게 검증되어야 할 필요성이 있다. 특히, 이 담론들이 기초해 있는 전제, 대전제의 타당성에 대한 면밀한 논의가 발전되어야 한다. 아울러, 이 담론들이 지향하는 취지와는 별도로, 각각의 주창된 가치와 원리, 목적과 목표가 구체적인 개인과 사회의 현실 여건과의 관련에서 어떻게 구현될 수 있는가에 대한 담론이 구체적이고 실증적인 수준에서 발전되어야 한다.

이 같은 과제를 수행하기 위해서는, 평생교육과 관련된 여러 분야 및 측면에 대한 분석과 검토가 보다 적극적으로 이루어져야 한다. 특히 다양한 학문적 관점에서 평생교육의 이론과 실제, 정책과 실천에 대한 체계적 연구가 보다 활성화되어야 한다. 이에 평생교육에 대한 다학문적 연구를 활용해야 할 필요성이 적지 않다.

2) 다학문적 접근의 개념과 필요성

다학문적(多學問的) 접근이란 주어진 대상에 대하여 여러 가지 학문적 접근 방법을 다양하게 적용하여 연구(기술, 분석, 설명)하고 그 결과를 종합(통합)하는 것을 의미한다.

예를 들어, 다학문적 접근 혹은 통합은 흔히 인구문제, 공해, 범죄 및 일탈행위, 환경, 문화 등의 사회현상이나 자연현상, 그리고 인간의 생활에서 나타나는 문제 또는 주제와 관련하여 그 해결책을 탐색하는 과정에서 여러 가지 학문들이 다양하게 동원됨으로써 이루어지게 된다. 따라서 이것은 어떤 현상이나 사상 또는 문제를 한 측면에서만이 아니라 여러 측면에서 접근함으로써 종합적인 해결을 이룩하려는 것이다.

다학문적 접근의 수준에는 몇 가지 단계가 함축되어 있다. 하나는 연구대상에 대하여 다양한 학제적 분석 방법을 적용한다는 것이고, 다른 하나는 이렇게 얻어진 결과들을 하나의 정합적인 이론·지식 체계로 통합한다는 것이다. 후자의 개념에서는, 다학문적 접근이 단순히 연구 대상에 대하여 다양한 시각에서 다양한 방법으로 기술, 분석, 설명하는 것에 그치지 않고 궁극적으로 하나의 종합적 설명체계를 지향하는 것이기 때문에 사실상 두 가지 이상의 서로 다른 학문을 유기적으로 통합하는 것을 의미하는 것이기도 하다.

여러 학문 분야의 유기적 종합 즉, 다학문적 통합은 크게 두 가지 방식으로 이루어진다. 하나는 개념 혹은 방법이나 절차를 중심으로 두 가지 이상의 학문을 연결하거나 재구성하는 방식이며, 다른 하나는 학문 간의 벽을 헐고 자유로운 표현이나 문제해결의 과정을 통해서 과제에 대한 연구가 이루어질 수 있도록 하는 방식이다. 전자는 간학문적 통합이고, 후자는 탈학문적 통합이라고 지칭되기도 한다(현종익·이학춘, 2002).

다학문적 접근에 의한 연구는 그 구체적 개념에 따라 연구 내용과 연구 방법 상의 통합적 수준이 아주 낮은 수준에서부터 아주 높은 수준에까지 다양한 형태로 이루어질 수 있다. 현재까지는 초보적 수준에서의 다학문적 접근 – 즉, 주어진 연구 문제에 대하여 종래보다는 훨씬 많은 학문 분야에서의 관심이 증대하는 것 – 이 주를 이루고 있으며, 높은 수준의 다학문적 분석과 종합 – 즉, 단순히 많은 학문 분야에서의 관심이 증대하는 것뿐 아니라 이러한 여러 학문 분야에서의 연구 결과를 하나의 종합적인 설명·지식체계로 통합하는 것 – 이 이루어질 수 있는 분석과 종합은 찾아보기 쉽지 않다. 고도로 통합적인 다학문적 연구는 이론적으로나 실제적으로 수행하기가 용이하지 않다. 그럼에도 불구하고, 높은 수준의 다학문적 접근에 의한 연구는 평생교육학의 발전을 위해서 적극화되어야 한다.

요컨대, 다학문적 분석과 종합이 이루어지는 수준은 다양한 것으로 이해할 수 있다. 즉, 다학문적 접근이란, 초보적인 수준에서는 연구 대상에 대한 여러 학문에서 발전된 다양한 관점과 분석 방법을 폭넓게 활용하는 것을 의미하지만, 높은 수준에서는 고도의 상호연관성과 밀도를 가지고 기술, 분석, 설명을 통합적으로 진행하는 것을 의미한다. 어느 수준의 통합을 염두에 두고 다학문적 접근을 이야기하느냐에 따라, 다학문적 연구에 대한 이해·논의의 내용은 달라진다. 최근 많은 분야에서 다학문적 접근의 필요성이 강조되고 있기는 하지만, 실제로 높은 수준의 상호연결성, 통합성을 지닌 다학문적 연구는 찾아보기 어려운 것이 사실이다. 이는 평생교육 연구 분야에서도 크게 다르지 않다고 해야 할 것이다.

한편, 교육학이나 평생교육학에서 다학문적 접근은 새삼스러운 것은 아니다. 그것은 교육이나 평생교육을 어떻게 정의하고, 또 그것을 다루는 학문의 정체성을 어떻게 정의하든지 간에, 교육과 관련된 현상, 활동, 문제의 연구는 본질적으로 다학문적 이해, 즉 여러 학문 분야의 관점과 접근방법을 필요로 하기 때문이다.

교육은 삶의 질을 향상시키는 데 기여할 수 있는 학습의 기회와 경험을 확대·촉진시키려는 활동이기 때문에, 개인과 사회의 삶의 여러 영역과 조건을 넓고 깊게 이해한 바탕 위에서 계획·실행·평가될 수 있는 것이다. 따라서 이러한 '삶에 대한 넓고 깊은 이해'는 단지 어떤 하나의 학문에 의존해서 손쉽게 이루어질 수 있는 것이 아니라, 여러 다양한 학문을 종합적으로 활용하여야만 그 해결의 단초가 얻어질 수 있을 정도로 복잡한 것이다. 교육에 대한 학문적 연구에서 다학문적 접근의 필요성이란 기본적인 것이다.

학문의 일반적인 기능과 목적이 그러하듯이, 교육학은 교육을 연구 대상으로 하여 객관적으로 기술하고, 타당하게 설명하며, 합리적으로 예언할 수 있는 지식체제와 이론체제를 구축함을 목적으로 한다. 물론, 교육을 어떻게 정의하느냐에 따라 교육학의 구체적인 연구영역이나 연구문제는 달라질 수도 있지만, 인간적·사회적 활동, 현상으로서의 교육이 교육학의 연구대상인 것만은 분명하다. 그런데 교육활동, 교육현상에는 수많은 요소가 복합적으로 작용하는 현상이기 때문에, 이것을 대상으로 연구하는 데에는 다양한 학문적 접근과 지원을 필요로 한다.

역사적으로, 교육학은 다학문적 접근에 기초하여 발전하여 왔다. 교육은 바람직한 인간의 형성을 추구하는 것이고, 인간은 사회적 맥락을 떠나 존재할 수 없기 때문에, 교육에 대한 연구는 인간 및 사회와 관련된 문제를 연구 대상으로 삼고 있는 여러 다양한 학문 분야에서의 접근 방법을 활용해야 한다. 이러한 점 때문에 교육학은 기본적으로 종합학문으로서 그 출발에서부터 간학문적, 다학문적 연구를 권장하여 왔다.

사실상, 교육학은 애초부터 학제간(inter-disciplinary) 연구와 다학문적(multi-disciplinary) 이해를 강조해 온 대표적인 분야에 속한다. 이러한 전통 속에서 철학, 역사학, 심리학, 사회학, 행정학, 인류학 등의 학문적 접근방법과 이론이 교육학 연구에 활용되어 왔으며, 이에 따라 교육학의 전통적인 학문 체계가 구성되었다.

평생교육학 역시, 넓은 의미의 교육학의 범주에 속하는 것으로서, 다학문적 접근을 활용하며 성장하여 왔다. 평생교육이 '개인의 자아실현과 사회의 삶의 질 향상에 기여할 수 있는 학습 촉진 활동'이라고 할 때, 인간과 사회에 관련된 문제와 쟁점, 질문과 과제를 다루는 학문은 모두 평생교육의 제 측면에 직접적 혹은 간접적으로 연결되지 않을 수 없으며, 따라서 평생교육의 이론과 실천에 관한 연구는 다양한 학문 분야 – 사실상 거의 모든 학문 분야 – 의 발전에 의존하지 않을 수 없기 때문이다. 예를 들어, 평생교육은 지식기반사회의 논리와 맥락에서 강조되고 있다. 따라서 평생교육의 지향, 내용, 방법 등은 사회학, 경제학, 경영학 등과 밀접하게 관련되어 있다. 또한, 좀더 인접학문을 넓게 보자면, 지식기반사회에서 변화의 원천이라고 할 수 있는 자연과학과 공학 등과 관련되어 있다. 평생교육 부문은 특히 교육의 여타 부문보다도, 사회 변화에 민감하게 대응해야 하는 속성 때문에, 다학문적인 차원에서 접근하여 설명하지 않을 수 없다.

그럼에도 불구하고, 평생교육학에서 다학문적 연구가 적극적으로 요청되는 데에는 몇 가지 이유가 있다.

첫째, 높은 수준의 정합성(整合性)을 지닌, 이상적인 수준의 다학문적 접근에 의한 연구는 더욱 찾아보기 어렵다. 이것은 여러 다양한 학문에서의 관점과 방법을 광범하게 활용하면서도 동시에 이것들을 고도로 일관성 있게 통합하여 기술(記述)·설명(說明)하는 체계와 내용을 구사한다는 것이 쉽지 않기 때문이다. 이러한 어려움은 다학문적 연구 방법에 대한 경험의 역사가 일천한 데서 기인하는 바가 크다. 종래의 학문적 연구는 단일 학문의 관점과 접근 방법에 의한 분석에 치중해 왔기 때문이다.

둘째, 평생교육학에서의 다학문적 연구의 경험과 성과가 많지 않기 때문이다. 평생교육학은 신생 학문으로서 여타의 교육학 분야에 비해 연구의 역사가 짧으며 연구의 역량이 제한되어 있다. 이로 인해 연구 대상을 넓고 깊게 잡아 다양한 연구 방법을 적용하여 통합적인 연구를 하는 방식을 발전시키는 데 어려움을 겪고 있다. 평생교육학의 학문적 발전을 가속화하기 위해서는, 평생교육에 대한 다학문적 연구를 강화하여야 한다.

셋째, 평생교육학의 종합적, 통합적 체계가 미흡하여 학문적 내용을 평생교육의 이론과 실천에 응용하는 데 어려움이 많다. 이를 테면, 평생교육에 대한 개념과 관점 및 접근방법이 상이하거나 판이하게 다를 경우,

평생교육학의 내용을 평생교육의 현장에 적용하는 것에는 주어진 상황과 문제를 종합적으로 숙고하는 관점이 수반되어야 한다. 즉, 평생교육학의 범주 내에 있는 정보나 지식이라 하더라도, 그 부분만을 떼어서 무조건적으로 적용하려고 할 때에는 현실 상황에서의 문제 해결에 부합하지 않는 경우가 발생한다. 이것은 학문적 지식이라 하더라도, 특수하게 고립되어 있는 지식을 맹목적으로 수용해서는 안 된다는 것을 말해 준다. 다학문적 접근 방법은 동일한 대상이나 지식이라 하더라도, 여러 관점을 활용하여 종합적, 통합적으로 이해·적용함으로써 사물의 진상(眞相)에 보다 잘 접근하는 데 유용하다.

2. 평생교육 연구의 동향

평생교육학 분야에서의 연구 동향은 강태중(2000)의 논문과 김진화(2007) 등의 논문이 종합적으로 분석, 보고하고 있다. 아래에서는 이들 논문에 기초하여 평생교육 연구의 동향을 살펴본다.

먼저, 강태중(2000)은 평생교육에 관한 국내외 연구를 종합적으로 검토한 후 평생교육 분야의 연구 경향과 관련하여 다음과 같은 견해를 제시하고 있다.

첫째, 평생교육 분야의 연구는 지식기반사회로 특징지어지는 미래사회를 염두에 두고 이루어지고 있는 경향이 있다. 그 이유는 지식기반사회가 평생교육을 그 사회적 요건으로 함축하는 점 때문에 평생교육에 대한 관심이 커질 수밖에 없기 때문이다.

둘째, 평생교육의 개념은 여전히 논란의 여지를 안고 있으며 이에 이념으로서의 평생교육과 실천으로서의 평생교육이 불일치한 가운데 논의되고 있다. 이를 테면, 평생교육이 성인 또는 사회 교육의 연장을 평생교육의 현실적인 의미로 사용되는가 하면, 말 그대로 평생의 의미가 강조되기도 한다.

셋째, 평생교육체제는 학교나 대학 중심의 전통적인 정규 교육체제의 대안을 모색하는 관점에서 논의되고 있다. 즉, 정규교육의 범주를 벗어난 영역에서 일어나는 교육과 학습을 관리하기 위해 필요한 체제, 혹은 미래 지식기반사회를 대비해 개혁적인 견지에서 국가교육체제를 구조화하기 위한 정책과 같이 대체로 '자격관리체제'라고 부를 수 있는 대안들을 검토하고 있다.

넷째, 평생교육의 실천을 주제로 삼는 연구들은 크게 세 가지 문제의식을 보여준다. 평생학습·평생교육 사회에서 학교교육이 감당해야 할 몫, 교육 참여·불참을 결정하는 요인과 기회균등의 대안, 정보기술 활용의 가능성과 한계 등이 중요한 연구 관심이 되고 있다.

다섯째, 평생교육의 실천적 접근이나 연구가 지니는 한계를 지적하는 반성적 연구들도 주목하였다. 이러한 연구들은 지나치게 현실수용적이고 발전론적인 기존의 관점들을 비판하고 있다. 이러한 연구들은 우리의 실천과 연구에 반성적 준거를 제시하고 있다.

다음, 김진화(2007) 등이 저술한 논문은 2000년 이후 주로 국내에서 이루어진 다수의 평생교육 관련 연구들을 분석하고, 이것들을 주제에 따라 분류하여 각 주제 별로 해당 논문의 내용과 경향성을 도출하였다. 그 결과, 평생교육 분야에서의 연구 경향이 주제별로 확인되었다.

아래에서는 김진화(2007) 등의 논문 내용에 기초하여 평생교육 연구의 동향을 주요 주제별로 요약, 기술하였다.

1) 평생교육학의 학문적 체계와 연구 영역

(1) 학문적 정체성의 확보

평생교육학의 발전과정에서, 하나의 학문으로서의 정체성과 위상을 찾으려는 노력은 부단히 계속되어 왔다. 이와 같은 노력은 평생교육학의 발전을 위해서는, 우선 연구의 대상을 명료하게 하고, 그 대상에 대한 연구의 방법 – 즉 관찰과 분석, 설명과 논의를 위한 준거틀 – 을 명확하게 설정해야 한다는 관점에 바탕한 것이다. 동시에 평생교육학에서 이론과 실천, 그리고 연구가 서로 유리될 수 없다는 점에 근거한 것이기도 하다.

김진화(2007) 등의 분석에 따르면, 최근 평생교육에 대한 연구에서 평생교육학을 새로운 독립적 학문으로 발전시키기 위한 노력이 활발하였다. 외국의 경우, 1990년대 이후 성인교육학을 중심으로 한 평생교육 연구 분야에서 학문적 정체성을 확보하려는 움직임은 증가하였다. 대표적으로 어셔와 브라언트(Usher & Bryant, 1989)는 평생교육학 혹은 성인교육학의 학문적 성격을 규정하기 위해서는 이론, 실천, 연구가 하나의 연결된 단위로 간주될 필요가 있다는 점을 지적하였다. 유사한 맥락에서, 쟈비스(Jarvis, 1999)는 연구와 실천의 경계가 결코 이분법적으로 분리될 수 없음을 강조하고, 실천가로서의 역량과 연구자로서의 역량이 통합되어야 함을 지적하였다.

(2) 학문적 체계 및 연구 영역

한국에서도, 1999년 사회교육법이 평생교육법으로 전면 개정되고, 2000년 한국평생교육학회가 출범한 이래, 평생교육 연구 영역의 학문적 정체성을 새롭게 정립하기 위한 노력이 확대되었고, 많은 학자들이 한국사회에서 평생교육이 활성화되는 과정에 참여하고 적극적으로 지원하였다. 한편, 평생교육에 대한 객관적 연구가 다양한 학문적 관점과 방법을 활용하여 활발하게 전개되어 평생교육학의 내용을 풍부하게 하였다.

우리나라에서 평생교육학은 종전의 사회교육, 성인교육에 대한 연구의 전통을 계승·발전시킨 것이라 할 수 있다. 이것은 한국평생교육학회가 한국교육학회 내의 사회교육연구회에서 발전된 것이라는 사실이 뒷받침한다. 물론 현재의 평생교육학이 이전의 사회교육이나 성인교육을 주 대상으로 하던 학문 영역의 성격과는 다르다는 주장이 없지 않다. 그러나 평생교육학에서는 사회교육이나 성인교육에 관한 연구가 핵심적이라는 점에서 볼 때, 평생교육학을 학문적으로 발전시키려는 노력은 오래 전부터 있어 왔던 것이라고도 할 수 있다.

우리나라에서는 정우현(1991)이 평생교육학이 학문적 체계를 갖추기 위해서는 몇 가지 논쟁점에 대한 문제를 극복해야 하며 그 선행요건으로 '평생교육의 대상, 내용, 방법, 평가'의 준거틀 속에서 관련 문제를 해결해야 한다는 점을 지적하였다. 또한 그는 평생교육 분야에서 연구물을 분류·분석하기 위한 방법으로, 평생교육의 연구 영역을 기존의 교육학 분류체계와 유사하게 '평생교육철학, 평생교육역사, 평생교육심리학(성인학습이론 포함), 평생교육사회학, 평생교육의 교육과정 및 프로그램 개발, 평생교육 정책, 평생교육 실태 및 현황, 평생교육 평가 및 효과분석, 평생교육 연구방법'의 아홉 가지 영역으로 구분하는 준거틀을 제안하였다.

최근에 한숭희(2001)는 평생교육학의 연구 영역을 '평생학습자 이해, 학습자 집단 연구, 평생교육 프로그램 연구, 평생교육기관의 설계 및 운영, 평생교육제도 및 정책, 평생교육의 국제 비교, 평생교육 연구에 대한 메타연구'의 일곱 가지로 제안하였다.

한편, 곽삼근·최윤정(2005)은 평생교육을 일련의 시스템으로 보고, 각 영역을 학습자를 중심으로 한 단계씩 개념과 범위를 확장하여, 평생교육의 학습체제 수준을 '평생교육학습자, 평생교육자 및 평생교육담당자, 평생교육과정 및 프로그램, 평생교육기관 및 현장, 평생교육제도 및 정책, 평생교육 국가 비교연구, 평생교육 패러다임 및 이념, 평생교육 이론 및 개념, 평생교육 철학 및 역사, 평생교육학의 연구방법 및 학문연구'로 준거를 설정하였다.

이상의 견해를 검토하고 김진화(2007) 등은 평생교육학에서의 연구 동향을 분석하기 위해서는 '이론-실천-정책-연구'로 준거 틀을 확장하는 것이 타당하다는 점을 지적하였다. 이들에 따르면, 기존의 준거 틀은 평생교육학의 내부 영역에서 수행되었던 연구논문의 동향을 분석하는 데는 유용하지만, 평생교육 실천영역의 흐름과 정책요인을 분석하는 데는 제한점이 있을 뿐 아니라, 평생교육학의 외부 영역에서 평생교육과 관련하여 어떠한 동향을 보이고 있는가를 분석하는 데에도 한계가 있었기 때문이다.

이 준거 틀에서, '이론'은, 평생교육학이 독립된 학문으로서의 위상과 정체성을 성립·발전시키기 위해서는 필수불가결한 것이다. '실천'은 실천 영역으로서 평생교육이 이루어지는 과정에서 나타나는 현상과 행위의 복합체하고 할 수 있으며, '정책'은 평생교육의 실천에 영향을 미치는 사회 정치적 영역이다. 실천과 정책은 하나의 동일한 영역으로 간주될 수도 있다. '연구'란 평생교육의 현상을 과학적으로 탐구하여 학문적 이론·지식 체계를 추구하는 학자들의 전문적인 활동 영역이다.

2) 주제·영역별 연구 동향

'이론-실천-정책-연구'의 준거 틀에 따라 김진화(2007) 등은 2000년 이후 한국에서 평생교육 연구의 동향을 분석하였다. 분석의 대상이 된 연구물에는 한국평생교육학회에서 발행하는 평생교육학연구(제6권-제12권)와 여타 인접 학술단체에서 발행하는 학술지에 수록된 논문, 그리고 평생교육과 관련된 석·박사 학위논문, 국가연구기관에서 발표한 연구보고서, 정책보고서, 연수자료, 자료집, 매뉴얼이 포함되었다. 분석은 총 11개 주제 분야별로 진행되었다. 각 주제 분야에 따른 연구의 동향은 다음과 같이 요약된다.

(1) 평생학습자

평생학습자와 관련된 연구 분야에서는, 연구 주제가 다원화되고 있다. 주요 주제로는 학습자의 참여, 학습자의 특성, 학습자와 프로그램 평가 및 성과, 자기주도학습과 학습성장과정, 학습자와 고등교육, 학습양식과 학습전략 등이 있다.

이를 구체적으로 살펴보면, 학습자의 참여와 관련하여, 참여결정요인, 참여지속과정, 참여동기 등이 있다. 학습자의 특성과 관련하여, 평생학습에 대한 인식과 태도, 자기효능감, 천안지역 평생학습자 특성연구, 학습자의 생활문화적 특성 연구 등이 있다. 학습자와 프로그램 평가 및 성과와 관련하여, 학습자의 관점에서 프로그램의 성과와 질을 평가하는 도구를 개발하는 연구, 프로그램의 성과(만족도, 삶의 질 영향력, 학습성과 인식 영역) 연구 등이 있다. 학습자와 고등교육과 관련하여, 성인학습자를 위한 고등교육기회 제공 차원에서 입학전형제도에 관한 분석, 대학의 평생교육 도전 연구 등이 있다. 학습양식과 학습전략에 관하여, 학습자 학습양식의 실증적 분석, 성인학습자가 원하는 교수방식(teaching style), 원격교육 성인학습자에 대한 멘토링(mentoring) 등이 있다.

(2) 평생교육사

평생교육사와 관련된 연구 분야에서는, 평생교육사 양성과 직업적 전문성의 연계문제가 비중 있게 다루어지고 있다. 주요 주제로는 대학교에서의 평생교육사 양성, 평생교육사 전문성과 직무, 평생교육사의 역할과 위상, 평생교육사의 교수양식 등이 있다.

이를 구체적으로 살펴보면, 평생교육사 양성과 관련하여, 평생교육사 양성의 실태분석과 문제점, 평생교육사 양성과정 이수자의 학습경험, 평생교육사 양성교육의 효과 연구 등이 있다. 평생교육사의 직업과 전문성과 관련하여, 직업적 전문성과 직무, 전문성의 구인 타당화 연구 등이 있다. 평생교육사의 위상제고와 임파워먼트와 관련하여, 평생학습 패러다임에서의 사회교육자의 위상과 역할, 평생교육사의 역할 분석과 위상 제고 방안 등이 있다. 평생교육사의 교수양식과 관련하여, 평생교육사의 교수양식에 대한 국제적 비교연구가 있다.

(3) 평생교육 프로그램

평생교육 프로그램에 관한 연구 분야에서는, 프로그램 이론의 체계화 문제가 주로 다루어지고 있다. 주요 주제로는 프로그램 이론의 체계화, 프로그램 대상 및 영역, 프로그램 평가, 프로그램 개발 접근, 프로그램 개발의 전문성과 직무 수행, 프로그램 개발 이론과 현상 등이 있다.

이를 구체적으로 살펴보면, 프로그램 대상 및 영역과 관련하여, 여성인력 개발센터 프로그램, 여성의 인터넷교육 프로그램, 지방정부 여성평생교육 프로그램, 대학 평생교육원 프로그램, 환경시민단체(NGO)활동 프로그램, 전직 프로그램, 여성관련 프로그램, 사회봉사 프로그램, 인터넷교육, 원격학습자 멘토링 프로그램, 남녀평등의식 프로그램, 지방정부 여성 평생교육 프로그램 등이 있다. 프로그램 평가와 관련하여, 프로그램평가 준거, 프로그램평가 도구개발, 프로그램 만족도, 프로그램 효과분석 등이 있다. 프로그램 개발 접근과 관련하여, 진로 발달 상황적 접근, 성 분석을 통한 접근 등이 있다. 프로그램 개발 전문성과 직무수행과 관련하여, 프로그램 개발의 전문성에 대한 이론적 규명, 프로그램 개발 직무수행과 전문성과의 관계 등이 있다. 프로그램의 이론과 현상과 관련하여, 프로그램 이론을 비평한 연구, 프로그램 개발 현상을 질적 연구방법을 통해 조망한 연구 등이 있다.

(4) 평생교육 이론

평생교육 이론에 대한 연구 분야에서는 평생교육 담론 형성 문제에 초점이 주어지고 있다. 주요 주제로는 평생교육학 혹은 평생교육론에 대한 이론적 논의, 평생학습사회론 등이 있다.

이를 구체적으로 살펴보면, 평생교육학 혹은 평생교육론에 대한 이론과 관련하여, 평생교육의 담론, 평생교육의 심리학적 연구, 평생교육과 경험학습의 관계, 조선시대의 평생교육론 등이 있다. 평생학습 사회와 관련하여, 학습사회와 학습경제, 평생학습 사회의 지향성, 평생학습 사회의 교육현실변화와 교육철학의 관계, 평생학습 사회와 고등교육, 평생학습 사회와 학습 생태학의 관계 등이 있다.

(5) 평생학습 체제

평생학습 체제에 관한 연구 분야에서는, 공적인 평생학습 체제에 관심이 집중되고 있다. 주요 주제로는 국가수준의 평생학습 지원체제와 행정, 지방자치단체 수준의 평생학습체제, 평생학습 체제의 이론적 관점, 평생학습정보화 추진체제 등이 있다.

이를 구체적으로 살펴보면, 국가수준의 평생학습 지원체제와 행정과 관련하여, 평생학습 지원시스템 구축을 위한 행정의 과제, 평생학습 지원체제의 재구조화, 평생학습 기회제공 체제의 진단을 위한 준거 등이 있다. 지방자치단체 수준의 평생학습 체제와 관련하여, 지방자치단체 수준의 평생교육 체제 구축방안, 지방자치단체 평생교육 관련 조례의 평생교육추진체제 분석, 평생학습 도시 시스템 등이 있다. 평생학습 체제의 이론적 관점과 관련하여, 생애단계에 따른 평생교육 체제 모델 탐색, 학습체제 연구를 위한 생태 체제적 개념모형 탐색, 평생교육 체제와 고등교육의 변화 등이 있다.

(6) 인적자원 개발

인적자원개발에 대한 연구 분야에서는 인적자원 개발과의 차별화 문제에 주안점이 주어졌다. 주요 주제로는 평생교육과 인적자원 개발과의 관계, 인적자원 개발의 접근방법, 인적자원 개발 방안 등이 있다.

이를 구체적으로 살펴보면, 평생교육과 인적자원 개발과의 관계와 관련하여, 평생교육 관점에서 본 인적자원 개발체제, 인적자원 개발과 교육에 관한 음미, 평생교육과 인적자원 개발의 관계 등이 있다. 인적자원 개발의 접근 방법과 관련하여, 인적자원개발을 위한 사회적 파트너십의 구조와 원리, 인적자원 개발에 대한 사회철학적 접근, 지역인적자원 개발에 대한 사회적 자본 관점 등이 있다. 인적자원 개발 방안과 관련하여, 정보격차 해소를 통한 저학력 · 저능력 계층을 위한 인적자원 개발 방안, 지역인적자원 이동 등이 있다.

(7) 학습에 대한 연구

학습에 대한 연구 분야에서는, 평생학습과 인간의 삶과의 관계 연구에 관심이 모아지고 있다. 주요 주제로는 평생교육과 삶의 태도, 학습자의 삶의 질, 평생학습과 삶의 기회, 평생학습과 삶의 총체적 변화 등이 있다.

(8) 평생교육학의 연구방법

연구방법의 다원화와 질적 방법론의 주류화 경향이 두드러지고 있다. 해당 주제로는, 종단적 시계열적 분석 방법, 질적 연구 방법론을 적용한 참여관찰 방법, 전기면담에 의한 사례연구, 생애사 연구방법 등이 있다.

(9) 평생교육과 관련된 각종 보고서 및 자료

2000년 이후 평생교육과 관련된 연구 및 정책보고서는 급속히 증가하고 있으며 수량적으로도 상당히 많으며, 평생교육과 관련된 연구를 수행한 기관의 수도 점차 다원화하고 있다. 또한, 연수자료, 자료집, 매뉴얼 등이 평생교육의 실천 현장과 실무자를 대상으로 많이 보급되었다.

(10) 평생교육 관련 박사학위논문

2000년 이후 평생교육학의 학문적 위상을 보여줄 수 있는 박사학위논문의 수가 크게 증가하고 있다. 박사 논문의 주제도 다양하여 평생교육학계에서 다루고 있는 전반적인 내용을 포괄하고 있으며 그 내용도 심화되고 있다.

(11) 인접학문 분야에서의 평생교육 연구

2000년 이후 인접학문 분야에서의 평생교육 연구는 급속히 증가하고 있다. 평생교육학은 다양한 인접학문에까지 확산되고 있다.

이러한 현상은 평생교육학의 위상이 제고되었다는 긍정적인 평가를 받을 수도 있지만, 다른 한편으로는 인접학문들에 대한 평생교육학의 학문적 책무성이 증가하고 있다고도 할 수 있다.

평생교육 연구 논문을 게재한 인접학문 분야를 살펴보면, 교육 법학, 가정과 교육학, 공예학, 공학 교육학, 교육 사회학, 교육 인류학, 교육 재정경제학, 교육 정보미디어학, 교육학, 교육 행정학, 국제 지역사회 개발학, 기독교교육 정보학, 농업 교육학, 도서관 정보학, 보건교육 건강 증진학, 비교 교육학, 산업 경제학, 성인 교육학, 여가 레크리에이션학, 유아

교육학, 열린 교육학, 직업 교육학, 체육학, 특수 교육학, 콘텐츠학, 행정학, 헌법학 등이 있다.

3) 평생교육 연구의 과제

김진화(2007) 등은 평생교육 연구의 동향을 종합적으로 고찰하면서, 평생교육학의 성과와 과제를 다음과 같이 요약하고 있다.

첫째, 2000년 이후 평생교육학은 전통교육학의 하위 영역의 여러 담론 중에 하나로 머물러 있는 단계를 넘어 인접학문 영역으로까지 확장되고 있다. 다시 말해, 평생교육학의 연구의 영역이 다원화되고 있다. 십수년 전만 하더라도 평생교육에 대한 인접학문 영역은 교육사회학이 주도하였다고 해도 과언이 아니었으나, 현재의 평생교육학은 행정, 문화, 보건, 복지, 종교 등 다양한 분야로 확장되고 연구가 수행되고 있다. 다시 말해 평생교육의 범위가 예전과 비교할 수 없을 정도로 확대되었으며, 이에 따라 평생교육에 대한 학문적 연구 영역도 확장되었다.

둘째, 2000년 이후 평생교육학은, 평생교육학회가 매개가 되어, 국가의 평생학습지원체제의 구축과 실현에 평생교육학계가 크게 기여하였다. 물론 평생교육의 실천영역의 확장이 정책에 의해 주도되는 경향이 있었지만, 이 과정에서 평생교육학계의 역할이 적지 않았다. 이 같은 배경에는 평생학습 사회의 이념과 학습기회의 개방과 평등성을 추구하는 평생교육학의 이상이 있었다고 할 수 있다. 평생교육의 필요성이 아무리 강조된다 하더라도 학습자들이 일상의 삶에서 학습활동을 전개할 수 있도록 평생학습체제가 정비되지 않고서는 학습권의 보장을 기대할 수 없다는 점에서, 평생교육학계가 국가와 지방자치단체가 평생학습지원시스템을 구축하는 과정에 적극적으로 참여하여 평생교육의 실천현장을 확대하고 공고히 한 것은 주목할 만한 것이다.

셋째, 그동안 평생교육학의 이론적 담론 형성이 외부체제와의 방어적 논리 관점에서 전개되었다는 사실에 결코 자유롭지 못하다. 이제는 평생교육학 내부의 현상과 쟁점을 명확히 하고 재생산하는 차원에서 보다 적극적으로 이론적 담론을 생성하고 활성화시켜 나가야 할 것이다. 즉, 담론을 활성화하고, 보다 더 정교한 방법론을 개발하며, 창의적 사고를 적용하고, 새로운 이론을 생성하며, 미성숙한 이론을 체계적이고 성숙한 것으로 만들어 가야 한다. 평생교육학은 가치가 있는 이론을 찾아내어 발전시키고, 효과적인 이론과 그렇지 못한 이론을 구별지을 수 있는 고유한 준거를 개발해야 한다. 평생교육학은 비교적 신생학문으로 타 학문의 개념 체계를 차용하면서 발전해 온 응용학문의 성격을 보이고 있다. 앞으로 현재의 한계를 극복하고 자기 정체성을 확보하면서 고유한 지식체계를 구축하고 전체 학문의 발전에 기여해야 할 과제를 안고 있다.

넷째, 2000년 이후 평생교육학계의 난제는 인적자원 개발과의 관계를 어떻게 세우느냐 하는 것이다. 평생교육과 인적자원 개발 간에는 불화가 있어 왔다. 이제 양자의 관계는 협력적·공생적 관계를 모색할 필요가 있다. 평생교육과 인적자원 개발이 열린 체제에서 공진화를 통해 상화 발전해 나갈 수 있을 것이다.

다섯째, 평생교육학의 지속가능한 자생적 성장과 발전을 위해 독자적인 연구방법의 개발과 적용이 활성화되어야 하며, 평생교육의 실천 현장에서 확산되고 있는 현상을 고유한 개념으로 생성하고 법칙과 이론을 형성시켜 나가야 한다. 아울러, 평생교육학의 학문적 정체성 확립을 위해서는 평생교육의 주체 영역에 대한 통시적 고찰하는 연구방법이 적용하는 것도 필요하다.

제 3 장

평생교육의 국제 동향

평생교육의 세계적 확산은, 직접적으로는 각 나라마다의 고유한 전통과 역사 속에서 발전되어 온 것이기는 하지만, 간접적으로는 유네스코(UNESCO)나 오이시디(OECD)와 같은 국제적 기구로부터 영향을 받은 바 크다.

유네스코와 오이시디와 같은 국제적 기구가 평생교육의 개념과 이론에 기초한 교육 패러다임의 전환에 관심을 갖게 된 데에는 사회 발전의 단계에 따른 다양한 사회적 요구와 교육적 필요를 반영한 것이다. 즉, 이 두 기구가 주창하는 평생교육론의 취지에는, 2차 대전 후 후진국의 사회경제적 발전 과제를 해결하기 위한 목적, 60년대 전 세계적으로 대두된 교육불평등을 포함한 교육위기에 대한 처방책의 차원, 80년대 이후 후기 산업사회 또는 지식기반사회로의 전환에서 요구되는 생산성 및 경쟁력의 강화 필요성 등이 종합되어 있다.

이 장에서는 먼저 유네스코와 오이시디가 어떻게 평생교육론을 발전시켜 왔는가를 개관한다. 이어 평생교육의 이론과 실제가 주요 국가에서 어떻게 전개되어 왔으며 그 동향이 어떠한지를 개관한다. 마지막으로 평생교육의 국제적 동향이 시사하는 바를 논의한다. 이 장의 내용 중 평생교육론의 발전과정에 관해서는 이무근(2001) 등의 보고서를, 주요 국가의 평생교육 정책에 관해서는 최돈민(2003) 등의 보고서를 주로 참고하여 작성하였다.

1. 유네스코의 평생교육론

1) 배경 및 발전 과정

유네스코는 1945년 11월 16일 20개국이 참여하여 결성한 국제기구이다. 유네스코는 출발 당시 인간의 무지가 불평등, 전쟁의 원인을 제공한다는 전제에서 제3세계 시민들을 대상으로 한 문해교육의 착수에 특별한 관심을 기울였다. 이런 점에서 보면, 유네스코의 창립에는 사실상 평생교육적 이념이 내포되어 있다고도 볼 수 있다.

초기 유네스코의 관심은 성인교육에 있었다. 이는 후진국이나 개발도상국의 경우 성인문해 교육이 우선적 과제였기 때문인 점에서 크게 기인한다. 이는 또한, 사실상 산업화된 국가의 경우에도, 성인교육은 고등교육과 함께 의무교육 단계 이후의 계속교육으로서 정책적 관심을 적지 않게 받던 교육영역이었다는 점에서도 적지 않게 기인한다.

유네스코는 여러 번의 세계 성인교육 회의와 많은 평생교육 관련 세계회의를 통해 평생교육론의 이념을 정립하고 보급하는 데 앞장 서 왔다. 1949년부터 1997년 기간 사이 10년을 회의 주기로 하여 다섯 차례의 세계 성인교육 회의를 개최하였다.

1차 회의는 덴마크 엘시노어에서 구소련 및 동구권 국가들이 불참한 가운데 개최되었다. 당시 참가국 중 3분의 2가 유럽 국가였다. 회의 결과 유럽 국가들의 입장이 비중 있게 반영된 가운데 '교양교육형 성인교육'이 채택되었고, 전쟁 후 유럽재건을 위한 성인교육의 역할에 초점이 두어졌다. 아울러, 성인교육분야의 세계적인 결속과 국제협력의 계기가 마련되었다.

2차 회의는 1960년 캐나다 몬트리올에서 개최되었다. 이 회의에는 구소련 및 동구권 국가들을 비롯한 아시아, 아프리카 국가들이 참석한 가운데, '변화하는 사회의 성인교육'이 주제로 채택되었다. 이에 교양교육과 직업교육을 조화시켜야 할 필요성이 부각되었고, 교육은 평생에 걸쳐 전개되는 과정으로 이는 생활에 대한 준비가 아니라 생활의 일부로 보아야 한다는 평생교육 이념이 정립되었다. 아울러, 개발도상국의 문제해결을 위해 전 세계에 문해교육과 국민교육이 확대되어야 할 필요성 이 제기되었다. 이러한 맥락에서 북미와 유럽의 선진국들의 역할이 주요한 쟁점으로 논의되는 한편 정책목표로서 평생교육 이념의 역할이 강력하게 대두되었다.

3차 회의는 1972년 일본 도쿄에서 개최되었다. 이 회의는 북미나 유럽이 아닌 제 3세계에서 열렸다는 점에서 특기할만 하였고, 이런 점에 힘입어, 52개 개발도상국 대표들이 전체 참가자의 3분의 2를 차지하였다. 이 회의에서는 '통합적 평생교육체제'라는 제목의 보고서를 통하여 '평생교육체제의 가장 큰 수혜자는 교육의 혜택을 받지 못한, 잊어진 민중'으로 규정하였다. 아울러, 성인교육은 평생교육체제 속에서 불가결한 요소로서 그 지위가 부상되었다. 이는 즉 성인교육의 지위와 역할이 초등교육이나 중 · 고등교육의 경우와 동등한 수준으로 인정받게 된 것임을 의미하였다. 이 회의의 결과, 회원국에서의 성인교육 관계 법규 제정 및 정비와 각종 성인교육 활동 보급의 필요성에 대한 공감이 이루어졌다.

4차 회의는 1985년 프랑스 파리에서 개최되었다. 이 회의의 결실은 배울 권리 즉, 학습권 선언의 채택이었다. 이 선언에서, 학습권의 내용은 읽고 쓸 권리, 탐구하고 분석할 권리, 상상하고 창조할 권리, 자기 자신의 세계를 이해하고 역사를 기록할 권리, 개인과 집단의 기량을 높일 권리 등으로 구성되어 있다. 학습권 선언은 국제기구에 의해 이루어진 학습권에 대한 최초의 인정 사례라는 점에서 의의가 있다. 이 선언을 통해, 평생교육은 그동안 학습기회로부터 배제되어 왔던 기층 민중에 대한 학습권을 보장하는 데 체계적인 역할을 수행해야 한다는 점이 확인되었다.

5차 회의는 1997년 독일 함부르크에서 개최되었다. 이 회의는, '함부르크 선언'을 도출하여, 성인교육이 권리 이상의 것이고 21세기의 열쇠임을 확인함과 동시에 성인학습에 다양한 주제를 포함시킬 것을 요구하였다. 예를 들면, 성인학습과 민주주의, 성인학습의 질과 조건의 향상, 문해교육과 기초교육에 대한 보편적 권리의 보장, 성의 평등과 여성의 세력화, 변화하는 일의 세계와 성인학습, 환경·건강·인구와 관련된 성인학습, 성인학습과 문화·대중매체·정보기술, 모든 이를 위한 성인학습, 성인학습의 경제학, 국제협력과 연대강화와 같은 주제이다. 아울러, 모든 성인들이 성, 나이, 인종 등에 차별받지 않고 그들의 삶 전반을 통해 학습할 수 있는 기회를 제공받을 수 있도록 제도적 장치를 구비할 것을 권고하였다.

이 같이 유네스코가 다섯 차례의 회의를 거치며 정립한 평생교육론의 입장과 내용은 이후 지속적으로 유지되었다. 특히 1990년대 이후 세계적으로 지식기반경제론이 압도하는 상황에서도 '교육이 다른 어떤 것, 특히 경제의 수단화로 치닫는 경향'을 경계하며 애초 유네스코 고유의 평생교육론의 관점과 입장을 견지하였다.

2) 요지 및 강조점

평생교육론의 발전은 폴 렝그랑(Paul Lengrand)이 1965년 12월 유네스코의 '성인교육발전위원회'에 '평생교육'이라는 보고서를 제출한 데에서부터 이루어진 것으로 간주되고 있다. 렝그랑에 의하면, 인간은 태어나 죽을 때까지 평생을 통해 교육받을 권리가 보장되어야 한다. 그리고 이것을 위해 새로운 교육제도들이 만들어져야 한다. 따라서 파편화되고 분절되어 있는 기존의 교육제도들은 인간의 종합적 발달이라는 축을 중심으로 해체되고 재구성되어야 하며, 이는 사실상 교육의 혁명을 의미하는 것이다. 이러한 관점에서는, 교육현상을 통합적으로 편성할 수 있는 전혀 새로운 교육의 개념이 필요하며, 그러한 개념에 의해서만이 교육의 체계를 본질적으로 변화시킬 수 있다. 그리고 오늘날 청소년을 위한 교육과 성인을 위한 교육이 분절되어 있어 상호의존의 관계가 성립되어 있지 않으므로 이들의 역할 분담을 분명히 하여 교육의 구조를 변화시킬 원리를 구축해 낼 필요가 있다.

렝그랑의 평생교육론은 1969년 '평생교육의 전망'이라는 논문을 통하여 널리 알려졌다. 그는 평생교육을 교육의 계속성과 항구성, 연계성, 전생애성, 자발성, 전체적 인간발달 도모성, 모든 이를 위한 교육권의 보장 등의 면에서 기존의 교육체제와는 확실히 구분되는 것으로 제시하였다. 즉, 평생교육은 새로운 교육 이념이며 교육 패러다임이었다. 이후 렝그랑의 평생교육론은 '평생교육입문' 등을 통하여 전 세계에 평생교육 이념을 확산하였고, 유네스코는 평생교육론을 교육사업의 기본 틀로 활용하였다.

렝그랑의 평생교육론은 이후 옴멘(Ommen), 파킨(Parkyn), 다베(Dave), 포오르(Edgar Faure) 등에 의해 보완, 심화되었고, 이로써 유네스코 평생교육론의 이론적 토대가 구축되었다.

옴멘에 의하면, 평생교육은 모든 사람을 위한 것이다. 평생교육의 목적은 구속으로부터 해방을 성취하는 데 있으며, 개인의 창조성을 높이는 데 있다. 평생교육은 학교제도의 민주화를 촉진하고, 교육체계 전체를 조정하고 통합하며, 사회행동의 동인을 제공하는 역할을 할 수 있다. 평생교육은 학습자가 있는 곳에서 이루어지며, 교육공학의 활용을 극대화한다.

다베에 의하면, 평생교육의 개념에는 다양한 특성이 내포되어 있다. 즉, 평생교육을 통한 계속적인 학습과 교육, 변화하는 사회에서의 적응과 생활의 질적 향상을 추구하는 교육, 모든 교육체제와 교육적 노력의 수직적, 수평적 통합, 가정, 학교, 사회에서의 교육을 망라하는 교육, 교육과정, 교수·학습방법, 학습자료의 융통성과 다양성, 기존 교육체제에 대한 교정적 기능과 점진적인 개선 등이 그것이다.

포오르는 1972년 유네스코 보고서 '존재를 위한 학습'의 작성을 통해 평생교육의 사상, 실천, 연구의 토대를 제공하였다. 이 보고서는 교육을 통한 학습사회의 비전을 제시하고, 학습사회의 주인이 될 평생학습자의 모습을 지·덕·체가 골고루 갖추어진 완전한 인간상을 제시하며, 모든 국가는 평생교육을 그들의 교육 정책의 기본 개념으로 채택해야 하고, 모든 개인은 생애에 걸쳐서 학습할 수 있어야 하며, 평생교육은 학습사회의 주춧돌임을 밝히고 있다.

'존재를 위한 학습'은 학교교육 틀에 대한 개혁을 통해 교육의 지평을 학교사회에서 평생 학습사회로 확대한 선구적인 것이었다. 그는 당시 세계 제도교육의 문제는 단지 실천적 변화만으로는 해결될 수 없으며 교육을 바라보는 이론적 패러다임을 평생교육이라는 새로운 담론으로 전환함으로써만 해결될 수 있다고 주장하였다. 그에 의하면, 인간의 전 생애에 걸친 지속적인 학습이야말로 삶의 생성과 유지, 비판적 재창조를 위한 필수 기제이다. 즉, 학습사회가 되기 위해서는, 생명을 위한 학습, 지속적인 배움을 위한 학습, 자유롭고 비판적인 사고를 위한 학습, 세계와 인간을 사랑하기 위한 학습, 창조적 노동을 개발하기 위한 학습 등이 활성화되어야 한다는 것이다.

'존재를 위한 학습'은 내용상의 모체로 보면 '학습사회론'이라 할 수도 있다. '존재를 위한 학습'은 알기 위한 학습, 행하기 위한 학습, 함께 살아가는 법을 익히는 학습에 의해 심화·발전된다. 존재를 위한 학습은 '학습사회'를 지향한다. 학습사회란 다양한 형태와 내용의 존재를 위한 학습이 활성화되어 인본주의적 가치 — 즉 개인적 삶(자아실현) 및 사회적(공동체) 삶의 질 향상 — 가 실현되는 사회를 말한다. 학습사회론의 관점에서, 교육은 근원적인 의미에서 인간의 배울 권리를 보장하고 종합적이고 체계적으로 전 생애에 걸친 계속적 학습을 통해 인간교육이 구현될 수 있도록 하여야 한다는 철학과 원리에 기초해야 한다. 이러한 교육이 곧 평생교육이다. '존재를 위한 학습'은 이후 유네스코가 발전시키는 평생교육론의 기조가 되었다.

유네스코의 평생교육론은 세계적 회의를 통해 발표된 중요한 권고와 선언 등에 의해서도 적지 않게 도움을 받았다. 예를 들어, 1976년 '평생교육 발전을 위한 권고안', 1990년 '모든 이를 위한 학습기본권(Education for All)' 선언, 1997년 '함부르크 성인교육 선언' 등은 인간이 전 생애를 통해 학습하고 교육받을 수 있는 권리가 필수 조건 이상의 것임을 천명하였으며, 2000년 세네갈의 다카르에서 열린 세계 교육 포럼에서의 '평생교육을 향한 교육권' 선언은 정부와 국제기구와 지역 간의 폭넓은 공감대와 지지 기반 구축을 강조하였다. 이러한 권고와 선언들을 통해서 평생교육론은 보다 정교화 되었다.

요컨대, 유네스코의 평생교육론은 초기 성인 자유교양교육에 대한 논의와 성인기초교육 및 문해교육에서 출발하여 이후 렝그랑의 평생교육론 및 포오르의 학습사회론 등을 거치며 유네스코 고유의 교육론으로 발전하였다. 이 과정에서 유네스코가 여러 세계적 회의를 통해 발표한 주요 권고와 선언의 역할이 적지 않았다.

2. 오이시디의 평생교육론

1) 배경 및 발전 과정

오이시디는 1960년에 선진국들이 국제경제 전반에 대해 협력하기 위한 기구로 설립되었다. 당시 세계적으로 고도의 경제성장을 이룩하고, 개발도상국에 대한 원조, 세계무역의 확대 등을 목적으로 하였다. 오이시디는 현재의 평생교육이 구체적 체계적 형태를 갖추는데 중요한 역할을 하였다.

오이시디의 평생교육론은 5년 주기로 개최되는 교육장관회의가 인적자원개발과 평생학습에 대한 국가의 정책적 기준을 권고하는 과정에서 발전하였다. 대표적으로, 오이시디 교육장관회의는 '모든 이를 위한 평생학습(Lifelong Learning for All)', '모든 이를 위한 능력개발에의 투자(Investing Competencies for All)' 등의 보고서를 통해, 모든 사람에게 평생학습은 필수적이며, 모든 사람은 평생학습에 접근할 수 있어야 한다는 점을 부각시켰다. 이에 따라 평생학습의 기초 강화, 학습과 일간의 유기적인 연계성 증진, 평생학습 관련 모든 파트너의 책임과 역할 제고, 평생학습에 대한 투자 증대와 교육훈련을 제공하는 사람들에 대한 인센티브 창출 등의 전략을 강조하였다.

1996년 오이시디 교육장관회의는 '모두를 위한 평생학습'을 안건으로 국가발전의 핵심 요소에 대한 토의를 거쳐 '요람에서 무덤까지의 평생학습' 개념을 도입하고, '개인의 발달, 사회적 결속, 경제성장'을 평생학습 전략이 추구해야 할 목적으로 설정하였다. 아울러, 국가의 사회적 안녕, 문화적 활력·번영은 지식과 기술 및 능력을 얼마나 잘 창출하고 개발하느냐 하는 수준에 달려 있고, 고도의 생산성과 고임금 직업은 오직 능력 있는 사람들에 의해서만 달성될 수 있으며, 이러한 능력은 학습을 통해서만 배양될 수 있다는 점이 강조되었다.

이 같은 평생학습론의 관점은, 기존의 학교 본위 교육체제가 이러한 대응에 실패한 것으로 비판받고 있음에 주목하면서, 일의 세계나 노동시장으로부터 외면당하고 있는 기존의 교육체제는 생애주기에 따른 교육기회의 재분배와 내용의 대혁신을 이루어 낼 수 있도록 크게 바뀌지 않으면 더 이상 존립하기 어려울 것이라는 전망에 기초한 것이었다. 예를 들어, 인적자원개발은, 지식사회로의 전환 및 기술의 급격한 발전에 따라 직업과 교육훈련간의 계속적인 순환을 통해 이루어져야 하는 것이므로, 초기 입문교육뿐만 아니라 생애에 걸친 학습기회를 제공하는 데 중점을 두어야 한다는 것이다.

2001년 파리에서의 교육장관회의에서는 '모든 이를 위한 능력개발에의 투자'를 주제로 회의를 개최하여 지식기반사회 조성의 핵심 도구로서 평생학습전략을 강조하였다. 즉, 일터와 학습간의 경계가 희미해져 가고 있는 상황에서, 지속적 경제발전과 사회적 성장을 위해서는 인적 자본과 사회적 자본의 중요성이 가일층 강화되어야 하며, 전 생애에 걸친 능력개발을 통해, 사회공동체의 질을 제고하고, 교수·학습을 개선해야 한다는 점을 집중적으로 논의하였다. 또한, 학교에서 일터로의 인력개발 모델과 일터에서 학교로의 인력 개발 모델 그리고 일터에서 일터의 자체적 인력개발모델이 연계되는 '평생학습 전략 모형'을 제시하였다. 더불어, 급격한 사회 변화에 따른 교육과 인적자원 개발의 중요성에 대한 인식을 공유하고, 학습하는 방법의 학습, 문제해결, 창의력, 집단내 협력 등의 고등 사회적 능력 또는 범교과적 능력 함양을 강조하였다. 아울러, 인적·사회적 자본 축적을 위한 생애 능력 투자 증대와 평등한 교육 및 학습기회 보장, 일과 학습의 연계 강화, 모든 사회 분야의 교육과 학습 네트워크 강화, ICT 교육 활용 간기업체 간의 횡적 협력체제와 초중등·고등·성인교육의 종적 협력체제 구축을 논의하였고, 정보격차 문제를 논의하였다.

2) 요지 및 강조점

오이시디는 유네스코와는 대조적으로 '순환교육'과 '학습경제론'적 관점에서의 생애 직업능력 개발 정책의 강조를 통해 평생교육론에 큰 영향을 미쳐왔다. 특히 우리나라에서는 1990년대 후반 학습경제론적 관점에서의 인적자원개발론과 전략적 평생교육 투자확대론이 부각되는 데 적지 않게 기여하였다. 즉, 오이시디의 평생교육론은, 학습경제론적 관점에서, 일과 학습 연계모델로서 평생에 걸친 교육시기의 재분배 모델인 순환교육모델을 제안함으로써 인적자본과 사회적 자본을 근간으로 삼는 평생교육 투자 확대 전략화 모델을 제시하였다.

'순환교육'론은 1973년 교육연구혁신센터(CERI)가 '순환교육: 평생학습을 위한 전략'이라는 정책문서를 발표함으로써 알려지기 시작하였다. 순환교육은 일과 학습의 긴밀한 연계를 전제로 '교육과 직업 간 연계통로와 전 생애에 걸친 순환·재순환 체제 구축 모델'이다. 교육의 시기를 아동기와 청소년기의 학교교육에 국한하는 '종국 교육 모형(terminal education model)'을 벗어나 전 생애주기에 걸쳐 평생에 걸쳐 필요에 따라 수시로 노동시장을 떠나 자유로이 경력개발을 위한 학습의 세계로 유입될 수 있도록 하는 노동과 학습간의 순환형 교육모형이다.

순환교육론이 등장한 것은, 오이시디 국가들이 실업문제 해결과 국가경쟁력 향상, 개인의 창조력 개발 및 사회의 안정적 발전을 가져오기 위해서는 평생교육론에 기초한 새로운 교육 체제가 필수 불가결한 것으로 인식하였기 때문이다. 즉, 그들은 기존의 학교중심 교육체제가 직면한 사회문제들에 대하여 적절히 대응하지 못한 것으로 판단하였다. 특히 일의 세계, 노동시장으로부터 외면당하고 있는 전통적 학교 중심의 교육체제는 생애주기에 따른 교육기회의 재분배, 교육내용의 대혁신을 전제로 변하지 않으면 존립하기 어려울 것으로 전망되었다. 순환교육론에서는 일-학업-여가라는 세 가지 삶의 사이클은 수직선상으로 연차적으로 주어지는 것이 아니라, 요람에서 무덤까지 평생에 걸쳐 일과 학습기회가 재분배되고 순환된다. 이 같은 새로운 교육 패러다임에서는, 순환교육에 의해 노동시장과 학습세계가 순환적으로, 또는 동시적으로 연계되는 통합적 평생직업교육 시스템이 가능하게 된다.

한편, 오이시디의 순환교육론은, 개인의 발달 및 사회적 결속을 경제성장과 함께 주요한 교육 목적으로 내세우고 있음에도 불구하고, 궁극적으로는 경제성장에 치중함으로써 생산성 중심의 교육 지향성을 갖고 있으며 사회 균등화 중심의 교육에는 소홀하다는 비판을 벗어나지 못하고 있는 것도 사실이다. 평생학습이 지나치게 경제적 관점에 경도됨에 따라 개인의 자아실현과 사회적 삶의 질 향상과 같은 인본주의적 가치가 경시될 수 있다는 것이다. 외환위기 이후 우리나라에서도 오이시디의 평생교육론이 유네스코의 평생교육론보다는 우세에 있는 상황에는 오이시디의 평생교육론이 경제적 경쟁력을 보다 강조하는 특성으로부터 유래된 점이 적지 않을 것이다.

요컨대, 오이시디의 평생교육론은 '순환교육론'과 '지식경제론'에 기초해 있다. 순환교육론은 단지 교육 적령기에 놓쳤던 교육기회를 보상하여 준다는 제2의 교육이나 성인교육을 의미하는 소극적인 차원에서가 아니라, 지식기반경제의 도래와 정보통신기술의 발달, 그리고 인구의 노령화 등 다양한 사회경제적 변화에 적응하기 위하여 모든 사람이 평생에 걸쳐서 학습할 능력을 발휘하여야 하고, 학습하려는 동기를 개발하고, 학습에 참여할 수 있도록 하는, 적극적인 차원에서의 평생학습 촉진론을 의미한다. 이에 따라 오이시디 평생교육론의 최근 동향에서는, 다양한 학습결과의 인정, 생애에 걸친 학습을 위한 토대의 마련, 학습기회의 형평성 제고, 재원의 동원 및 활용 효율화 등이 중요한 정책적 대안으로 심도 있게 논의되고 있다.

3. 평생교육론의 시사점 및 발전 과제

유네스코와 오이시디는 평생교육론의 발전과 각국의 평생학습 촉진 정책과 전략에 큰 영향을 미쳤다. 두 기구가 주장하는 평생교육론은 동일하지 않다. 전자는 전인적 자아실현을 강조하고 있으며, 후자는 평생에 걸친 계속적 직업능력신장에 중점을 두고 있다. 이에 전자는 존재를 위한 학습론, 학습사회론을 발전시켰고, 후자는 만인을 위한 인적자원 개발론, 학습경제론을 발전시켰다. 그럼에도 불구하고, 두 기구는 모두 기본적으로 학습과 교육이 기존의 학교 중심 교육체제로부터 벗어나야 한다는 관점을 공유하고 있다.

평생교육론과 관련한 유네스코와 오이시디의 차이는 상충적으로보다는 상호보완적으로 이해되는 것이 좋을 것으로 보인다. 평생교육의 이론과 실제는 구체적 사회 상황에 따라 그 강조점이 달라질 수 있기 때문이다. 유네스코가 주창하는 '존재를 위한 학습'은 기본적으로 타당하고 바람직한 것으로, 어떠한 사회적 상황에서도 보편적으로 추구되어야 할 관점이다. 한편, 오이시디의 '학습경제, 인적자원 개발' 역시 지식기반사회로의 발전 단계에서는 경시할 수 없는 관점이다. 지식과 정보의 가속적 증가, 글로벌화와 정보화, 구조적 실업 등에 대응해야 하는 지식기반사회, 지식기반경제에서는 순환교육과 생애능력 개발, 인적자본과 사회적 자본 투자 확대, 일과 학습의 연계 등을 통하여 학습경제, 인적자원 개발을 적극화하는 것은 회피할 수 없는 정책적 관점이다. 두 기구의 평생교육론이 주는 시사점은 다음과 같이 요약된다.

유네스코의 평생교육 이념과 실천 활동은 학습사회론적 관점에서 한국 평생교육을 종합적으로 계획하고 목표를 설정하는 데 철학적 방향과 지표를 제공한다. 이에 따라, 평생교육론은 생애 단계별 교육의 유기적 연계와 통합의 중요성 그리고 교육기회의 형평이라는 주요 이념들이 원론적인 이념상으로가 아니라 실천적으로 매우 중요한 정책이 되어야 한다. 더불어, 유네스코의 세계 교육선언에도 명시되어 있듯이, 평생교육의 이념과 실천에서 인권 존중과 학습자의 주체적 삶을 위한 배울 권리는 '권리 이상의 권리'로 보장되어야 한다. 유네스코의 '만인을 위한 교육'과 '만인의 배울 권리'는 평생교육의 기본 정책에서 '평생학습의 전체성과 평등성, 인간 기본권으로서의 학습권 보장'이 실질적으로 교육기회와 학습기회의 제도적 보장을 통해 공유되고 실천되어야 함을 천명하고 있다. 이러한 맥락에서, 유네스코가 초창기부터 성인 기초교육과 문해교육을 지속적으로 강조하고 실천에 주력하였다는 사실은 기초교육의 강화가 평생교육의 기반이고 근간이 된다는 점을 말해주고 있다. 아울러, 평생교육적 차원에서의 여성교육에 대한 관심과 전략적 강조, 특히 고등교육에 있어서의 여성 교육기회와 참여에 대한 정책적 배려가 권고된다. 마지막으로, 유네스코의 평생교육 국제 협력적 실천과 세계적 네트워크의 구축은 평생교육 정책의 발전을 위한 지구사회적 연대가 유용하게 활용될 수 있음을 보여준다.

오이시디의 학습경제론은 국가인적자원 개발 정책과 인적자본 및 사회적 자본 축적을 위한 평생 직업교육훈련 체제를 구축하는 데 기본적 준거의 틀을 제공한다. 즉, 평생교육정책에 있어 생애능력 개발을 위한 평생학습의 토대를 형성하는 것 – 즉 생애적 관점에서의 다양한 학습기회를 확대하는 정책 – 은 일차적으로 중요하다. 이러한 맥락에서, 학습기회와 형평성 문제는 지속적 관심의 대상이 된다. 일부의 교육기회 불평등은 예방적 조치를 통해서 극복되어야 하며, 이는 생애의 다음 단계에서의 사회적 지출을 경감시켜 결과적으로 비용효과를 제고시킬 수 있는 방법이 된다. 이에, 노동시장과 교육을 연계하여 평생에 걸친 순환형의 교육훈련시스템이 구축되어야 한다. 한편, 체계적이고 전략적인 평생학습 활성화 정책을 계획·추진하기 위해서는, 국가 수준의 평생교육 실상 파악을 위한 평생교육 참여 실태와 정기적인 전국민의 평생교육 요구 및 수요 조사가 필요하다. 더불어, 취약 집단을 위한 평생교육기회 다양화와 통로 확대 그리고 생산적 복지 구현을 위한 성인교육이 강화되어야 한다. 또한, 평생학습 활성화를 위해서는, 학점은행제와 같이, 비형식적 학습과정 및 교육의 결과를 인정할 수 있는 제도를 마련하여, 학습자들에게 다양한 경로를 열어주고, 이를 위해 개선된 정보를 제공하는 방안이 필요하다. 더불어, 모든 이를 위한 평생학습 투자 확대 정책의 실현에는 평생교육 재원 발굴과 기존 재원 운영의 효율화를 통한 재정 확충이 긴요하다. 마지막으로, 평생교육 정책과 실천 전략을 수립·추진하는 데에는 여러 부처간 협력연계 공조체제는 물론이지만 세계적 네트워크를 구축·활용하는 것이 효과적일 것이다.

요컨대, 평생교육론은 아직 미완의 교육이론이며, 적지 않은 발전 과제를 안고 있다. 이에 따라 평생교육과 관련된 여러 분야 및 측면에 대한 분석과 검토가 보다 적극적으로 이루어져야 한다. 특히 평생교육의 이론과 실제, 정책과 실천에 대한 체계적 또는 실증적 연구가 보다 활성화되어야 한다.

4. 주요 국가의 평생교육 체제

평생교육이 활성화되기 위해서는 기본적으로 평생교육 추진 체제가 제대로 갖추어져야 한다. 평생학습의 추진과 지원은 기본적으로 학습권을 존중하는 차원에서 이루어져야 하며, 사회 각 부분의 역할 강화를 지원·조장하는 방향으로 이루어져야 한다. 핵심적으로, 학습자의 자발적인 참여와 현장의 요구를 적극적으로 수용하는 지원 정책이 필요하다.

평생교육 추진체제는 각 국의 다양한 사회·문화적 배경과 교육현상에 따라 그 양상과 실천이 다르게 나타난다. 평생교육에는 수많은 변인들이 작용하기 때문에 그 양상의 다양함이 더욱 크다. 그럼에도 불구하고, 각국의 다양한 평생교육 지원체제를 비교·분석하는 것은 우리나라 평생교육 추진체제의 원리와 방향을 모색하는 데 있어 유용한 시사점을 제공할 수 있다.

아래에서는, 최돈민 등(2003)의 보고서 내용을 토대로 하여, 일본, 미국, 영국, 캐나다, 호주에서의 평생교육 추진 체제를 주요 측면 – 즉, 조직 및 평생교육 지원·추진 정책과 재정지원상의 특징 –을 중심으로 개관한다.

1) 일본의 평생교육 체제

일본에서의 평생교육 추진체제는 평생학습을 지원하고 추진하기 위한 국가, 都·道·府·縣, 市·町·村 조직을 말하며, 평생학습 기회와 장을 제공하는 것은 사회교육과 학교교육에서 뿐만 아니라 일반행정과 민간에서도 이루어지고 있다. 평생학습 추진 체제의 정비는 학력사회의 폐해를 시정하고, 평생학습 사회를 건설하기 위한 방책으로서 아주 중요한 의미를 지니고 있다.

문부과학성은 생애학습 정책국을 중심으로 평생학습 사회를 지향하는 평생교육 체제를 구축하고자 평생학습 진흥을 위한 시책을 정부차원에서 추진·조정하고 있다. 생애학습 정책국은 학교교육, 사회교육 및 문화의 진흥에 관하여 평생학습에 도움을 주기 위한 정책을 기획 및 조정하는 역할을 수행하며, 학교교육과 사회교육을 이분법적으로 분리하지 않고 평생교육적 관점에서 둘을 아우르는 정책을 펼치고 있다. 생애학습 정책국은 다른 과에 비해 상위과로서 정책 협의에 있어서 기본과의 역할을 함과 동시에 평생학습 사회 건설이라는 전망의 제시에 중추적인 역할을 담당하고 있다. 생애학습 정책국은 정책과, 학습정보 정책과, 자료 기획과,

생애학습 추진과, 사회교육과, 남녀 공동참여 학습과로 구분되었다.

한편, 중앙교육심의회의 평생학습 분과회는 평생교육에 관련된 정책을 입안하는데 중요한 역할을 한다. 1999년 답신 '학습의 성과를 폭넓게 살린다', 2000년 답신 '새로운 정보통신기술을 활용한 평생학습의 추진방책에 대해서'는 대표적인 정책 제안 사례로, 이러한 정책 발표를 통하여 일본 평생교육 정책의 방향에 영향을 주었다.

평생학습 추진 체제에서 중요한 역할을 하는 기구로는 국립 교육정책 연구소와 평생학습 추진센터, 평생학습심의회가 있다.

국립 교육정책 연구소는 교육에 관한 정책과 관련되는 기초적인 사항의 조사 및 연구에 관한 사무를 목적으로 1949년에 설립된 전통 있는 교육정책 연구소이다. 이 연구소는 2001년 체제 개편을 하여 역량을 확충하여 보다 다양한 서비스 제공까지도 포괄하는 종합 교육연구소로서의 면모를 갖추었다. 평생교육과 관련한 종합적인 연구 지원 체제와 기능을 제공하고 있다. 이 연구소는 평생학습 정책 연구부, 사회교육실천 연구센터, 국가 교육정보 센터와 같은 주요 조직을 포함하고 있다.

평생학습 정책 연구부는 평생학습 진흥을 꾀하는 정책 연구로서 평생학습의 체계화, 평생 학습의 프로그램 개발 및 평생학습의 성과 평가방법에 관한 이론적, 기초적 연구를 수행한다. 평생학습 사회에 있어서의 고령화와 정보화 대응에 주목한 연구도 병행하며, 또한 이러한 연구주제에 따른 국내 실태 조사와 평생학습 정책의 국제 비교 연구도 실시한다. 주요 연구 사례로는 평생 학습 사회의 미디어 리터러시에 관한 종합적 연구, 평생학습정책의 국제 비교 연구, 평생학습 사회의 지역 육아지원 시스템에 관한 종합적 연구 등이 있다.

사회교육 실천 연구 센터는 2001년에 都・道・府・縣, 市・町・村에서 이루어지는 사회교육 사업 활성화를 위해 개설되었다. 사회교육사업・활동에 대한 전국 실태 조사와 학습 프로그램 개발 등의 실천적 조사 연구를 수행하며, 사회교육 주사 양성・자질 향상을 위한 연수 자료를 편찬한다. 전국의 사회교육 관계자의 지역 활동 내용을 분석・평가하여 사회교육 연구 방법 개선 등을 모색하는 연구 세미나를 개최하며, 이외에 문부과학성과 공동 개최로 사회교육지도자 양성과 자질 향상을 위한 사업을 추진한다. 주요 사업내용의 사례로는 사회교육주사 등의 연수 프로그램, 연수 자료 개발·작성, 연구 세미나·연구 교류회 실시가 있다.

국가 교육정보 센터는 일본의 모든 교육정보를 취급하는 핵심적인 웹사이트이며, 학습자나 교육 관계자를 지원하는 센터로서의 기능을 갖추고 있다. 이 센터는 교사와 학습자가 요구하는 정보를 맞춤형으로 지원·제공하고 있다. 이 센터는 문부과학성을 중심으로 경제 산업성, 총무성이 제휴해서 실시하고 있는 프로젝트로 3성이 협력하여 개발을 추진하고 있다. 학교의 IT환경 정비, 교원의 IT지도력 향상, 평생학습에 있어서의 IT 활용 추진에 기여하기 위해 교원용 콘텐츠와 효과적인 제공 구조를 구축하고 있다.

이 센터는 일본의 교육·학습에 관한 정보 네트워크의 중심적 역할을 하고, 학교 교육으로부터 고등교육·평생 학습에 이르는 '교육의 정보화' 추진을 지원하며, 인터넷상에 있는 일본의 교육·학습에 관한 모든 정보를 수집해서 체계적으로 정리하여 제공하고, 교육학습정보를 유아·초등학생, 중·고교생, 대학생·사회인, 평생학습자 등의 학습자, 교원, 교육 관계자에게 그들이 필요로 하는 정확한 정보를 제공하는 등을 목표로 구축되고 있다.

한편, 평생학습 추진 센터는 1990년 중앙교육심의회 답신 '평생학습의 기반 정비에 관하여'가 지역 평생학습추진의 중심 기관을 설치할 필요성과 역할을 제시한 이후 빠른 속도로 설립이 증가하여 1999년 4월 33개, 2002년에 36개에 이르렀다. 평생학습추진센터는 평생학습정보 제공과 학습상담체제 정비, 학습 수요 파악과 학습 프로그램 연구·기획, 관계 기관과의 연계·협력과 사업 위탁, 평생학습 지도자·조언자 양성·연수, 평생학습 성과에 대한 평가, 지역 실정에 맞는 강좌 제공, 방송대학 등과 연계·협력 등의 역할을 수행한다.

평생학습 심의회는 평생학습 추진 체제의 실질적인 역할을 하고 있다.

이 심의회는 都·道·府·縣, 市·町·村과 같은 지방공공단체에서 평생학습을 추진하기 위해 설치한 협의회이다. 이 심의회는 평생학습진흥법 규정에 기초하여 현 교육위원회의 부속기관으로 설치한 것으로 현이 처리하는 사무에 관해 평생학습추진을 위한 정책의 종합적 추진에 관한 중요 사항을 조사·심의한다. 심의회 위원의 구성은 지역에 따라 다양하지만, 학교교육 관계자와 사회교육 관계자, 학자를 비롯하여 일반행정 관계자와 기업체, 방송인, 기자 등으로 구성된다. 심의회의 역할은 평생학습 추진 계획 입안, 지역주민의 학습요구 파악, 행정 부서간의 평생학습 관련 정책과 사업의 통합·조정, 평생학습 장려·보급 등과 같은 지역의 평생학습에 관계되는 주요 사항들을 조사하고 심의한다.

일본 평생학습관련법 체계

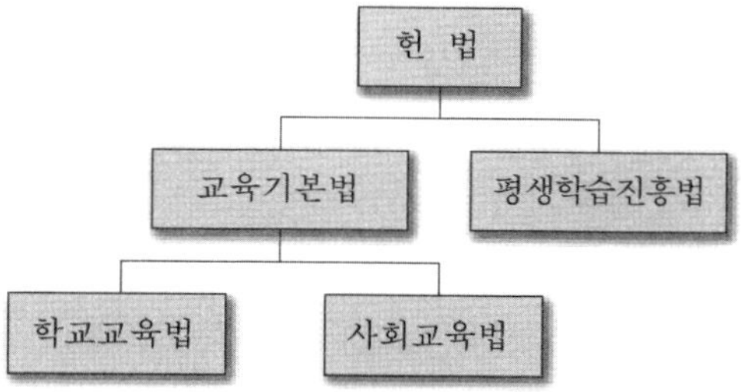

일본 평생교육 추진체계

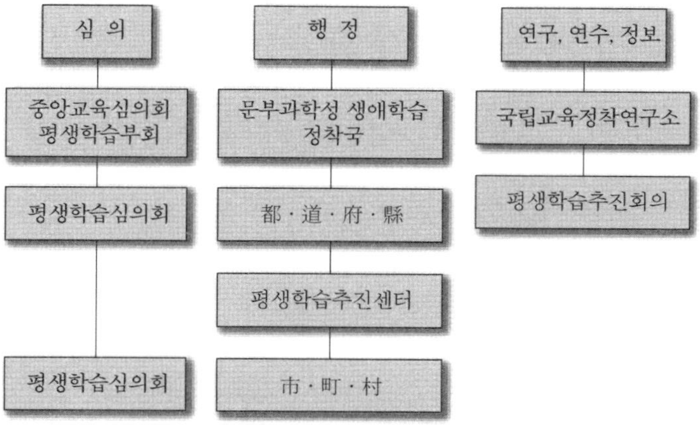

〈그림 3-1〉 일본 평생학습 관련법체계

이상에서 개관한 일본 평생교육 추진체제의 특징은 다음과 같이 요약될 수 있다.

첫째, 지역 중심의 평생교육 체제화이다. 지방분권화가 일찍 정착된 일본은 평생학습추진체제가 중앙에서 관련된 내용만을 지시할 뿐 실제 시행하는 기관은 지방에서 재정·지원을 하고 있다. 이에 따라 일본의 평생학습 정책의 구체화 과정은 평생학습 도시 건설로 종합하는 형태를 띠고 있으며, 특히 지역사회의 교육력과 가정 교육력을 살리고 나아가 국가 경쟁력의 기반 조성을 위하여 지역 만들기와 인간 만들기에 평생학습 정책의 초점이 모아지고 있다.

둘째, 평생학습 추진 체제와 평생학습 추진 네트워크 구축이다. 학교중심 교육체제에서 평생학습 체제로 전환시키는 교육개혁이 우선되고 있다. 또한 평생학습 이념을 통한 행정개혁과 사회개혁 및 노동개혁이 병행되고 있다. 국가 행정조직과 기업, 지역사회 운동단체 등이 평생학습 차원에서 재조직되거나 재편할 수 있는 환경이 조성되고 있다. 이러한 일련의 개혁을 조기에 통합적으로 추진할 네트워크 조직화와 인력 양성이 중요시되고 있다. 또한 지역사회의 다양한 교육기회와 학습자원을 중심으로 지역사회 평생학습 추진 체제가 조성되고 있다. 주민들의 평생학습을 위해서 다양한 학습기회와 장을 제공하기 위해서 사회교육과 학교교육뿐만 아니라 일반 행정이나 민간도 참여하고 있다.

셋째, 평생교육 지도자의 양성이다. 일본은 행정에 의한 지도체제 정비, 평생학습 지도자 양성 및 확보, 전문적인 지식, 능력을 갖춘 직원의 적정 배치, 각 분야와 영역의 전문적인 지도자 발굴과 활용, 지도자 및 학습자원 봉사자의 연수체제 정비 등을 통하여 평생교육 지도자를 체계적으로 양성하고 있다.

넷째, 평생교육 시설의 확충이다. 일본은 전후 사회교육 확충을 위하여 공민관을 설치하였다. 이는 영국의 커뮤니티 센터나 덴마크의 국민대학에 비견될 수 있는 것이다. 일본의 학교는 평생 교육 시설로 항시 개방되고 있으며 일부 현에서는 모든 초·중등학교의 여유 교실을 활용한 지역 평생학습 센터가 부설되어 있다.

다섯째, 학습정보 제공 시스템 구축이다. 일본의 경우 전국 평생교육 관련 기관의 모든 정보가 데이터 베이스화되어 있다. 기관간의 연계협력 체제를 구축하여 전국 단위의 데이터 베이스 구축과 정보 제공 체제를 구축하고 있다.

여섯째, 국가의 평생교육 재정 지원이다. 일본은 국가차원에서 막대한 재정을 확보하여 지역 평생교육 시설을 정비하고 정보체제를 구축하였다. 평생교육 관련 예산을 확대하여 국민의 평생학습 지원 체제를 강화하고 있다.

2) 미국의 평생교육 체제

미국은 전 국민의 평생학습 기회보장과 관련된 체제를 국가적 차원에서 수립하여 각 주 정부 및 대학, 기관들이 서로 연계하여 평생교육의 틀을 형성하고 있다. 연방 정부의 평생교육부서는 직업 성인 교육실 하에 고등학교, 직업·기술교육, 성인·문해교육, 커뮤니티 칼리지의 체제로 나누어서 전국 수준의 평생 교육 전반에 대한 사업을 수행하고 있으며, 주 정부 단위로 성인·문해교육 추진 부서를 두고 단체 및 학교와 연합하여 컨소시엄을 구성하며, 개별 프로그램을 운영하고 있다(그림 3-2 참조).

평생교육과 관련된 법령으로는 '직업·기술 교육법'(Vocational and Technical Education Act of 1998), '노동인구 투자법의 일부로서의 성인 교육 및 가정 문해 법'(Adult Education and Family Literacy Act, Title II of the Workforce Investment Act of 1998), '뒤처지는 아이가 없게 하기 위한 법'(No Child Left Behind Act of 2001) 등이 있다. 교육부가 발표한 주요 평생교육 추진정책 사례로는 '2002~2007년 전략적 계획'(Strategic Plan 2002~2007)이 있다.

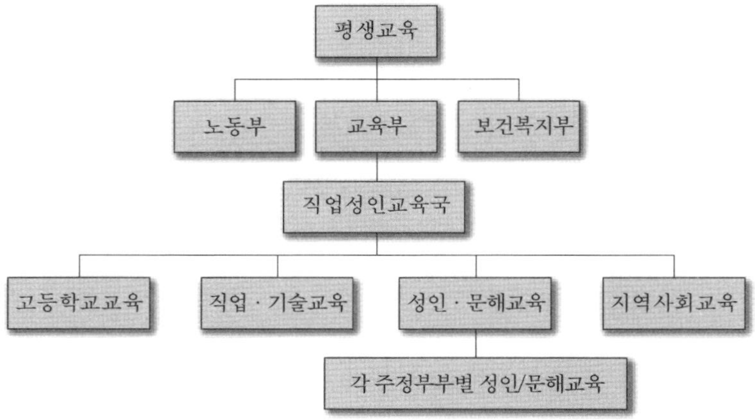

〈그림 3-2〉 미국 교육부 평생교육 조직 및 추진기구체계

'2002~2007년 전략적 계획'의 세부 목표 중 다섯 번째는 평생교육과 관련된 주요 정책으로 '중등 이후 및 성인에의 접근 및 질 향상'을 핵심으로 한다. 이를 위하여 종교 및 인종, 사회적 지위 및 학습 장애에 관계없이 모든 사람이 교육 기회를 얻을 수 있도록 대학에의 입학 및 졸업 격차를 감소시키고, 중등 이후 교육기관의 책무성을 강화하며, 중등 이후 교육 기관의 효율적인 재단 구조를 설립하고, 흑인 대학, 라틴계 기관, 원주민 대학에 대한 지원을 강화하며, 미국 성인의 문해력 및 고용 능력을 향상한다.

성인교육 및 문해 관련 통계와 정보는 '전국 성인문해 평가'(National Assesement Adult Literacy, LAAL), '전국 문해 기구'(National Institute for Literacy, NIFL), '전국 성인학습 및 문해 연구를 위한 전국 센터'(National Center for the Study of Adult Learning and Literacy, NCSALL), '성인 진로 · 직업 정보안내소'(ERIC Clearinghouse of Adult, Career, and Vocational Education) 등을 통해 제공되고 있다.

성인교육 및 문해 프로그램은 성인 기초교육, 성인 중등교육, 영문해 프로그램 등으로 나누어진다. 성인기초교육(Adult Basic Education, ABE)프로그램은 읽기, 쓰기, 말하기, 문제해결, 계산 등의 부족한 능력을 보충하기 위한 것이다. 성인중등교육(Adult Secondary Education) 프로그램은 GED Test, 외부 학위수여(external diploma) 프로그램, 고등학교 이수 등을 준비하기 위한 것이다. 영문해 프로그램은 영어 구사능력이 떨어지는 성인학습자를 위한 것이다. '가족, 직장, 읽기능력'(Family, Work, and Reading)의 경우, 가족 교육은 부모와 자녀 간 상호 문해 활동에 초점을 맞추고 있고, 직장 교육은 성인들에게 구직 및 직업 생산성 향상을 위한 문해 및 기초 교육을 제공하고 있으며, 읽기능력 교육은 문서화된 언어 이해를 위한 성인 교육프로그램을 제공하고 있다. 기술 및 원격교육은 성인교육 및 원격교육 전달 체제 향상을 위한 지식 및 기술에 대한 정보를 제공하고 있으며, 직업개발은 성인교육 제공자들의 전문성 및 인증에 대한 정보를 제공하고 있다. 한편, 정부에서 지원된 성인교육 프로그램의 책무성 평가 체제에는 학습자 평가 도구, 방법 등이 포함되어 있는 '전국적 보고 체제'(National Reporting System)가 있다.

중앙-지방간 연계 면에서 볼 때, 직업 성인 교육실에서 담당하고 있는 업무인 고등학교, 직업·기술교육, 성인·문해교육, 커뮤니티 칼리지의 체제는 지방 분권화된 주 정부에서도 똑같은 체제에 의하여 각각 주 정부에서 성인 직업 교육 관련 사업을 수행하고 있다. 재정 및 예산 면에서 볼 때, 직업 성인 교육실에서 어린이부터 성인이 미래 교육 및 성공적인 경력을 쌓는데 도움이 되는 다양한 지원을 하고 있다. 여기에는 대략 매년 10억 9천만 달러의 예산이 지원되고 있다.

성인·문해교육과 관련된 전국단위의 기관 및 센터로 대표적인 기구로는 NIFL, NCSALL와 더불어, '전국 성인교육 전문가 개발 협의회'(National Adult Education Professional Development Consortium, NAEPDC), '전미 성인계속 교육 연합회'(American Association for Adult and Continuing Education, AAACE) 등이 있다.

성인교육 전문성 개발 협의회인 NAEPDC는 각 주의 성인교육을 담당하는 전문가들의 전문성을 고양시키기 위해 1990년 각 주의 성인 교육 책임자로 구성되어 설립된 법인이다. 각 주의 성인교육 담당자들의 프로그램 조정, 개발을 위한 능력 개발, 성인교육 관련 정책 개발 및 수립 관련 공공 정책의 촉매자로서의 역할, 성인교육 분야의 정보 제공, 국회에서의 주 성인교육 프로그램에 대한 가시적 지원 유지 등이 이 법인의 목표이다.

NAEPDC는 성인교육 커뮤니티의 주축 역할을 수행한다. 50개 이상의 주 및 지역이 컨소시엄을 이루고 있으며 다양한 출판물을 간행하고 있다. 이 협의회는 교육부, NIFL 등과 협력 하에 성인학습 지원을 위한 프로그램을 계획하고 활동한다. 주 행정가를 위해 제작된 지역 및 국가의 교육훈련 수행 및 프로그램 자료를 제공한다. 이 협의회는 성인교육을 담당하는 전문가들의 정책분석, 전문능력 개발을 위한 요구에 의하여 출발하여 현재는 53개 지역 회원으로 구성되어 있다.

NAEPDC의 목표 중 하나는 성인교육 프로그램을 제공하는 유관 기관 및 단체와 협력관계를 구축하여 사업을 수행해 나가는 것이다. 이 협의회는 연방정부의 수행되는 성인교육 정책에 대한 최신 정보 및 변화에 대한 분석을 제공하며 필요에 따라 정책 업데이트 및 새로운 정책을 알리는 역할을 수행한다. 이 협의회에는 연구 위원회, 전문성 개발 위원회, 정책 위원회, 국가 프로그램 위원회가 있다. 국가 프로그램 위원회에서는 학습자에게 투입되는 국가 연구개발비의 지출 및 조정에 관한 업무를 수행한다. 협의회의 직원은 반일제 행정 관리자 및 전일제 행정직 및 파트타임 정책분석가로 구성되어 있다.

국가 성인 문해 기구인 NIFL은 문해 및 양질의 문해 서비스 개발 지원 정보를 공유하는 연방 기관이다. 이 기구는 1991년 '국가 문해법'(National Literacy Act)에 의해 설립되었으며, 교육부, 노동부, 보건복지부에 의해 관리되는 부처협력 기관으로, 비관료 출신의 자문위원회는 대통령과 상원에서 지정하며 학계, 비영리 기관, 기업, 노동단체, 사립기관 등에서 문해에 관한 전문가로 구성된다. 이 기구의 목표는 문해 능력 및 21세기에 적합한 직장, 가정, 지역사회에서 필요한 기초능력을 얻을 수 있도록 모든 국민에게 서비스를 제공하는 것이다. 이 기구에서 사용하는 대부분의 기금은 국가 문해 프로그램 향상 및 설계를 위한 프로그램 및 서비스 제공으로 지출되고 있다. 노동인구 투자법에 의해 1998년부터는 지역, 주, 국가 단위의 문해 서비스를 제공하고 있다.

NIFL은 문해 현장과 주정부, 연방 입법의회정책에 대한 정보 교류 역할을 하며 성인교육 및 문해와 관련된 지원 및 정책 결정에 필요한 자료를 제공한다. 이에, 정책 및 입법에 관한 모니터를 실시하고 연방 문해 예산의 집행과 관련된 법적 활동에 대해 설명한다. 또한, 정책 업데이트 및 문해 정책의 정규적인 분석을 통하여 발간되는 간행물을 통해 문해 관련 법률 개발에 관한 정보를 제공한다. 아울러, 양질의 성인교육 및 문해 서비스 제공 및 개발, 학습 장애가 있는 성인에 대한 서비스 향상, 국가 읽기 능력에 관한 연구 및 보급 계획에 참가하여 수행, 미래에 대비한 성인 문해 향상을 위한 체제 개편, 문해 분야의 정보 검색 및 의사소통 체제 구축 등의 정책을 수행한다.

NCSALL은, 성인학습 및 문해 연구 센터로서, 문해 현장으로부터 정보를 제공하고 교류하며, 전문 프로그램 개발 및 연구자료 활용을 지원한다. 이 기구에서 산출하는 연구는 지식 배포 및 문해 교육에 관한 학습, 운영, 정책 결정에 영향을 준다. 이 기구의 목표 및 주력 사업에는 프로그램 성공 및 성인 학습에 영향을 주는 문제들에 대한 연구를 통한 지식 축적, ESOL, ABE/GED, PDRN(Practitioner Dissemination and Research Network)을 통한 사업 수행, 정책 및 실행과 관련된 다양한 연구를 통한 리더십 제공, 출판물, 비디오, 의사소통을 통한 전문 지식 공유 등이 있다.

NCSALL은 대학과 연계하여 연구를 지원하고 문해 관련 프로그램을 운영하며, 이 외에 38개 기관 및 3개 국가와 협력관계를 맺고 연구를 지원한다. NCSALL의 공유 및 연구 네트워크인 PDRN는 14개 주의 기관 및 대학과 연계하여 성인학습자를 위한 정책, 서비스를 향상시킨다. 재정 및 예산과 관련하여, NCSALL은 교육부를 비롯한 유관 정부 부처·기관들로부터 재정을 지원받는다. 이외에 추가지원은 다양한 민간 또는 공적 기구들로부터 받는다. 성인교육 및 문해에 지원되는 예산은 전체 교육부 예산의 10%를 상회(10.51%, 2002년 기준)하고 있다.

이상에서 개관한 미국 평생교육 추진체제의 특성은 다음과 같이 요약될 수 있다. 첫째, 다양한 기관 및 학계, 주 정부 간의 연계이다. 이에 따라 다양한 학습자의 요구에 부응할 수 있도록 중복되지 않는 체계적이고 연계된 조직 아래 사업이 추진되고 있다. 연구사업의 면에서, 대학 및 다른 기관과의 공동 프로젝트 및 연구 사업을 수행하고 있다. 연수사업의 면에서, 평생교육 관리자 연수 전문 컨소시엄이 따로 구성되어 있다. 아울러, 지역에서는 대학, 학교, 연구소 등과 연계하여 학습자에게 실질적인 정보 제공 및 프로그램 제공을 할 수 있는 체제가 정비되어 있다.

둘째, 부처 간의 연계 협력이다. 미국에서는 교육부 뿐 아니라 보건복지부, 노동부 등 타 부처와 연계하여 수행되는 프로젝트 및 다양한 사업이 수행되고 있다. 평생교육 업무는 넓게는 국민의 모든 생활수준 향상과 관련되는 바, 교육부 및 기타 관련 부처와의 연계 협력이 실제로 잘 이루어질 수 있도록 체계화되고 있다.

셋째, 평생교육 사업 예산의 강화이다. 성인교육 및 문해에 지원되고 있는 예산은 교육부 전체 예산에서 높은 비중을 차지하고 있다. 또한 평생교육제도 관련 사업 지원 뿐 아니라 평생교육 프로그램 운영 및 연구 등의 순수한 평생교육사업 수행을 위한 예산 지원도 상당 수준에서 이루어지고 있다.

3) 영국 평생교육 추진체제

영국은 교육기술부(Department for Education and Skills, DfES)를 평생교육 추진체제를 발전시키고 있다. 교육기술부는 교육과 직업능력(기술)을 하나로 묶어 교육을 국가가 인정하는 자격증과 연계한다. 교육기술부에는 초중등 학교교육과, 청소년 기술교육과, 유아 교육과, 평생 학습과, 계속 교육과, 고등 교육과, 과학기술과, 지방개혁 정책과, EU 국제협력과, 학교 교육국(Schools Standards), 평생 교육국(Lifelong Learning, Further and Higher Education) 등의 조직으로 구성되어 있다. 주요 평생학습 추진기구로는 '성인 계속교육 연구소'(The National Institute of Adult

Continuing Education, NIACE), '학습기술 협의회'(Learning and Skills Council, LSC), '성인학습 감독원'(Adult Learning Inspectorate) 등이 있다. 평생교육 정책의 주요 사례로는, 교육기술부에서 발표한 '2006년까지의 추진 전략'(Delivering Results: A Strategy to 2006)이 있다. 이 추진 전략에서는 만인의 수월성 제고를 위한 잠재력 개발, 기회 창출을 목표로 하고 있으며, 특히 성인들의 삶을 윤택하게 하기 위한 능력향상 및 학습 기회를 부여하고 장려하는 것이 중요한 목표로 설정되어 있다.

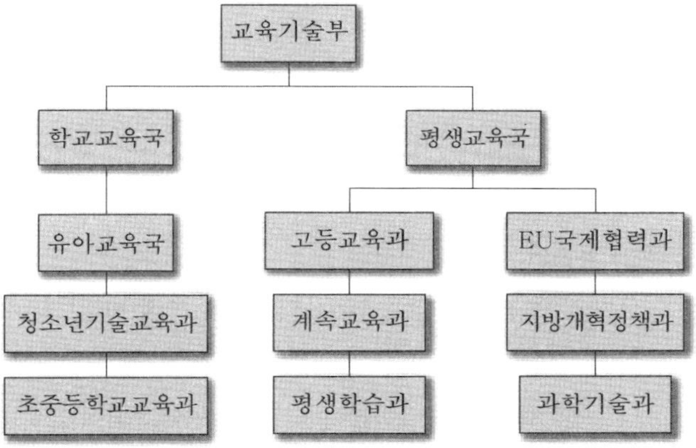

〈그림 3-3〉 영국 평생교육 행정체계

영국 평생교육 체제가 지향하는 목표는 다음과 같이 요약된다. 모든 사람은 질 높은 교육을 받을 권리가 있으므로 16세 이후의 교육과 훈련의 질을 높임으로써 수월성을 추구한다. 이러한 교육과 훈련 프로그램 개발에 고용주들이 실질적으로 참여함으로써 변화하는 노동시장의 요구에 부응하고 직업 현장의 요구에 맞는 자격증이 부여될 수 있도록 한다. 개인, 기업 및 지역사회의 요구에 부응하는 교육 공급 체제를 구축한다. 국가와 지역 수준 노동시장과 지역사회의 요구에 맞는 교육 기회를 제공함으로써 고용 가능성을 높인다. 모든 사람에게 균등한 교육 기회를 제공한다. 재정 지원 기관은 사회적 약자 집단을 위해 투입되어야 할 추가 비용을 고려하며, 기본적인 기술이 부족하고 특별한 도움을 필요로 하는 사람들을 위해 유연하고 혁신적인 접근을 한다. 모든 사람에게 학습 기회에 관한 양질의 정보와 조언을 제공한다. 교육 공급 체제 내의 낭비를 줄이고 경제적 가치를 높임으로써 학습자에게 보다 많은 자원과 혜택이 돌아가도록 한다. 교육 체제의 책무성과 정직성을 높이고 혁신적인 방식으로 변화를 도모한다.

이와 같은 맥락에서 평생학습 종합 추진 계획은 다음과 같은 내용으로 수립되었다.

첫째, 5세 이하의 경우, 모든 3세와 4세 아동에게 유아교육을 무상으로 제공하고, 육아, 학교, 가정을 보완할 수 있는 육아시설을 제공한다. 적극적인 초기 교육 프로그램(Sure Start programme)을 통해 향상된 서비스를 제공하고, 지역 보육시설과 학교운영시간을 확대 및 연장한다.

둘째, 초등학교·아동의 경우, 11세 아동이 중학교 교육을 받을 수 있도록 문해력과 수리력을 갖추도록 한다. 국가교육과정을 개편하여 스포츠, 악기, 외국어 학습 기회를 제공한다. 소외계층 아동들을 위한 새로운 투자를 제공한다.

셋째, 중학교·청소년의 경우, 모두에게 질 높은 교육 제공, 중학교 지원프로그램의 수월성 확대, 열악한 학교에 외부 협력기관을 제공함으로써 지원 강화, 중학교 체제에서 전문화와 협조체제 증대, 영재 아동을 위한 계속적인 기회 제공, 능동적 시민의식과 지역사회 참여를 유도하도록 학교교육과정 개편, 술과 마약의 오용과 범죄에 대한 교육 강화 등이 추진된다.

넷째, 14세~19세 대상으로, 다양성에 기반한 우수한 학교, 14세부터 질 높은 직업교육 기회 확대, 개인개발을 위한 질 높은 교육 제공과 학습 장애 제거, 재정 지원과 유인가 제공, 계속교육 지원 향상, OFSTED나 ALI를 통한 지속적인 감독, 19세 이하를 위한 대학교육 지원 등이 이루어지며, 모든 아동들을 위한 교육, 훈련, 직업 기회 보장 등이 추진된다.

다섯째, 대학교를 대상으로, 학교, 대학, 사내교육을 고등교육으로 연계하고, 더 많은 사람들에게 고등교육 기회를 제공하며, 재정 분배, 각기 다른 요구를 고려한 적절한 재정 배분, 연구와 교수의 수월성 강조 등이 추진된다.

여섯째, 성인학습자를 대상으로, 성인의 문해력과 수리력 향상을 위한 교육, '분야별 기술협의회'(Sector Skills Council) 설립, '런디렉트'(LearnDirect)와 개인학습계좌(ILA)를 통한 학습 기회 확대, 온라인센터(UK online center)를 통한 IT접근 폭 확대, 2003-2004년까지 계속교육대학에 직업수월성센터(New Centers of Vocational Excellence) 설립, 이러닝(e-learning) 확대, 성인, 지역사회교육 분야 부흥, 기술 정책을 통해 성인의 능력이 향상되고, 이러한 능력을 기초로 영국의 생산성 증대, ULF의 지원으로 노동조합의 참여 확대, 죄수 대상 교육과 훈련 확대 등이 추진된다.

재정의 면에서 볼 때, 2002년도 기준 영국 교육기술부의 총 예산은 23,146백만 파운드이며, 평생 교육 예산은 6,565백만 파운드로 28.36%를 차지하고 있다.

한편 영국의 평생교육 추진 체제에서는 다음과 같은 조직・기관이 중요한 역할을 수행하고 있다.

성인 계속교육 연구소(National Institute of Adult Continuing Education, NIACE)는 잉글랜드와 웨일즈의 성인학습을 위한 비정부 조직으로 성인학습에 대한 정보를 국제기구, 정부부처, 지방교육청, 직장인, 기업훈련협의회, 개인교육기관, 광고회사 등에 자문하는 활동을 한다. 한편, 국제적인 교류 활동도 수행한다.

학습 기술 협의회(Learning and Skills Council, LSC)는 2001년 평생학습 추진을 위한 비정부 공공기구로 출범하였다. 이 협의회는 대학교를 제외한 16세 이후의 교육・훈련을 담당하는 모든 기관에 관한 정책의 기획과 재정 지원을 총괄함으로써 국가의 평생교육 목표를 실현해 나가는데 있어 중추적인 역할을 담당한다. 협의회의 일은 다양하다. 즉, 고용주, 개인 및 지역사회의 요구에 부응하는 질 높은 16세 이후 학습기회 제공하고, 다양한 교육・훈련 공급자에 대한 일관성 있는 기획 및 재정 지원 체제 확립하며, 재정 충당을 위한 국가 수준의 세제를 개발한다. 또한, 청소년과 성인의 학습목표 성취에 대한 직접적인 책임을 맡으며, 청소년과 성인의 학습에 대한 의욕과 성취를 높이기 위한 사회적 협력체제 구축을 지원하고, 기회의 평등 보장 및 사회적 약자의 요구를 충족시킨다. 아울러, 기술 향상을 위한 정책과 프로그램을 지원하고, 직업 관련 학습기회 제공을 지원하기 위한 효과적인 교육과 기업 간 협력체제를 확립하며, 성인 학습자를 위한 정보·상담에 대한 재정을 지원하고, 노동시장과 기술 변화에 대한 정보를 수집·보급하며, 경제적 가치와 재정의 타당성·규칙성을 확보한다.

학습 기술 협의회는 위원장과 교육기술부 장관이 임명하는 15명 정도의 인사로 구성된다. 위원은 고용주, 평생교육 종사자, 지역사회, 지방정부, 노동조합, 정보 및 상담 업무 종사자 등 각 부문에서 선정되며, 구성원 중 고용주가 많은 숫자를 차지하며, 따라서 교육·훈련 프로그램에 직접적인 영향을 미치게 된다. 이 협의회는 그 밑에 성인학습위원회와 청소년위원회를 두어 청소년 및 성인교육 기회 제공과 효과적인 재정 지원에 관한 자문을 구하도록 하고 있다.

성인학습 감독원(Adult Learning Inspectorate, ALI)는 16세 이후의 학습 체제를 지원하기 위한 비정부단체로 2001년에 설립되었으며, LSC과 협력 관계에 있다. 성인학습 감독원은 의장을 포함하여 총 9명의 위원들로 구성된다. 이 감독원은 LSC 또는 Jobcentre Plus와는 독립적인 기구로 Coventry에 1개의 국가적 기구를 갖고 있으며, 별도의 지방기구는 없다. 감독의 내용은 다양하다. 우선, LSC나 LEA(Local Education Authority)에 의해 재정 지원되는 19세 이후의 계속교육, LSC에 의해 재정 지원되는 16세 이후의 고용자를 대상으로 하는 훈련을 감독한다. 그 외, 고용 및 훈련법(Employment and Training Act)을 근거로 재정 지원되는 훈련, 고용주의 지원으로 고용주에 의해 제공되는 훈련 등에 대하여 감독한다. 아울러, UfI의 후원으로 운영되는 런디렉트, 교도소의 죄수 대상 학습, 성인 지역사회교육, British Council에서 지원하는 직업교육, OFSTED에서 지원하는 16세 이후 19세 이하를 위한 교육 등을 감독한다.

전국 학습 연계망(National Grid for Learning, NGfL)는 온라인 학습이

용이하도록 학습 기회와 경로를 연계시키는 것이다. 연계망은 NGfL 포털 인터넷상에서 교육적으로 가치 있는 컨텐츠를 제공하고, 인터넷에 접속하도록 학교, 도서관, 대학, 대학교, 직장, 가정의 인프라구조를 개발한다. 또한, ICT를 개발하기 위한 훈련 프로그램을 제공하고, 모든 초중등학교, 대학, 도서관, 대학교, 많은 지역사회센터를 연계한다. 아울러, 교사들에게 ICT 사용 교육을 제공하고, 사서들에게 ICT 훈련을 제공하며, 더 이상 학교교육을 받지 않는 사람들이 ICT를 이해하도록 교육한다. 또한, 교육기관과 정부단체간의 행정상의 소통을 가능하게 하며, 영국을 세계적인 네트워크 소프트웨어 컨텐츠 개발의 우수한 센터로 만드는 등의 목표를 세우고 있다.

산업대학(University for Industry, UFI)은 기업과 개인의 학습에 대한 수요를 촉진하는 것을 목표로 1998년 개설된 공사간 협력체제이다. 이 대학의 목적은 시장의 수요와 잠재적 고객의 요구 및 기술 격차 분석하고, 많은 사람이 학습에 관심을 가지고 참여할 수 있도록 하는 시장 여건과 수요를 창출하는 데 있다. 이와 더불어, 개인들이 자신의 요구에 맞는 학습자료를 신속하게 찾을 수 있도록 안내하고, 파트너십 구축을 통해 학습자의 요구에 맞는 질 높은 학습 프로그램 이용 가능성을 높이고, 상업적인 공급자 서비스를 받을 수 없는 고객 집단에게 새로운 형태의 학습 프로그램을 제공하고, 새로운 기술과 접근에 대한 초기 투자를 제공하는 데 있다.

한편, 평생교육 추진을 위한 행정체제의 주요 요소로서, 런디렉트는 무료 전화로 전국에서 운영되고 있는 평생교육 프로그램을 안내한다. 육아 및 학습에 대한 재정 지원 정보가 제공되고, 웹사이트로 프로그램에 대한 데이터베이스 접속 방법이 소개된다.

또한, 평생교육 추진을 위한 행정체제의 주요 요소로서 학습센터(Learning Centres)는 네트워크를 통해 온라인 프로그램과 정보를 제공한다. 이 센터는 학습자가 런디렉트의 서비스에 접근할 수 있는 장소로서 접근이 용이한 스포츠 · 쇼핑 센터, 지역사회 센터, 축구 · 럭비 클럽, 교회,

기차역, 계속교육기관(FE Colleges), 도서관 등에 설치되어 있다.

이상에서 개관한 영국 평생교육 추진체제의 특성은 다음과 같이 요약될 수 있다.

첫째, 관련부처의 구조조정을 통한 인력정책의 일원화이다. 영국은 95년에 교육부와 고용부를 통합해 교육고용부를 설립하여, 경제정책과 교육정책의 일관성을 강화하였다. 이러한 부처 간 구조조정은 실용적 교육목적을 달성하기 위해 부처 통합을 단행한 예이다.

둘째, 평생교육 예산의 강화이다. 국가의 교육예산 중 평생교육 예산 비중이 약 28% 이상으로 높게 나타나고 있다. 평생학습 추진기구의 중추인 LSC의 경우 재정총괄위원회를 별도로 두어 기금조성, 재정관리 등에 대한 조언을 구하고 있다.

셋째, 평생교육 추진체제의 연계 협력 강화이다. 평생학습에 대한 컨설팅뿐만 아니라, 국제적 교류에도 중점을 두고 사업을 추진해 나가고 있다.

4) 캐나다의 평생교육 추진체제

캐나다는 13개 주 정부 차원에서 기존의 교육활동을 지원해주는 체제로 운영되는데 연방정부 차원에서의 교육은 '인적자원 개발부'(Human Resources Development Canada, HRDC)에서 관리하며 '학습 기술처'(Office of Learning Technologies, OLT)를 중심으로 평생교육 지원정책을 실시하고 있다. 캐나다는 헌법에서 교육에 대한 권한과 책임을 주정부 소관으로 위임하고 있으므로, 연방교육부가 없고, 주정부가 교육을 관장한다. 주요 평생학습 추진 기구로는 OLT 외에도, NALD(National Adult Literacy Database), NLS(National Literacy Secretariat), ABC CANADA Literacy Foundation 등이 있다. 주요 평생교육 정책 사례로는 '2002년 캐나다 혁신 전략'(Canada's Innovation Strategy 2002)에 제시된 '기술과 학습을 향상시키기 위한 투자' 제언(Knowledge Matters: Skills and Learning for Canadians)이 있다.

캐나다에서 국가차원의 교육이념은 교육부장관 협의회, 캐나다 교육협회, 캐나다 프랑스어 교육 협회 등의 교육 관련 기관을 통해 보급하고 있다. 캐나다의 교육 목표는 지역적으로 다소 차이가 있지만, 일반적인 교육 목표는 학생 개인의 성장과 발달촉진, 사회에 공헌할 수 있는 인재양성, 교육기회 균등과 확대, 평생교육의 실현 등이다.

성인교육의 면에서 볼 때, 대부분의 캐나다 사람들은 직업을 갖고 일을 하는 도중에도 수시로 필요한 교육을 받기 위해 학교로 돌아오고 있다. 중등과정 이후의 교육을 지원하기 위한 공립교육 재정은 연방정부가 부분적으로 분담하고 있지만, 기본적으로 각 주의 책임으로 각주의 독립적인 교육제도에 의해 운영되고 있다. 캐나다에서 계속교육은 매우 중시되며, 매년 300만 명 이상이 성인교육 기관에 등록하고 있다. 성인교육 프로그램은 교육위원회, 지방교육국, 대학, 전문대학, 직업센터, 방송국, 도서관, 미술관 등에서 제공하고 있으며, 영리 조직, 전문협회, 기업, 정부 등의 관련 기관에 의해 지원되고 있다. 성인교육은 학점제와 비학점제, 전일제와 정시제, 주간제와 야간제 등의 다양한 형태뿐만 아니라, 다양한 원격교육을 실시하여 교육기회 확대에 기여하고 있다. 고등교육기관의 성인교육 프로그램은 학점 취득 과정을 개설하는가 하면, 비학점 과정을 통해 교양이나 기술을 쌓도록 한다. 또한 성인교육 프로그램은 초·중등학교의 시설을 이용하여 야간학급 형태로 운영되기도 하는데, 이 경우에 소정의 과정을 이수하면 졸업장을 주기도 한다. 초급 대학, 무역 학교, 직업센터 등에서는 복잡한 중등교육 프로그램, 고등교육 기관의 일부 프로그램, 직업이나 무역 훈련 프로그램 등을 제공하고 있는데, 이런 프로그램은 공립학교와 대학에서 거의 다루지 않기 때문에 정부가 개입하여 제공하고 있다.

캐나다의 평생교육 추진 체제를 개관하면, 캐나다 정부의 평생교육 정책은 중앙 집중적으로 이루어지는 것이 아니라, 13개 주 정부 차원에서 기존의 교육활동을 지원해 주는 체제로 운영되고 있다. 각 지역이 자체적 교육 훈련 프로그램을 시행하지만, 공통적으로 민주적 발전 정신에 기초해서 누구에게나 교육과 직업능력 개발을 가능하게 하고자 하는 동일한 핵심적 가치를 공유하고 있으며, 캐나다 전역의 정부나 교육기관들은 점차 경제의 세계화에 따른 무한 경쟁의 도전에 대처할 우수 인력 개발에 초점을 맞추고 있다. 근래 들어 일부 교육 부문에서 연방 정부의 개입 필요성이 증대되어 연방 정부가 직접 교육 사업을 관장하거나 재정 지원을 하기도 한다.

연방 정부 기구를 통한 평생교육 지원 체제를 개관하면 다음과 같다. 연방정부 차원에서의 교육은 HRDC에서 관리한다. HRDC는 OLT를 중심으로 평생교육 지원 정책을 실시하고 있고, OLT 산하에는 CLN이 있어 평생학습을 지원·장려함으로써, 지역사회 개발을 도모하고, 지역사회 구성원의 삶을 향상하기 위한 노력을 경주하고 있다.

HRDC는 국민에 대한 국가적 투자를 통합적으로 제공하고 고용 증진과 평등, 사회보장에 기여할 목적으로 인적자원 개발법(Department of Human Resources Development Act)에 근거하여 1993년에 설립되었다. 이 조직은 연방 정부 기구로서 인민부(People department)라고도 불리우며, 학교 교육, 계속 교육, 고용 서비스, 실업 대책, 장애인과 원주민 대상 고용교육 등 인적자원 개발과 관련된 전반적 정책을 수립·시행한다. HRDC는 국가 경제와 노동시장의 요구에 따라 캐나다 국민들과 인적자원 프로그램을 연결시켜 수입을 증진시키고자 하며, 고용보장법, 캐나다 연금 계획, 고령자 보호법, 캐나다 노동자법, HRDC 관리법과 규칙에 따르고 있다.

이러한 맥락에서 HRDC는 캐나다 국민들이 보상받는 생활을 하도록 도와주고, 공평하고 안전하게 누구나 직장에 접근할 수 있는 경쟁적인 노동시장 및 고무적인 학습 환경을 증진시켜 줌으로써 직장과 지역 공동체에 적극 참여하도록 유도한다.

HRDC의 비젼은 인적자원 개발에 대한 통합적 접근 방법을 제공하고, 캐나다 국민들이 평생 경력 전환을 잘 할 수 있도록 지원하며, 최고의 서비스를 제공하는 데 있다. 또한, 예방적인 정책 수단을 강조하고, 정책 및 프로그램에서 지도적 역량을 발휘할 수 있도록 행동하며, 파트너십을 형성하고, 커뮤니티 능력을 배양하고, 핵심 가치를 존중하고, 지속적으로 국민들의 강점을 개발·육성하는 데 있다.

HRDC가 제공하는 프로그램의 유형에는 고용보험 프로그램, 인적자원 투자 프로그램, 소득지원 프로그램, 노동 프로그램이 있다. 고용보험은 실업자들이 교육훈련을 받거나 직업을 탐색하는 동안 한시적인 재정 도움을 제공함으로써 일자리로 돌아가는 것을 돕는 것이다. 인적자원 투자는 캐나다 정부로 하여금 국민들의 고용 가능성을 증진시키고, 실업자로 하여금 직장을 찾고, 소년소녀 가장들의 가난을 극복하고, 가장 어려운 자들을 도와줌으로써 고용, 청소년, 학습 및 문해를 돕는 것이다. 소득지원 프로그램은 노인, 장애인, 재해 대상자 및 이주민에 대한 지원 사업을 개발, 지원함으로써 목표 집단의 소득을 보장하는 것이다. 노동 프로그램은 건설적인 노사관계를 배양하고 혁신, 투자 및 근로자의 복지를 제고하는 협조적인 작업 환경을 증진하는 것이다.

HRDC의 사명은 모든 캐나다 국민들이 지역사회와 일터에 참여하도록 하는 것으로, 국민들이 그들의 삶을 통해 갖고 있는 경험에 도전과 변화를 주어 모든 활동 안에서 인적 능력을 개발하도록 하는 데 있다. HRDC의 주요 평생교육 정책은 2002년에 발표된 캐나다 혁신 전략에 구체화되어 있다. 캐나다 혁신 전략은 크게 수월성 달성(인간, 지식, 기회에 대한 투자), 지식 문제(캐나다인의 기술 제고 및 학습 역량 강화)로 나누어진다.

캐나다에서의 주요 평생교육 추진 기구에는 다음과 같은 것이 있다.

OLT는 캐나다 평생학습 문화 건설의 파트너 역할을 담당하도록 1996년에 연방정부와 HRDC에 의해 설립되었다. OLT는 다양한 파트너와의 협력을 통해 첨단기술을 이용한 학습과 능력 개발 부문 혁신의 촉매제 역할을 목표로, 캐나다 평생학습 문화 발전에 기여한다. OLT의 목적은 기술을 통한 혁신적인 학습 기회를 넓혀가는 것으로, OLT에는 개발자, 교수자, 학습자를 위한 영역을 구분하여 각 분야에 필요한 정보들을 연결하고 있다. 관련 도서와 모노그라프, OLT 지원 프로젝트 보고서, OLT

온라인 컨퍼런스, 비디오 자료, 서지 목록, 백서 등을 온라인으로 제공하고 있으며, 이와 함께 기술 훈련에 관련된 다양한 주제에 따라 DB를 구축하고 있다. OLT의 역할은 첨단 학습 테크놀로지 프로젝트에 대한 기부 프로그램, 효과적 학습 테크놀로지를 소개하는 워크샵, 학습 테크놀로지 정보와 지식 공유를 위한 온라인 회의와 웹사이트 소개 등 다양하다.

OLT에서 운영하는 주요 프로그램으로는 다양한 정보를 제공하는 종합 정보 웹사이트, 온라인상의 포럼과 워크샵 실시, 프로젝트 운영비 지원, 1998년부터 CLN(Community Learning Networks) 설립, NPLT(New Practices in Learning Technologies Initiative), LTW(Learning Technologies for the Workplace) 운영이 있다. CLN은 평생학습을 지원하고 장려함으로써 지역사회 발전을 도모하고, 지역사회 구성원의 삶을 향상시키며, 지역에 활력을 높이는 커뮤니티 주도적 구조와 시스템의 일환으로 설립되었다. NPLT는 교육영역에서의 성인학습자를 위한 테크놀로지 개발과 보급을 위한 프로젝트 비용을 지원하며, LTW는 비영리단체로서 새로운 경제와 세계 시장에 빠르게 적응하도록 직장인들의 테크놀로지 향상을 위한 프로젝트를 지원하는 기업협의회이다.

CLN은 정부의 평생교육 시스템 정책에 가장 핵심적인 역할을 하는 기관으로, 주로 학습과 네트워킹을 지원하며, 테크놀로지 이용과 지역 단위의 참여를 높이고, 개인과 지역사회 개발을 장려하기 위한 활동을 한다. 또한, 캐나다 전역을 연결하는 교육 네트워크는 주로 주정부의 교육부에 의하여 구축된 체제를 기반으로 하고, 커뮤니케이션 테크놀로지와 정보를 사용하여 지식기반경제 속에서의 근로자들을 보호하고 평생학습을 지지하기 위한 혁신적인 접근법을 개발하고 테스트 한다. 아울러, 학습 테크놀로지를 사용하는데 장벽이 되는 것을 제거해 주는 상호작용 네트워크에 접근할 수 있는 방법을 개발하여 제공하고, 지역사회에서 학습 테크놀로지 상호간의 사용에 대한 지식과 기술을 증진시킨다.

NALD(National Adult Literacy Database)는 연방정부와 협력 관계에 있는 비영리 성인문해 단체로 캐나다 전역에 걸쳐 성인문해 관련 자료

데이터베이스를 구축하고 제공한다. NALD는 효율적인 행정 체제를 지원하며, 문해 학습자들과 행정가들이 아이디어와 방법 등을 공유하도록 한다. NALD는 현장 실천가, 교사, 자원봉사자, 프로그램 운영자에게 성인 문해 정보를 제공해준다.

NLS(National Literacy Secretariat)는 16세 이상 65세 이하의 캐나다 인구 중 45%가 지식정보사회에서 필요로 하는 문해력을 갖추고 있지 못한다. 이에 국민들의 문해 능력 향상 기회 제공을 위하여 1988년에 설립되었다. NLS의 역할은 학습사회에서 핵심이 되는 중요한 능력을 육성시켜 캐나다 국민들이 사회적, 문화적, 정치적 생활을 좀 더 유연하게 할 수 있도록 필요한 능력을 향상시키는 데 있다. 이에 학습 자료 개발 및 보급, 문해 프로그램 확산, 문해문제에 대한 인식 제고, 정보 공유, 문해 연구 수행 등의 역할을 수행하고 있다.

캐나다 문해재단(ABC CANADA Literacy Foundation)은 문해에 대한 인식 확산과 사적 영역인 개개인에 대한 적극적인 문해 지원을 목적으로 1990년에 설립되었다. ABC CANADA는 문해 능력 향상을 위한 국가 산하 자선 조직으로, 기업, 노동자, 교육자, 정부와 파트너 관계를 형성하고 있다. ABC CANADA의 역할은 전국민의 완전 문해 능력 개발을 위한 연구수행, 지역의 문해집단 지원, 국가수준의 문해 캠페인 수행, 문해 인식 확산을 위한 프로그램 제공하는 데 있다.

MCL(The Movement for Canadian Literacy)은 문해연합을 대표하는 국가 비영리조직으로, 연방정부와 공공기관에 캐나다 성인의 문해에 대한 문제 제기를 계기로, 1978년 설립되었다. 이 조직은 모든 캐나다인이 양질의 문해교육을 받을 수 있도록 국가 포럼 제공하고, 성인 문해교육을 포함한 조직이나 사람들과 함께 운동 전개하며, 매년 문해의 날에 정기행사로 MCL은 연방정부 정책 결정자들과 함께 문해문제에 대한 토론회 개최한다. 또한, 학습자들이 문해에 대한 도전을 받도록 학습자의 인식을 제고시킬 목적으로 네트워크를 운영하고, 문해와 관련된 여러 국가 기구들과 파트너 관계를 형성하며, 인쇄물과 웹사이트를 통해 문해 관련 정보와 자원을 제공한다.

OLA(Open Learning Agency)는 개인의 성장, 직장과 사회에 공헌을 목표로 비형식 학습과 평생학습을 온라인을 통해 제공하기 위해 설립되었다. OLA는 학습 프로그램과 관련된 지정기관 연계 검색이 가능하도록 하고, 강의, 직업, 일자리 등 여러 종류의 컨텐츠를 제공하며, 다양한 매체를 통한 강의를 안내하고, 주정부나 주교육부를 통한 평생교육 체제를 지원한다.

CMEC(Council of Ministers of Education Canada)는 캐나다의 10개 주와 3개의 준주를 합하여 13개 지역의 교육부장관 협의회를 말한다. 그러나 실제로는 교육부와 대학 교육부를 모두 가지고 있는 주들이 많기 때문에 18명의 장관들이 이 협의회에 참여한다. 캐나다는 연방 수준의 교육부가 없으므로 캐나다 주 정부의 교육 정보를 공유하고 상호 관련된 교육문제에 대한 협의를 하기 위하여 1967년에 CMEC를 설립하였다. CMEC를 통하여 캐다나 교육 문제에 대한 상호 이해 관계 협의와 협력을 논의하지만, 각 주의 교육에 대한 실질적인 의사결정은 각 주에서 이루어지기 때문에 CMEC를 통해 논의된 사항들은 각 주에 강제하지 못한다. CMEC가 하는 중요한 역할 중의 하나는 바로 PISA(Programme for International Student Assessment)이다.

PISA는 OECD의 한 프로젝트로서, 15세 학생들의 기술과 지식을 나타내는 국제 지표를 제시해 주는 것으로 읽기, 수학, 과학 3영역의 성과를 평가하는 것이다. PISA를 통해 젊은 성인들이 미래의 도전에 어떻게 대응하고 준비하는가, 그들은 자신의 이상을 효과적으로 분석하고, 합리화하고, 전달할 수 있는가, 그들은 생애를 통해 계속 교육을 받을 능력이 있는가, 어떤 교육 및 학습조직이 보다 더 효과적인가 등에 대한 해답을 얻고 있다.

캐나다에서 주 교육부는 교육사업을 감독하거나 평가하고 연구하며, 초・중등학교의 교육과정 구성, 학교조직, 교과서 및 시청각 자료 등을 승인하고, 교육위원회, 교육청, 학교 등에 관한 교육 인사행정 관련 기본

규정을 마련하며, 교육시설행정, 교육재정, 장학 등에 관한 포괄적인 업무를 담당한다. 대다수의 교육부장관들은 교육위원회나 하급교육청, 학구, 단위 학교에 그들의 권한을 상당히 위임한다.

대학은 재정을 책임지는 관리위원회와 학사운영을 책임지는 이사회에 의해 관리되며, 지역사회 대학(community college)의 경우는 지방정부에 의해 관리위원들이 임명되는 경우가 많아서 정부의 통제를 직접 받기도 한다. 온타리오 주의 경우, 주내 모든 전문대학들은 막대한 운영자금이 국고보조 지원형태로 충당되고 있다. 전문대학들의 전체 운영자금 중 약 70% 정도가 지방 운영 교부금, 지방 자본 교부금, 지방 훈련 자금의 형태로 지방 주정부에 의해 충당되고 있으며, 다음으로 많은 부분은 연방정부에 의해 지원되는 고용지원 프로그램 경비를 보조받고 있다. 그 외에 학생수업료 수입 및 기타 잡수입을 포함하여 자본적 경비수입에 의해 나머지가 충당되고 있다.

온타리오주의 모든 전문대학들은 다음과 같은 세 가지 주요한 수요에 대응하여 교육프로그램을 제공하여야 하는 책임을 가지고 있다. 첫째, 중·고등학교 교육범위를 넘어서는 형태의 교육과정 제공한다. 둘째, 정규대학에 진학을 원하지 않는 고등학교 졸업자들의 교육수요에 부응하여 교육프로그램 제공한다. 셋째, 중·고등학교 졸업 여부에 관계없이 학교 밖의 젊은이 및 성인의 교육적 수요에 대응하여 교육내용 공급한다. 이러한 수요들에 부응하여 제공되는 전문대학의 대부분의 교육내용들은 경력지향 성격과 학생들로 하여금 고용을 준비하도록 의도하는 성향을 내포한다. 일반적으로 전문대학들이 제공하는 프로그램은 두 가지 범주로, 적어도 4학기 이상 이수를 요하는 과정(diploma program)과 4학기 이하 계약을 통해 수행되는 과정(certificate program)으로 구별됨.

이와 같은 프로그램은 광범위한 내용과 더불어, 주·야간을 통하여 확장적이며 다양한 경력 개발, 특별 관심 과정, 인력 관련 기술개발 등의 범위를 포괄하고 있다. 성인학습자들의 직업훈련 및 교육수요와 산업·노동계 특별 교육 요구에 부응하여 제공되는 교육 프로그램들은 학기 중 다양한 시기에 시작하는 풀타임 또는 파트타임 형태로 운영되고 있다. 풀타임 형태의 프로그램들은 다음과 같이 기간에 따라 여러 가지 범주로 구별된다.

전문대학 교육 프로그램 중 특징적인 것은 연방정부 인력 개발 정책에 부응하며, 지방정부와 산업체의 각종 기술인력 배양 요구 전략 프로그램들과 관계된 광범위한 도제과정을 설치하여 전문 직업관련 학술지식과 각종 기술·공학 자격증 교육 프로그램을 제공한다는 것이다. 수년간 전문대학들은 연방정부 및 지방정부의 요구에 의해 특별한 학생 집단을 초점으로 다양한 단기 교육 훈련 과정을 수행해 오고 있으며 고용주들의 직접 지원에 의한 전문직업 기술 훈련도 맡아 왔다. 한편, 노동 시장의 변화가 요구되는 경우 전문대학들은 경제성장 영역의 노동 수요에 부응하기 위해 관광 및 서비스 분야 같은 프로그램을 개발하여 수행한다.

예산 및 재정의 면에서, 캐나다에는 중앙 수준의 연방 교육부는 없지만, 캐나다 연방정부는 각 주의 교육부에게 교육사업비의 일부를 보조하는 등 교육재정을 지원하고 있다. 이러한 지원 때문에 연방정부는 주교육부의 업무에 간접적으로 영향력을 행사한다.

이상에서 개관한 캐나다 평생교육 추진 체제의 특성은 다음과 같이 요약될 수 있다.

첫째, 지방정부와 지방교육청의 평생교육 지원 활성화 방안이다. 캐나다는 우리나라와 달리 중앙 수준의 연방 교육부가 없이, 각 주의 교육부에 의해 자율성 있게 운영됨으로, 평생교육도 일관된 시스템이나 체제에 의해서 관리되고 지원되는 것이 아니라, 각 주의 자율성에 따라 움직여진다. 무엇보다도 전문대학, 대학이 대부분 공립임으로 인해 주정부의 지원하에 전문대학, 대학에서의 평생교육이 자연스럽게 이루어지고 있고, 초.중등학교에서의 평생교육도 활발하게 이루어짐으로 지역정부와 지역 교육부의 평생교육에 대한 지원은 학교교육 지원을 통해서 이루어진다.

둘째, 평생교육 지원 예산 확충이다. 캐나다의 경우 주 교육부의 지원은 중등교육과 중등 이후 교육으로 크게 나누어서 이루어지고 있다. 성인

학습자도 어린 학생들과 마찬가지로 교육부의 지원을 받아야 하는 사람들로 인정되고 있다. 학교교육이 끝나면, 교육부의 지원도 끝나는 것이 아니라, 평생학습이 가능하도록 성인들도 학생들과 같은 지원을 받을 수 있는 체제이다.

셋째, 평생교육 정보 및 지원 체제 강화이다. 캐나다의 경우 인적자원 개발 측면에서 평생교육을 발전시키기 위하여 구축된 정보 지원 체제가 잘 발달되어 학습자들이 온라인을 통하여 쉽게 학습기회와 연결될 수 있도록 체제를 갖추고 있다. 평생교육 지원체제가 다양한 학습 기회를 제공하는 네트워크 중심의 정보 지원 체제를 구축되어 있다.

넷째, 평생교육 사업 수행을 위한 비용 지원 체제 구축이다. 캐나다의 평생교육 지원체제는 비용 지원이 수반되고 있다. 다양한 프로젝트를 수행하는데 필요한 평생교육 기금을 마련해두고 공모를 통해 지원해 주는 제도가 마련되어 있다. 특히 소외계층에 대한 평생학습 기회 제공과 삶의 질 향상을 위한 평생학습비가 지원되고 있다.

다섯째, 파트너 관계 형성 및 확장이다. 캐나다의 경우 평생교육과 관련된 다양한 기구들과 단체들이 파트너십으로 연결되어 공동 사업을 진행하고 있다. 평생교육과 관련된 단체, 기구, 정부 조직들 간의 파트너십 형성과 이를 토대로 한 연계 협력 체제가 확충되어 있다.

5) 호주 평생교육 추진체제

호주는 교육과학훈련부에 소속되어 있는 9개 부서 중의 하나인 '교외 교육 및 훈련부'에서 평생교육 관련 업무를 주로 담당하고 있다. 주요평생학습 추진기구로는 '기술 및 계속교육부'(Technical and Further Education, TAFE), ALA(Adult Learning Australia), EdNA(The Educational Network of Australia) 가 있다. 주요 평생교육정책 사례로는 '호주의 평생 직업교육·훈련을 위한 국가전략 보고서(1998-2003)'가 있다.

호주의 교육 분야는 학교교육, 대학교육, 직업훈련, 성인 및 사회교육 등 크게 네 분으로 나뉘어지며, 평생교육 관련 업무는 '직업 교육 및 훈련부'(Vocational Education & Training Group)에서 주로 담당하고 있다.

직업기술 강조는 호주의 주요 평생학습 정책의 하나이다. 호주의 평생교육 전통은 개척 초기에 시작된 근로자들 중심의 계속기술교육에 뿌리를 두고 있다. 1990년대에 들어 급변하는 사회경제적인 요구에 적극적으로 대처하기 위한 교육훈련 분야의 개혁을 단행하였다. 이에 평생교육의 국가적인 목표는 지식과 기술 및 정보 경제력을 키우는 데 중점을 두었다. 평생 직업 교육·훈련을 위한 국가 전략 보고서는 이 같은 정책 변화를 반영한 것이다.

호주의 평생교육은 직업훈련과 성인교육이 통합된 형태로 나타나며, 직업 교육·훈련 시스템에 대한 국가적 목표를 달성하기 위해 직업교육, 훈련영역의 국가 전략계획을 개발하고, 국가 프로그램을 관리하고 자금을 공급하며, 직업 교육·훈련 시스템을 개발하고 있다. 정책의 주요 초점은 평생교육 기회 제공 체제를 확대·구축하고, 학습자 중심의 개방학습 체제를 마련하며, 평생 직업 교육·훈련을 국가 자격으로 연계할 수 있는 평가·인정 시스템을 개발하는 것이다.

평생 직업교육과 국가 자격과의 연계는 호주 평생교육 정책에서 또 하나의 중요한 요소이다. 지난 1995년에 호주정부가 연방자격체제(AQF)를 구축하고 교육 훈련과 자격과의 연계, 교육 훈련 부문간의 학점인정 및 이를 통한 교육 훈련 부문간의 탄력적인 이동을 체계화하였다. 연방자격체제는 의무교육 연한인 중등학교 10학년 이후부터 대학원 과정에 이르기까지의 모든 교육 및 훈련을 12개의 국가자격으로 통일시켜 전국적으로 일원화한 호주의 국가자격시스템이다. 이 체계에서, 자격은 중등교육 부문의 상급 중등학교 수료증(SSCE), 직업교육훈련 부문(TAFE 전문대학 및 등록된 사립 훈련기관)의 6개 자격, 그리고 대학교육 부문(주로 종합대학)의 5개 자격 등 세 분야에서 12개의 유형으로 구분된다.

평생 직업교육 기관의 중심인 TAFE에서는 각 교육 훈련 과정에서 학습한 결과가 곧바로 국가자격 취득으로 연결되는 체제를 구축하였다. 이러한 노력에 힘입어, 학습자가 원하는 시간에 원하는 방법으로 학습한 결과는 호주 전역에 걸쳐 통일된 국가자격으로 평가 인정을 받게 되었다. TAFE전문대학을 중심으로 한 직업 교육 훈련 기관들 사이에는 프로그램의 내용 및 자격과의 관련 등이 통일적으로 명시되어 있기에 교육기관을 변경하는데 따른 학습의 중복이나 프로그램의 불일치 등이 제기되지 않는다. 이전 교육기관의 학습을 인정하는 학점인정 뿐만 아니라 학습자가 훈련이나 직업 및 생활경험을 통해 획득한 지식이나 기술도 학점으로 인정해 주는 이전 학습 인정(RPL) 정책도 학습자의 교육기관 이동이나 계속교육에 크게 기여하고 있다.

직업 교육 훈련(VET) 시스템은, 국가 차원의 명확한 정책 방향이 설정되어 추진된, 또 하나의 중요한 평생교육 정책이다. 1998년에서 2003년까지의 5개년 계획에서, 호주정부는 호주 경제의 국제 경쟁력을 뒷받침하기에 충분한 정도로 인적자원의 숙련 수준을 확보하고 개개인이 자신의 잠재력을 극대화할 수 있는 기회를 제공하는 것을 VET 시스템의 주안점으로 설정하였다. 구체적으로 VET 시스템의 목표는 직업세계에 대한 적응 지원, 노동시장에서의 인적자원의 이동 능력 제고, 직업교육 및 훈련의 형평성 제고, 훈련에 대한 투자 증대, 공공직업훈련과 훈련비용의 가치 극대화에 있었다.

평생교육 행·재정 면에서 볼 때, 호주에서 평생교육의 예산은 연방정부 및 주정부 차원의 실질적인 지원체계가 뒷받침하고 있다. 평생교육 재정의 대부분을 TAFE에 지원된다. TAFE는 8주에 지정하여 평생교육 기회를 제공하고 있다. 평생교육의 지역화와 평생교육의 현장 적합성을 실현하기 위한 정부차원의 행정 전이다. 한편, 일부 재정은 ALA(Adult Learning Australia)에 지원되며, 대부분의 평생학습 기관들은 정부의 재정지원을 받고 있다. 학습기관 및 학습자에 대한 재정지원 면에서 보면, 학습자의 경제적 여건에 따라 정부 수업료 감면 혹은 유예되며, 행정수속비와 수업료를 지불해야 하지만 저소득층의 경우 행정 수속비를 지원받는다. TAFE의 수강학생일 경우 연간 수업료의 2배의 금액을 대출 받을 수 있는 제도를 마련되어 있으며, 전일제 학생의 경우, 무료 교통카드가 지급되고 집세 보조 및 생활비 등이 지원된다.

호주에서 평생교육을 제공하는 기관은 대학, TAFE, ALA를 비롯하여 야간대학, 지역사회 대학, 마을학습 센터, EdNA, OLA 등 다양하다. 평생교육 전담은 대학에서 일부 제공하고 있고, TAFE를 중심으로 이루어지는 기술 계속 교육과 ALA를 중심으로 이루어지는 성인지역사회교육 등의 기관에서 주로 이루어진다.

TAFE를 중심으로 한 기술 계속 교육은 평생교육의 일환으로 직접적으로 직업과 관계되는 교육을 담당한다. TAFE는 직업재교육, 준비교육 등 다양한 프로그램을 제공하고 있고, 대학에서 주로 담당하고 이들의 협의체 구성이 잘 되어 있다. ALA는 지역사회 내에서 이루어지는 교육으로, 성인기초 교육 프로그램을 제공하고 있으며 지역 평생교육 활성화를 도모한다.

TAFE(Technical and Further Education)는 호주에서 평생학습 기관의 전형적인 모델이면서 중추적인 역할과 기능을 담당하고 있다. TAFE는 '기술 및 계속교육'이란 말이 의미하듯이 호주의 평생교육을 담당하는 명실상부한 전국적인 규모의 평생학습 기관이다. 학습자의 규모나 교육과정의 다양성 등에 있어서 가장 핵심적인 평생교육 역할을 수행하는 기관은 TAFE의 전문대학과 대학이다. 현재 다양한 캠퍼스, 지역에서 40만명 정도가 교육을 받고 있다.

TAFE의 운영은 야간 교육원(evening college), 지역사회 대학(community college), 지역성인교육센터(community adult education center), 인근 학습센터(neighborhood learning center) 등 지역사회 조직과의 협조 속에 운영된다. 이 조직들은 비정부, 비영리 조직 혹은 기관이며 지역사회가 운영의 주체가 된다. 호주에서 규모가 가장 큰 NSW주의 경우, 야간 및 지역학습센터 22개, 지역 성인교육 센터 47개가 운영되고 있다. 이들을 포함하여 총 104개의 평생학습 기관들이 주 정부의 재정 지원 하에 운영되고 있다.

TAFE 시스템의 특징은 '모든 이를 위한 평생교육' 기관으로 개방성과 탄력성, 다양성 및 학습자 중심 이념에 의거하여 중등 의무교육(10학년) 이후의 거의 모든 직업교육과 재교육 및 교양교육을 제공한다는 데 있다. 입학의 개방성의 면에서 보면, 15세 이후의 모든 청소년 및 성인들에게 학력과 관계 없이 입학이 개방되어 있다. 학습자의 학력에 따라 학력을 요구하지 않는 교육과정이 있는가 하면, 중등학교 10학년, 중등학교 12학년의 수료를 필요로 하는 교육과정을 별도로 명시하여 모든 학습자들이 자신의 학력에 맞추어 학습 기회를 가질 수 있도록 개방하고 있다. 만 20세가 넘을 경우 학력에 관계 없이 입학이 가능하다. 교육과정의 다양성 및 교육기간의 탄력성 면에서 보면, NSW주 TAFE의 경우, 2000년 2월 현재 1천여개 이상의 다양한 내용과 수준의 직업교육 및 교양교육 과정이 제공되고 있다. 대학 입학시험 준비과정인 입학과정(Matriculation Course) 및 본 과정을 곧바로 시작하기에는 해당 지식과 기술 및 경험이 부족한 사람들을 위한 연계과정(Bridging Course)을 비롯하여, 6개의 국가자격 과정, 견습 및 도제과정, 교양과정 등에 이르기까지 거의 모든 분야의 교양 및 직업교육 과정이 마련되어 있다. 또한, 다양한 내용과 수준에 맞추어 교육기간이나 학습방법과 평가방식 등이 탄력적이다. 단지 몇 시간, 몇 일, 몇 주만 계속되는 직업교육 훈련 과정에서부터 1년, 2년, 그리고 3년의 학사학위 과정에 이르기까지 다양한 과정을 제공하고 있는 것이 특징이다. 대부분의 수강생이 시간제 학생이다. 연령의 다양화 면에서도, TAFE의 최저 입학연령인 15세에서부터 노인에 이르기까지 다양한데 20세 이하는 25%, 20-24세가 20%, 25-39세가 34%이며, 40세 이상도 20% 정도이다.

조직 및 운영의 면에서, 호주의 8개 주 전역에 걸쳐 전문대학의 TAFE 수는 61개이다. 주 별로 보면, NSW 12, 퀸슬랜드 11, 빅토리아 12, 서부호주 14, 남부호주 5, 타스마니아 4, 북부호주 2, 캔버라 1 등이다. 이들 전문대학은 호주 전역에 걸쳐 무려 1,039개의 캠퍼스를 운영하고 있다. 이들 TAFE 전문대학들의 위치는 주정부와의 협의 하에 결정되었기 때문에 거의 모든 지역에 TAFE 전문대학이 있다.

호주에서는 광활한 국토의 특성상, TAFE 원격교육 시스템을 운영하고 있다. TAFE 원격교육은 학습자가 방송강의와 교재, 비디오, 위성강의, 이메일 등을 통해 학습을 하고 원하는 장소와 시간에 평가를 받게 한다. 각 대학 및 캠퍼스별로 정보제공 및 상담 부서를 두고 있으며 TAFE를 총괄하는 중앙의 TAFE 협의회 내에도 학습 및 진로에 관한 전반적인 상담부서가 있다.

한편, 일반대학에서 운영하는 평생교육을 살펴보면, 모든 대학에는 성인들의 자기계발이나 특정한 전문성 제고를 위한 다양한 비학위과정(non-degree course)이 개설되어 있으며, 성인 계속교육 프로그램으로 인문, 사회, 정보, 예술분야 등의 다양한 내용을 다양한 학습기간으로 운영한다. 또한, 거의 모든 학위과정에 있어서도 정시제(part-time) 학습이 허용되며 실제로 약 25% 정도의 대학생들이 시간제 성인학생들이다. 취업중인 성인들이 재교육을 위해서나 자기 계발을 위해 취업과 학습을 병행할 수 있다. 성인들이 학위과정에 접근하기 용이하도록 만 21세 이상의 성인들에게는 특별 입학제나 성인 입학제(mature age)같은 제도를 마련하여 입학의 문호를 개방하고 있다.

호주에서 평생교육기관으로서의 대학의 역할은 TAFE와 같은 교육기관과 달리 한층 제한적이다. 대학에서의 평생학습에 대한 예산 지원은 TAFE의 경우보다 적다.

또 하나의 평생교육 전담기구인 ALA(Adult Learning Australia)는 성인 교육에 필요한 연구와 프로그램을 제공한다. 또한, 지역공동체 네트워크 형성, 산업과 역사 관련 공동체 형성, 가족단위 동아리 형성, 성인교육을 위한 헬스센터 운영, 박물관 건립, 전문 기관 설립, 개인 상담실 설립 등을 관장한다. ALA는 모든 주와 지방에 배치되어 있다. ALA는 호주 국립훈련처(Australia National Training Authority)에서 많은 예산을 지원받으며, 그 외 회원으로부터 받은 기금, 출판물 판매 수익금, 기부금 등으로 운영된다.

ALA의 운영 원칙에는 성인교육과 지역공동체 네트워크 형성 및 상담활동을 돕는 것, 성인과 공동학습과 성인학습의 분야에서 정보의 변화와 상담활동을 돕는 기능을 독립적으로 수행하는 것 등이 있다. ALA의 목표는, 성인학습과 공동학습의 발전을 위해 지원하고 이에 대한 관심을 불러일으키는 데 있다. 아울러, 성인학습과 공동학습의 협력과 이해를 증진하고, 민주사회의 발전을 위한 준비된 시민을 육성하기 위한 성인학습과 공동 학습의 중요성을 대변하며, 국가적 조직과 활동 가능한 조직 어디에서나 성인학습과 공동학습이 가능할 수 있도록 하는 데 있다. 또한, 성인학습과 공동학습의 모든 형태로 간주되는 정보의 중심으로서 역할을 수행하고, 성인학습과 공동학습의 연구, 조사, 실험과 출판물을 제공하며, 성인학습과 공동학습의 국가적 회의, 협의회를 소집하는 등에 있다.

또 하나의 평생교육 전담기구로서, EDNA(The Educational Network of Australia)는 성인학습 관련 인터넷 정보 제공처 역할을 수행한다. 이 네트워크는 교육·훈련기관과 협동하여 훈련과 교육에 관한 파일, 교수학습 관련 데이터베이스, 뉴스와 네트워킹 자료, 직업·경력과 배치 서비스, 교육 관련 문서를 제공한다. 그 외 온라인 뉴스, 뉴스레터, 출판물, 컨퍼런스 안내 및 뉴스 등을 제공한다.

평생교육 전담기구의 하나로 개방학습센터(Open Learning Agency, OLA)는 개방학습 제도를 활성화하기 위한 것이다. 즉, 이는 '모든 사람을 위한 평생학습' 이념을 보다 구체적으로 구현하기 위한 방안으로 개발된 호주 개방 학습(Open Learning Australia, OLA) 제도의 구축을 목표로 시작된 시스템이다. 호주 개방학습 제도는 개방학습을 통해 학점인정을 받아 대학 학위나 전문대학 수준의 자격을 취득하는 것으로서, 1992년에 '텔레비전 개방학습'을 통해 시범적으로 실시된 후, 1993년부터 전국적으로 확대·실시되고 있다. 개방학습이라는 말이 의미하듯이, 이것은 호주의 대학이나 전문대학(TAFE) 또는 산업체 등에서 제공하는 400여개 이상의 과목·과정을 연령, 학력 등의 제한 없이 모든 국민들에게 완전 개방하고, 출석 수업이 없는 완전개방학습을 통해서 학점을 취득하고 소정의 학점 수를 취득한 학습자에게 특정 대학에서 해당 전문자격증이나 학위를 수여하는 호주의 독특한 제도이다. 이러한 제도와 관련한 교육 제공 기관을 통합적으로 관장하는 기관이 호주개방학습 센터이다.

이 기관은 호주 연방정부의 재정지원을 받아 법인 형태로 설립되었고, 8개의 이사 대학교 및 9개의 기관들로 구성되었다. 호주 국립대학교(ANU)를 포함하여 호주 국영방송인 ABC TV와 라디오 방송국 등 9개의 기관들로 구성되어 있다. 여기에 22개의 교육기관들이 참가하여 교육과정 제공하고 있다. 이 교육제공기관들과의 긴밀한 협의 하에, OLA는 교과과정의 편성이나 운영 및 학점 적립(credit accumulation) 관리, 혹은 학점은행의 역할 등 학사행정을 대행하는 매개 역할을 수행하고 있다.

특기할 점은 개방학습 과정의 입학자격이 없다는 것이다. 또한, 학습자들의 학습목적은 대학의 학위취득 및 전문대학 수준의 자격취득이나 자격상승 등 해당분야의 학위나 자격을 취득하기 위해서 뿐만 아니라 취미나 자기 계발을 위한 경우 등 다양하다는 것이다. 물론, 전일제 학생들과 동일한 수준의 평가 방법을 거쳐 동일한 학위 및 자격이 주어지기에 학사관리가 엄정하게 이루어진다.

이상에서 개관한 호주 평생교육 추진 체제의 특성은 다음과 같이 요약될 수 있다.

첫째, 평생학습 정책이 개방 및 국민의 직업기술 능력 향상에 초점을 두고 있다. 평생학습 관련 정책의 대부분이 직업기술능력을 향상시키는데 초점을 두고 지원되며 프로그램이 운영되고 있다. 평생교육은 직업훈련과 성인교육이 통합된 형태로 나타나며, 직업교육훈련 시스템에 대한 국가적 목표를 달성하기 위해 직업교육, 훈련영역의 국가 전략계획을 개발하고, 국가 프로그램을 관리하고 운영지원금을 제공하며, 직업교육·훈련 시스템을 개발하고 있다. 정책의 주요 초점은 평생교육 기회 제공 체제를 확대·구축하고, 학습자 중심의 개방학습 체제를 마련하며, 평생직업교육훈련을 국가자격으로 연계할 수 있는 평가·인정시스템을 개발하는 것이다.

둘째, 평생교육 기회의 개방 체제 구축이다. 평생교육의 실질적인 기회 확대를 위한 제도적인 기반 마련으로 개방체제를 구축하고 있다. 대학에서의 평생교육 기능을 확대하는 정책을 추진하여 성인학습자 및 비정규 학생에 대한 학습의 기회를 확대하고자 한다. 시간제 학생이 전일제 학생보다 2배가 되는 추세이다. 호주 대학의 성인입학제나 성인을 위한 특별 입학제를 운영하고 있다. 평생학습 결과에 대한 평가 인정체제를 구축하고 있다.

셋째, 전문대학의 적극적 역할이다. 전문대학이 평생교육의 핵심적 역할을 담당하고 있다. 평생직업교육의 중요한 기관으로서 전문대학이 그 역할을 담당하고 있다.

5. 주요국 평생교육 정책의 특징과 시사점

1) 특징

앞에서 개관한 주요국의 평생교육 정책 및 평생교육 추진 체계에서 보여지는 특징은 다음과 같이 요약된다.

일본은 문부과학성의 생애학습정책국을 중심으로 평생교육 정책을 추진하고 있으며, 생애학습 정책국은 정책과, 학습정보 정책과, 자료기획과, 생애학습 추진과, 사회교육과, 남녀 공동참여 학습과로 구성되어 있다. 미국은 연방 교육부 직업성인 교육실 하에서 고등학교, 직업 · 기술교육, 성인 · 문해교육, 커뮤니티 칼리지의 체제로 나누어서 전국 수준의 평생교육 전반에 대한 정책을 수행하고 있다. 영국은 교육기술부의 평생교육국에서 고등 교육과, 계속 교육과, 평생 학습과, EU 국제협력과, 지방 개혁 정책과, 과학 기술과로 나누어 평생교육 정책을 추진하고 있다. 캐나다는 13개 주정부 차원에서 기존의 교육활동을 지원해 주는 체제로 운영되고 있으며, 연방정부 차원에서의 교육은 HRDC에서 관리하며 OLT를 중심으로 평생교육 지원정책을 실시하고 있다. 호주의 경우 평생교육 관련 업무는 '직업교육 및 훈련부'에서 주로 담당하고 있다.

이러한 사실로부터 다음과 같은 결론을 얻을 수 있다. 국가들마다 국가 수준에서 평생교육을 관리하고 있는 나라들과 그렇지 않은 나라들이 있지만, 전체적으로 볼 때 대부분 학교교육과 성인교육을 나누는 것이 아니라, 교육이라는 큰 틀 안에서 평생교육을 자연스럽게 지원하고 있음을 볼 수 있다. 국가 수준에서 관리하는 나라들의 경우는 지역과의 연계 체제나 역할 분담이 명확하며, 국가 수준에서 관리하지 않는 경우는 지역 정부나 지역 교육청에서 그 지역의 특성에 맞게 자율적이면서도 적극적으로 추진하고 있다.

평생교육 추진 체계를 중앙-지방 간 연계 면에서 보면 국가별로 다음과 같은 특징을 보인다. 일본의 경우는 중앙에서 관련된 내용만을 지시할 뿐, 실제 시행은 지방에서 재정과 그 밖의 지원을 하고 있으며, 이에 대한 사항은 평생학습 진흥법에 명시되어 있다. 미국은 연방 교육부의 평생학습 조직 체제를 주 정부 교육부처에서 수행하되 지역의 대학 및 연구소, 기관과 연계하여 평생교육을 수행한다. 영국의 경우 LSC는 중앙에 국가 수준의 기구를 두고, 영국 전역에 걸쳐 47개 지역 LSC를 두어 연계 체제를 구축하여 운영한다. 평생교육에 대한 구체적인 지원과 실행은 지역 중심으로 이루어진다. 캐나다 정부의 평생교육 정책은 중앙 집중적으로 이루어지는 것이 아니라, 13개 주정부 차원에서 기존의 교육활동을 지원해주는 체제로 운영되고 있다. 연방정부의 HRDC에서는 OLT 산하 CLN을 통하여 지역의 평생학습을 지원·장려한다. 호주의 평생교육은 대부분 주정부 중심으로 지원과 관리가 이루어지며, ALA는 모든 주와 지방에 설치되어 있어 모든 주와 지방에서 실질적으로 수행되고 있다.

이상과 같이 대부분 주요 국가들의 평생교육 업무는 지방 정부를 중심으로 이루어지고 있다. 물론 일본이나 미국과 같이 중앙정부에서 관리하는 나라가 있기는 하지만, 중앙 차원에서는 비용지원이 이루어질 뿐, 실제로 이루어지는 구체적인 내용들은 지방에서 실행되고 있다.

주요 평생학습 프로그램의 측면에서는 각국 별로 다음과 같은 특징이 있다. 일본의 평생교육 프로그램은 자기 존재에 대한 학습을 중심으로 '삶의 보람, 자기 창조, 건강' 등과 같은 인간 존엄에 대한 관심이 높아서 여가, 스포츠, 문화 등의 교양프로그램이 주를 이루고 있다. 최근 인간능력과 지역 개발, 자원봉사활동을 통한 개인과 사회의 능력개발에 국가적 관심이 모아 지고 있다. 미국은 교육부에서 성인·문해교육 관련 프로그램으로 성인 기초교육, 성인 중등교육, 영문해 프로그램 등을 지원하며, NIFL, NCSALL에서 대학 및 유관기관과 연계하여 문해 프로그램을 운영한다. 영국은 교육기술부에서 성인의 문해력 및 생활기술 능력 향상을 위한 교육을 주요 사업으로 진행하며, LSC에서 FEFC가 관장해 왔던 계속교육, TECs가 담당해 왔던 정부의 재정으로 운영되는 직업 현장에서의 훈련, 그리고 LEA가 관장해 왔던 성인들의 인문 교양 교육을 모두 관장하고 있다. 캐나다는 연방정부 차원에서 인적자원 투자 프로그램, 소득지원 프로그램, 노동 프로그램을 운영하며, OLT에서 온라인 상의 프로그램, NALD, NLS에서 성인문해 교육 관련 프로그램 등을 제공하고 있다. 호주는 대학 및, TAFE를 중심으로 이루어지는 기술 계속 교육과 ALA를 중심으로 이루어지는 성인 지역사회 교육 등의 프로그램이 주요 제공되고 있다.

이상과 같이 주요국들은 대부분 전 국민을 대상으로 정보제공 서비스 시스템을 구축하여 온라인을 통한 정보제공과 교육 프로그램 제공을 하고 있다. 특히, 문해교육과 직업교육에 많은 지원을 하고 있다.

2) 시사점

주요국의 평생교육 정책 및 평생교육 추진 체계에서 얻을 수 있는 시사점은 다음과 같다.

첫째, 평생교육 추진체제의 방향 설정이다. 평생학습 추진체제는 학습자의 학습권을 보장하는 차원에서 이루어지도록 방향을 설정해야 한다. 따라서 학습의 장애요인을 국가 차원에서 해소해 주어야 한다. 학습권 보장은 교육체제 전반을 재구조화하여 학습 문화를 형성하는 것이어야 한다. 평생교육은 개인과 지역 사회 발전에서 핵심적인 역할을 하며, 학습자 개개인의 재능을 충분히 개발하고 잠재능력을 실현할 수 있도록 행·재정 지원체제를 강화해야 한다.

이와 관련하여, 주요 국가들에서 살펴본 바와 같이 평생교육은 성인교육 중심으로 제한되지 않고, 학교교육과 사회교육, 아동교육과 사회교육을 통합하여 아우르는 개념과 체계를 지향하고 있다. 형식적 교육과 비형식적 교육, 아동교육과 성인교육을 통합할 수 있는 평생교육 이념 속에서 평생교육 추진체제의 방향을 세워 나가야 한다.

아울러, 다양한 학습자의 요구에 부응할 수 있도록 중복되지 않는 체계적이고 연계된 조직 아래 사업 추진이 되도록 하는 것이 필요하다. 또한, 평생교육에는 실질적 제도 수립과 재정 지원을 수반하는 행·재정 지원체제의 강화가 꼭 필요하다. 행·재정적 지원이 없는 평생교육 정책은 실효성이 없기 때문이다.

또한, 평생학습은 사회적 형평성과 통합을 추구하는 데 결정적인 요인으로 작용한다. 따라서 평생교육 지원체제는 장애인, 빈곤층, 저임금 노동자 등 낮은 사회경제적 집단, 여성, 중·고령자, 비진학·미취업 청소년, 기초 기능 미소지자 등을 포함하여 가급적 많은 사람이 교육기회 및 혜택을 받도록 해야 한다.

둘째, 중앙 차원에서의 지원체제 역할 강화이다. 국가차원의 평생교육 추진체제와 지역차원의 평생교육 추진체제는 같은 무게 중심을 갖고 추진되어야 한다. 중앙에서는 부처별 지원 사업의 중복과 낭비를 줄이고 비효율적인 행정이 발생하지 않도록 하기 위하여 국가차원의 정책을 결정 및 조정하는 협의회적 기구를 설치해야 한다.

이러한 맥락에서, 국가 수준의 평생교육 기구에서 할 수 있는 중요한 역할의 하나는 평생교육 활성화를 위한 재정지원을 적극화할 수 있다는 것이다. 국가수준에서의 평생교육 기구가 있는 경우, 사업 수행능력과 재정 확보 능력이 크다. 평생교육을 실현하기 위해서는 중앙 차원에서의 재정 확보를 위한 적극적인 노력이 필요하다.

더불어, 민간 기관들이 활발하게 참여할 수 있는 방향으로 평생교육 체제가 구축되어야 한다. 평생교육에서는 민간 주도적인 차원에서 많은 역할이 수행되고 있다. 따라서 평생교육 추진 체제는 민간부문의 입지가 존중될 수 있도록 조직되어야 한다. 즉, 민간 부문과 공공 부문이 균형을 이룰 수 있도록 양자 간의 역할 분담이 적합하게 이루어져야 한다. 바람직하게는, 공공 평생교육 체제는 그동안 관장해 왔던 상당부분을 민간 평생교육에 열어주고, 평생교육에 대한 연구, 학습정보 제공, 학습활동 지원, 캠페인과 같은 홍보 등 지원하고 조정하는 업무에 중점을 두어야 한다.

셋째, 지역 차원에서의 지방정부와 지역 교육청의 적극적 역할이다. 지방 분권화가 일찍 정착된 일본은 평생학습 추진 체제가 중앙에서 관련된 내용만을 지시할 뿐 실제 시행하는 기관은 지방에서 재정 · 지원을 하고 있으며, 평생학습 진흥법에도 명시되어 있다. 일본의 평생학습 정책의 구체화 과정은 평생학습 도시 건설로 종합하는 형태를 띠고 있다. 특히 지역사회의 교육력과 가정 교육력을 살리고 나아가 국가 경쟁력의 기반 조성을 위하여 지역 만들기와 인간 만들기에 평생학습 정책의 초점이 모아지고 있다는 것은 시사점이 크다.

지방 자치 제도가 발달한 국가들에서는 성인들을 위한 평생교육을 지역사회 중심으로 실시하고 있으며, 그 지역의 대학들이 선도해 가고 있다. 각 지역의 대학들이 선도적인 역할을 하고, 지역의 학교를 평생교육의 장으로 사용하면서 동시에 지역 주민들이 적극적으로 참여해 나가고 있다. 학교는 더 이상 아동들만의 학습장이 아니라 모든 지역주민의 학습장으로 재개념화해야 한다.

지방 교육청이 모든 의무를 지고 자율적으로 평생교육에 대한 계획을 세우고 전략적인 역할을 하도록 해야 한다. 영국은 재정 지원은 하되 간섭은 하지 않는다는 원칙을 세워놓고 있다. 정부는 전체적인 방향에 대해서만 비전을 제시하고 나머지 구체적인 일에 대해서는 지방 행정 기구에 일임하고 있다. 그러나 우리나라는 아직도 평생교육이 도시 중심으로 이루어지고 있으며, 중앙교육부의 통제 하에 움직이고 있다. 평생교육에 있어서 근접성은 교육 기회 제공에 있어 중요한 요인이며, 교육 내용 설정에 있어서도 지역 주민의 요구를 반영해야한다. 따라서 평생교육은 지역 중심이 되어야하며, 지역 중심이 될 수 있도록 제반 정책이 마련되어야 한다.

넷째, 평생교육 사업 수행을 위한 비용 지원 체제 구축이다. 미국은 성인의 평생교육 참여에 정부와 기업이 적극적으로 후원할 수 있도록 제도적인 지원체제를 구축하고 있다. 미국은 성인들이 평생학습에 적극적으로 참여할 수 있도록 지원하기 위해 정부와 대학에서 다양한 정책 및 제도 등 유인체제를 구축한다. 평생학습을 위한 장학금이나 대출과 같이 세금을 공제해주는 정책을 실시함으로써 경제적인 이유로 평생학습에 참여하지 못하였던 성인들을 정부가 지원한다. 우리나라도 성인학습자의 평생교육 참여를 촉진시키기 위하여 고등교육기관에의 등록 절차를 간소화하고, 관련부문에 대한 필요한 재정지원을 할 수 있는 방안을 모색할 필요가 있다.

주요국의 교육부예산 대비 평생교육 관련 예산을 보면, 일본은 6.1%, 미국은 31%,영국은 29%, 호주는 46%이다. 우리나라의 경우 교육인적자원부 예산 대비 평생학습정책과 예산은 교육인적자원부 전체 예산 약 22조 2천 7억원 중 약 0.025%인 약 56억원, 평생직업교육국 예산 대비 평생학습정책과 예산은 약 2.2%로서 전 국민을 대상으로 평생학습정책서비스를 제공하기에는 역부족인 상황이다.

평생교육 사업 수행을 위한 비용 지원 체제 구축이 이루어져야 한다. 캐나다의 평생교육 지원체제는 비용 지원이 수반되고 있다. 다양한 프로젝트를 수행하는데 필요한 기금을 마련해 두고 공모를 통해 지원해 주는 제도를 마련해야 할 필요가 있다. 우리나라도 국가와 지방자치단체는 평생교육의 진흥・육성과 평생학습 기회를 확대하기 위해 평생학습 기금을 조성하여 소외계층에 대한 평생학습 기회 제공과 삶의 질 향상을 위한 평생학습비를 지원해야 한다. 이 때 평생교육기금은 정부의 출연금, 평생교육기관 및 단체의 출연금, 개인이나 기업체가 출연한 기부금 등으로 조성 가능할 것이다.

다섯째, 학습한 결과는 사회적으로 공인해 줄 수 있는 평가 인정 체제의 확립이다. OECD에서는 평생학습을 촉진하기 위한 중요한 제도로 다양한 학습 결과를 인증할 것을 권고하고 있다. 호주의 경우 평생학습 관련 정책의 주요 초점은 평생교육 기회 제공 체제를 확대·구축하고, 학습자 중심의 개방 학습 체제를 마련하며, 평생 직업교육 훈련을 국가자격으로 연계할 수 있는 평가·인정시스템을 개발하는 것이다. 평생교육의 실질적인 기회 확대를 위한 제도적인 기반마련으로 개방체제 구축하고, 대학에서의 평생교육 기능을 확대하는 정책을 추진하여 성인학습자 및 비정규 학생에 대한 학습의 기회를 확대해야 한다. 호주 대학의 성인 입학제나 성인을 위한 특별 입학제 운영과 평생학습 결과에 대한 평가 인정 체제에 대한 벤치마킹이 필요하다.

아울러, 평가 인정 체제의 확립을 위해서는 평생학습의 기회를 확대하는 것 뿐만 아니라 평생학습의 질 관리 체계도 정립해야 한다. 학교교육과 평생교육의 이분법적인 구분 방식에서 벗어나 학교를 포함하는 평생교육으로 가기 위해서는 학교교육과 연계하는 질 관리 체제 확립이 필요하다. 호주, 영국 등의 질 관리 체제로부터 많은 것을 시사받을 수 있다. 우리나라의 경우는 현재 학점 은행제에 의하여 학사학위를 수여하고 있으나, 일본은 대학원까지의 과정도 가능하도록 하고 있다. 이를 확대하여 나아가는 동시에 고교 중퇴자나 미진학자들도 그들이 취득한 자격이나 이수 내용을 학력과 연계시킬 수 있는 제도 도입을 검토해야 한다.

여섯째, 파트너십과 연계체제 강화이다. 미국에서는 교육부 뿐 아니라 보건 복지부, 노동부 등 타 부처와 연계하여 수행되는 프로젝트 및 다양한 사업이 수행되고 있다. 영국은 95년에 교육부와 고용부를 통합해 교육고용부를 설립하여, 경제 정책과 교육정책의 일관성을 강화하였다. 평생교육 업무는 넓게는 국민의 모든 생활수준 향상과 관련되어 있고, 교육부는 물론 노동부, 문화관광부, 행정자치부 및 지방자치단체와도 유기적으로 연관되어 있으므로, 관련 부처와의 연계 협력을 위한 실질적인 제도가 마련되어야 한다. 아울러, 중앙과 지역단위 간의 평생 교육 훈련 업무 연계가 강화되어야 한다. 산발적으로 운영되고 있는 지역단위의 시설이나 기관을 효과적으로 관리·운영하고 상호 연계를 해나감으로써 지역 단위 평생교육을 활성화해야 한다.

또한, 평생교육에 대한 정부와 민간의 역할, 중앙정부와 지방정부의 역할, 정부 부처 간의 역할구분을 명확히 함으로써 총체적인 전망을 수립하여, 중복투자를 피해야 한다. 정부가 관여할 부문에 대한 종합적인 장기계획을 세워 정부와 민간이 해야 할 역할을 구분하고, 또 정부 부처 내에서도 중앙정부와 지방자치단체가 해야 할 일을 구분하고, 또 중앙부처 내에서도 각 부처가 관장해야 할 일을 구분해야 한다. 더불어, 행정기관들 간의 연계 제휴를 가능하도록 하는 조직 체제를 구축해야 한다. 일반 행정과 교육 행정간의 행정 내부 조직이 평생교육에 관한 의식을 공유할 수 있도록 정책 연락, 조정의 긴밀화를 촉진할 수 있는 추진 조직 정비가 이루어져야 한다. 평생교육과 관련된 단체, 기구, 정부 조직들 간의 파트너십 형성과 이를 토대로 연계협력 체제를 확충해 나가야 한다.

일곱째, 학습 정보시스템 활성화 및 강화이다. 일본의 경우는 전국 평생교육 관련 기관의 모든 정보가 데이터 베이스화되어 있다. 기관간의 연계협력 체제를 구축하여 전국 단위의 데이터 베이스 구축과 정보제공 체제를 구축해야 한다. 캐나다의 경우 인적자원개발 측면에서 평생교육을 발전시키기 위하여 구축된 정보지원 체제가 잘 발달되어 학습자들이 온라인을 통하여 쉽게 학습기회와 연결될 수 있도록 체제를 갖추고 있다. 평생교육 지원 정책은 다양한 학습 기회를 제공하는 네트워크 중심의 정보지원 체제를 강화해야 한다.

제 4 장

한국의 평생교육

우리 나라에서의 평생교육은 1980년 개정된 헌법에서 국가의 평생교육 진흥에 대한 책임을 규정한 이래 크게 발전하였다. 1980년대에는 민간 분야에서의 평생교육이 두드러지게 활성화되었다. 1990년대에는 평생교육 진흥을 위한 여러 정책이 적극적으로 도입·추진되고, 이를 뒷받침할 수 있는 법제적 기반이 조성됨에 따라 평생교육은 다양한 방식으로 확대되었다. 2000년대에는 평생교육의 발전을 적극화할 수 있는 구체적 계획이 다양하게 수립·추진되었다.

이 장에서는 우리 나라에서 평생교육이 발전해 온 과정을 개관한다. 먼저, 평생교육의 이념이 어떻게 도입되었는지를 살펴본다. 다음, 평생교육 관련 정책이 어떻게 전개되어 왔는지를 고찰한다. 마지막으로, 평생교육의 발전을 위한 정책의 과제를 논의한다. 이 장의 내용 중 한국 평생교육의 발전 배경에 대해서는 이무근(2001) 등의 보고서를, 한국 평생교육정책의 현황과 과제에 대해서는 평생교육진흥원(2007)의 평생교육백서 및 교육과학기술부의 발표 자료를 많이 참고하여 작성하였다. 특히 평생교육의 과제에 대해서는 평생교육백서의 내용 중에서 이 장의 필자가 참여·집필하였던 부분을 많이 활용하였다.

1. 한국 평생교육의 발전 과정

우리나라에서 평생교육의 이론과 실제는 유네스코 유네스코나 오이시디와 같은 국제적 기구가 평생교육의 이념 및 정책을 제안·보급함에 따라 받은 영향에 기인하는 바가 적지 않다. 유네스코는 '존재를 위한 학습(learning to be)'과 '학습사회(learning society)'의 관점에 기초한 평생교육론을 통해, 생애능력 개발을 위한 '순환교육(recurrent education)'과 '학습경제(learning economy)'의 관점에 기초한 평생교육론을 통해, 평생교육의 이념과 정책제안을 전파함으로써 한국의 평생교육 발전에 크게 기여하였다.

유네스코와 오이시디는 세계적으로 평생교육의 이념 정립과 실천을 주도해 온 대표적인 기구이다. 이와 같은 기구들이 평생교육이라는 교육의 패러다임으로의 전환필요성에 정책적 관심을 갖고 심도 있는 논의를 시작한 것은 1960년대부터라고 할 수 있다. 이즈음 전 세계적으로 교육 불평등의 문제가 대두되면서 교육에 대한 위기감이 다양한 측면에서 고조되어 있었다. 평생교육론은 이러한 문제 상황에서 교육의 위기를 극복할 수 있는 대처 방안의 일부로 모색되었다. 이러한 과정을 거쳐, 유네스코는 1972년에 평생교육에 기초한 학습사회론을, 오이시디는 1973년에 순환교육을 통한 위기 극복 방안을 제시했다. 이후 평생교육에 관한 담론은 유네스코가 주창하는 '자아실현을 위한 교육'으로서의 이론과 오이시디가 주장하는 '계속적 직업능력 신장을 위한 교육'으로서의 이론이 경합하며 발전하였다.

유네스코가 주창하는 평생교육론에서 평생교육은 '존재를 위한 학습'을 돕기 위한 것으로 자리매김 하고 있다. 즉, 교육은 학습을 촉진하기 위한 것이며, 학습은 크게 '알기 위한 학습', '행하기 위한 학습', '함께 살아가는 법을 배우고 익히는 학습'을 근간으로 한다. 이러한 학습은 궁극적으로

'인본주의적 학습사회'를 형성하는 데 기여하는 것이다.

유네스코가 주창하는 평생교육론의 관점에서의 평생교육은, 인적자원개발(human resource development, HRD)이나 생애 직업 교육훈련 등을 당연히 포함하는 것이지만, 동시에 이러한 유형의 교육에 국한되지 않고 이것들을 넘어 보다 근원적인 의미에서 인간의 배울 권리를 보장하여 궁극적으로 총체적이고 전 생애적인 관점에서 인간교육을 구현하고자 하는 철학과 원리에 기초하고 있다. 이러한 취지에서의 평생 교육은 학습사회론으로 압축되어 있다.

특히 폴 렝그랑(Paul Lengrand)은 유네스코가 평생교육의 이념을 도입, 정립하는 데 크게 기여하였다. 유네스코의 성인교육발전을 위한 국제위원회(International Committee for the Advanced of Adult Education)는 렝그랑의 계속교육에 관한 논문을 검토하였고, 그 결과 유네스코사무국에 '출생에서 죽음에 이르기까지 인간이 일생을 통하여 행하는 교육의 과정, 즉 전체적으로 통합적이어야 할 필요성이 있는 교육과정을 만들어 활동하게 하는 원리로서의 평생교육이라는 구상을 승인해야 한다'고 건의하였다. 이를 계기로 평생교육의 이념을 정립하기 위한 노력이 활성화되었다. 대표적으로, 에드가 포오르(Edgar Faure)는 1970년 교육발전에 관한 국제위원회(International Commission on the Development of Education)의 보고서를 통해 '모든 선진국과 개발도상국가에서 이 평생교육을 실시하여야 한다'고 제안하였다. 이러한 분위기에 힘입어, 1972년 일본의 동경에서 개최된 제3차 세계성인교육회의에서는 평생교육의 개념과 원리가 채택되었다. 이후 평생교육론은 세계 여러 나라에 빠르게 전파되었다.

우리나라에서는 1973년에 유네스코 한국위원회가 개최한 '평생교육 발전을 위한 세미나'를 기점으로 평생교육론이 전파되었다. 1977년 한국사회교육협회가 주최한 '평생교육과 사회교육법'에 관한 전국 세미나는 평생교육론이 확산되는 전기를 마련하였다. 이에 힘입어 1978년에는 평생교육과 관련한 보고서가 문교정책 연구 과제로 작성되었다. 이어, 1980년 헌법이 개정되면서 그 내용 중에 국가의 평생교육진흥 의무를 규정하는 조항이 삽입됨에 따라 평생교육론의 실천을 위한 노력이 가시화되기 시작하였다. 이후 10여년에 걸쳐 평생교육이란 용어와 그 개념은 빠르게 확산되어 갔다. 많은 대학에서 평생교육원의 설립이 이루어진 것도 이 시기이다.

1980년대에는 민간 분야에서의 평생교육의 발전이 두드러졌다. 특히 대학 평생교육원을 중심으로 한 사회교육, 성인교육 프로그램은 평생교육의 이념과 실제를 가시화, 일상화하는 촉매로서 선구적 역할을 하였다.

1990년대에는 평생교육 진흥을 위한 여러 정책이 적극적으로 도입·추진되고, 이를 뒷받침할 수 있는 법제적 기반이 조성됨에 따라 평생교육은 다양한 방식으로 확대되었다. 먼저, 세계적으로도 독특한 제도라 할 수 있는 학점은행제가 1990년 초에 도입되어 성공적으로 정착됨으로써 평생교육을 응용·실천할 수 있는 영역이 적극적이고 창의적으로 개척될 수 있다는 가능성을 보여 주었다. 이어, 1995년 5월 31일대통령자문기구인 교육개혁위원회에서 발표한 교육복지국가의 기반 조성을 목표로 하는 교육개혁방안은 평생교육 발전의 큰 전기가 되었다.

에듀토피아(Edutopia)라는 신조어로 표현되기도 한 '교육복지국가'는 곧 누구나, 언제, 어디서나 원하는 교육을 받을 수 있는 길이 활짝 열려진 '열린교육사회, 평생학습사회'를 의미하는 것이다. 교육복지국가는 말하자면 평생교육의 이념이 구현되는 사회로서 이러한 곳에서 국민 개개인은 자아실현을 극대화할 수 있고, 궁극적으로 삶의 질을 최고도로 향상시킬 수 있을 것으로 기대된다. 이처럼 평생교육의 이념은 교육정책에 있어서도 핵심적인 요소가 되기에 이르렀다. 이러한 흐름 속에서 1996년 7월 정부는 교육부 직제를 개정하여 평생교육국을 설치하여 평생교육의 이념을 구현하기 위한 정책적, 행정적 노력에 주력하기 시작하였다.

한편, 1990년대 후반에 한국의 평생교육은 오이시디에서 주장하는 평생교육론에 의해 적지 않은 영향을 받았다. 오이시디는 일과 학습 연계모델로서 평생에 걸친 교육시기의 재분배 모델인 순환교육모델을 학습경제론적 관점에서 제안함으로써 인적자본과 사회적 자본을 근간으로 삼는 평생교육 투자 확대 전략화 모델을 제시하였다. 오이시디의 관점은 '모든 이를 위한 평생교육'을 기치로 경제적 가치와 사회적 가치 실현의 연결 모델을 창안함으로써 학습경제론과 학습사회론의 통합적 관점의 평생교육 전략화를 추구하는 데 있다. 오이시디가 주안점을 두는 학습경제론적 관점에서의 인적자원개발론과 전략적 평생교육 투자 확대론은 외환 위기 등의 경제적 어려움을 겪고 있었던 당시 한국 사회에서의 평생교육의 이론과 실천에 상당한 자극을 주었다.

1999년 8월 평생교육법의 제정은 평생교육의 발전을 위한 획기적인 전기를 마련하였다. 즉, 종전의 사회교육법이 평생교육법으로 개정되었고, 이와 함께 평생교육을 구현하기 위한 행정적 기반 조성이 보다 구체화되었다. 특히 평생교육법은 헌법과 교육기본법에 기초한 법의 체제를 갖게 됨에 따라 초중등교육법이나 고등교육법과 대등한 위상을 지니게 되었고 이에 따라 평생교육을 지원·촉진할 수 있는 정책 조성의 기반과 여건이 크게 개선되었다.

2000년대에 들어서는 평생교육의 발전을 유도하기 위한 구체적 계획들이 다양한 형태로 추진되었다. 2002년에는 제1차 평생학습 진흥 종합계획 발표되었고, 이어 이 계획에 따른 정책과 사업이 도입되었다. 이 중 특히 평생학습도시 사업은 평생학습이 지역사회에 뿌리내리는 데 크게 기여하였다. 2007년에는 제1차 평생학습 진흥 종합계획의 성과를 계승하면서도 이를 적극적으로 확대·발전시킬 수 있는 내용으로 2차 평생학습 진흥 종합계획이 발표되었다.

아울러, 2007년 말에는 평생교육법이 전면적으로 개정되었다. 개정된 평생교육법은 평생교육 추진 체제를 보다 적극화하기 위하여 평생교육진흥원을 설립하고 평생교육에 전문적으로 종사하는 사람들의 역량을 제고하기 위하여 평생교육사의 자격 조건을 강화하였다. 이러한 변화는 평생학습과 평생교육의 발전을 위한 사회적 기반의 조성에 크게 기여할 것으로 기대되고 있다.

2. 주요 평생교육 관련 정책

1) 5 · 31 교육개혁

한국 평생교육의 발전사에서 볼 때 1995년 5 · 31 교육개혁은 중요한 전환점이다. 이 개혁 조치를 계기로 평생교육의 기반(infrastructure)을 구축하기 위한 정책이 다양하게 도입되었다. 예를 들면 지식인력 개발사업과 기업인력 개발 촉진정책, 사내대학과 원격교육, 학점은행제와 교육구좌제, 유급교육휴가제 등과 같은 것이다. 또한 5 · 31 개혁 조치에 힘입어 평생 직업교육 체제로의 발전을 위한 기반 공고화 사업과 같이 오이시디 학습경제론적 평생교육정책 기조를 반영한 정책이 도입되었다.

5 · 31 교육개혁의 구체적 방안은 4차에 걸쳐 발표되었다. 1차 교육개혁 방안('95. 5. 31)은 누구나, 언제, 어디서나 원하는 교육을 받을 수 있는 열린교육사회, 평생학습사회의 건설을 위한 기반 구축을 목표로 하였다. 이에 시간제등록제, 학점은행제, 신대학 도입 등을 통한 학습기회의 확대, 여성 및 노인의 재교육기회 확대, 교육프로그램 다양화와 성인학습자의 다양한 교육욕구 수용, 국가멀티미디어교육지원센터 설립 등 첨단매체를 통한 원격교육기회의 확대 등을 제시하였다.

2차 교육개혁 방안('96. 2. 9)에서는 신직업교육체제 구축의 일환으로서 평생직업교육 기반구축, 문하생학력인정제도, 교육구좌제 도입과 사회교육법의 개정 방안이 포함되었다. 3차 교육개혁 방안('96. 8. 20)에서는 열린 학습사회를 위한 사회교육 개혁방안으로서 사회교육추진체계와 전담기구의 설치, 지방 사회교육 기능 및 활동체의 유기적 통합, 사회교육법에서 평생학습법으로의 확대개편 등을 제시하였다.

4차 교육개혁 방안('97. 6. 2)에서는 평생학습법의 기본방향과 시안을 제시하였다. 이 때 제안된 평생학습법은 국민의 평생학습 활동에 관한 기본법으로서, 국민의 학습권과 학습자의 선택권을 최대한 보장하며, 평생교육기관의 상호 유기적인 통합을 활성화하는 한편, 지역평생교육 운동을 통한 평생학습 분위기를 조성하는 데 주안점을 두었다. 아울러, 평생학습 담당자의 자질향상과 전문성 제고를 통한 양질의 평생학습을 제공하며, 인터넷 등 교육정보화를 통한 원격교육체제 구축으로 재택 교육 등 다양한 학습기회를 확대하는 데에도 주력하였다. 더불어, 다양한 직업훈련 기회를 제공하고 교육훈련 산업에 민간자본이 적극적으로 투자할 수 있도록 유도하여 양질의 인력개발을 도모하며, 평생교육기관 운영에서의 자율권 확대와 자유선택식 교육 프로그램의 운영으로 학습자 중심의 평생학습을 진흥하는 데 초점을 두었다.

4차 교육개혁 방안에서 제시된 평생학습법 시안은 이후 의견 조회, 공청회 개최, 교육규제완화위원회, 입법예고, 당정협의, 총리실규제개혁위원회, 법제처 심의, 정부안 확정 및 국회제출을 거치는 과정에서 평생교육법으로 법의 명칭이 변경되었고, 평생학습정책협의회 조항이 삭제되었으며, 지방자치단체장의 권한이 축소되는 등으로 일부 내용이 변경되었다. 그 결과, 새롭게 제안된 평생교육법의 내용은 종전의 사회교육법의 내용에 비하면 개선된 것이었지만, 애초에 제안된 평생학습법의 내용에는 크게 못 미치는 것이 되었다.

2) 학점은행제

학점은행제는 성인을 위한 대안적 형태의 성인 고등교육제도로서 5.31 교육개혁의 대표적인 결실이다. 학점은행제의 근거가 되는 법은 '학점인정 등에 관한 법률'로, 이 법은 평생교육법과 함께 우리나라의 가장 대표적인 평생교육 관계법이라고 할 수 있다.

학점은행제는 1995년 5 · 31 교육개혁방안에서 천명한 '열린교육, 평생학습사회' 구축을 위한 제도적 기반을 마련하기 위한 취지에서 도입되었다. 즉, 이는 학습자 개인이 언제, 어디서든 객관적으로 평가 인정된 교육과정을 이수하기만 하면 학점을 인정받을 수 있도록 하고, 학점이 누적되어 일정 기준을 충족시키면 학위 취득이 가능하도록 한, 평생교육형태의 고등교육을 뒷받침하기 위한 제도이다.

학점은행제의 도입은 이미 독학학위제가 실시되고 있음에도 불구하고 여전히 존재하는 고등교육에의 높은 열망을 해결하기 위한 정책적 노력이 있었다. 5·31 교육개격 방안이 발표 이후, 교육부의 평생교육국에서는 1995년 7월부터 학점은행제 도입 및 실시 방안 연구를 추진하여, 이듬해 7월 16일 학점은행제 연구결과 및 학점인정에 의한 학위 취득 등에 관한 법률 시안에 대한 공청회를 개최하였고, 곧 이어 8월 31일 법률안을 입법예고하였다. 같은 해 10월 이 법률안은 차관회의, 국무회의, 정기국회에 상정되었고, 이듬해 1월 13일 '학점인정 등에 관한 법률'로 제정·공포되었다. 같은 해 9월 11일에는 동법률시행령이 제정·공포되어 한국교육개발원이 학점은행제 주관기관으로 지정되었다. 이듬해 2월 28일 동법률시행규칙이 제정·공포되는 등 법률적 기반이 완비됨에 따라, 1998년 3월 1일 61개 평가인정기관의 274개 학습과목에 대한 평가·인정을 시작으로 사업이 시작되었다.

학점은행제는 1999년에 34명의 학위 취득자를 배출하였다. 그 후 학점은행제를 통한 학위 취득자는 지속적으로 증가하였다. 2007년에는 전·후기를 합하여 총 28,009명이 학위를 수여받았다. 학점은행의 규모도 성장하여 2007년 기준으로 교육훈련기관이 425개, 평가 인정된 학습과목이 5,231,419개, 학점은행제 등록생이 219,630명에 이르고 있다.

학점은행제는 개인의 다양한 학습경험을 국가적 차원에서 평가하고, 교육기관을 서로 유기적으로 연계시킴으로써 전통적 방식의 대학교육을 받지 못한 사람들에게 학위 취득의 기회를 제공하고, 나아가 교육 부문 간의 균형 있는 발전에도 도움을 줄 수 있다. 학점은행제에서는 학습자가 다양한 종류의 교육훈련기관 중에서 자신에게 가장 부합하는 교육기관을 선정할 수 있고, 이러한 점은 교육자 중심교육에서 학습자 중심 교육으로의 관점 전환을 이루는 데 기여하는 바가 적지 않다. 예를 들어, 학점은행제는 중요 무형문화재 전수 등과 같은 분야에서의 평생학습 결과 인정 방식 및 원격교육 과정과도 유기적으로 연계되어 탄력적으로 운영되고 있다.

학점은행제를 통해 인정받고 있는 교육훈련기관의 종류와 유형은 다양하다. 예를 들어, 이러한 교육훈련기관에는 대학부설 평생교육원들뿐만 아니라 학원, 직업전문학교, 심화과정 등도 상당수 있다. 학점원별 학점인정의 면에서 보더라도, 대학 외부에서의 교육훈련기관의 역할이 지대함을 알 수 있다. 예를 들어, 평가 인정된 학습과목의 이수와 학점인정 대상학교에서의 이수가 압도적 다수를 차지하고 있다. 또한 학점은행제의 활용이 전체 연령대에 걸쳐 이루어지고 있다. 학위 수여자를 연령대별로 보면, 20대와 30대가 대다수를 차지하지만 40대 이상도 학사의 경우도 다수를 차지하고 있다.

요컨대 학점은행제는 평생학습 체제의 실현을 위한 제도적 기반으로서 역할을 수행하고 있다. 이는 학교교육은 물론 다양한 사회교육의 학습경험을 국가적인 차원에서 공정하게 평가하고, 그 학습경험을 교육기관 간에 상호 유기적으로 연계할 수 있게 함으로써 학습력을 신장시키는 데 도움을 주고, 나아가 궁극적으로 열린 교육체제・평생학습 체제를 구현할 수 있게 하기 위한 제도이다.

3) 평생교육법 제정

1999년에 제정된 평생교육법은 열린 학습사회의 실현을 위한 법제적 기반을 조성하기 위한 것이었다. 평생교육법은 기존의 사회교육법의 문제점을 보완하여 명실상부한 평생교육 모법으로서의 성격을 명확히 하고자 하였다. 이에 평생교육의 진흥을 국가의 의무로 규정하고 있는 헌법 및 교육기본법의 규정에 따라 종전의 사회교육법이 평생교육법으로 변경・개칭되었고, 평생교육의 이수를 그에 상응하는 학교교육의 이수로 인정될 수 있도록 한 교육기본법의 취지에 따라 사내대학·원격대학 등 학교교육과 동일한 학력이 인정되는 새로운 형태의 평생교육 시설들이 설치·운영될 수 있게 되었다.

새로운 평생교육법에서는 또한 평생교육이 '학교교육을 제외한 모든 형태의 조직적인 교육활동'으로 규정됨으로써, 제도권 밖에서 이루어지고 있던 기존의 사회교육적 영역이 적극적으로 수용되었고, 삶의 다양한 영역에서의 교육활동에 대한 국가적 차원에서의 지원이 적극화될 수 있는 제도가 도입되었다. 이를테면, 유급·무급의 학습휴가와 학습비 지원, 중앙에서의 평생교육센터와 지역사회에서의 평생교육정보센터·지역평생학습관 운영, 강사정보은행제와 교육계좌제, 평생교육사의 전문성 제고와 의무배치 등과 관련된 조항이 도입되었다. 아울러, 평생교육을 담당하는 기관·시설을 몇 가지 형태로 유형화하는 조항이 삽입되었다. 이에 따라, 평생교육 시설이 사내대학형태, 원격대학형태, 사업장 부설, 시민사회단체 부설, 언론사 부설, 학교부설, 지식·인력개발사업 관련 등으로 구분되었다.

평생교육법이 시행됨에 따라, 사실상 새로운 평생학습체제의 구축이 시작되었다. 우선, 평생교육법상의 각종 제도와 지원 체제가 도입·구축되었다. 특히 국가의 평생교육을 전담·지원하는 기관으로서 중앙의 평생교육센터와 시·도에서의 지역평생교육정보센터, 그리고 시·군·구 지역에서의 평생학습관이 설치·운영되었다. 이는 곧 종전에 평생학습정책의 입안·추진이 교육인적자원부의 평생학습정책과 중심으로 이루어지던 체제로부터 정부와 평생교육센터의 협력관계에 의해 이루어지는 방식으로의 전환을 뜻하는 것이었다.

평생교육센터는 2000년 3월 29일 한국교육개발원 내에 설치되어 평생교육을 전담·지원하는 중심적 기구로서 기능을 수행하였다. 이어 이 센터는 평생교육법상의 각종 제도와 사업을 도입, 정착시키며 평생교육의 기반과 분위기를 확산시키는 데 기여하였다. 이러한 과정 속에서 종합적인 평생학습체제의 구축이 적극화될 수 있는 기반이 조성되었다.

지역평생교육정보센터는 중앙 단위의 평생교육센터와 상호 연계체제 구축, 지역 평생교육단체 및 평생교육시설의 상호 연계체제 구축, 평생학습관의 기능, 평생교육의 정보 제공 및 평생학습 상담, 평생교육기구 종사자의 연수, 지역 주민을 위한 평생교육프로그램 개발 · 운영 등을 담당하였다. 2000년 7월 전국 16개 시 · 도에 23개 기관이 지역평생교육정보센터로 지정되었고, 2002년 1월부터 5년간 26개 기관을 지역평생교육정보센터로 선정 및 재지정하여 2007년 3월 1일 기준으로 23개가 지정되어 있다.

평생학습관은 평생교육에 대한 연구, 평생교육종사자에 대한 연수 및 평생교육에 관한 정보의 수집 · 제공 기능 등을 수행하였다. 평생학습관은, 평생교육법 제13조 3항에 평생교육프로그램 운영과 1항의 규정에 의거하여, 교육감이 시 · 군 · 구 및 읍 · 면 · 동 단위로 지정 · 운영하였다. 2007년까지 전국의 대부분의 시 · 군 · 구에서 모두328개의 평생학습관이 설치 · 운영되었다.

요컨대 평생교육법은 평생학습 지원체제 구축에 기반이 되었다. 평생교육 전담 · 지원기구로서 중앙의 평생교육센터 및 광역 시 · 도의 지역평생교육정보센터, 그리고 시 · 군 · 구의 평생학습관 등 세 기관이 서로 연계하여 지역 주민을 위한 평생교육의 기회 확대와 정보 제공의 구심체 역할을 수행하였다.

4) 평생학습 도시 조성사업과 평생학습 축제

평생학습 도시 조성사업은 2001년부터 평생학습 진흥 종합계획의 일환으로 추진되었다. 교육인적자원부는, 평생학습의 지역화 · 지방화를 촉진하고 평생학습을 수요자중심 운동으로 추진하기 위한 방안으로, 2001년 9월 각 시 · 도교육청에서 추천한 지역교육청과 자치단체의 공동사업계획서를 심사하여 경기 광명시, 대전 유성구, 전북 진안군을 평생학습 도시로 선정하였다. 이렇게 선정된 도시의 지역교육청은 2억원의 특별교부금을 지원받았으며, 해당 지방자치단체는 이에 상응하는 별도의 투자를 추가하였다.

평생학습 도시 조성사업은 이후 매년 여러 도시가 평생학습 도시로 선정되어, 2007년에는 강원 강릉시 등 19개 학습도시가 선정되는 등으로 가속적으로 성장하였다. 이에 2007년을 기준으로, 총 76개 평생학습도시가 조성되었으며 정부는 지역 간 교육격차 해소를 위한 시·군·구 단위의 평생학습 기반 확산을 위하여 2010년까지 100개 정도로 평생학습도시를 지속적으로 확대할 의지를 밝혔다.

평생학습 도시 조성사업은 지역 주민들의 교육 욕구 충족을 위해 지방자치단체, 학교, 공공도서관, 주민자치센터, 구민회관 등 다양한 기관에서 개별적으로 실시하고 있는 평생교육프로그램들을 협력과 공유를 통해 연계·운영하여 교육 서비스의 질을 향상하는 데 주력하였다. 아울러, 평생학습 도시 조성사업은 평생교육프로그램 특성화 사업, 소외계층 평생학습 지원 사업, 성인문해교육 사업, 교육계좌제 시범운영사업(평생학습결과 표준화 시범운영사업), 평생학습 네트워크 사업, 평생학습 축제 사업, 연수사업, 평생교육사 양성 및 배치 사업 등 많은 평생교육정책 관련 사업과의 직·간접적인 연계를 적극화하였다. 이러한 특성으로 인해, 평생학습 도시 조성사업은 평생학습이 전국적으로 확대되고 평생 학습 네트워크가 형성되는 데 보다 효과적인 매개로서 작용하였다.

평생학습도시 조성사업의 성과는 다각적이다. 우선, 주민들의 평생학습 참여율이 제고 되었고, 전국적인 평생학습 도시 협의회가 형성되었으며, 평생학습 도시의 국제 네트워크가 구축·운영되었다. 또한, 평생교육센터의 설립과 평생교육기관 간 연계가 활성화되었다. 또한, 평생교육사 배치를 통한 평생교육의 전문화가 촉진되었다. 아울러, 지방자치단체에서의 평생학습에 대한 관심이 제고되었고, 이에 따라 지방자치단체의 평생교육에 대한 투자가 확대되었고, 일반 지방자치단체와 교육 지방자치 단체 간의 협력이 강화되었으며, 지방자치단체 간 연계가 활성화되었다.

한편, 평생학습 도시 조성사업은 평생학습 축제 사업과 특히 긴밀하게 연결되어 있다. 평생학습 축제 사업은 학습의 즐거움과 학습결과를 나누고, 평생교육기관 간 연계 체제를 구축하기 위한 목표로 추진되었다. 이에 2001년 이래 매년 전국 평생학습축제가 개최되었고, 전국 평생학습축제와 더불어 각 지역별로 특색을 살린 지역 축제들 또한 전국적으로 확산되었다.

2001년 11월 8일부터 10일까지 3일 간에 걸쳐 충남교육청 주최로 개최된 제1회 전국 평생학습 축제에서는 '배우는 즐거움, 나를 찾는 기쁨'이라는 주제로 어린이 · 청소년 · 성인 · 노인에 이르기까지 다양한 평생학습 주체들이 모여 그동안 가꾸어온 솜씨를 서로 겨루고 또 나누었다. 이 평생학습 축제는 우리나라 평생학습 운동의 국민적 공감대를 형성하고 평생교육 관계자들에게 적극적 전망을 제시하는 계기가 되었다. 이에 이듬해에는 부산, 대전, 대구 등을 포함하여 10여개의 지역에서 평생학습 축제를 개최하였다.

2007년도 창원에서의 평생학습 축제는 중소도시에서 시작한 지역 축제가 국제적인 수준의 축제로 발전할 수도 있음을 보여주었다. 이 축제는 9월 5일부터 5일간 창원컨벤션센터와 창원시 일원에서 "평생학습! fun(즐거움), feel(감동), future(미래)－푸른 학습도시 창원에서 희망열쇠를 찾으세요!"라는 주제로 개최되었는데, 여러 가지 면에서 주목할 만한 하였다. 무엇보다도, 기업도시 특성을 살린 생산적인 평생학습축제로서의 특징이 잘 집약되었다. 즉, 특화된 체험학습의 전시, 세계적인 학습정보의 제공, 16개 시 · 도 통합형 홍보체험관의 운영, 다양한 계층의 참여, 지역과의 긴밀한 연계 등이 잘 발휘되었다. 아울러, 해외 학습도시와 관련한 홍보체험관을 운영하는 한편 국제 학습도시에 관한 심포지엄, 평생학습 관련 국제학술대회, 유네스코 평생학습 세계회의 등의 대규모 국제행사를 동시에 적극적으로 유치하는 등의 노력을 기울임으로써 세계적인 평생학습 축제의 면모를 보여주었다.

요컨대, 평생학습 도시 조성사업은 전반적으로 긍정적이나 다음과 같은 개선점을 가지고 있는 것으로 평가되고 있다. 첫째, 내실화, 특성화가 보다 적극화되어야 한다. 평생학습 도시 사업이 빠르게 확산되었기 때문에, 평생학습 도시의 주민들이라 하더라도 자신들이 평생학습 도시에 살고 있다고 실감하는 정도는 약한 편이다. 따라서 지역 주민들이 평생학습 도시의 장점을 구체적으로 느낄 수 있게 하는 방안이 요청된다. 둘째, 추진 주체와 방식 면에서 점차 하향식의 행정 주도형에서 상향식의 풀뿌리 민주주의형으로 전환해야 한다. 이를 위해서는, 행정이 주도적 역할을 하여 평생교육센터 등의 유관 기관 등의 설립을 적극적으로 추진하는 접근 방식과 함께, 시민이 주도적 역할을 하여 평생교육을 위한 지역사회 전반의 네트워크를 구축·활용하는 접근 방식을 절충하여 사용하는 접근 방식이 권장되기도 한다. 셋째, 지역평생교육 활성화를 위한 3대 기구인 지역평생교육정보센터, 평생학습관, 평생교육협의회의 운영이 실효성 있게 운영되어야 한다. 즉, '평생교육센터 → 지역평생교육정보센터 → 평생학습관'으로 이어지는 체제와 교육인적자원부에서 기초자치단체의 평생학습추진센터로 이어지는 체제 간의 유기적인 협조가 요구된다. 넷째, 평생학습축제를 일회성 축제가 아니라 지속가능한 생활 속의 학습축제로 발전시켜야 한다. 이에 학습축제로서의 정체성, 특성화, 인적자원개발 등의 유사한 영역에서의 관련 행사와의 연계, 유네스코와 같은 국제기구와의 연대 등이 강화될 있는 방안이 요구된다.

5) 평생학습 진흥 종합계획

2002년 교육과학기술부(당시 교육인적자원부)는 평생학습 진흥 종합계획을 발표하였다. 이는 당시, 평생교육법의 시행에 따라 새로운 평생교육제도가 도입됨에 따라 종합적이고 체계적인 평생학습 진흥 계획이 필요하다는 판단 하에, 한국교육개발원 평생교육센터와 공동으로 효율적인 국가인적자원 개발을 촉진할 수 있는 평생학습 종합 발전계획을 마련하는 과정에서 이루어진 것이다. 이 계획은 그간 추진되어 온 각종 평생학습 정책들을 상세하게 엮어 국민들에게 알리는 한편, 추후 추진해야 할 정책들을 소개하며 그 구체적인 실천방안을 제시하고 소요예산까지 추계하여 밝힘으로써, 한국에서의 평생학습을 진흥하기 위한 교육인적자원부의 의

지를 종합한 것이었다. 이 계획은 2001년 11월 8일 공청회를 거쳐서 다음해 1월 29일에 확정·발표하였다.

2002년의 평생학습 진흥 종합계획은 우리나라 평생학습의 기회 확대 및 평생학습 기반 구축을 위해 향후 5개년 동안 추진해야 할 27개 과제 및 100여개 세부 추진방안 등을 담았다. 예를 들면, 평생학습 기회확대 및 기회 균등화, 지역 평생학습문화 진흥을 위한 평생학습의 지역화, 상대적 교육 취약계층을 위한 평생학습지원 강화, 일터의 학습조직화 및 민간 평생직업교육의 활성화, 양질의 평생학습 제공을 위한 평생학습 기반 강화 등이 주요한 방향으로 제시되었다. 제1차 평생학습 진흥 종합 계획은 2006년도에 종결되었다.

제1차 평생학습 진흥 종합계획은 정부 수립 이후 최초로 수립된 평생학습에 관한 체계적·종합적 계획이라는 점에서 큰 의의를 갖는다. 이 계획은 지역평생교육정보센터와 평생학습관의 설치 등과 같이 중요한 제도적 기반을 확충하고, 평생학습도시를 지정하며, 성인문해를 위한 교육이나 소외계층을 위한 평생교육 프로그램을 재정적으로 지원할 수 있는 등 교육현장에 실질적으로 도움을 줄 방안을 다양하게 포함하고 있다. 그럼에도 불구하고, 그 한계 또한 적지 않았던 것으로 평가되었다. 즉, 국가 차원의 평생교육 추진 체제 및 기구가 갖추어 있지 않음으로 해서, 관련 사업들이 상호 연계적으로 추진되지 못하고 개별 사업이나 개별 프로그램 단위로 분절되어 추진되었다. 또한 전 생애에 걸쳐 학습이 중단되지 않게 할 수 있는 순환학습의 모형을 충분히 제시하지 못하였다. 말하자면, 이 종합계획에서 제시된 방안들은, 오이시디에 속한 다른 나라들에서의 평생학습 촉진을 위한 제반 여건과 비교하여 볼 때, 미흡한 점이 적지 않았다. 결과적으로, 평생교육에 대한 국민의 인식 수준을 제고하고 실질적 참여를 확대하는 데 한계를 보였으며, 평생학습 정책과의 긴밀한 관련 속에서 이루어져야 할 사업의 추진 및 점검 노력이 미흡한 것으로 지적되었다.

이에 따라, 2007년 12월 5일 제2차 평생학습 진흥 종합계획이 발표되었다. 이 종합계획은 기본적으로 제1차 종합계획의 한계를 극복하기 위해서 만들어진 것으로, 제1차 종합계획의 기조를 유지하되 미래 사회의 요구를 보다 광범위하게 수용하여 전 국민의 평생학습력 신장과 국가경쟁력 제고를 위한 평생학습 추진 로드맵(road map)으로 구상되었다. 이 계획의 개요는 〈그림 4-1〉에서 잘 보여주고 있다.

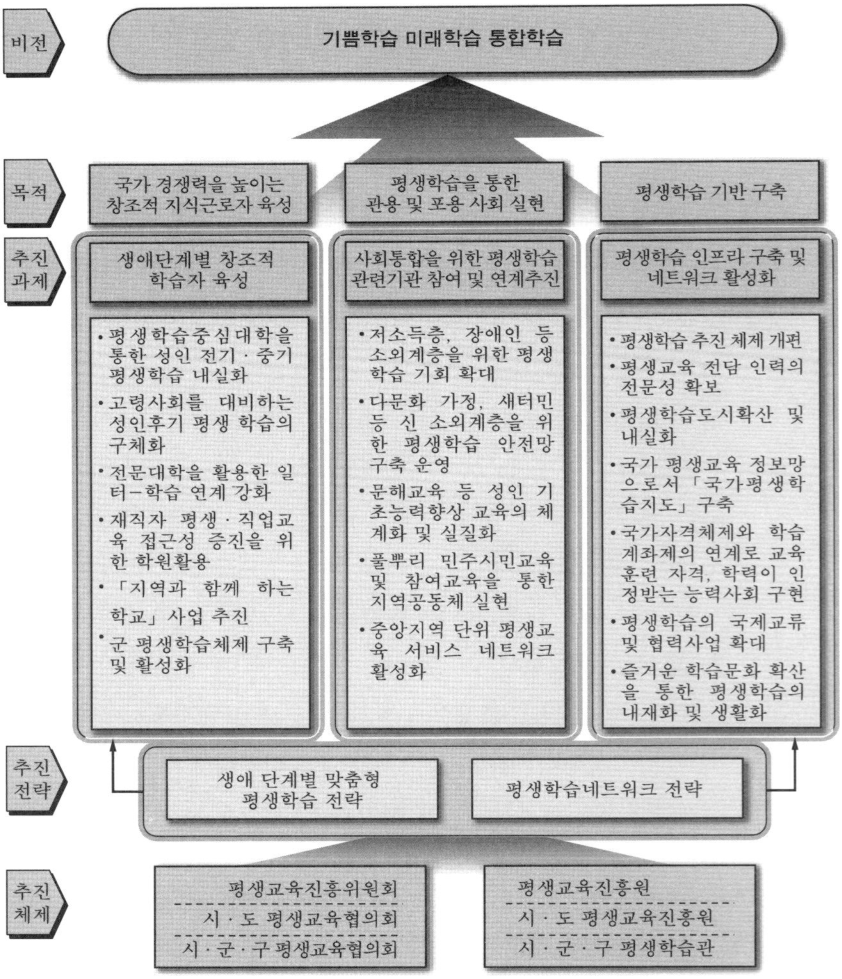

〈그림 4-1〉 제2차 평생교육 진흥 종합계획의 개요

제2차 평생학습 진흥 종합계획은 '배우는 즐거움(기쁨학습), 일구어 가는 내일(미래학습), 함께 살아가는 평생학습사회 구현(통합학습)'을 전망하여, 국가 경쟁력을 높이는 창조적 지식근로자를 육성하고, 평생학습을 통한 관용 및 포용 사회를 실현하며, 평생학습 기반을 공고히 하기 위하여 향후 5년(2008~2012)에 걸쳐 국가 차원에서 추진할 정책적 과제를 제시하고, 아울러 그에 부합하는 추진 전략 및 추진 체제를 명시하고 있다.

이 종합계획에서 제시된 주요 정책은 '생애단계별 창조적 학습자 육성', '사회통합을 위한 평생학습 관련 기관 참여 및 연계 확대', '평생학습 인프라 구축 및 네트워크 활성화'의 세 가지 영역에 걸쳐 18개의 세부과제로 제시되고 있다.

첫째, '생애단계별 창조적 학습자 육성' 영역에서는, 평생학습 중심대학을 통한 성인 전기·중기 평생학습의 내실화 추진, 고령 사회를 대비하는 성인후기 평생학습의 구체화, 전문대학을 활용한 일터·학습계 강화, 재직자 평생 직업능력 향상을 위한 기술계학원 활용 극대화, 지역 사회 평생학습 문화 확산을 위한 지역과 함께 하는 학교(초·중등) 사업 추진, 군 평생학습 체계 구축 및 활성화의 6개 과제가 설정되었다.

둘째, '사회통합을 위한 평생학습 관련 기관 참여 및 연계 확대' 영역에서는, 저소득층과 장애인 등 소외계층을 위한 평생학습 기회 확대, 다문화 가정과 새터민 등 소외계층을 위한 평생학습 안전망 구축 운영, 문화교육 등 성인 기초능력 향상 교육의 체계화 및 실질화, 풀뿌리 민주시민교육 및 참여교육을 통한 지역공동체 실현, 중앙·지역 단위별 평생교육 서비스 네트워크 활성화의 5개 과제가 설정되었다.

셋째, '평생학습 인프라 구축 및 네트워크 활성화' 영역에서는, 평생학습 추진 체제 개편 및 정책 조정 역량 강화, 평생교육 전담인력의 직업적 전문성 확보 및 배치 실질화, 평생학습도시 확산 및 내실화 추진, 평생교육 서비스 제고를 위한 국가 평생교육 정보망으로서의 국가 평생학습 지도 구축, 국가자격체제와 학습계좌제의 연계로 교육훈련·자격·학력이 동등하게 인정받는 능력사회 구현, 국제 파트너십 구축과 평생학습의 국제교류 및 협력 사업 확대, 즐거운 학습문화 확산을 통한 평생학습의 내

재화 및 생활화의 7개 과제가 설정되었다.

제2차 평생학습 진흥 종합계획에서는 정책 과제 추진을 위한 두 가지의 중점 전략을 채택하고 있는데, 그 하나는 '생애 단계별 맞춤형 평생학습 전략'이고, 다른 하나는 '평생학습 네트워크 전략'이다. 전자는, 〈표 4-1〉에서 보는 바와 같이, 개인의 생활시간과 생애주기를 고려한 수요자 중심의 평생학습 전략으로 특히 주목할 만하다. 후자는 평생학습 추진 기관 또는 추진 내용의 수평적·수직적 연계를 고려한 네트워크 중심의 전략이다.

〈표 4-1〉 개인 생애단계별 평생교육 중점 추진 내용

구분	성인 입문기 (20~24세)	성인 전기 (25~39세)	제1생애 전환기 (40~44세)	성인 중기 (45~54세)	제2생애 전환기 (55~59세)	성인 후기 (60~69세)	성인 완성·정리기 (70세~)
자아실현	·생애설계 취업-진로 교육		·제2인생설계 준비교육		·은퇴후 생애 설계교육		·생애 정리 교육 ·기본생활 적응 교육
자아실현			·노후대비 교육		·건강교육 (실리적 위기 극복 및 노인질환 대비 등)	·노후 건강 관리 교육	
고용가능성	·직무기초 능력 교육 (팀워크, 리더십 교육 등) ·직업윤리 교육	·직무능력 전문화 교육	·제2직업준비교육 창업·전직·전업준비 교육, 경력단절 여성직업교육 등			·노후커리어 관리 교육	
사회적 포용	·부모역할 교육	·부모역할 및 자녀교육	·가족갈등 해소 교육 (부부간, 부모-자녀 간)			·세대 간 통합 교육	
사회적 포용			·지역사회 참여교육 및 사회봉사 활동 교육		·지역사회 참여 교육	·사회 봉사 활동 교육	·사회 관계 개선 교육

이 종합계획은 평생학습의 환경과 평생교육의 여건을 전반적으로 크게 개선할 것으로 기대되고 있다. 특히 평생교육 서비스, 평생교육 기관, 평생교육 대상의 면에서 많은 긍정적인 변화가 예상되고 있다. 〈그림 4-2〉는 이러한 변화를 요약적으로 예시하고 있다.

정책 영역			5년 후의 변화 모습
평생교육 서비스	지방 자치단체	중앙부처별, 각 기관별 분리된 서비스 제공	• 언제 어디서나 원하는 평생학습을 할 수 있도록 기초 지자체 단위에서 관련 서비스를 통합하여 주민생활복지센터를 통한 One-Stop 서비스 제공
	초 · 중등 학교, 대학	학령기 학생을 대상으로 한 정규 교육기관으로 평생교육 프로그램 제공 부족	• 학교가 지역평생학습세터로서 학부모 외 지역주민의 평생학습 활성화를 위한 구심적 역할 수행 • 평생학습 중심대학에서 다양한 연령대가 함께 공부하는 질 높은 평생교육 활성화
	평생교육 시설	평생교육과련 기관간 연계 및 지역 주민 접근성 부족	• 도서관, 미술관, 박물관 등 다양한 평생교육 시설간 네트워킹 및 사이버 평생교육 프로그램 확대
평생교육 기관	기업	무학습 노동으로 지속적 자기 개발 및 전직, 퇴직 준비 어려움	• 기업의 사내대학, 위탁교육 활성화를 통해 창조적 지식근로자를 양성하는 학습조직화 실현
	전문대	학령기 학생대상으로 성인의 재 교육기관으로서 역할 부족	• 산학협력 연계강화를 통한 맞춤형 프로그램 운영 등 재직자 재교육 기회 확대 및 지역 특성에 맞는 다양한 교육프로그램을 제공하는 특화된 평생 · 직업교육 기관화
	학원	규제의 대상으로서 평생교육 기관으로 활용 부족	• 생애단계별 근로환경 변화에 신축적으로 대응할 수 있는 평생교육법상의 평생 · 직업교육시설로 활용
평생교육 대상	소외계층/ 신 소외 계층	단기적, 생활지원중심의 시혜적 지원 대상자	• 문해교육 등 기초역량함양 및 생업능력향상을 통해 자립적 생활능력 보유 • 다문화가정, 새터민 등 신 소외계층을 위해 타 부처, 지자체 등과 연계한 교육 · 문화 · 복지 통합형 프로그램 제공
	시민교육	일부 시민단체에서 단기적인 시민교육 실시, 평생교육 영역에서 체계적 지원 미흡	• 관용과 포용의 가치 실현을 위하여 타 부처, 시민단체 등과 연계한 시민교육활성화

〈그림 4-2〉 제2차 평생교육 진흥 종합계획의 예상 기대 효과

제2차 평생학습 종합계획은 추후 5년간 평생교육 활성화 추진 로드맵으로서의 역할을 수행할 것으로 보인다. 교육과학기술부의 발표 자료에 따르면, 이 계획이 성공적으로 추진될 경우, 계획이 완료되는 2012년경에는 전 국민의 평생교육 참여율이 32%까지로 확대될 수 있을 것으로 예측되고 있다. 이 같은 변화를 통해, 전 국민이 언제, 어디서나 원하는 학습을 즐길 수 있는, '기쁨학습, 미래학습, 통합학습의 사회'가 보다 앞당겨질 것으로 전망되고 있다.

요컨대, 제2차 평생학습 진흥 종합계획은 지식사회로의 전환에 따른 새로운 문명으로서 평생학습 사회를 인식하고, 고령화 · 저출산의 인구구조 변화와 창조성이 강조되는 미래의 산업구조 재편에 대비하여, 국내적으로

는 사회통합을 실현하는 사회 안전망으로서, 국제적으로는 전 세계에서 통용 가능한 교육·인증체제에 대한 요구에 부응하는 데 그 주안점을 두고 있다. 이에 자아실현, 고용가능성 증진, 사회통합에 기여할 수 있도록 평생학습 참여율과 참여 희망율의 격차를 보완하여 평생학습 기회가 확대되어야 하며, 이를 위하여 대학의 평생교육기관으로서의 역할 확대, 국가 평생교육 정보망 구축, 학습결과에 대한 인증체제 확립 등이 강화되어야 한다.

6) 평생교육법 개정

평생교육법은 2007년 11월에 전면적으로 개정되었다. 이는 기본적으로 기존의 평생교육법의 불완전성 때문이었다. 기존의 평생교육법은 평생학습 지원체제의 원형을 마련하는 데 크게 기여하였으나, 평생학습 지원체제를 이상적인 수준으로 구축하는 데에는 많은 점에서 미흡하였다.

기존의 평생교육법은 평생교육 진흥을 위한 모법으로서의 역할을 수행하였고, 국민의 학습권과 학습자의 선택권을 최대한 보장하며, 평생교육기관의 상호유기적인 수평적 통합의 기능을 확대하였다. 또한 이 법은 평생교육 담당자의 전문성의 제고, 원격교육이나 재택학습을 활용한 평생교육 기회의 확대, 직업교육과 인력개발 사업을 위한 기반의 조성 등에 크게 기여하였다. 그럼에도 불구하고 이 법은 애초 '평생학습법'의 이름으로 제안되었던 법안의 내용에 비해서는 상당히 후퇴한 것으로, 이상적인 평생교육법의 내용에는 미치지 못하는 것이었다. 예를 들어, 평생교육법의 목적이 불분명하였고, 평생교육의 정의가 사회교육의 정의와 대동소이하게 협의로 정의되었으며, 국가 및 지역수준에서의 협의회 기능이 약하게 규정되었다. 또한, 평생교육센터·지역평생교육정보센터·평생학습관 등이 교육부장관 및 교육감 소관으로 되어 있을 뿐만 아니라 설립이 아닌 설치로 되어 있어서 체계가 불완전하였다. 이러한 점 때문에 평생교육법이 제정되고 난 직후부터 재개정의 필요성이 대두되었던 바 있었다.

이러한 배경에서, 오랫동안 지속되었던 평생교육법 개정 요청이 비로소 결실을 얻게 되었다. 2007년 11월 말에 이루어진 평생교육법 개정은 평생교육진흥원의 설치, 평생교육 진흥 기본계획의 제도화, 평생교육 진흥 위원회의 설치 등을 근간으로 하여, 평생학습 촉진을 위한 여러 가지 중요한 제도적, 정책적 기반을 강화할 수 있는 조항을 규정하였다.

요컨대, 평생교육법 개정의 취지·의의는 다음과 같이 요약할 수 있다.

첫째, 헌법과 교육기본법에 근거하여 학습자의 학습권과 평생학습의 원리에 맞춘 학습자 중심의 새로운 법적 체계를 마련하기 위한 것이다. 즉, 교육기본법의 하부법이 아닌 평생고용과 평생학습이라는 사회적 현실을 고려한 학습에 대한 기본법이 절실히 필요한 실정이었다.

둘째, 기존 평생교육법은 인적자원개발기본법과 학습자의 상호지원과 연계에 있어서 업무상의 중복을 피할 수 없었으며, 이에 따라 인적·재정적 손실을 줄이기 위해서는 인적자원개발기본법과의 기능 조정 및 통합이 필요하였다. 따라서, 직업교육을 평생학습의 혁신적인 위치로 끌어올리고 이를 통합하는 기능을 지방자치단체장에게 부여하는 등 지역자원의 통합과 재정적 뒷받침이 가능하도록 하였다.

셋째, 평생학습 진흥을 위한 연구개발 및 지원업무의 원활한 수행을 위하여 업무 간의 기능조정 및 역할 구분이 필요하였다. 따라서 평생교육진흥원으로 하여금 전체 평생학습을 지원하고 아우를 수 있는 통합·실무집행의 역할을 부여하고, 한국교육개발원은 평생학습을 위한 연구개발의 중심 기능을 하게 함으로써 두 기관의 상호보완적 발전방향을 제시하였다.

3. 평생학습 정책의 현황

지식기반사회의 관점에서 가장 중요한 과제는 전 생애에 걸친 직업능력의 개발과 국가 경쟁력의 확보로 여겨지고 있다. 빠르게 늘어나는 지식과 정보는 여러 가지 변화, 특히 새로운 학습의 필요성, 신속한 수용 및 학습, 다양한 학습 접근 경로 등을 필요로 한다. 더욱이 사회가 고령화되면서 국가 인적자원 개발과 관리의 초점이 장년층과 고령층으로 이동함에 따라, 평생학습은 개인의 고용 가능성 및 경쟁력을 향상시키기 위한 필수 요소로 자리매김하게 되었다.

우리 나라는 현재 학습복지사회 건설을 국가 평생교육정책의 핵심 의제로 채택하여 사람 중심의 국가발전, 사회발전 전략에 주력하고 있다. 이러한 맥락에서 교육과학기술부는 모든 국민들이 언제 어디서나 원하기만 하면 즐기면서 학습할 수 있도록, 다양한 평생교육의 장을 만들기 위해 많은 노력을 기울이고 있다. 교육과학기술부는 특히 제2차 평생학습 진흥 종합계획의 수립, 평생교육법 개정에 따른 평생교육진흥원의 설립 등을 통해 평생학습 촉진 정책을 보다 적극적으로 추진하는 데 역점을 두고 있다.

2007년도를 기준으로, 교육과학기술부가 역점을 두고 있는 평생학습 정책 노력을 예시하면 다음과 같다. 교육과학기술부는 교육정책의 핵심을 학습복지국가 건설을 통한 국가인적자원의 양적 · 질적 성장의 기반을 조성하는 것에 두고, 이를 달성하기 위하여 첫째, 학교 교육력을 강화하여 공교육에 대한 신뢰를 제고하고, 둘째, 세계적 수준의 고등교육의 수월성을 확보하며, 셋째, 인적자원개발 및 평생 직업교육체제를 구축하고, 넷째, 교육안전망을 통하여 교육격차를 완화하며, 다섯째, 교육 및 인적자원 개발의 국제적 역할을 강화하는 등의 다섯 가지 핵심적 사업 목표를 설정하였다. 이러한 맥락에서 추진된 주요 평생학습 관련 정책의 주요 사례로는 '범국민의 평생학습 참여를 통한 평생학습 문화 확산', '사회통합을 위한 소외계층 및 성인의 평생학습 기회 확대', '열린 학습사회 실현을 위한 평생학습 결과 인증', '통합적 평생교육 정보 지원을 위한 통계 · 정보화', '국가경쟁력 강화와 인적자원 개발을 위한 평생 직업능력개발' 등을 들 수 있다.

1) 범국민의 평생학습참여를 통한 평생학습문화 확산

평생학습의 중요성을 국민들에게 널리 알리고 평생학습문화를 확산하기 위해 평생학습도시 조성사업, 평생학습 축제, 평생학습 대상, 금빛 평생교육 봉사단, 학습 동아리 사업 등이 추진되었다.

평생 학습도시 조성 사업에서는 사업의 효율성을 높이기 위하여 평생학습도시 컨설팅 지원 사업을 추진하는 데 주안점을 두었다. 동시에, 지역의 인적·물적 자원의 효율적 연계를 통해 학습자원을 효율적으로 활용하고 지역 평생학습문화를 확산하는 데 역점을 둔 평생학습도시 네트워크 구축 지원 사업이 2007년에 처음으로 추진되었다.

평생학습축제는 학습의 즐거움을 이웃과 함께 나누고 체험하는 학습문화운동으로서의 성격을 발전시키는 데 중점을 두었다.

평생학습대상은 학습의 즐거움을 공유 하고 학습결과를 서로 격려함으로써 국가 전체의 평생학습문화 풍토를 조성하기 위해 2004년부터 민간주도로 시행해 온 사업이다.

2) 사회통합을 위한 소외계층 및 성인의 평생학습 기회 확대

지역사회주민의 평생학습참여 기회를 확대하기 위해 성인문해교육 지원 사업, 소외계층 지원 사업, 주말과정 프로그램 지원 사업, 평생교육시범학교 사업, 방과후 학교의 평생교육 사업, 지역과 함께 하는 학교사업 등이 추진되었다.

성인문해교육 지원 사업은 성인들을 대상으로 초등학교 및 중학교 수준의 문해교육 프로그램을 운영하는 기관을 지원하는 것으로 2001년부터 지속적으로 실시되고 있다. 2007년에는 문해교육 프로그램에 대한 운영비 지원과 기관 운영비에 대한 지원을 추가로 시작하였다. 이 사업은 문해교육에 대한 지원기반을 확대하기 위해 기초자치단체의 대응 투자를 적극

유도하고 있다.

소외계층 지원 사업은 평생교육의 궁극적 이념을 실현하고 특정집단에게만 열려있는 배움의 기회를 누구나 참여할 수 있는 학습사회를 구현하기 위해 시작되었다. 이 사업은 소득별, 학력별, 연령별, 지역별로 날로 커지는 교육격차를 줄이고, 상대적 교육소외계층들에 대한 평생학습 참여기회를 확대하고자 2001년부터 지속적으로 추진되고 있다. 2007년도 소외계층 지원 사업은 저소득자, 저학력자, 장애인, 노인, 이주여성, 다문화가정, 조손 및 한부모가정, 외국인 근로자, 노숙인, 새터민 등을 우선 대상으로 사회적 필요에 비해 과소 공급되고 있는 평생교육프로그램을 우선하였다.

지역과 함께 하는 학교 사업은 학교 평생교육의 한계를 극복하고 학교와 지역이 함께 만들어가는 지역학습공동체를 위한 학교 평생교육사업으로 2007년에 도입되었다. 이 사업은 학교 평생교육 담당자의 전문성 강화와 학교와 지역과의 연계 평생교육프로그램 운영모형 개발·보급을 통한 법적기반 정비, 재정지원 확대, 전담인력 배치, 지역교육청과 지자체의 협력체제 구축 등을 주요 목적으로 하고 있다. 2007년 선정된 지역은 상대적으로 평생교육기관이 부족한 군 및 중소도시와 인구 25만 이하인 지역 중 주민의 평생학습요구가 높은 평생학습도시 소개 교육청으로 선정하였다.

3) 열린 학습사회 실현을 위한 평생학습 결과 인증

열린 학습 사회 구현을 위한 평생학습 결과 인증을 위한 정책은 정규학교에서 뿐만 아니라 학교 밖에서 이루어지는 다양한 형태의 학습결과를 인정하기 위한 노력의 일환으로 추진되었다. 2007년 추진된 평생학습 결과 인증정책의 내용에는 학력인정 평생교육 시설 학교, 학점 은행 제도, 독학 학위 제도, 평생학습 결과 표준화 시범운영사업 등이 있다.

학력인정 평생교육 시설 학교는 1989년 법 개정에 따라 교육의 영역

밖에서 인가 없이 운영되어 오던 새마을학교, 재건학교, 청소년학교, 야학, 고등공민학교 등이 교육과정 이수만으로 학력을 인정받을 수 있게 되면서 오늘에 이르렀다. 학력인정 평생교육시설학교는 학교중도탈락자, 근로청소년, 학령기를 놓친 성인 등 상대적 교육소외계층에게 제2의 교육기회를 제공하는 대안적 교육기관으로서 운영되고 있다.

학점 은행 제도는 학교 안팎에서 이루어지는 다양한 형태의 학습을 학점으로 인정받고 이것이 누적되어 일정기준을 충족하면 학위 취득을 가능하게 함으로써 궁극적으로 열린교육사회, 평생학습사회를 구현하기 위해 1998년브터 도입되었다. 이 제도를 통해 학점 및 학위를 취득하고자 하는 학습자나 학점은행제 학습과목을 평가 인정받아 운영하고자 하는 교육훈련기관은 교육인적자원부가 고시하는 표준 교육과정과 함께 한국교육개발원이 고시하는 교수요목을 따르고 있다.

평생학습결과 표준화 시범운영 사업은 개별 학습자의 평생학습참여 이력과 결과를 체계적으로 누적·관리하여 해당 학습결과에 대한 사회적 인증과 활용방안을 모색하기 위해 2006년부터 시작되었다. 이 사업은 평생교육법과 동법 시행령 등에 규정되어 있는 교육계좌제의 시행에 앞서 지역단위에서의 시행가능성을 모색하고, 지역에서 주민을 위한 평생학습 이력관리 체제를 구축하는데 주요 목적을 두고 있다. 이 사업은 향후 교육계좌제의 시행에 앞서 개별 학습자의 다양한 평생학습 참여 이력과 결과를 체계적으로 관리하고, 해당 학습결과에 대한 다양한 사회적 인정방안과 활용방안을 마련하여 지역단위에서의 구체적인 실행체계를 구안하는 시범사업으로 추진되고 있다.

4) 통합적 평생교육 정보 지원을 위한 평생교육 통계·정보화

평생교육에 대한 관심과 참여가 점차적으로 높아짐에 따라 우리나라 평생교육에 대한 실태파악과 더불어 정확한 데이터에 근간을 둔 체계적인 평생교육 통계·정보 자료가 요구되고 있다. 이에 우리나라 평생교육에 대한 정확한 실태 파악을 기반으로 하는 효과적인 정책수립을 위해 국가평생교육 통계조사가 실시되었다.

국가 평생교육 통계 조사는 현재의 학교교육 기본통계를 기반으로 하여 평생교육통계로의 확장과 타 부처 및 타 유관기관 데이터베이스, 시스템과의 연계를 통해 보다 폭넓고 효과적인 국가인적자원정책을 지원하고, 특히 국가교육인적자원 종합통계정보시스템 체계를 구축하는데 목적이 있다.

2007년 평생교육 통계 조사는 5월 1일부터 30일까지 진행되었으며, 교육청, 평생학습관, 대학 등의 유형별로 전국 2,200여개 평생교육시설에서 홈페이지를 통한 웹 기반 전수조사로 실시되었다. 그 결과, 교육인적자원부 산하 전체 평생교육시설 수는 22,221개 기관, 프로그램 수는 100,989개, 학습자 수는 13,192,908명, 교・강사 수는 68,221명, 사무직원 수는 7,214명으로 나타났다.

국가평생교육통계조사는 체계적인 기초 통계자료를 확보함으로써 보다 타당한 평생교육정책을 실현하는 데 기여할 것으로 기대된다.

5) 국가 경쟁력 강화를 위한 평생 직업능력 개발

국가 경쟁력 강화를 위한 인적자원의 개발이 강조됨에 따라 개인의 직업능력향상을 위한 평생교육 프로그램의 필요성이 증가하고 있다. 성인의 평생학습 참여를 활성화하고 지속적인 능력향상을 유도하기 위한 국가 및 지역차원의 평생학습여건 개선이 요구되고 있으며 이러한 맥락에서 여성인적자원에 대한 활용, 노인인적자원에 대한 활용, 군 사병에 대한 학습기회 제공 및 학점인정, 성인을 위한 직업평생교육학원 운영, 기업에서의 평생교육 등이 추진되었다.

2007년 시작된 고학력 경력단절 여성 커리어 코칭사업은 지방자치단체가 중심이 되어 해당지역의 출산・육아 등으로 경력이 단절된 전문대졸 이상의 여성에게 맞춤형 직업교육을 제공하고 있다. 고학력 경력단절 여성의 능력개발은, 취업지원서비스나 취업여건을 소폭 개선함으로써 경제활동을 유인하는 데 그치지 않고, 노동시장 밖에 있는 고학력 여성을 노동시장 안으로 끌어들이기 위한 적극적 대책으로 추진되고 있다. 공모결과 선정된 지역에서는 경력이 단절된 고학력 여성의 직업역량개발에서부터 취업에 이르기까지 통합된 서비스를 제공하기 위하여 대학을 비롯한 교육훈련기관, 교육청, 산업체, 고용지원 센터 등과 협력체계를 구축하고 직업 기초교육과 직업 전문교육, 직업 현장체험까지 포함한 맞춤형 직업 교육과정을 운영한다.

군 인적자원 개발은 국방을 담당하는 군 역시 제대 후 학교 및 사회 복귀를 위한 자기학습 및 직업능력개발이 필요하다는 인식 속에서 그 필요성이 높아지고 있다. 이에 현역병의 자기계발 여건 및 요구를 충족시키기 위한 2007년 주요 프로그램으로 e-learning을 통한 원격학습 프로그램, 어학능력 개발 프로그램 등이 실시되고 있다. 어학, 자격증, IT 등 비학위 교육과정에 대한 학습과정과 복무 중 원격학습을 수강할 수 있는 대학교육과정이 온라인 학위과정으로 운영된다. 학위과정의 경우, 군 장병은 군에 복무하면서 도 학기당 3학점, 연간 6학점 이내의 학점취득이 가능하다. 비학위 과정은 어학, 자격증, IT 등 분야별로 총 295개 강좌가 운영 중에 있다. 어학의 경우에는 경기 영어마을 내 'Military Camp'를 설치 운영하고, 부대로 전문 영어강사가 찾아와서 교육하는 찾아가는 영어마을 교육 프로그램을 주 1회 2시간 일정으로 운영하고 있다.

군 인적자원개발은 군 복무 중인 사병의 교육·훈련 이수 실적에 대한 학점은행제 및 대학의 학점인정기반을 정착시키는 데 기여하고 있다.

4. 평생교육 정책과 평생교육 프로그램의 과제

위에서 살펴본 바와 같이, 평생학습에 영향을 미치는 환경과 여건은 제2차 평생학습 진흥 종합계획의 발표와 평생교육법의 개정 이래 크게 변화되고 있다. 이에 따라 평생교육 실천을 위한 노력은 선진적 관점과 접근 방법을 필요로 하고 있다. 특히, 평생교육의 정책과 평생교육 프로그램의 기획 · 운영면에서 진일보한 접근 방법이 요청되고 있다.

1) 평생교육 정책의 관점과 과제

평생교육은 궁극적으로 평생학습을 촉진하기 위한 것이어야 하며, 이는 곧 평생교육의 정책은 평생학습을 촉진하기 위한 정책적 노력에 다름 아니라는 것을 의미한다. 이러한 맥락에서 평생교육 정책은 다음과 같은 관점을 보다 적극적으로 활용해야 할 것이다.

첫째, 평생학습 촉진 정책은 기존의 중앙정부의 정책을 단선적으로 확대하는 것이 아니라, 정책의 방향과 내용, 대상과 기법을 혁신하는 것이어야 한다. 무엇보다도 삶의 문제를 해결하고 삶의 질을 향상하는 데 기여할 수 있는 평생학습의 역할을 넓고 깊게 이해하고, 이러한 관점에서 삶의 제반 여건과 활동 속에서 평생학습이 활용할 수 있는 기회를 우호적으로 조성, 촉진해 줄 수 있는 다양한 방안을 적극적으로 창안하고 실행하는 것이어야 한다. 말하자면, 평생학습의 삶에 유용하게 접목, 통합될 수 있게 하는 방안을 정밀하고 종합적으로 연구하여 창안, 설계, 도입, 실행할 수 있어야 하는 것이다. 이것은 삶의 현실에 대한 면밀한 관찰과 분석, 통찰적 이해와 창발적 문제해결의 능력, 지속적인 관심과 투철한 실천력 등을 필요로 한다. 이러한 요소들은 중앙정부의 일방적, 관료주의적 하향식 의사소통과 의사결정의 방식만으로는 충분히 갖추어질 수 없다.

둘째, 평생학습 촉진 정책은 중앙정부와 지방자치단체 간의 협업, 광역지방자치단체와 기초 자치단체 간의 협업, 기초자치단체와 주민 대표 간의 협업, 주민대표와 주민들 간의 협업 등을 모두 연결하여 광범하고 치밀한 수평적, 쌍방적 의사소통 및 의사결정의 체계와 과정 속에서 이루어져야 한다. 이러한 방식은 단순히 서비스의 전달 체계(delivery system)로서가 아니라 지속적으로 진화하는 민주적 숙의(democratic deliberation)

의 과정으로서의 성격을 지녀야 한다. 이러한 성격은 결국 민주주의적 문제제기 및 담론, 문제 해결 방식의 요체이며, 성숙한 시민사회에서의 공공적 생활 방식의 요결이다. 이와 같은 맥락의 평생학습 촉진 정책은 높은 수준의 주민 개입과 시민 참여를 필요로 하며, 정책 의제의 발의와 채택, 논의와 결정, 집행과 평가 등의 과정에 참여하는 당사자들에게 높은 수준의 시민적 역량(civic competence)을 요구한다. 미국과 일본 등은 이러한 참여기획형 평생학습 촉진 정책에서 선구적인 사례를 보여주고 있다.

셋째, 평생학습 촉진 정책에서는 특히 지역사회의 역할, 지역공동체의 역할이 핵심적인 위치를 차지하여야 한다. 지역사회는 중앙정부와 향토사회를 연결시켜 양자의 필요를 접근시켜 최대한의 상생효과, 즉 종국적으로 누구에게나 이익이 되는 결과(postive sum)를 이끌어 낼 수 있는 역량을 지녀야 한다. 이에 지역사회의 중핵적 역할이 강조되어야 하며, 지역사회는 지역사회 내에서도 제 기관과의 협력 체계를 활성화·적극화할 수 있는 관심과 열의 및 진정성, 인간관계 기술, 사회적 자본을 지니고 있어야 한다.

넷째, 평생학습 촉진 정책에서는 정부와 민간 또는 정부기구와 민간기구 양자 간의 상호협력의 경험과 역량이 증대되어야 한다. 정부와 민간은 지역사회 주민, 시민을 위한 평생학습 촉진의 학습기회를 확대하기 위하여 어떠한 역할을 해야 할 것인가, 서로 어떻게 협력할 수 있는가를 지속적으로 대화, 협의하여야 한다. 주민의 입장에서 학습기회의 접근성을 높여, 사회적 약자에게도 학습기회가 보장되며, 공적인 영역의 시민성교육 등이 이루어지기 위해서 양 쪽의 기관들이 어떻게 역할을 나누어 맡고, 협력적 동반자 관계를 만들어 나가야 하는가를 숙의하는 것도 이 과정에서 이루어 질 수 있어야 한다.

요컨대, 이러한 관점들이 강조하는 바는 정부의 역할과 민간의 역할을 분명히 하는 한편, 정부와 민간의 협력 관계를 긴밀히 하여, 시장과 시민사회의 진정한 수요와 창조적 요구에 부응하는 평생학습의 과제를 설정하여야 하며, 특히 지역사회가 중앙의 리더십과 향토사회에서의 필요성을 연결하여 프로그램 및 정책의 기획과 운영에 주도적인 역할을 할 수 있는 참여기획형 체계를 발전시키는 것을 의미한다. 보다 엄밀히 말하자면 지역사회는 중앙정부의 필요, 향토사회의 요구도 충족시키면서 지역사회 자신의 문제도 해결해야 한다. 말하자면 이는 이차원의 상생(win-win)을 넘어 삼차원의 상생(win-win-win)을 구현할 수 있도록 하는 의사소통 및 의사결정의 역량이 개발되어야 한다는 것을 의미한다. 즉, 대화와 타협을 통한 사회적 합의(social consensus building)와 같은 높은 수준의 민주적 의사소통 및 의사결정 방식이 활용되어야 한다.

2) 평생교육 프로그램 개발 · 운영의 관점

새로운 평생학습의 시대에 진입하면서 평생교육 프로그램이나 서비스는 매우 증가하고 있다. 그러나 과연 이러한 프로그램과 서비스가 주민의 진정한 학습 요구에 얼마나 부응하는 것인가에 대해서는 의문의 여지가 적지 않다.

따라서 평생교육프로그램을 기획, 운영하는 입장에서는 '과연 어떠한 내용의 교육이 필요한가?'에 대한 철저한 조사와 분석, 평가와 판단에 기초하는 것이 무엇보다도 중요한 과제이다. 그리고 이러한 과제를 제대로 수행하기 위해서는 주민과 지역사회, 전체 사회가 필요로 하는 평생교육 프로그램의 과연 무엇인가에 대한 냉철한 관찰과 성찰, 안목과 식견을 필요로 할 것이다.

이러한 관점에서 지역사회 내에서의 평생교육의 기획과 운영은 정부와 민간이 서로 숙의하여 주민의 학습욕구가 무엇인지, 지역사회가 제공하여야 하는 학습기회가 무엇인지, 그리고 더 나아가 우리 사회 전체에 기여할 수 있는 교육프로그램이 무엇인지와 같은 질문에 대한 답을 동시에 만족시킬 수 있는 방안을 찾아야 한다는 것이라 할 수도 있다. 말하자면, 지역사회 내 평생교육 기획 · 운영은 일차적으로 주민 학습자 개인의 학습욕구를 만족시켜야 하지만, 동시에 지역사회 내에서 삶의 질을 향상하는 데 유의미한 교육기회의 공급이라는 가치를 지녀야 하고, 더 나아가 궁극적으로는 우리 사회 전체의 조건과 삶의 질 발전에도 기여할 수 있는 학습과 교육의 성격을 지녀야 한다.

이처럼 지역사회 내 평생교육의 기획과 운영에는 적지 않은 제약 조건이 따르며, 따라서 지역사회 내의 절실한 학습요구를 반영하되 단순히 이를 따라가는 데 그치는 것이 아니라 궁극적으로 지역사회의 삶을 더욱 발전시킬 수 있는 데 기여할 수 있는 내용을 편성하고, 동시에 최소의 자원으로 최대의 효과를 발휘할 수 있도록 지역사회 내 제 유관 기관들의 유기적 협력 관계, 즉 지역사회적 창의성 또는 향토사회적 창발성(local ingenuity)이 요청된다고 하겠다.

지역사회 내에서의 평생교육프로그램은 기본적으로 시장에서의 수요와 공급의 기능에 의존하면서도 동시에 시장의 실패를 예방할 수 있어야 하며, 다른 한편 정책적 개입을 활용하면서도 정부의 실패에 빠지지 않도록 할 수 있는 성숙한 정책과 기획의 관점이 요구된다고 하겠다. 말하자면, 지역사회에서 시장의 수요와 공공의 요구를 폭넓게 고려하면서 균형을 맞출 수 있는 관점이 필요하다. 이는 곧 양쪽 세계를 서로 접근시켜 보완효과나 시너지 효과를 극대화시킬 수 있는 프로그램을 창안하고 이를 가장 효율적으로 운영할 수 있는 방안을 추진할 수 있는 능력의 총화로서 지역사회의 시민의식(civic awareness)이나 시민역량(civic competence)을 의미한다.

따라서 지역의 평생교육은 정부 및 민간 기구간의 유대와 협력에 기초하여 궁극적으로 시민사회의 참여를 극대화하고 지역사회를 통합하는 관점에서 이루어져야 한다. 사회 통합에 기여하는 프로그램은 단순히 소외계층에 대한 배려를 포함하는 계층 간 통합의 관점을 의미하는 것은 아니다. 이에는 지역 간, 세대간, 문화 간 통합을 포함하는 관점이다. 무엇보다 서로 다른 처지와 의견을 가진 구성원들이, 다양한 차이에도 불구하고 어떻게 불필요한 사회적 갈등을 예방하고, 사회적 갈등을 평화적으로 해결하며 시민사회의 과제들을 해결해 나갈 수 있는 능력을 배양할 것인가 하는 것이다.

한 시민사회의 성숙도는 비폭력적, 대안적 갈등 해결의 역량을 얼마나 지니고 있는가에 의해서 평가될 수 있다. 우리가 성숙한 시민사회로 나아가기 위해서는 사회 갈등을 대화와 설득, 양보와 타협으로 상생할 수 있는 결과를 이끌어낼 수 있는 태도와 방법에 시민들이 능숙해져야 할 것이다. 성숙한 시민 사회는 시민 의식과 역량을 폭넓게 증진시킬 수 있는 광범한 시민 교육의 기회에 힘입는 바 크다. 선진적인 시민사회는 다양한 프로그램으로 시민 의식과 시민 역량을 향상시키기 위한 교육적 노력을 활성화하고 있으며, 학교 안팎에서의 교육, 전 세대를 대상으로 하는 교육을 지향하는 평생교육의 관점에서 많은 활성화가 이루어져 왔다.

요컨대, 숙의와 토론을 활성화할 수 있는 다양한 평생교육프로그램은 시민사회의 통합과 민주주의 성장에 종합적으로 기여할 수 있다. 근본적으로 숙의 민주주의를 체화하도록 하는 시민교육이야말로 사회적 갈등을 평화적으로 예방 극복해 나갈 수 있는 방법일 뿐 아니라 광범한 사회적 과제를 해결해 갈 수 있으며 더 나아가 더 나아가 민주정치의 성격과 틀 자체를 전면적으로 쇄신할 수 있게 하기 때문이다. 우리의 경우 평생교육, 성인교육에 속하는 다종다양한 프로그램들이 풍미하고 있는 가운데에도 시민사회의 중요한 문제들을 해결하는데 응용할 수 있는 시민적 의식과 역량을 구체적이고 실질적으로 향상시키는 데 도움이 되는 교육프로그램은 희소한 실정이기 때문이다.

3) 참여기획형 평생교육 프로그램의 역할

시민사회가 참여하는 지역사회 평생교육의 프로그램이란 여러 가지 세부적인 관점을 수반하는 것이지만 핵심적으로 '시민이 주체적으로 참여하는, 시민의 필요에 의한' 기획과 운영의 관점을 말하는 것이다. 정부부문과 민간부문의 공동 참여에 의한 프로그램의 기획과 운영 또한 이러한 패러다임의 한 형태일 것이다. 일본식 표현으로는 참획형 프로그램 개발·운영의 방식이며. 서구식 표현으로는 대중의 개입(public involvement) 혹은 시민의 참여(citizen participation)에 의한 교육 기획·운영의 방식이다.

정부기구와 민간기구 등 지역사회에 기반을 둔 조직과 기관(community-based organizations)들은 여러 종류와 방식으로 평생교육 프로그램의 기획과 운영에 참여해 오고 있다. '정부기구가 주도적, 민간기구가 보조적'으로 참여하는 형태에서부터 '민간기구가 주도적, 정부기구가 보조적'으로 참여하는 형태에 이르기까지 다양하다. 물론 그 중간에 '정부기구와 민간기구가 대등'하게 참여하는 형태가 있을 것이다. 이처럼 양자의 협력 형태는 프로그램의 목적에 부합하게 접근되어야 할 것이다.

지역 기반 조직·기관의 참여에 의한 프로그램의 기획과 운영에서 핵심적인 요건은 민간기구의 독립성과 자율성, 적극성과 주도성이다. 지역 기반 기구의 참여라는 것이 사실상 정부기구의 권위와 영향력에 의한 일방적 지배와 주도 하에서 이루어질 경우, 시민참여는 형식적인 것에 불과하게 된다.

민주주의 시민사회의 관점에서는 민간기구의 일차적 책임은 정부기구에 대한 비판과 감시, 견제와 균형에 있다. 민간기구의 관점에서, 정부기구에 대한 협력은 일차적 책임의 충족이 전제되는 가운데 추구될 수 있는 이차적인 역할이다. 만일 민간기구의 일차적 가치가 보호되지 않는 사회적 상황이라면, 민간기구로서는 오히려 정부기구의 부적절한 지배에 대항하는 것이 자신의 가치와 책임에 부합하는 것이 될 수도 있다.

민간기구는 또한 시민과 시민사회를 잘 대표하고 있는가를 지속적으로 성찰하며 시민과 시민사회의 진정한 요구를 잘 대변하고 있는지를 평가하여야 할 것이다. 민간기구가 마치 시민사회의 공익을 대표하는 것으로 표방하는 경우에 있어서도 사실은 이익단체로서의 목적의식에서 움직이는 경우가 적지 않다. 말하자면 진정한 의미의 민간기구의 역할과 과제가 요구된다고 하겠다. 이러한 과제는 결국 민간기구를 결성하고 운영하는 주체인 시민 자체의 인식과 역량에 크게 의존하는 것이기 때문에 시민사회 전반이 성숙해감에 따라 점진적으로 개선될 수밖에 없는 것이다. 이 역시 시민의식과 시민적 역량을 함양할 수 있는 평생교육 프로그램의 필요를 제기하고 있다.

지역에 기반한 조직·기관의 참여에 의한 평생교육 프로그램은 지역사회에서 활동하는 여러 조직과 기구 등이 평생학습에 우호적인 사회적 여건을 마련하는 데 어떻게 협력할 수 있는가를 의미하는 것이다. 이 문제에 접근하는 데에는 여러 가지 방식이 있을 수 있겠으나, 무엇보다도 주민 한 사람 한 사람이 자신이 스스로 발전하기 위해서 노력하고자 할 때 이웃으로서 우리, 우리 공동체가 어떻게 도움이 될 수 있을 것인가의 관점에서 출발해야 한다. 예를 들면 다음과 같은 것들이다.

첫째, 평생학습사회에서는 개인이 무엇인가 배우고 익히고자 할 때 부딪히는 것은 정보이다. 오늘날 정보는 인터넷에서 쉽게 구할 수 있다고 하지만, 얼마나 신뢰할 수 있는 정보인가라는 면에서는 인터넷의 수많은 정보가 꼭 도움이 되는 것은 아니다. 인터넷을 사용할 수 있는 정보인프라의 구축도 중요하지만, 인터넷이든 아니든, 어떻게 주민들이 신뢰할 수 있는 양질의 정보의 원천을 구축할 수 있는가가 중요할 것이다. 정부와 기업, 교육기관과 연구기관, 민간기구와 주민단체 등 각 기관은 우선 신뢰성 높은 정보의 원천을 구축하고, 이어 이를 통합적으로 상호 연결하는 방식을 도입해야 한다.

둘째, 개인의 학습을 도와주는 데 또 하나 절실한 것은 학습 공간이다. 정부와 기업, 교육기관과 연구기관, 민간기구와 주민단체 등 각 기관은 구성원들이 학습 목적으로 사용할 수 있는 공간에 접근할 수 있도록 허용하고, 상호 교차해서 사용할 수도 있도록 해야 한다. 이 점에서는 무엇보다도 지역사회의 역할이 핵심이다. 일상생활 중 학습 공간으로 가장 활용도가 높고 접근성이 좋은 것은 지역사회 내의 도서관, 도서실 등을 지역사회 내에서 풍부하게 제공해야 한다.

셋째, 지역사회 학습에 대한 상담지원은 주민의 학습을 돕는 또 하나의 중요한 요소이다. 이를 위해서는 학습 지원이 가능한 자원 봉사자들을 적극적으로 활용하는 네트워크를 구성해야 한다. 이 점에서는 금빛 평생교육 봉사단 운동으로부터 많은 시사점을 얻을 수 있다. 학습은 본질적으로 사람과 사람이 만날 때 활발하게 생성되는 것이므로, 도움이 필요한 사람과 도움을 제공할 수 있는 사람을 만날 수 있도록 연결, 중개해 줄 수 있는 협력 체계를 창의적으로 구상해야 한다.

넷째, 지역사회 평생학습 활성화를 위해서는 지역사회의 각 기관 또는 조직이 구체적인 평생학습의 현장에 관심을 가지고 있어야 한다. 이러한 관심과 참여를 통해 향토사회적 창발성–지역의 특성을 살려서 세계적으로도 자랑할 만한 창의적 해결방식을 찾을 수 있는 역량–이 발휘할 수 있다. 이를 위해서는 지역사회 내에서 시민, 주민을 대표할 수 있는 정부기구 및 민간기구가 모여 일종의 지역사회위원회(community board)를 형성해서, 지역사회 문제를 공동의 문제로 인식하고 그 문제의 해결을 위해 민주적 숙의와 사회적 합의의 과정을 거쳐 최선의 의사결정에 도달할 수 있는, 민주적이고 합리적인 집단지성(collective intelligence)의 방식이 발전되어야 한다. 이렇게 할 때 이른바 글로컬리즘(glocalism)의 이상도 실현될 수 있을 것이다.

다섯째, 향토사회적 창발성은 거시적, 제도적, 관료적 파트너십의 방식으로 해결할 수 없는 부분에서도 효과적으로 문제를 해결할 수 있으며, 이는 평소 상호 관심을 가지고 신뢰롭게 접촉하는 가운데 보다 성숙될 수 있다. 지역사회에서는 개인과 기관, 기관과 기관이 구체적으로 정감 있게 연결되는 고유한 경로와 방식이 있게 마련이며, 따라서 이러한 구체적 정황을 세심하게 감안하여야만 의미 있는 협력 관계가 지속될 수 있기 때문이다.

4) 평생교육 발전을 위한 시민참여의 과제

평생학습 사회에서 시민참여의 필요성은 더욱 증대되고 있다. 이러한 관점에서, 평생교육 관련 기관에서는 시민참여의 여지를 활성화하는 방향으로의 평생교육 프로그램을 모색하는 데 적지 않은 관심을 기울이고 있다.

가까운 예로 2007년 서울평생교육연합회가 주관한 평생교육포럼에서는 지역사회 내 민간과 공공의 평생교육 기관의 파트너십을 활성화하여 지역사회주민의 평생학습 기회를 확대하는 방안 마련을 위한 세미나를 가졌고, 몇 가지 모범사례가 소개되었다. 또한 2007년 서울평생학습축제 기간 중의 평생교육포럼에서는 사회통합을 위한, 소외계층 평생교육프로그램을 지역사회 내 다양한 평생교육기관들이 효과적으로 협력하여 기획하고 운영한 모범사례가 소개되었다. 또한 2007년 평생학습대상 수상기관의 경우에도 지역사회 내 협력 체계를 적극적으로 활용한 사업들이 관심을 받았다.

이처럼 지역사회 내 정부기구와 민간기구의 협력적 관계를 통한 평생교육 관련 프로그램의 기획과 운영에 대한 요구와 논의는 점증하고 있다. 정부기구와 민간기구의 협력은 다양한 형태로 이루어질 수 있을 것이다. 그러나 무엇보다도 민간기구가 자발적이고 주도적인 역할을 담당하고자 하는 의지와 실천이 필요하며, 이에 호응하는 정부기구의 적극적인 지원 또한 불가결하다.

그간에 이루어진 지역사회 내에서 다양한 조직과 기관들 간의 효과적인 협력관계의 모범적인 경험으로부터 얻을 수 있는 주요 시사점은 다음과 같다.

첫째, 지역사회에서는 평생학습의 기회를 창안할 수 있는 여지가 여전히 많으며 이를 활용하기 위해서는 보다 다양한 지역자원 및 단체의 참여가 필요하다. 또한, 지역사회 내 기관과 단체 간 상호지원과 협력이 더욱 요구된다.

둘째, 지역사회 내 열악한 민간기구들의 역량을 강화할 수 있는 지원과 협력방안을 적극적으로 찾아야 한다. 또한 다양한 분야 및 문제 영역과 관련하여 지역자원 및 전문자원들이 지역사회 내에서 발굴 또는 설립되어야 한다.

셋째, 지역사회 내 각 민간기구가 스스로 나서서 필요한 사업을 요구하거나 제안하고 관계망을 만들려는 노력이 필요하다. 즉 지역사회 내 평생교육기관 및 민간기구 간의 연계, 협력체제가 강화되어 필요한 아이디어들을 먼저 제안해 내야 한다.

넷째, 사람을 중시하고 사람이 중심이 되도록 하여야 한다. 즉 평생교육사업주체 간의 관계성 강화가 기본 인프라로 구축되어 예산의 문제가 아닌 사람들의 관계로 다져져야 한다. 이를 통한 지역사회 인적자원의 경험 축척과 나눔이 필요하게 되는 것이다.

다섯째, 지역사회에서 유기적 기능을 하는 네트워크를 형성해야 한다. 프로그램 운영의 파트너만으로서 기능하는 네트워크 수준을 벗어나야 한다. 즉 마음으로 소통하는 협력관계를 맺어야 하고, 몸으로 실천하며 '우리가 무슨 일을 하고 있고, 우리가 왜 만나려고 하고, 우리에게는 이 관계가 어떤 의미가 있는지'를 알리고 함께 할 수 있도록 서로 격려할 수 있어야 하며, 네트워크가 본래 사업의 목적에 유용한 자원이 될 수 있도록 해야 할 것이다.

요컨대, 평생학습 사회를 지향하는 지역사회에 속한 평생교육 관련 조직과 기관들은 지역사회 내 주민들의 삶의 문제를 해결하기 위해 적극적이고 주도적인 역할을 자임하여야 할 것이다. 그리고 이러한 역할은 궁극적으로 지역사회의 시민들의 적극적 참여에 의해서만 달성될 수 있을 것이다. 시민들은 향토사회적 창발성을 어떻게 이끌어낼 수 있을 것인가? 효과적인 향토사회적 유대관계, 네트워크를 구축하고 발전시킬 수 있을 것인가? 지역사회주민들이 스스로 참여하여 스스로에게 필요한 학습기회를 어떻게 만들어낼 것인가? 등을 염두에 두고 끊임없이 연구해야 할 것이다. 그리고 이 과정에서 민간기구는 특히 "지역사회 내에 잠재해 있는 시민사회의 역량, 민주적 시민역량을 얼마나 잘 이끌어낼 수 있는가? 견제와 균형, 시민사회의 양심의 역할을 대표해야 할 입장에서 얼마나 적극적이고 공정한 역할을 하였는가?"를 지속적으로 자문해야 할 것이다.

제 5 장

성인학습 및 상담

1. 성인학습

1) 성인학습의 개념

우리나라는 성인의 기준을 정치적으로 법률에 의하여 20세 이상과 청소년 보호법 등에 의하여 19세 이상을 성인으로 규정하고 있다. 그러나 교육학자인 놀즈(Knowles, 1980)는 성인의 역할을 수행하는 사람 및 자신을 성인으로 인식하는 사람 모두를 성인이라고 정의한 바 있다. 성인을 규정하는 것이 국가나 사회에 따라 다르지만 사회적으로 생산적인 일을 하고, 자신에 대하여 기본적인 책임을 지닌 자를 성인으로 규정하는 것이 일반적이라 할 수 있다. UNESCO(1985)에 의하면 성인교육이란 내용, 수준, 방법에 관계없이, 그 교육이 학교교육을 대체했거나 연장이거나 상관없이 조직되는 교육과정의 구현체로 보았다. 그렇다면 성인학습은 어떻게 정의할 수 있는가? 성인학습자를 대상으로 진행되는 성인학습을 메이어(Mayer, 1982)는 경험의 결과로 인하여 사회에서 성인이라고 간주되는 사람들의 지식, 태도, 행동의 비교적 지속적 변화과정이라고 하였다. 또한 미리엄과 브로켓(Merriam & Brockett, 1997)은 성인학습을 '교수-학습의 대응관계에 있어 교육자가 수행하는 일에 대응하는 측면으로서 학습자의 내부에서 일어나는 인지적 과정'이라고 정의하였다.

그러나 이러한 정의는 일반적인 개념을 다루고 있을 뿐 구체적인 의미를 제시하지는 않는다. 그러므로 성인학습이 실제로 이루어지는 과정이나 그러한 학습의 결과로 나타나는 모습에 의해 성인학습을 파악하는 것이 옳다고 여겨진다.

따라서 성인학습을 이해할 수 있도록 성인학습이 가지고 있는 몇 가지 의미를 살펴보면 다음과 같다.

첫째, 성인학습은 성인학습자들이 가지고 있는 각자의 경험, 즉, 생활경험, 학습경험, 직업경험 등을 통해 습득한 경험들을 토대로 학습활동이 이루어진다는 데 그 의의가 있다. 따라서 성인학습은 성인학습자 스스로가 생활 가운데 필요하다고 생각되고 요구되어지는 것을 중심으로 학습활동이 이루어지기 때문에 대부분 성인학습자 자신의 당면 문제에 초점이 맞춰진 학습활동이라고 할 수 있다.

둘째, 성인학습에서는 교육기관이나 교사, 지도자가 학습을 관리하고 책임지는 타인주도 학습은 물론이고, 성인학습자 스스로가 학습의 구성요소를 구성하고, 활동을 계획할 수 있는 자기주도적 학습이 모두 포함되어 나타난다. 전통적인 교육에서는 교사가 학습의 주체가 되고, 학습자는 객체였으나 성인학습에 있어서 교사와 학습자는 주체와 객체가 아니라 서로 상호보완적이며, 수평적인 관계를 갖는다. 교사는 주체적이고 주도적인 자리가 아닌 학습자를 돕는 조력자로서 성인학습자가 주체적으로 자신의 학습을 진행시켜 나갈 수 있도록 돕는 자이다. 또한 성인학습에 있어서 학습은 의도성과 계획성을 포함하고 있다. 의도적 행동으로서 '학습'이란 학습을 하는 동기와 목적이 있으며, 동기나 목적 실현을 위한 수단으로 적합성과 효율성에 대한 인식이 전제된다고 할 수 있다. 또한 학습이 자율적인 판단과 의지에 의하여 이루어지므로 그 결과에 대한 책임이 학습자에게 있다. 따라서 자기주도적으로 이루어지는 성인학습에 있어 목적이 없이 이루어지는 행위, 결과에 책임을 부여할 수 없는 행위는 성인학습으로 간주할 수 없는 것이다.

셋째, 성인학습은 다양한 형태의 학습을 통하여 자아실현을 가능하게 한다. 성인학습은 국민으로서나 시민으로서 자각과 이해를 촉진하고 자기의 능력 및 자질을 최대한으로 발휘하여 자아실현을 하는 데 궁극적인 목적이 있는 것이다. 성인기 발달과업에 있어 Maslow의 욕구이론에 의하면 자아실현의 단계에 도달하도록 성인은 성장하여야 한다고 하였다. 이를 위해 계속적인 성인학습을 통하여 성인기의 발달과업을 달성하도록 노력하여야 하고, 교육적 욕구를 충족시켜 생산적인 사람이 됨과 동시에 인간의 지속적 성장에 기여하여야 할 것이다.

따라서 성인학습은 평생학습 구조 하에서 연령과 사회적 역할 등에 의하여 성인으로 간주되는 학습자들에 의한 학습활동이다. 또한 학습의 주체로서 의도성과 조직성을 가지고 일상생활에서 다양하게 이루어지는 학습활동이며, 사회적응은 물론 성인학습자 자신의 자아실현을 이루기 위한 학습활동이다.

2) 성인학습의 특성

(1) 성인학습의 특성

성인학습자들을 대상으로 하는 성인학습은 대부분 학교 이외의 장소에서 이루어지기 때문에 학교에서 이루어지는 학습과는 많은 차이를 보인다. 성인교육에 대한 접근은 주제가 아닌 상황을 통해서 이루어져야 한다. 성인학습은 성인학습자들을 대상으로 행해지기 때문에 그들의 다양한 욕구와 흥미를 만족시켜 주기 위한 프로그램, 지도자나 교사, 교육장소와 시간, 교육목표 수립과 교육과정 평가에 이르기까지 모든 활동에 있어 융통성을 가지고 있다.

성인학습은 방법에 있어 세 가지 특성을 보여준다. 첫째, 성인학습에 있어 성인학습자를 학습활동으로 유도해 줄 수 있는 환경이 제공되어야 하고, 둘째, 성인학습자가 직면하고 있는 문제들을 풀어나가는데 필요한 방법이나 기술들을 제공해야 하며, 셋째, 성인학습에 있어 성인학습자들의 학습욕구를 만족시켜 줄 수 있는 학습태도, 학습자료들을 적절하게 제공할 수 있어야 한다. 성인학습이 갖는 교육적 특성을 다음과 같이 제시할 수 있다.

① 자발성

성인학습은 학교교육과 달리 강제성이나 의무성이 없는 성인학습자들의 자발적 참여에 의해 행해지는 비형식, 무형식의 학습활동이다. 학습목표 설정, 학습내용 및 방법선정, 학습시간 선택에 있어서도 성인학습자의 의견이 반영되어진다. 또한 성인학습자는 학습자 스스로 학습환경을 만들고, 학습참여에서부터 모든 과정을 스스로 자유의지에 따라 결정한다.

② 다양성

성인학습은 성인학습자들을 주된 대상으로 하는 비형식적 교육활동으로서 성인의 연령, 신분, 직업, 지위, 성별 등에 관계없이 누구나 원하는 참여가 가능하다. 학습내용에 있어서도 특정 계층만을 위한 특별한 교육활동이 아니라 다양한 학습대상자들의 학습욕구를 충족시켜 줄 수 있는 다양한 교육프로그램이 개발되어 제공되어지는 형태의 교육활동이다. 또한 학습방법과 교수자 선택에 있어서도 학습자중심의 다양성이 중시되어져야 한다.

③ 생활지향성

일반적인 학교교육은 표준화된 교육과정이 제공되지만, 성인학습은 그 대상이 성인들이기 때문에 표준화된 교육과정이기보다는 그들의 일상생활, 직업, 여가, 취미 등에 적합한 현실적인 문제들을 해결해 줄 수 있는 다양한 경험과 지식을 원한다. 따라서 성인학습자들의 학습참여 동기와 학습목표는 그들의 실제생활에 적용가능하도록 현실적이고 실용적인 특성을 지니게 된다.

④ 자기주도적 학습

성인학습자들은 스스로 자신의 필요를 진단하고, 목표를 설정하며, 자원을 설정하고, 학습전략을 구상하며, 학습진도를 평가한다. 따라서 이러한 과정에 있어서 다른 사람의 도움을 받거나 통제로부터 독립하고, 학습과정 전체에 있어서 학습자 자신이 주도권을 가지며, 학습의 의미 이해나 학습목표 결정, 그리고 학습성취도 평가에 있어서 자율적이다. 결과적으로 학습욕구 진단, 학습참여, 학습내용 선정, 학습방법 및 장소의 선택, 학습결과 평가에 있어 자기주도성이 매우 강하게 나타난다.

⑤ 수평적 관계학습

성인학습은 교수자와 학습자의 관계가 수직적 관계가 아니라 수평한 관계로서 교수자는 학습자에게 지식을 전달해 주는 교사 역할뿐만 아니라 학습자들이 스스로 학습을 해 나갈 수 있도록 도와주는 조력자 및 촉진자 역할을 하는 사람이다. 또한 학습분위기 조성과 학습 안내 그리고 학습자의 의식을 각성하도록 촉진하면서 교수자, 학습자 상호간의 관계가 친구와 같은 관계이어야 한다. 또한 학습자는 단순히 학습자의 역할 뿐 아니라 자신의 경험을 학습내용이나 학습자원으로 활용할 수 있는 교수자의 역할도 갖게 된다. 따라서 성인학습에 있어서 교수자와 학습자의 관계는 상호수평적 관계 속에서 교육이 이루어진다.

⑥ 지역사회 자원을 활용하는 학습

성인학습자들은 그들이 거주하는 지역의 다양한 교육시설과 기관을 활용하여 다양한 학습을 받을 수 있다. 자신들이 원하는 학습기관이나 시설을 선택하여 학습할 수 있도록 지역사회 내의 다양한 물적 자원들을 활용할 수 있는 제도와 정책이 요구되는 것도 성인학습의 특성이라 할 수 있다.

3) 성인학습이론

인간행동의 핵심적 과정인 학습은 철학자, 심리학자, 교육학자 등으로부터 많은 관심을 받아왔고, 학습에 대한 연구는 19세기 이후 체계적으로 발전되어 수많은 학습이론이 형성되었다. 학습이론은 두 가지로 정의하는데, 하나는 학습을 인간행동의 결과로 나타나는 지속적인 변화로 가정하고 있는 것이고, 다른 하나는 행동의 변화가 학습자와 환경과의 상호작용에 따른 결과라는 것이다. 사람이 자신과 환경을 사용하는 능력을 향상시키기 위해서 환경과 상호작용하는 과정의 속성에 관한 체계적이고 통합적인 견해가 학습이론이라는 것이다.

학습이론은 기본적으로 여러 가지 차원에서 제시되는데, 행동주의, 인지주의, 인본주의, 사회학습이론, 구성주의 다섯 가지로 구분하여 설명하고 있으나, 이 장에서는 성인학습자의 특성과 성인교육의 실천원리로 여겨지는 성인학습이론을 중심으로 Andragogy, 자기주도적 학습, 전환학습, 의식화 이론, 경험학습 등에 대하여 살펴보고자 한다.

(1) 앤드라고지

① Andragogy의 어원

아이들을 대상으로 가르치는 페다고지(Pedagogy)는 그리스어로 child를 뜻하는 paid(어린이)와 leader of를 뜻하는 agogus(지도하다)를 합성하여 기술과 과학을 중심으로 아동을 대상으로 학습과 교육이 이루어져 왔다. Andragogy는 이러한 pedagogy와 대조적으로 andros(성인)와 agogus를 합성하여 '성인들의 학습활동을 돕는 기예와 과학'이라는 뜻을 가지고 있다(Knowles, 1980).

그러나 Knowles는 Andragogy를 Pedagogy와 반대되는 개념의 연결선상에 있다고 보고 그의 책 *The Mordern practice of adult education*에서 From pedagogy to andragogy라는 부제를 붙였다. 이는 Andragogy가

더 이상 Pedagogy와 반대되는 개념이 아니라 대체 개념이라고 봐야 할 것이다.

Pedagogy와 Andragogy의 원리상의 차이는 기본적으로 교육대상, 즉 아동과 성인학습자로 특징지을 수 있다. 아동과 성인학습자 간에는 생물학적 연령, 사회문화적 생활환경, 그리고 심리학적 발달단계의 차이가 있을 뿐 아니라 아동과 성인학습자가 처해 있는 상황의 차이도 있다. 아동과 성인학습자들이 지니고 있는 제반 특성의 차이점은 이들에 대응하는 학습지도 원리의 전제조건이 될 수 있다. 이와 같은 입장에서 보면 Pedagogy와 Andragogy는 대립적으로 보일 수 있지만, 인간교육 전체적 관점이나 평생교육학적 관점에서 보면, 이 두 학습이론은 연속선상의 상호보완적 관계이며, Pedagogy에서 Andragogy로 이동해 가는 것을 알 수 있다. 상호보완적이라고 할 수 있는 예로, Andragogy가 성인학습자들에게만 적용되는 것이 아니라, 아동 및 청소년 학습자도 학교 외의 학습에 있어서는 자기주도적일 수 있는데, 이와 같은 상황에서는 아동학습자도 Andragogy가 유용하며, 학교학습 상황에서도 Andragogy의 원리에 의하여 아동의 경험을 학습자원으로 활용하기도 하고, 주체적으로 학습을 계획하고 실시하는 데 필요한 장면을 구성하는 것이 적절하다고 할 수 있다.

유럽에서 아동학습, pedagogy의 이론과 다른 것으로 발달된 Andragogy라고 불리는 성인학습의 통합된 이론개념이 등장하였다. 1921년 독일의 사회과학자 Rosenstock는 아카데미에서 성인교육은 특별한 교수와 특별한 방법, 특별한 철학이 필요하다고 주장하였으며, 이것은 단순히 기존의 교육이론을 성인 상황에 적용한다고 되는 것이 아니고, 교수와 학습자가 협동할 수 있도록 전문화되는 과정이 필요하다고 하였다.

성인학습자는 기본적으로 아동이나 청소년과 다른 존재이므로 그 차이점이 교육활동에 반영되어야 한다고 믿고 있다. Andragogy는 성인학습자가 일정한 사회적 역할과 지위, 풍부한 경험, 그리고 다양한 학습욕구를 지니고 있으므로 새로운 이론 및 실천체계로 등장하게 되었다(신용주,

2004).

〈표 5-1〉 Pedagogy와 Andragogy 비교

	Pedagogy	Andragogy
학습자의 개념	의존적 단계	자기 주도성의 증대
경험의 역할	학습자원으로 그다지 가치를 두지 않음	자신은 물론 타인에게도 풍부한 자원이 됨
학습 준비도	생물학적 발달 단계	생애주기적 발달 단계
학습 동기	외재적 동기	내재적동기
학습 경향성	미래를 위한 준비	즉각적 활용
학습 참여	강제적인 출석 전제	자발적인 참여 전제
자기개념	의존적이고 미성숙한 존재	성숙하고 독립적인 존재
교사 역할	지식의 전달	상호적 관계형성
경험의 가치	학습과정에 불필요	풍부한 학습자원
학습 결정	교사가 결정	학습자 선택
학습 의미	장래의 준비 과정	현재 문제해결 과정

② Andragogy의 기본 가정

Andragogy는 아동학습자와 구별되는 성인학습자의 특성을 제시하고 있다. Andragogy가 제시하는 성인학습자의 특성인 Andragogy의 기본 가정은 다음과 같다.

첫째, 알고자 하는 욕구이다.

성인학습자는 어떤 것을 배우는 것을 시작하기 전에 왜 그것을 배워야 하는지 알고 싶어한다. Tough(1971)는 성인학습자들이 어떤 것을 스스로 배우기 시작했을 때는 배움을 통해서 얻게 될 좋은 것들과 배우지 않았을 때 얻게 될 부정적 것들을 계산하고 상당한 양의 에너지를 투자하는 것을 발견했다. 따라서 교수자는 성인학습자들의 삶의 질이나 수행효과를 향상시키기 위한 학습의 가치를 지적으로 알려줘야 하는 것이다. 성인학습에 있어 학습의 최고 교수자는 성인학습자가 왜 그것을 배워야 하는지

알게 해주는데 있다고 할 수 있다.

둘째, 학습자들의 자아개념이다.

성인학습자들은 자신의 삶에 있어 자신이 내린 결정에 책임을 지는 존재라는 자아개념을 가지고 있다. 이러한 자아개념은 아동기를 거치면서 형성되는 것으로 보고 있다. 아동이 자아정체감이 형성되기 시작하면서 그는 처음에는 성인 세계와 충돌하지 않는 경험적이고 사소한 문제를 자신이 스스로 의사결정을 할 수 있는 능력을 가졌다고 보기 시작한다. 성인 학습자들은 자신이 스스로 결정하고 독특한 인간으로 인식되고 싶은 욕구를 가지고 있다. 따라서 성인학습자들은 자율적인 개인으로서 자아개념이 인정되지 않는 상황에서는 학습을 거부하는 경향이 나타나기도 한다. 그러나 성인학습자들이 학습을 재정립하는 과정을 거치게 되고, 자신이 인생의 다른 측면에서 하는 것처럼 자신의 학습에 대한 책임을 질 수 있다는 것을 발견하게 되면 그는 안도감과 희열을 경험할 수 있을 것이다.

셋째, 학습자들의 경험에 대한 역할이다.

성인학습자는 아동과 달리 아주 다른 질과 많은 양의 교육활동을 한다. 따라서 성인학습자들은 경험의 양과 질에 있어 아동들과 차이가 나는데, 이는 성인학습에 있어 여러 가지 결과에 영향을 미친다. 성인학습자 집단은 어떤 아동학습자 집단보다 개인차 범위가 크다. 또한 성인학습자 그룹은 이질적이다. 특히 성장배경, 학습스타일, 학습동기, 욕구, 흥미, 목표에 있어서 아동학습자들에 비해 상당한 차이를 보인다. 따라서 성인학습에 있어 가장 중요한 것은 학습전략의 개별화이다.

또한 성인학습자들은 그들 스스로가 학습에 필요한 풍부한 경험들을 가지고 있다. 그러므로 성인학습에 있어 집단토론, 모의상황, 사례연구, 실험실 연구와 같은 경험적 기법은 학습에 효율적으로 활용될 수 있다. 그러므로 동료들끼리 도와가며 학습할 수 있는 것이 가능해진다. 그러나 경험이 많다는 것은 부정적인 영향을 가질 수도 있다. 경험이 쌓이면 쌓일수록 사고, 습관, 편견, 선입견 등에 사로잡힐 수 있는 경향성도 있다. 그래서 새로운 생각, 대안적 사고를 하는데 있어 방해요소로 작용할 수 있다. 그러나 성인학습자들에게 있어 어떠한 상황에서도 경험은 무시되어서도 안 되고, 평가절하되어서도 안 된다.

넷째, 학습준비도이다.

성인학습자는 그들의 실제 삶의 상황 속에서 효과적으로 대처하기 위해 사용할 수 있는 것들을 알고 싶어 하고 배우려는 경향이 있다. 학습경험 시기의 중요성은 발달과제와 관련이 있는데, 예를 들어 고등학교 2학년 여학생은 양육 등에 대하여 배울 준비가 되어 있지 않다. 그러나 대학졸업 후에는 매우 필요한 학습주제가 될 수 있다. 이처럼 학습준비도에 따라 배울 수 있는 순간이 있다. 성인학습에 있어서 학습준비도는 각자의 상황에 맞게 준비되어야 하는 것이다.

다섯째, 학습경향성이다.

학습에 있어서 아동들에게는 주제중심지향성을 보이지만, 성인학습자는 생활중심지향성을 보여준다. 성인학습자들은 자신들의 삶의 상황에 직면하는 문제를 다루거나 과업수행에 있어 도움을 줄 수 있는 어떤 것을 배우기를 원하며 이러한 문제들에 대하여 에너지를 투자한다. 게다가 실제 상황 속에 적용하는 학습에 있어 가장 효과적으로 새로운 지식, 기술, 가치, 태도 등을 배우는 경향성을 보이게 된다.

여섯째, 학습동기이다.

성인학습자들은 더 좋은 직장, 승진, 높은 임금 등과 같은 외적 동기요인에 대하여 반응하지만 높은 직무만족, 자존감, 삶의 질과 같은 내적 동기요인에 의하여 잠재적으로 압박을 받는다. Tough는 그의 연구에서 일반적으로 성인학습자들이 지속적으로 성장하고 발달하는 것에 동기화되어 있으며, 이러한 동기는 부정적 자아개념, 기회나 자원접근 불가능성, 시간적 제약 등과 같은 장애에 의하여 영향을 받는다고 하였다.

③ Andragogy 과정

성인교육자가 교육활동을 계획하고 실시하고자 할 때, Andragogy의 기본 가정에 입각하여 실천방법을 시도하는 과정은 다음과 같이 설명할 수 있다.

첫째, 학습분위기 형성 단계이다.

성인학습자의 주체적인 참가를 가능하게 할 수 있는 교육적인 환경을 조성해야 하며, 성인학습자가 편안함을 느낄 수 있도록 강의실, 음향시설, 조명시설 등의 물리적 환경을 조성하는 단계이다. 또한 성인학습자가 배려받고 있다는 느낌을 받을 수 있는 심리적인 분위가 조성되어야 하는 단계인데, 보통은 친절하고 비형식적인 분위기 등을 일컫는다. 보통 인간은 형식성, 익명성, 교수자와 학습자 간의 지위와 같은 전통적인 학교분위기보다는 친절하고 비형식적인 분위기, 그리고 자신의 이름이 불리어지고 독특한 개인으로서 가치를 지닌다는 느낌을 주는 분위기에 학습자들이 더 잘 참석하는 경향이 있다.

둘째, 학습계획 및 구조화 단계이다.

Andragogy 과정의 두 번째 단계로서 Andragogy는 학습의 기본 계획 단계에서부터 학습자의 참여를 중요하게 여긴다. 인간은 자신이 그것을 계획하거나 만드는데 참여하거나 결정하는 데 어느 정도 공헌했느냐에 따라 의무감을 느끼는 경향을 갖는다. 학습자들을 위하여 모든 것을 계획하거나 미리 계획된 활동을 하도록 강요받는 학습자의 교수자들은 대체로 냉담, 위축됨을 경험하기도 한다. 이는 성인학습자들의 자기주도적 자아개념과 동떨어지기 때문이다. 따라서 이 단계에서는 교수자가 학습과정을 계획하는 데 있어, 학습자를 참여시킴으로써 학습자의 적극적인 참여를 유도하여 학습계획을 수립하고 구조화하여야 한다.

셋째, 학습요구 진단 단계이다.

이 단계에서는 학습활동에 참여하는 학습자의 자기진단 기회를 부여하고 학습에 대한 자각을 할 수 있도록 하여야 한다. 이렇게 함으로써 개인의 학습에 대한 자각과 학습과정에 적극적으로 참여할 수 있는 내적 동기유발을 일으키기 때문이다. 성인은 자신이 원하지 않는 경우에도 다른 사람의 강요에 의해 배울 수 있다. 그러나 그는 자신이 배울 필요성이 있다고 지각할 경우 배우는 것에 대한 동기가 더 유발되기 때문이다.

넷째, 학습목표 공식화 단계이다.

이 단계에서는 교수자와 학습자가 함께 학습활동을 계획, 실시하고 학습자의 요구, Andragogy의 원리에 따라 현실적이고 발전적인 목표를 공식화하고 설정하여야 한다. 계획의 기능은 진단된 요구를 구체적인 교육목표로 변화시키는 것, 목표를 달성하도록 학습경험을 계획하고 실행하는 것, 교육목표가 어느 정도 성취되었는가를 평가하는 것으로 이루어졌다. Andragogy에서는 학습자와 교수자 모두가 이러한 기능을 수행하는 것에 책임을 갖는다.

다섯째, 학습경험 패턴설계 단계이다.

이 단계에서는 과제는 목표를 달성하고 행동변화, 인식발달, 그리고 주체적인 상호작용 촉진을 가능하게 할 수 있는 학습경험을 선정하고 조직한다. 학습자와 함께 선정한 학습문제, 학습방법, 교재 등을 이용하여 경험에 기초한 학습단원을 설정한다. 이렇게 설정된 학습단원에 대하여 성인학습자의 학습준비도, 내용의 계열성 등에 따라 학습과정을 배열하는 것이 필요하다. 실제로 '참여'와 '적극적인 관여'는 학습자의 역할을 그 과정에서 더 활동적으로 만들고 더 배우도록 하려는 성인학습자에게 중요한 부분이다.

여섯째, 학습계획안 작성 단계이다.

이 단계는 학습계획안을 학습활동을 통해 실현시키는 과정으로 목표를 달성하기 위한 가장 효과적인 기술과 유용한 교재를 선정하고, 선정과정에 학습자를 참여시킴으로 그 책임을 공유하도록 하는 전략이다. 전통적인 Pedagogy에서 교수자의 기능은 가르치는 것이고, 교수자는 교수-학습과정에서 일어나는 것에 모든 책임을 지며, 학습자의 역할은 교수자의 가르침을 단지 수동적으로 받는 것으로 생각하였다. 그러나 Andragogy에서 교수-학습 과정은 교수자와 학습자 모두 상호책임을 지는 것으로 인식한다. 교수자는 절차상의 기술자, 인적 자원, 같이 탐구하는 사람으로 간주된다. 따라서 Andragogy에서 교수자는 가르치는 사람이라기보다는 촉진자, 안내자 정도로 인식된다. 따라서 교수자는 학습계획안 작성에 학습자 스스로 참여할 수 있도록 서로 상호작용을 통한 활동이 활성화된다.

일곱째, 학습결과 평가 단계이다.

실제 학습활동을 통해 학습자가 학습목표를 어느 정도 달성하였는가 검토하는 과정이다. 이 과정이 성인학습과정에 있어서 특히 andragogy에 있어 중심이 되는 단계라 할 수 있다. 결과의 평가는 학습자 자신 스스로 이며, 자신이 설정한 목표지점에 비추어 새로운 수준에서 장·단점을 비교하고 검토하여 바람직한 수준과 현재의 능력수준의 차이를 발견할 수 있다. 교수자중심 평가로부터 자기평가로의 전환은 성인학습자를 가르치는 교수자들에게 부담이 된다. 교수자는 수용적 분위기를 만드는 능력을 키워야 하며, 학습자들이 자신이 행한 것에 대한 자료를 충분히 얻을 수 있는 방법도 창의적으로 고안해야만 한다.

(2) 자기주도 학습

자기주도 학습(Self-Directed Learning)은 성인이 전 생애에 걸쳐 일상적으로 수행하는 보편적인 학습양식으로 성인학습의 중요한 실천방법이자 연구분야이다. Knowles(1970)는 성인이 성숙함에 따라 자기주도성이 강화된다는 가정 하에 성인의 자기주도성에 맞는 교육활동을 구조화하려는 성인학습자의 노력이 필요하다고 주장하였다. 이처럼 자기주도학습은 성인학습을 효과적으로 실천하기 위하여 적용할 수 있는 중요한 이론이자 교육방법이다.

① 자기주도 학습의 개념

자기주도 학습은 Andragogy에 대한 근본적인 가정으로 성인교육에 있어 널리 행해지는 철학이며, 하나의 목표로 보고 있다. 성인학습은 아동학습과는 달리 자기주도가 가능하다는 견해가 있다. 성숙한 성인은 학습활동을 수행하고 계획하는 데 개인적인 책임을 질 수 있다고 보며, 한 명의 성인이 사회적 역할을 이행하고 자기주도적인 능력과 믿음을 가진 사람이라고 믿는다(Mezirow, 1985).

자기주도 학습이란 '타인의 도움을 받지 않고 개개인이 스스로의 학습 요구를 진단하여 목표를 설정하고, 목표를 달성하기 위하여 필요한 인적·물적 자원을 선택하며, 끝으로 학습의 성과를 평가하는 과정'으로 정의할 수 있다. 학습방법으로서 자기주도 학습은 개개인이 인간으로서 그들이 가질 수 있는 가장 위대한 잠재가능성을 충분히 인식할 수 있는 방법이나 전달수단으로 사용될 수 있다. 자기주도 학습은 타인의 도움을 받지 않고 고립적인 상황에서도 학습자 스스로 학습하는 것을 의미하는 것만은 아니다.

Knowles(1975)는 자기주도 학습을 '학습자가 스스로 학습요구를 진단하고, 학습목표를 설정하고, 관련 학습자원을 선택하고, 학습전략을 수립하고, 학습을 실행한 후 평가하는 과정에서 타인의 도움을 받거나 혹은 자신이 전적으로 학습을 진행시켜 나가는 것'으로 정의하였다. 팬랜드(Penland, 1979)는 자기주도 학습을 학습자, 계획자, 관계 집단, 학습평가의 요소를 고려하면서 정의한다. 그는 자기주도 학습이란 학습자가 학습 요구 결정, 학습정보 수집, 학습자원 활용, 학습방법 구안 등에 대한 책임을 지고, 계획자는 학습자가 기대하는 수준에 도달하도록 도와주는 역할을 수행하며, 관계집단은 학습자가 무엇을 학습하고 어떻게 행동해야 하는 것인가에 대한 방향을 제시하고, 학습평가는 학습자와 계획자가 협력적으로 실시하게 되는 학습을 의미한다고 보았다.

롱(Long, 1996)은 자기주도 학습에 대하여 넓은 의미에서는 교육내용, 교사, 학생 사이의 관계에 형성되는 교수과정, 교수방법, 심리적 과정을 포괄하는 것으로, 좁은 의미에서는 그 중 하나에 초점을 맞추는 것으로 구분하면서 타인주도 학습과 자기주도 학습에 대한 차이를 〈표 5-2〉에서와 같이 설명하였다.

〈표 5-2〉 자기주도 학습과 타인주도 학습의 개념

자기주도 학습	타인주도 학습
상대적으로 독립적임	상대적으로 의존적임
솔선수범에 가치를 둠	지시에 따르는 것에 가치를 둠
긍정적인 자아효능감	제한된 자아효능감
초인지적 인식	초인지적 인식이 제한됨
내적으로 동기화됨	외적으로 동기화됨
깊이 있는 참여	표면적인 참여
정신적 초점에 우선권을 둠	정신적 초점이 산만함

② 자기주도 학습과정

자기주도 학습과정에 대해 학자들에 따라 약간씩 차이가 있다. Knowles(1975)는 자기주도 학습과정을 6단계로 구분하였다. 첫째, 학습분위기 조성, 둘째, 학습요구 진단, 셋째, 학습목표 설정, 넷째, 학습을 위한 인적 및 물적 자원파악, 다섯째, 적절한 학습전략의 선택 및 실행, 여섯째, 학습결과의 평가 등으로 구분하였고, 이러한 6단계 자기주도 학습과정에서 교수자와 학습자들이 활용할 수 있는 학습자 자기평가와 학습계약서와 같은 다양한 교육방법과 자료를 제공하였다. Knowles는 자기주도 학습을 하는 성인학습자들이 자신만의 고유한 방법으로 학습할 수 있도록 도와주는 성인학습자의 역할을 전통적인 교수자의 역할과 구분하기 위한 '학습 촉진자'라는 개념을 창안하기도 하였다.

그리고 상황적 리더십 모델에 기초한 그로우(Grow, 1991)는 단계적 자기주도 학습모형(SSDL)을 통하여 교수자가 어떻게 학습자의 자기주도성을 증진시키면서 자기주도 학습을 촉진할 수 있는지 보여주었다. 그로우(1994)는 학습자의 자기주도성 수준에 따른 교수자나 촉진자의 역할을 제시하면서 교수자의 역할이나 스타일이 학습자의 수준과 일치하지 않을 때 발생할 수 있는 문제들에 대처할 수 있는 방안을 제시한 바 있다. 교수자는 교육적 상황에서 학습자의 행동이나 학습자의 과제물 검토를 통해 학습자의 수준을 평가해야 한다. 이때 양적 측정 도구보다는 교수자가 직접 관찰을 통하여 수준을 평가하도록 해야 한다. 그리고 학습자의 자기주도성을 상황적 특성으로 보아야 한다.

〈표 5-3〉 그로우의 단계적 자기주도 학습모형

학습자의 자기 주도성 수준		교수자 역할	학습방법
1단계 의존적 학습자	자기 주도성이 낮은 학습자 권위 있는 존재가 무엇을 할지를 말해 주기를 원하는 학습자	권위자 (코치)	연습, 지도, 코칭, 요구 파악, 정보 제공
2단계 관심 있는 학습자	자기 주도성이 적은 학습자 동기화되어 있고 자신감도 있으나 학습주제에 대하여 잘 알지 못하는 학습자	안내자	강의, 훈련, 교수자중심 토론, 학습 전략 설정
3단계 참여적 학습자	자기 주도성이 중간 수준인 학습자 기본 지식과 기술을 갖춘 학습자로서 좋은 안내자와 함께 학습 주체 영역을 탐구할 준비가 되어 있고 능력도 있다고 스스로 간주하는 학습자	촉진자	학습계약, 학습법 학습, 교수자가 촉진하는 참여식 토론, 세미나, 집단 과제
4단계 자기주도적 학습자	자기주도성이 높은 학습자 전문가 도움 없이도 자신의 학습을 계획, 실행, 평가할 수 있다고 보는 학습자	상담자	정보수집, 자원활용, 목표달성, 자기평가, 동료평가, 학습자 주도 토론, 독자적 학습, 높은 수준의 단독 또는 집단과제

③ 자기주도 학습강화를 위한 전략

학습에 있어 자기주도 학습은 개인 내부에서 발생하는 성장과정이라고 말할 수 있다. 성인교육자는 학습과정을 통해 성장과정을 촉진할 수 있는 것이다. 따라서 교수자는 성인학습자가 그들의 잠재가능성을 확장하고 자신의 내적 성장을 할 수 있도록 도울 수 있어야 할 것이다. 자기주도 학습을 통하여 성인학습자의 내적 성장을 위한 다음 세 가지로 설명할 수 있다.

첫째, 비판적 반추의 촉진이다.

자기주도 학습강화를 위한 전략으로 성인학습자가 가지고 있는 경험들을 비판적으로 반추하는 능력을 개발하도록 돕는 것이다. 이 비판적 반추를 사용하여 얻고자 하는 학습결과를 얻을 수 있다. 이러한 비판적 반추는 어떤 특정한 정보나 행동 또는 기존의 생각들에 어떤 특정한 방법으로 사고하는지 설명하는 비판적 사고라고 브룩필드(Brookfield, 1987)는 설명한다. 브룩필드는 비판적 사고를 촉진할 수 있는 방법을 다음과 같이 제시하였다(Brookfield, 1987).

- 비판적 사고자의 자기가치를 확인하기.
- 비판적 사고자의 말을 주의하여 듣기.
- 비판적 사고자의 노력을 지지하고 있다는 믿음을 주기.
- 비판적 사고자의 생각과 행동을 반추하고 반영하기.
- 비판적으로 생각하도록 동기부여하기.
- 비판적 사고과정들을 정기적으로 평가하기.
- 비판적 사고자들의 네트워크 형성에 도움주기.
- 비판적 교사가 되기.
- 비판적 사고를 어떻게 하는지 알려주기.
- 비판적 사고의 모델 되기.

둘째, 합리적 사고의 증진이다.

성인학습자들이 자기주도 학습에 대해 가지는 생각들 중 가장 큰 장벽 중의 하나는 우리가 도달하고자 하는 학습결과가 세상에서는 도달하기 어렵고, 그런 원인에 대하여 외적 의미를 계속 찾으려고 하는 것이다. 사람들은 흔히 자신의 책임을 먼저 떠올리기보다는 남의 탓을 하는 사고를 가지고 있다. 따라서 자기자신의 학습의 결과는 기본적으로 자기자신의 책임이라는 합리적 사고를 증진시킬 필요가 있다. 예를 들어, 자신이 바라는 것보다 표현에 인색한 남편으로 인해 불행하다고 생각하는 아내, 자신의 읽기 능력이 부족한 것이 2학년 때 담임선생님 때문이라고 불평하는 남자와 같이 일반적으로 우리는 자신의 책임보다는 남에 의해 결정되어진다는 사고를 가지고 있다.

셋째, 자기주도 학습촉진을 위한 기술이다.

자기주도 학습을 증가시키기 위한 마지막 전략은 성인학습자의 자기주도 학습발달을 촉진하는 기술에 관한 내용이다. Brockett(1983)은 자기주도 학습을 최대화하기 위하여 교수자가 밀접한 관계를 통하여 성인학습자를 도와야 한다고 제안하였다. 자기주도 학습을 위한 교수자는 카운슬러, 성직자 등과 같은 사람들과 마찬가지로 성인학습자들을 도울 수 있는 협조자로서의 역할을 가져야 하는 것이다. 따라서 교수자는 성인학습자들과의 관계 강화를 통하여 사용할 수 있는 기술을 가지고 있어야 한다.

④ 자기주도 학습 방해요인

자기주도 학습을 방해하는 요인을 유형별로 보면 다음과 같이 세 가지 경우가 있다.

첫째, 상황적 요인이다.

상황적 방해요인은 주어진 시간과 삶 속에서 한 가지 상황일 때 일어나는 것을 말한다. 예를 들면, 집안일과 직장일로 인한 시간의 부족과 같은 경우를 일컫는다. 독자적인 학습 프로젝트를 실시하려는 데 공부하기에 적합하지 못한 상황적 장애요소는 학습자를 방해한다.

둘째, 제도적 요인이다.

제도적 방해요인은 교육활동에 참여하고 일하는 성인들을 배제하거나 실망을 시켜주는 교육과정이나 실습으로 구성되어 있다. 예를 들면, 불편한 스케줄이거나 장소, 전액을 지불해야 하는 시간제 학습, 적절치 못한 학업과정이 있다. 몇몇 학습자들은 과거 교육적인 제도 하에서 부정적 경험을 하게 되었고, 독학하기가 힘들 것이라고 믿고 있다. 특히 과거 전통주의적 시각의 교육행정가들은 변화하는 학습과정을 교육하는 데 있어 전통주의적 시각이 제도적 장해 요소가 된다.

셋째, 학습자 요인이다.

학습자 기질에 따른 방해요인은 학습자로서 자기 자신에 대한 자아인식과 태도와 관련된 것들이 있다. 학습자의 요구사항, 목표, 내용과 평가 기준 등 그와 같은 문제를 필요로 하는 것들에 관하여 학습자의 일부가 독자적으로 의사결정을 하는데 방해하는 정책이나 절차까지도 아직도 다양하게 존재하고 있다는 것이다.

학습에 관련한 학습자들, 프로그램 디자이너, 교육행정가들은 이러한 장해 요인들을 제거하거나 최소화할 수 있는데 노력을 꾸준히 기울여야 할 필요성을 느껴야 한다.

(3) 전환학습

전환학습(Transformative Learning)의 등장은 기존의 Andragogy나 자기주도 학습과 같은 이론들이 성인학습자의 특성에만 관심이 있으며, 학습을 도구화하고, 너무나 실천적 측면이 있어서 학습을 통해 어떤 사실을 더 알게 되었을지라도 인간의 근본적인 변화는 일어나지 않는다고 비판하였다. 따라서 전환학습은 학습의 인지적 과정에 초점을 두고 있다. 또 모든 경험이 학습으로 연결되는 것은 아니라고 보았다. Mezirow는 이처럼 기존의 객관적이고 실증적인 접근에 대해 비판하면서 1978년에 전환학습을 제시하였는데, 우리가 살고 있는 세계와 우리 자신들에 관한 근본적인 변화와 관련하여 학습을 설명하였다. 이러한 전환학습은 학습활동에 의해 학습자 자신은 물론 타인이 인식할 수 있는 방법으로 학습 이전과는 확연히 구분되도록 인간을 새롭게 만든다는 것이다.

① 전환학습 개념

메찌로우(Mezirow, 1978)에 의해 주창된 전환학습은 학습을 통해 학습자의 역사적·사회적 관점의 전환을 추구해야 한다고 강조한다. Mezirow는 인간의 상호작용이 이루어지는 사회적 과정에 대한 비판을 통해 관점의 전환이 이루어지고 학습자 개인의 삶의 변화를 가져오는 것이 학습의 역할로 보았다. 전환학습에 있어서 핵심개념을 살펴보면 성인기는 자신의 왜곡된 관점을 수정하는 데 필요한 시기라는 전제하에 3가지 핵심개념 즉 경험, 비판적 반추, 발달을 제시하고 있다.

첫째, 경험이다. Mezirow는 학습자의 경험을 전환학습의 핵심주제라고 보았다. 그러나 모든 종류의 경험이 중요한 것은 아니다. 단순한 감각에 의한 경험보다는 사회적으로 구성된 경험일 때 그 경험이 해체되고 재구성될 수 있어 실천적으로 적용해 볼 수 있는 전환학습의 주제가 되는 경험인 것이다.

둘째, 비판적 반추이다. 비판적 반추는 전환학습에 있어 가장 중요한 과정이다. 경험은 전환학습의 시작일 수 있다. 듀이(Dewey, 1933)는 반추를 어떠한 신념 혹은 가정된 지식의 형태를 그것을 뒷받침하는 배경과 지향하는 결론에 바탕을 두고 꾸준히 깊게 생각하는 것이라고 정의하였다. 따라서 효율적인 학습을 위하여 긍정적인 경험과 함께 비판적 반추가 이루어져야 한다.

Mezirow(1991)는 비판적 반추를 세 가지 종류로 구분하였다. 첫째로 내용 반추(contents reflection)이다. 내용 반추는 경험자체에 대해 그저 생각해 보는 것을 말한다. 둘째로 과정 반추(process reflection)이다. 이 반추는 경험에 대처하는 방법을 생각해 보는 것으로 문제해결 전략을 모색하는 것이다. 셋째로 전제 반추(premise reflection)이다. 이 반추는 경험과 관련하여 오랫동안 지속되어온 사회적 가정, 신념, 가치를 비판적으로 검토하는 것이다.

전환학습 과정에서 경험과 비판적 반추 두 요소는 서로 개별적으로 작용하는 것이 아니라 서로 상호작용하는 불가분의 관계이다. 경험이 즉시적이고 혼란스러운 것이기 때문에 경험 이면의 가정의 명료성, 타당성, 기여도를 비판적으로 검토하면서 정확하고 포괄적이며 가치 있는 가정을 재구성하도록 도와주는 비판적 반추가 경험과 동시에 작용하는 것이다.

셋째, 발달이다. Mezirow는 전환학습의 과정이 성인발달의 중심이며, 경험의 비판적 반추를 통해 개인의 관점이 전환되어서 과거보다 폭넓은 경험을 하고, 더 차별화되고, 더 개방적이며 자신의 경험을 보다 잘 통합할 수 있는 한 차원 더 높은 의미관점을 획득할 수 있다고 하였다. 이러한 비판적 반추 이외에 발달도 전환학습의 중요한 구성요소이다. 개인의 발달은 전환학습의 과정이며 결과이기도 하다.

Mezirow는 학습을 "미래의 행동을 안내하기 위해 개인 경험의 의미를 새롭게 재해석하는 것에 이전 경험을 사용하는 과정"이라고 정의한다. 그는 전환(transformation)을 의미구조의 근본적인 변화로 보고 있다. 전환학습은 우리의 신념과 의미구조에 전환이 있을 때 또는 전체적인 관점에 전환이 있을 때 발생한다.

Mezirow는 전환학습의 주요요소로 경험, 비판적 반추, 반추적 담론, 행동 네 가지로 설명한다. Mezirow는 전환학습이 학습자의 경험에서 시작된다고 이야기한다. 그러나 경험을 한다고 충분하지 않다. 학습자는 그 경험이 해석된 방식으로 구조화된 가정과 신념에 대하여 비판적으로 자기검증을 해야 한다. 또한 Mezirow는 반추적 사고를 통하여 의미구조가 변화되는 전환학습이 성인학습의 주요 영역이 되어야 하고, 동시에 성인교육의 핵심적인 기능이라고 간주하였다. 그는 경험을 비판적으로 반추해야 하고, 최고의 판단을 얻기 위하여 새로운 세계관에 대한 것을 다른 사람들과 함께 이야기하는 가운데 나누며, 새로운 관점 위에서 학습해야 한다.

Mezirow는 하버마스(Habermas)가 제시한 해방적 학습을 성인의 고유한 특성으로 제시하기 위하여 성인 학습영역을 도구적 학습(instrumental learning), 실제적 학습(practical learning), 해방적 학습(emancipatory learning) 세 가지로 구분하였다. 도구적 학습은 어떤 것을 어떻게 해야 하는지, 혹은 주어진 과제를 어떻게 수행해야 하는지를 중심으로 학습하는 것을 말한다. 실제적 학습은 다른 사람들과 관계를 맺고 전통을 계승하고, 재형성하는데 중점을 두는 것으로 타인이나 대상에 대한 효과적인 통제보다는 이해를 얻고 동의를 구하는데 관심을 기울인다. 해방적 학습은 개인의 삶과 관계, 역할, 가능성에 대해 제대로 인식하는 것을 방해하는 요소들을 비판적으로 인식하고, 편견적 관점으로부터 해방된 관점으로 전환하는 학습을 말한다. Mezirow(1995)는 전환학습이 다음과 같은 절차를 거친다고 설명하였다.

• 삶에 있어서 큰 사건이거나 삶 전체의 의미를 흔들만한 그러한 아직

경험하지 못한 문제에 직면한다.

- 죄의식이나 수치심으로 자기 점검을 하며, 때로는 종교에 귀의한다.
- 삶의 가정들에 대한 비판적인 평가를 한다.
- 자신이 겪고 있는 고통이나 전환의 과정이 다른 사람에게도 일어난 것으로 보고, 다른 사람도 이와 비슷한 변화과정을 시도했다는 것을 인식한다.
- 새로운 역할, 관계, 행위와 관련된 대안들을 추구하게 된다.
- 구체적 행동을 계획하게 된다.
- 계획을 실행하는데 요구되는 지식이나 기술을 습득하게 된다.
- 시험적으로 새로운 역할을 맡아 본다.
- 기존 관계를 재조정해 본다.
- 새로운 역할과 관계에 대한 능력과 자신감을 형성해 간다.
- 삶에 대해 새롭고 형성된 시각에 기반을 두고 새로운 삶을 재창출한다.

② 전환학습의 한계

성인학습에 있어 전환학습 이론에 대한 관심을 증가함에 따라 비판적 논의의 대상이 되었다. 그에 대한 문제점들을 살펴봄으로써 전환학습의 한계점을 극복할 수 있어야 할 것이다.

첫째, 맥락에 대한 고려 문제이다. Mezirow의 전환학습 이론은 학교로 복귀하는 중년 여성에 대한 연구결과로부터 나온 것이다. 그의 연구에서 중년 여성의 경험들에 대한 이해는 역사적·사회문화적 맥락을 고려하지 않은 것이므로 그 여성이 자신의 경험들의 의미를 완전하게 이해하지 못했다는 지적이 있다(Stroobants & Wildermeersch, 1997). Mezirow (1996)는 최근에 전환학습 이론에 맥락이 고려될 필요가 있다는 점을 인정하기 시작했다. 특정 시점에서 특정 사회문화적 요인들이 전환학습 과정에서 비판적 반성과 담화를 촉진시키기도 혹은 방해하기도 한다는 것이다. 그는 계급, 인종, 성과 같은 사회문화적 조건 때문에 담화를 통한 학습이 방해될 수 있다고 지적하면서 전환학습에 사회적, 문화적, 역사적 요인들이 개입되는 것으로 보기 시작했다.

둘째, 합리성의 문제이다. 전환학습 이론은 관점 전환에 작용하는 합리성에 지나치게 의존하고 있다. 인식의 형식으로 합리적 사고만이 유일하다는 생각은 잘못된 것이다. 테일러(Taylor, 1997)는 다양한 연구들이 직관, 정서적 학습, 감정의 힘이 사람들의 인식 과정에 중요한 역할을 하고 있음을 보여준다고 지적하였다. 그는 최근 이루어지고 있는 협력적인 탐구집단에 대한 연구는 인지적, 정서적, 직관적, 육체적, 영적 차원을 포함하는 인식에 관한 모든 사용가능한 기능들이 작용하는 전인학습으로서 전환학습이 이루어지는 과정을 설명하고 있다고 주장하였다.

셋째, 사회적 행동의 문제이다. Mezirow의 전환학습이론은 사회변화보다는 개인변화에 치중한다는 비판을 받아왔다. Mezirow는 성인교육의 목적이 개인이 자신의 신념과 가정에 대하여 합리적・객관적 평가를 할 수 있는 비판적 반추를 촉진하고 증진시키는 데 있다고 보았다. 따라서 Mezirow는 전환학습의 핵심적이고 필연적 요소로 사회적 행동을 인정하기는 했지만 어쨌거나 그가 초점을 둔 것은 개인의 관점변화였다.

넷째, 교육자의 역할문제이다. 전환학습 이론에는 윤리적 문제가 개입된다. 성인교육자들이 학습자의 관점과 세계관에 대하여 간섭하는 것이 과연 정당한가 또는 개인 변화와 사회 변화 중 어느 것을 교육적 목표로 삼아야 할 것인가 하는 것은 윤리적 성격의 문제이다. 전환학습 자체가 학습자의 정서에 개입하고 때로는 고통을 수반하는 과정임을 알아야 한다. 따라서 성인교육자는 학습자의 전환학습 과정에 간섭의 정도 결정, 사적 비밀유지, 자아 문제, 그리고 법적인 문제 등을 고려할 수 있어야 하고 대비를 해야 할 것이다.

(4) 의식화 이론

프레이리(Freire)의 의식화 이론(Conscientization Theory)은 가난, 문맹, 억압이라고 하는 맥락에서 출발했으며, 급진적인 사회변화의 큰 틀에 있었다. Freire(2000)는 교육의 궁극적인 목적이 해방이라고 주장하였으며, 교육은 세상을 변화시키기 위하여 세상에 대한 남녀의 활동과 반추라고 설명하였다. 그는 학습자들을 수동적인 존재가 아닌 자신의 인생을 형성하는 사회문화적 실체와 그러한 실체를 변화시킬 수 있는 능력에 대한 깊은 통찰력이 있는 사람으로 보고, 이러한 의식을 고양시키기 위하여 대화법을 사용하였다. 이는 Freire의 철학적 요소가 Mezirow와 같이 비판적 반추임을 알 수 있다. 비판적 반추는 학습을 하는데 있어 다른 학습자들과의 대화를 통해서 발생하기 때문이다. 이와 같은 방법은 교사와 학생이 상호협조하는 참여교육을 지향하는 것이라고 할 수 있다.

Freire의 학습이론은 칠레, 스위스, 탄자니아, 호주, 이탈리아와 같은 많은 나라에서 문맹과의 싸움을 극복하는 결과로 조직화 되었다. Freire 이론은 다소 정치적 활동이 수반되었지만 개인의 신념과 가치를 알게 되고, 새로운 관점과 양심 수준으로 전환되는 과정으로서 성인학습을 특성화하는데 있어 Mezirow의 관점전환과 유사할 수 있다.

① 의식화 개념

의식화의 기본 개념 구조는 소박한(nave) 의식에서 비판적(critical) 의식으로의 변화 또는 과정이다. 참된 지식이란 의식화를 의미한다. Freire에 의하면 의식화란 현실을 발견하고 또 우리를 속이고 억압함으로써 비인간화시키는 사회구조의 유지수단인 신화들을 발견하기 위하여 현실에 부단히 비판적으로 접근하는 것이라고 하였다(Freire, 1976). 세상을 읽어낼 수 있는 비판의식을 통해서만이 진정한 인간화를 추구할 수 있고 현재의 억압적이고 왜곡된 상황들을 바꿀 수 있다고 보는 것이다. Freire는 인간에 의하여 창조되는 새로운 현실의 선언과 이와 함께 나타나는 비인간화 구조의 근본적인 고발이 없이는 사람의 의식화는 있을 수 없다고 하였다. 즉 의식화 개념이 현실에 대한 인식이면서 동시에 현실변화에의 개입이라는 실천적 측면을 지닌다는 것이다.

② 의식화 교육

Freire에 있어 교육이란 근본적으로 비판적 의식을 가지게 되는 과정, 즉 의식화라고 보았다. 비판적 의식이란 단지 주어진 현실을 그대로 수용하는 것이 아니라 그 객관적 상황이 어떠하며 자신과의 관계가 어떠한지 파악하려는 태도를 의미하는 것이다. 따라서 Freire의 의식화 교육은 비판적 의식의 각성을 통하여 허위의식을 극복하고 조작된 사회의 신화를 벗겨 현실 속으로 이끌어내는 인간해방을 목적으로 하는 교육이다.

첫째, 의식화 이론의 교육목적

Freire의 교육목적은 인간의 해방, 인간과 세계의 인간화를 목적으로 한다. Freire는 의식화 교육론에서 교사와 학생들이 함께 비인간화 현실을 분석함으로써 비인간화 현실에 결별을 고하고, 인간 해방을 통한 민주주의 추구를 주장하였다. 브라질의 교육자였던 Freire는 모국의 국민들이 착취당하고 있음을 깨닫고 이러한 하층계급 사람들이 비판적 의식을 바탕으로 사회적, 시민적, 정치적 규율을 통하여 자본주의의 무책임과 부당함을 극복하여 새로운 민주주의를 만들어야 한다고 주장하였다.

둘째, 의식화 이론의 교육의 관점

Freire(1971)는 역사를 통하여 오직 억압자와 피억압자 두 계급의 사람이 존재한다고 하였다. Freire는 피억압자의 입장에서 그들에게 필요한 것이 무엇이고, 실제로 무엇을 원하는 지에 대한 고민을 시작으로 그들의 인간화 추구를 위한 교육을 펼쳐야 한다고 하였다. 교육은 사람들을 길들이거나 그들의 압제에서 해방시킬 수 있다. 교육은 단순히 글을 읽고 쓰고 하는 기능적인 것뿐만 아니라, 세상을 읽을 줄 아는 비판의식을 개발하는 것이라 보고, 문해기능을 벗어나 세상을 읽을 줄 아는 시각을 키워야 한다고 하였다. 또한 피억압자의 인간화를 위하여 교육이 그 역할을 해야 한다고 주장하였다.

③ 의식화 교육방법

프레이리는 과거의 전통적 교육방법인 은행저축식 교육(bank concept

of education)은 교사와 학습자의 관계를 주체와 객체의 관계로 왜곡되었고, 교사는 학습자에게 지식이나 신념 등을 합리화시키고 강압적인 태도로 학습자들을 예속화한다고 보았다. Freire는 은행저축식 교육을 다음과 같이 정리하였다.

- 교사는 가르치고 학습자는 가르침을 받는다.
- 교사는 모든 것을 알고 학습자는 아무것도 모른다.
- 교사는 생각하고 학습자는 그 교사가 생각한 것에 대하여 생각한다.
- 교사는 말하고 학습자는 유순하게 듣는다.
- 교사는 훈련하고 학습자는 훈련을 받는다.
- 교사는 선택하고 그의 선택을 강요하며 학습자는 따른다.
- 교사는 행동하고 학습자는 교사의 행동을 통한 환상을 갖는다.
- 교사는 학습자의 의견을 반영하지 않고 프로그램의 내용을 선택하고 그것을 받아들인다.
- 교사는 자신의 직업적 권위와 지식의 권위를 혼합하여 학습자의 자유 반대편에 선다.
- 교사는 교육과정의 주체이며 학습자는 단지 대상에 지나지 않는다.

Freire는 위와 같은 은행저축식 교육을 극복하기 위하여 문제제기식 교육(problem posing education)과 대화를 통한 교육을 주장하였다. 대화의 성격은 사랑, 겸손, 믿음과 신뢰, 희망이다. 대화는 대화자들이 비판적 사고에서의 만남이 없이는 존재할 수 없다. 이러한 교육방식에서 교사와 학습자가 수평적이며, 동반자적 관계이다. 교사는 학습자에게 일방적으로 가르치는 것이 아니고 그들로부터 배울 수 있다고 보았다. 은행저금식 교육은 지식을 기억하고 반복함으로써 학습자에게 지식전달만을 강조하므로 학습자들의 의식화를 가로막는다는 비판을 하며, 이런 문제상황을 해결하고 인간해방을 위해 Freire가 제기한 것이 문제제기식 교육이다. 학습자들은 더 이상 받아들이기만을 하는 수동적 존재가 아니라 비판력을 가진 공동탐구자이다. 교사와 학습자의 관계는 상호협조적이고 상호대등한 관계로서 교육방법은 상호간의 의사교환이 자유롭게 이루어지는 대화를 통한 교육이다. Freire는 삶 속에서 존재하는 문제에 대해 교사와 학습자들이 공동으로 대화의 과정을 통하여 문제해결을 할 수 있다고 보았다.

이런 Freire의 교육관은 성인문해교육으로 발전되었다. 기능적 문해교육은 비문해자에게 현실에 적응하는 지식과 기술을 가르쳐 줌으로써 체제안주적인 교육을 지향하는 반면에, 비판적 문해교육은 더 나은 방향으로 세상을 바꾸는 데 적극 참여하기를 격려하는 변화지향적 교육이다.

④ 의식화 이론의 한계

Freire가 주장한 의식화 이론이 가지고 있는 교육적 장점은 교육이 사람에 대한 존중이며 학습자에 대한 높은 관심을 가지고 있다는 것이다. 학습자들은 단순히 지식을 교사로부터 주입받는 대상이 아니라, 그들은 교사들로부터 억압을 받고 있다고 보며, 인간화가 부정되는 현실을 바꿀 수 있는 잠재력을 지니고 있다고 보았다. 그는 실천지향적 교육을 강조하였다. 또한 이론 뿐 아니라 실제 삶에서 행동을 강조하였다. 교육자와 학습자 간의 수직적 관계를 지양하고 대화와 함께 하는 수평적 관계의 교육을 강조하였다. 교육자와 학습자 사이의 동반자 관계를 강조하고 교육자는 학습의 촉진자, 조력자 역할을 수행한다고 보았다.

의식화 이론의 문제점은 다음과 같다. 학습자를 존중하는 교육관점에서 Freire의 교육이론은 학습자들로부터 지지를 받았지만 Freire의 실재관은 흑백논리의 단순함에 빠져 있었다. 그는 세상을 구성하는 사람들을 억압자와 피억압자 두 부류로 보았다. 또한 그의 이론에는 용어의 애매성, 추상성 등이 나타나고 있는데, 피억압자가 누구인지는 확실하지 않았다. Freire는 공동체 문제들을 토론을 통하여 사람들을 의식화시키는데 있어서 윤리적인 문제들에 대하여는 고려하지 않았다는 비판을 받았다(Ewert, 1982). 혁명적 전략의 실행은 저항과 적개심을 가져올 수도 있는데, 이러한 모든 상황에 갱신을 위하여 모든 것이 필요하지 않을 수도 있다. 사회, 정치, 경제적 영역에서 해방은 최소한 힘을 가지고 있는 사람과의 협력과 저항이 요구되기 때문이다. 따라서 억압받는 자 뿐만 아니라 억압하는 자의 의식화도 필요하다고 보아야 할 것이다.

(4) 경험학습

경험학습(Experience Learning)은 사람들이 자신의 경험으로부터 학습을 하고, 그런 경험을 통한 학습의 결과는 신뢰롭게 평가받는다. 동시에 경험적 학습을 지지하는 프로그램들이 늘어나고 있는 것이 현실이다. 인턴십, 역할극 등과 같은 다양한 형태의 경험을 바탕으로 하는 교육프로그램들이 경험학습에 있어 많은 역할을 하고 있다. 특히, 소수민족, 빈민자, 일반 성인들을 위한 경험학습은 학습과 개인 발전을 위한 선택의 방법으로 효율적으로 활용되고 있다. 그러나 이러한 경험학습이 개인의 아집이나 편견으로 나타나는 것에 대한 회의도 대두되고 있는 것이 현실이다. 그럼에도 불구하고 경험학습 이론은 점점 더 실질적이고 지속적인 형태로 발전하고 있다. 왜냐하면 경험학습은 철학, 사회 심리학, 인지 심리학의 지적 전통에 기반하여 접근하며 인생과정에 대한 학습의 기초를 제공하기 때문이다.

① 경험학습의 과정

경험학습 이론은 전통적인 교육방법에 기초가 되는 경험적 인식론 또는 더 많은 학습의 함축적 이론들에 바탕을 둔 학습의 행동이론부터 학습과정에 대한 근본적이며 다양한 시각을 제공한다. 경험학습에 대한 견해를 뒷받침하는 것은 첫째, Dewey, Lewin, Piaget의 연구에서 경험이 지식의 기본임을 설명하고 있으며, 둘째, 학습과정에서 경험이 중요한 중심 역할을 하고 있기 때문이다. 피아제(Piaget)는 최적의 교육은 학습자에 대한 어느 정도의 도전적인 경험을 포함하며 이렇게 할 때 동화와 조절이라는 이원 과정이 지적인 성장을 제공해 줄 수 있다고 보았다. 레빈(Lewin)은 학습이 즉각적이고 구체적인 경험과 분석적인 분리 사이에서 갈등이 있는 환경에서 가장 잘 이루어진다고 하였고, 학습이 순환하는 4단계, 즉, 실재적 경험→ 관찰과 반응→ 추상적 개념의 형태와 보편화→ 테스트로 나타낼 수 있다고 하였다. 즉각적이고 구체적인 경험은 관찰과 반응에 기초하고, 이러한 관찰들은 행동을 위한 새로운 암시가 추론될 수 있는 이론으로 받아들여지며, 이런 암시나 가설들은 새로운 경험을 만들어낼 수 있는 활동가이드가 될 수 있다.

듀이(Dewey)는 경험과 개념, 관찰, 행동을 통합하는 변증법적 과정으로서 학습을 강조하였다. 경험으로 인한 행동은 생각을 움직이는 힘을 주고 그 생각은 다시 행동을 지시한다. 즉각적인 행동의 유예는 관찰과 중재하기 위한 판단의 필수적 요소인 것이다. 또한 행동은 목적을 달성하는데 있어 필수적이다. Dewey가 중시하는 경험활동을 통한 교육은 통합교육의 형태로 나타난다고 설명할 수 있겠다. Dewey는 실제적인 경험활동을 통해서 직접경험과 간접경험을 통합하고자 하였다. Dewey의 교육론을 살펴보면 직접경험의 방식을 간접경험보다 더 많은 비중을 두고 있다. 그렇다고 해서 간접경험에 해당하는 책을 활용한 이론교육이나 지식교육을 도외시한 것은 아니다. 그는 책이나 담화와 같은 학습방법도 중요한 역할을 하지만 학교교육에서 이런 방법을 지나치게 의존하는데 문제가 있다고 하였다. 따라서 그는 교육에서 직접 경험방법을 강조한 것은 교육이 서적을 통한 이론전달에 치우쳐 있기 때문에 지식습득 일변도의 학습방법에 문제를 제기하면서 균형을 바로 잡고자 하는데 목적이 있었다고 보아야 할 것이다. 그는 실행을 통한 경험학습을 강조한 것은 이론학습을 배제하여야 한다는 것이 아니라 경험활동이 이루어지지 않는 정적인 상태에서의 지식교육은 공허하고 무의미하다는 것을 강조한 것이다. 따라서 그는 교육의 본래적 의의를 되살려 실생활과 직접 경험의 방식, 즉 실물이나 실행을 통한 실험적 방법을 교육에 도입함으로써 그것을 이론학습과 연결되도록 하는 것이 교육적 성장을 보장하는 것이라고 믿었다.

② 경험학습의 특징

경험학습의 특징은 다음과 같다.

첫째, 학습은 결과가 아니라 과정이다.

경험학습 이론은 행동주의 이론과 이상주의적 교육접근으로부터 철학적이고 인식론적 바탕에 의존한다. 일반적으로 사람들의 생각이 고착되고 불변하는 것이라고 한다면 사람들에게 쌓인 고착화된 생각들의 양을 측정하는 것은 가능한 것처럼 여겨질지도 모른다. 그러나 경험학습 이론에서는 다르게 생각한다. 일반적으로 모든 개념은 경험에 의하여 획득되고 지속적으로 수정되는 과정이 나타난다고 보고, 이처럼 지속적으로 수정해 나가는 과정을 학습이라고 설명한다.

둘째, 학습은 경험에 근거한 지속적 과정이다.

지식은 학습자의 경험 안에서 지속적으로 획득되고 검증된다. James(1890)는 인간의식의 본질에 대한 그의 연구에서 의식은 지속적이라는 사실을 밝힌바 있다. 사람들은 매일 아침 같은 의식, 같은 사고, 감정, 기억들이 전날 밤 잠들기 전의 감각의 연속선상에서 일어난다. Dewey 또한 자신의 학습이론의 핵심은 경험의 지속성이 인간 존재에 대한 강력한 힘을 가지고 있다고 설명하였다.

셋째, 학습은 갈등을 해결하는 요구이다.

경험학습의 세 가지 모델은 세상 속에서 나타나는 갈등을 학습을 통하여 해결할 수 있다고 설명하고 있다. 레빈주의 모델은 구체적 경험과 추상적 개념 사이에서 관찰과 행동을 통한 학습으로 해결할 수 있다고 하였고, Dewey는 행동하도록 자극을 주는 인식과 행동방향성에 기대를 나타낼 수 있도록 하는 것에 의미를 두고 있으며, Piaget의 관점에서는 외부 세계에 대한 인식의 적응과 존재하는 개념적 구조 사이에서 경험적 동화가 인지발달을 일으킬 수 있는 힘이라고 설명하였다.

특히 갈등해결을 위한 도구로서 대화의 중요성을 강조한다. 대화를 통한 단어의 나열은 행동의 변화를 가져올 수 있다고 하였다. 행동만 강조될 경우 행동주의에 빠지게 될 수도 있으나 진실한 대화를 통하여 사람들의 행동변화를 일으킬 수 있다고 설명하였다.

2. 성인학습자

1) 성인학습자의 개념

성인이란 용어는 생물학적인 연령에 의한 발달과정과 심리적인 성숙의 정도에 따라 정의할 수 있다.

첫째로 성인기는 연령에 의해서 규정될 수 있다. 성인기는 사회문화적 구축으로 간주되어 나라와 문화에 따라 다르게 규정된다(Merriam & Brockett, 1997). 오늘날 미국에서는 남자와 여자는 18세에 투표를 할 수 있고, 21세에 술을 마시는 것이 허용되며 16세에 의무교육을 마치고, 일부 주에서는 14세에 성인으로서 법정에 서기도 한다. 미국에서는 주나 특정 지역에 따라 다르며 일, 운전, 선거, 결혼, 조합 가입에 있어서 약정된 연령이 있다. 영국에서는 투표권을 갖는 18세가 성인임을 간주한다. 우리나라에서는 만 20세가 되어야 성년식을 하고 투표를 할 수 있는 권리가 주어지며 민법 제4조에서 만 20세가 성인임을 명시하고 있다.

둘째로 성인기는 심리적 성숙이나 사회적 역할에 바탕을 둔다. 한 개인이 그가 속한 사회에서 규정한 연령에 도달하였다 하더라도 심리적으로 성숙하지 못하다면 성인으로 간주할 수 없다는 것이다. 또한 성인이 되기 위해서는 사회적 역할이 있어야 한다.

Knowles(1980)는 성인의 역할을 수행하는 사람 및 자신을 성인으로 인식하는 모든 사람이 성인에 포함된다.'라고 하였다.

2) 성인학습자의 특성

성인기의 신체적, 인지적, 정의적, 사회적 특성은 성인학습자의 학습능력에 중요한 영향을 미치는 요인으로 작용한다.

(1) 신체적 특성

개인에 따라 신체적 특성이 다르나 인간은 연령이 증가함에 따라 신체적 기능이 감퇴되는 것이 사실이다. 성인전기에는 신체발달의 완성과 조화가 이루어지는 시기로 호흡계와 순환계, 신경계 등과 같은 여러 계통의 기관들이 생리적 평형을 이루다가 30대로 접어들며 서서히 쇠퇴해간다. 성인중기에는 청각이 40세경에 노화가 시작되어 점진적으로 진행된다. 고음에 대한 민감성이 먼저 감퇴되다가 50대에는 저음에 대한 변별력 감퇴가 시작된다. 남성의 경우는 남성호르몬 테스토스테론의 분비가 점진적으로 감소되어 체력과 성생활에 영향을 받게 되며, 다리와 등의 근육이 약화됨에 따라 지속적인 근육운동이 어려워지고 감각능력, 반응속도도 저하된다. 여성의 경우는 폐경이라는 변화로 사실감, 고통, 과업완수에 대한 안도감 그리고 새로운 역할에 대한 두려움을 수반하게 된다(Rubin, 1979).

성인 후기에는 노화과정이 진행됨에 따라 시각능력이 현저하게 저하되는데, 대체로 60세 이후가 되면 급격하게 쇠퇴된다. 청각능력도 55세 이후부터 급격한 저하현상이 나타난다(김태현, 1994). 또한 노인들에게 두드러지게 나타나는 특성은 자극에 대한 반응속도의 감소이다. 이런 현상이 심각해질 경우 대인관계에서 의사소통에 혼란이 생겨서 안정감과 자신감에 부정적인 영향을 미치게 된다.

(2) 인지적 특성

성인전기의 인지발달을 보는 학자들의 견해를 보면, 샤이(Schaie)는 다면적 사고의 단계로 보고 페리(Perry)는 성취단계, 라보브비에브(Labouvie)는 실용적 단계로 성인전기의 인지발달을 설명하고 있다(Santrock, 1995). 지능은 20대 중반에 절정을 이루다가 30대 이후부터 서서히 감소하는 것으로 알려졌다. 개인의 연령에 따른 지능변화를 살펴보면 지능구성의 요인들이 수 요인을 제외하고 25세에서 45세까지는 증가하다가 그 후 완만한 하락세를 보이는 것으로 나타났다. 또한 이 연구는 연령증가와 함께 감소하는 유동적 지능의 경우에도 적절한 교육을 시키면 유동적 지능의 감소를 막을 수 있으며, 나아가 감소추세를 보이지 않는 노인의 경우에는 증가시킬 수 있다고 보았다(Schaie, 1994).

성인 후기의 경우는 성인들의 지능감퇴가 학습능력 저하를 가져온다는 속설은 카텔(Cattell)과 혼(Horn)의 연구에 의해 부정되고 있다. Cattell(1963)은 지식을 유동성 지능과 결정성 지능으로 구분하였다. 유동성 지능은 개인이 속한 문화내용이나 체계적 학습활동과는 관계없이 선천적 유전에 의해 결정된 지능으로 뇌신경의 성숙에 의해 발달하고, 뇌세포의 감소와 손상에 의해 감퇴되며 주로 수리능력과 공간능력이 이에 속한다. 결정성 지능은 후천적 경험, 문화와 의도적 학습에 영향을 받아 습득되는 것으로 언어능력, 문제해결능력 등이 이에 속한다. 유동성 지능은 14세경에 정점에 도달하였다가 20세가 지나면서 감소하기 시작하지만 결정성 지능은 성인기 동안에도 계속해서 증가한다. 즉, 결정성 지능의 감퇴는 유동성 지능의 감퇴보다 속도가 느렸고 사회계층이 높을수록, 취업상태에 있을수록, 그리고 과업의 전문성이 높을수록 그 정도가 낮은 것으로 나타났다(Apps, 1991). 전통적 지능이론에서는 성인들은 지능이 감퇴되기 때문에 새로운 학습이 곤란하므로 교육은 어려서 받아야 된다고 주장하였으나 Cattell의 이론은 교육을 평생에 걸쳐 계속적으로 학습해야 함을 강조하고 있다.

이상과 같은 점을 감안할 때 성인학습자에게는 학습에 충분한 시간을 제공해준다든가, 학습에 대한 성취감과 자신감을 가질 수 있도록 배려하고 학습자의 경험을 상호교환하여 학습자원으로 활용할 수 있도록 교사가 학습자를 조력한다면 충분한 학습능력을 발휘할 수 있을 것이다.

(3) 정의적 특성

정의적 특성은 인간행동의 심리적 기초를 이루며 학습자로 하여금 학습활동을 하도록 하는 심리적 요인이다. 연령이 증가함에 따라 부정적 심리적 요인이 작용하게 되는데, 남성의 경우는 신체적 노화에 따른 긴장감,

직업에서의 승진 가능성 제한, 가족생활의 변화 등과 밀접한 관련을 갖게 된다(Weller, 1983). 반면에 여성의 경우는 자녀의 독립과 폐경이라는 변화로 사실감, 고통, 과업완수에 대한 안도감 그리고 새로운 역할에 대한 두려움을 수반하게 된다(Rubin, 1979). 성인이 되어감에 따라 대체로 고집이 세어지는 '중심성 경향과 경직성', 새로운 것에 시도하는 것에 대한 두려움인 '내향성 및 조심성' 증가, 노령화에 따른 스트레스로 인한 '우울증' 경향은 체중감소, 불면증, 강박관념, 감정적 무감각 등의 증상을 유발하고 과거에 대한 집착, 사물에 대한 집착, 수동적이고 의존성 증가, 남성은 여성적 특성(섬세하고 친절함)이 증가하고 여성은 남성적 특성(공격성, 권위주의적)이 증가하는 성역할 지각의 변화가 생긴다.

헤비거스트(Havighurst, 1972)는 노년기에 이루어야 할 과업으로 신체적 능력과 건강의 쇠퇴에 대한 적응, 정년퇴직과 경제적 수입감소에 대한 적응, 배우자 죽음에 대한 적응, 생활에 적합한 물리적 환경조성을 제안하였다. 따라서 성인학습자들이 현실에서 직면하는 문제해결을 위한 동기를 갖고 있다는 점을 고려하여 그들이 자발적으로 선택하고 참여하여 실생활에서 만족할 만한 효과를 얻도록 한다면 학습에 적극적으로 참여하게 될 것이다.

3) 성인학습자의 학습참여 동기

성인의 학습참여 동기는 학습자의 성향에 따라 다양하다. Houle(1961)이 성인학습에 참여하는 사람들의 근본적인 동기를 밝히기 위해 참여에 대한 의식과 신념에 초점을 맞추어 22명의 능동적인 계속 학습자들을 대상으로 심층적인 면담을 통하여 연구한 결과, 목표지향적인 학습자, 활동지향적인 학습자, 학습지향적인 학습자의 세 가지로 참여동기를 유형화하였다.

① "목표지향적인 사람은" 교육목적 달성을 하고자 하는 욕구를 갖고

있으며 학습을 충족수단으로 인식하는 사람들이다. 따라서 그들에게는 학습활동을 어떤 기관, 내용이나 방법을 한정시키지 말고 그들의 목적에 맞는 프로그램에 참여시키는 것이 효과적이다.

② "활동지향적인 사람은" 특정목표나 과목이 아닌 '활동 그 자체'를 위해 참가, 외로움이나 지루함 또는 불행한 가정생활 또는 직업상황에서 탈피하기 위해, 배우자를 찾기 위해, 신용을 쌓고 학위를 취득하기 위해 학습활동에 참여한다.

③ "학습 지향적인 사람은" 지식 그 자체를 추구하는 사람들로써 학습에 대한 흥미와 동기를 가지고 학습에 참여하며 그 과정을 통해서 만족감을 얻기 때문에 지속적이며 평생을 가는 학습을 한다.

그 후 보서(Boshier, 1978)의 교육참여척도(EPS)를 토대로 요인분석을 실시하여 Morstain과 Smart(1976)가 외부적 기대, 전문성 향상, 사회적 관계, 도피하거나 자극을 얻기 위해, 사회적 복지, 인지적 흥미 등의 여섯 가지 교육참여 요인을 추출하였다.

① "외부적 기대"를 가진 사람들은 권위있는 사람이나 다른 사람의 기대에 부응하기 위해 학습에 참여한다.

② "전문성 향상"을 위해 학습에 참여하는 사람들은 직업에서 더 높은 지위를 차지하거나 직업적 정보를 얻기 위해, 혹은 경쟁에서 뒤떨어지지 않기 위해 참여한다.

③ "사회적 관계"에 관심이 있는 사람들은 새로운 친구를 사귀거나 개인적 교제와 우정에 관한 요구를 충족시키며 대인관계의 폭을 넓히기 위해 학습에 참여한다.

④ "도피하거나 자극을 얻기 위해" 학습에 참여하는 사람들은 일상생활의 지루함에서 벗어나거나 가정생활에서 벗어나 휴식을 취하기 위해 참여한다.

⑤ "사회적 복지를 추구"하는 사람들은 어떤 공동체나 인류에 봉사할

수 있는 능력을 향상시키거나 공동체에 봉사할 수 있는 준비를 하기 위해 학습에 참여한다.

⑥ "인지적 흥미"를 가진 사람들은 자신이 알고 싶어하는 마음을 충족시키고 단지 배우고 싶어서 학습에 참여한다.

휴울과 몰스테인(Houle & Morstain) 등의 성인의 교육참여 동기지향 모형을 비교하여 제시하면 〈표 5-4〉와 같다.

〈표 5-4〉 Houle과 Morstain & Smart의 참여동기 유형 비교

Houle의 유형	Morstain & Smart의 유형
목표지향형 동기	외부적 기대 ◦ 다른 사람의 지시에 따르기 위해 ◦ 형식적 권위를 지닌 사람의 기대사항들을 수행하기 위해 ◦ 다른 권위자가 추천하는 것을 수행하기 위해
	전문성 향상 ◦ 직업에서 더 높은 지위를 차지하기 위해 ◦ 직업적 진보를 보장하기 위해 ◦ 경쟁에서 뒤떨어지지 않기 위해
활동지향형 동기	사회적 관계 ◦ 개인적 교제와 우정에 관한 요구를 충족시키기 위해 ◦ 새로운 친구를 사귀기 위해 ◦ 이성 회원을 만나기 위해
	도피/자극 ◦ 지루함으로부터 벗어나기 위해 ◦ 가정이나 일로부터 휴식을 취하기 위해 ◦ 남은 생애에서는 뚜렷한 차이를 내기 위해
	사회적 복지 ◦ 인류에 봉사할 수 있는 능력향상을 위해 ◦ 공동체에 대한 봉사를 준비하기 위해 ◦ 공동체 작업에 참여할 수 있는 능력을 향상시키기 위해
학습지향형 동기	인지적 흥미 ◦ 단지 학습자체를 위해 ◦ 자신을 위하여 지식을 추구하기 위해 ◦ 알고 싶어하는 마음을 충족시키기 위해

4) 성인의 학습목표 유형별 지도방법

성인학습자들의 학습목표 유형별로 특성을 파악하여 三浦清一郎(1982)

은 교육참여 동기를 무목표 학습자, 사교적/활동지향적 학습자, 자극-탐구적인 학습자, 직업지향적인 학습자, 생활-변혁 지향적인 학습자, 학습에 대한 무관심-거부형 학습자 등의 여섯 가지로 유형화하고 그에 맞는 학습지도방법을 다음과 같이 제시하였다.

① 무목표 학습자

이 유형의 학습자들은 학습에 대한 구체적인 목표가 없이 성인학습에 참여하고 그저 시간을 보내기 위해 학습에 참여한다. 이들은 학습에 대한 동기나 의욕이 부족하기 때문에 학습에 대한 효용가치를 알려주어 구체적인 학습목표를 제시해 주고 학습에 대한 흥미를 갖고 학습활동에 참여하도록 도와주어야 한다.

② 사교적/활동지향적 학습자

이 유형은 학습활동을 통해 다른 사람과의 인간관계를 넓히는 것을 목적으로 하며, 그 속에서 자신의 존재가치를 인정받고자 한다. 학력이 낮거나 교육정도가 낮은 사람들에게서 많이 볼 수 있는 유형이다. 이들은 사람들을 만나기 위해서 학습에 참가하므로 학습의 직접적인 성과 이상으로 학습분위기 및 동료와의 교류기회를 중시한다. 따라서 학습시간 이외에 교류의 장과 기회를 제공해주어 학습과 인간적 교류의 두 가지 문제를 동시에 충족시켜 준다. 또한 학습활동의 평가가 사회적 교류의 관점에서 이루어진다는 점을 감안하여 좋은 인간관계를 통해서 학습활동에서 성과를 이루도록 격려해야 한다.

③ 자극-탐구적인 학습자

이 유형은 단조로운 일상생활로부터 탈피하고자 학습에 참여하며 호기심과 탐구심이 높다. 이들은 학습활동을 통해서 변화를 기대하고 학습에 대해 적극적이므로 교사의 적극적 통제나 자극이 없이도 스스로 학습하는 경향이 있다. 따라서 학습에 대한 정보제공, 학습방법의 제시, 학습하는 방법에 대한 조언을 해주며 학습활동에 대한 용기를 주고 도와주어야 한다.

④ 직업지향적인 학습자

이 유형은 직업생활에서 당면한 문제를 해결하기 위해 필요한 기술이나 지식을 습득하고자 참여한다. 이들은 학습을 하나의 도구로 간주하여 학습결과가 문제해결에 도움을 주지 못하면 학습성과 자체를 인정하지 않으며, 직업생활에 필요한 특정한 기술과 지식을 습득하고자 하므로 적극적으로 학습에 참여한다. 이들은 학습성과가 구체적이고 응용가능성을 중요시하며 계속적인 학습을 필요로 하기 때문에 학습활동을 통해 학습방법 등을 습득할 수 있도록 적절한 배려를 해주어야 한다.

⑤ 생활-변혁 지향적인 학습자

이 유형은 학습을 자기수양의 과정으로 파악하여 학습을 통해 자기성장과 생활의 변혁을 도모하고자 한다. 생활향상을 위해 구체적이고 즉시 응용가능한 성과를 기대한다는 점에서는 직업지향형의 학습자와 동일하다. 이들은 학습목표가 원대하고 현재 참가하고 있는 학습활동은 그 최종목표를 달성하기 위한 하나의 과정으로 간주하기 때문에 학습활동에 대한 지속성이 있고 자기주도적 학습을 한다.

⑥ 학습에 대한 무관심-거부형 학습자

이 유형은 학습에 대해 거의 무관심하거나 학습이 왜 필요한지를 모르며, 학습 자체에 대해 적대감이나 불안을 갖고 있다. 그 이유는 과거에 학습으로부터 이익이나 만족할 만한 성과를 거두지 못하고 학습에 대한 실패경험이 많은 경우이다. 이들은 학습활동은 자신의 생활과는 거리가 멀다고 여기며 학습활동으로부터 거리를 두고 있었기 때문에 학습에 대해 어색하다. 따라서 학습에 대한 거부감을 없애고 자신감을 갖도록 교사의 조언과 배려가 필요하다.

3. 성인학습상담

1) 성인학습상담의 개념

상담(counseling)이란 도움을 필요로 하는 내담자(counslee)와 전문적 훈련을 받은 상담자(counselor)와의 대면적 관계에서 수용적이고 구조화된 관계를 형성하고 내담자 자신과 환경에 대해 의미 있는 이해를 증진함으로써 내담자의 자기이해, 의사결정 및 문제해결이 이루어지도록 상담자가 전문적으로 도와주는 과정이라 할 수 있다. 학교상담의 창시자라고 하는 윌리암슨(Williamson)은 '상담이란 훈련과 기술, 신용으로서 상담자와 내담자의 적응문제를 해결하는 면 대 면의 관계'라고 정의하고 있다. 밀러(Miller)는 '카운슬링이란 가정과 학교와 사회에 최대한으로 적응할 수 있도록 자기이해와 필요한 자기 지도를 할 수 있도록 개인을 돕는 과정'이라고 한다. 이와 같이 상담은 단순한 대화라는 입장을 포함하여 목적이 반드시 개입되어야 하고, 문제해결과 자기통찰의 기회를 갖는데 의미가 있다. 그러므로 상담은 교육적, 직업적, 인성적, 사회적 문제를 갖고 있는 개인에게 전문적인 입장에서 훈련과 소양을 갖춘 전문가에 의해 개인 대 개인, 개인 대 집단의 관계 속에서 계획적·전문적으로 도와주는 임상적인 봉사과정 및 활동이라고 말할 수 있다.

성인의 학습활동을 안내, 촉진, 지원하기 위해서는 상담이 필수적인데, 성인학습자의 상담은 학습자의 요구수준, 학력수준, 경험수준 등에 따라 다양하게 이루어진다. 성인학습자에 대한 상담을 통해서 학습문제뿐만 아니라 일상생활에서 어려움에 직면한 문제들을 스스로 해결해 나갈 수 있도록 도와주어서 그들이 성장하고 자아실현을 할 수 있도록 조력하는 과정이 상담이라 할 수 있다.

2) 성인학습상담의 목표

(1) 내담자 행동의 변화

상담을 통해서 내담자가 보다 건전하고 생산적이며 만족스러운 생활을 할 수 있도록 행동을 변화시켜 준다. 따라서 상담은 내담자를 보다 생산적이고 행복한 생활을 영위하고 만족한 삶을 누리도록 하는데 도움이 되는 행동을 형성하거나 증진시키는 것을 목적으로 한다. 타인과의 관계, 가족상황, 학업성취, 직업상의 적응, 일상생활습관 등과 같이 어떠한 영역에 관련된 행동변화가 필요한가를 촉진할 수 있어야 한다.

(2) 내담자의 정신건강의 증진

상담을 통해서 보다 적극적으로 내담자의 정신건강을 촉진시켜 주게 되면, 개인은 타인과의 통합, 적응 또는 적극적인 동일시 현상을 성취하게 된다. 내담자는 책임을 느끼는 것을 배우고, 독립적이며 행동통합을 이루게 된다. 아울러 상담의 노력으로 학생으로 하여금 일상생활에서 경험하는 욕구좌절이나 갈등, 비판, 초조, 파멸의 경지에서 벗어나 현명하게 현실적으로 긍정적인 사고를 지닐 수 있는 능력을 기를 수 있고, 건전한 성격을 발전시키는 활동을 중심으로 이루어져야 함을 강조하고 있다.

(3) 내담자의 문제해결과 증상의 제거

상담의 목표는 때로는 상담관계가 가져오는 문제의 해결 또는 시험, 걱정, 공포, 불감증, 무기력, 야뇨증, 알코올중독 등과 같은 증세를 제거하는 것으로 생각한다. 대부분의 행동주의 카운슬러는 내담자가 부적응 습관을 가지고 있는데, 이를 고통으로부터의 이완, 사회적으로 기능을 다할 수 있다고 말하고 있다. 문제의 해결을 자아실현과 동일시하는 것도 가능하며, 자아실현은 궁극적으로 개인의 행복을 가져와 참된 삶을 추구할 수 있으므로, 상담은 무엇이든 학생들이 당면한 문제를 체계적이고 과학적인 방법을 통하여 해결해 나가는데 초점을 둔다. 격변하는 사회변화 속에서 겪게 되는 문제로 인한 고민이 해결되지 않을 경우 스트레스가 쌓이고, 욕구불만이나 좌절감을 초래하며 부적응을 일으켜 문제행동을 일으키기 쉽다. 문제행동이란 바로 비행, 폭력, 비리, 수단 방법을 가리지 않은 행위, 반사적인 행동, 퇴폐 행위, 강도, 강간 등의 문제를 야기할 수도 있다. 그러므로 청소년의 문제행동을 현명하게 해결할 수 있도록 상담활동이 개인의 요구수준이 알맞게 강화되어야 하고 적극 참여하여 문제의 실마리를 풀어갈 수 있는 것이 되어야 한다.

(4) 내담자의 자기문제에 대한 의사결정의 조력

상담을 통해서 여러 가지 문제에 대한 내담자 스스로의 의사결정을 할 수 있도록 조력한다. 상담에서는 개인이 선택하고 결정하기 위해 필요한 정보를 제공하고 의사결정에 개입하는 정서적인 문제나 심리적인 특성을 확인하고 분석하며, 장애가 되는 측면을 극복하도록 한다. 상담에서 선택과 결정의 필요를 내담자가 인식하여 이에 요구되는 정보를 이해·수용·수집·평가하는 긍정적이고 적극적인 태도를 길러야 할 것이 무엇보다 강조된다. 즉, 장차 미래에 직면하게 될 선택이나 결정이 여러 번 이루어진다. 이때 선택이나 결정이 제대로 적합한 시기에 이루지 못하면 문제가 발생한다. 우리는 현명한 선택을 해야 하는데, 인생은 평생 동안 선택의 과정임을 인식해야 한다. 이 중요한 선택이 상담을 통해서 이루어져야 한다.

(5) 내담자의 잠재력 촉진과 개인의 효율성 증진

블로셔(Blocher, 1974)가 주장하고 있는 개인적 효율성을 높이기 위한 관점에서 정의한 두 가지 상담목표는 다음과 같다. 첫째로, 상담은 내담자와 그의 환경에 의하여 제공된 범위 내에서 가능한 자유를 극대화하는 것이며, 둘째로, 상담은 내담자로 하여금 환경을 지배하고 환경을 환기시킨 반응에 따라 내담자의 효과를 강화하는 데 있다. 패터슨(Patterson)은 개인적 효과로서의 궁극적인 상담목적으로 자아실현을 제의하고 있다. 상담은 내담자의 사고, 행동, 결정, 잠재력을 효율적으로 증진하는데 목적이 있어야 한다. Blocher는 효율적인 인간은 경제적 · 심리적 · 신체적 모험을 구상하고 이를 위해 시간과 정력을 투자하기 위해 자신을 헌신할 수 있으며, 문제를 인지하고 해결할 수 있고, 좌절, 적개심 그리고 애매성에 대해 적합한 반응을 할 수 있다고 한다. 이러한 견해는 결국 생산적 사고를 증진하고 적응적인 인간관계를 형성하며 다양한 문제상황을 효과적으로 대처하는 능력을 기르는 데 두는 것이다.

3) 상담이론

(1) 특성요인 상담

윌리암슨(Williamson)을 중심으로 한 특성요인 상담(trait and factor theory)은 주로 교육과 직업문제에 있어서의 적응을 강조하는 직업상담에서 발전해 온 것으로서 개인의 전체적인 발달을 목표로 삼고 있다(Burks & Stefflre, 1979). 상담자는 진단을 하기 위해서 현재 해야 할 것을 지시할 뿐만 아니라 정보의 제공, 지시, 암시, 비판, 충고, 설득, 훈계 등의 기술을 일방적으로 사용하여 지시적 상담이라고 하며, 내담자의 심리적 특성과 성공적 행동의 요인에 비중을 두기 때문에 특성요인 상담, 상담자 중심의 상담이 이루어지므로 상담자 중심상담, 그리고 논리적 · 지적인 도구를 사용하는 방법으로 상담을 하므로 이성적 · 지시적 상담이라고도 한다.

특성요인 상담은 상담자가 내담자에게 인생의 장애에 대한 해석을 내려주고 정보를 주며, 또는 제언이나 충고를 해주는 상담방법이다. 즉, 내담자에게 합리적인 정보를 제공하여 장래계획이나 진로선택을 하는데 현명한 결정을 내릴 수 있도록 하는데 초점을 둔다. 특성요인 상담에서는 내담자의 정서적 이해보다 문제의 객관적 이해에 중점을 두고 상담자가 내담자에게 정보를 제공하고 학습기술과 사회적응기술을 알려 주는 것을 중요하게 간주한다.

특성요인 상담의 목표는 첫째, 문제해결의 지적과정을 중시하고 있으며, 상담자의 적극적인 지시나 정보제공을 해준다. 둘째, 상담자가 풍부한 경험과 정보를 가지고 내담자의 문제해결에 대해 암시와 충고를 하여 내담자가 인격의 모든 면에서 최적의 방향으로 성장하도록 돕는 것이다.

특성요인 상담과정의 의의는 상담자가 상담 중에 내담자로 하여금 적극적으로 협력할 수 있도록 하여 그의 문제를 찾아내고 진단하며 치료하는 것이다. 상담자는 문제해결에서 대부분의 책임을 지며, 그 책임이 상담자의 노력의 초점이 된다.

특성요인 상담과정에 대하여 Williamson과 Darley는 상담의 과정으로 다음의 6단계를 들고 있다.

① **분석**(analysis): 학생을 이해하는 데 필요한 자료를 여러 가지 도구와 기술로 모은다.

② **종합**(synthesis): 모집된 자료를 체계 있게 정리하고 조작하여 학생의 적응의 문제를 정리한다.

③ **진단**(diagnosis) : 학생의 문제의 특징이나 원인에 관한 결론을 이끌어 낸다.

④ **예진**(prognosis) : 학생의 문제가 앞으로 어떻게 발전되어 나갈 것인가를 미리 예언한다.

⑤ **상담**(counseling) : 상담자와 학생이 바람직한 적응을 위하여 취하는 수단이다.

⑥ **추후지도**(follow-up service) : 상담 결과의 계속적 확인, 평가의 단계이다.

이러한 단계는 경우에 따라 순서가 바뀔 수도 있는 것이다.

Williamson은 상담방법 혹은 기술로서 다음과 같이 제시하였다.

① 환경이나 분위기에 내담자를 타협시키는 것이다.

② 환경을 바꾸어주는 것이다.

③ 자기 인생에 알맞은 적당한 환경을 선택하도록 지도하는 것이다.

④ 필요한 기능을 학습시켜서 교정능력을 갖추어 주는 일이다.

⑤ 태도를 고쳐서 그의 욕구와 환경 간의 조화를 이루도록 해야 한다는 것이다.

상담자가 지시적 상담을 원만히 진행하려면 친화감을 형성시키고 내담자에게 자기이해를 하도록 하며 프로그램의 계획과 제언, 계획의 실천, 타기관 및 상담자에게 위탁하는 방법을 구사하도록 권하고 있다(Shertzer & Stone, 1974).

특성요인상담은 개인의 문제를 과학적으로 접근하여 상담자체가 전문화하는 데 기여하였고, 객관적 검사자료를 사용함으로써 각종 심리검사의 발달에 기여했으며 진단을 강조함으로써 문제발생의 원인과 그 제거의 관심을 갖게 했다. 그러나 어느 정도 성장·성숙한 사람들에게 효과가 있다는 적용대상의 제한이 있고 인간문제의 정의적 측면을 과소평가 하였으며 객관적 자료를 너무 과용하거나 과신한다는 한계점이 있다.

(2) 정신분석 상담이론

프로이트(Freud)의 정신분석의 체계는 성격발달의 모형이고 인간본질에 대한 철학이며 심리치료의 방법이다. Freud는 심리학에 새로운 전망을 부여하고 새로운 지평을 개척하였다. 그는 인간의 무의식에 초점을 맞추었으며, 인간의 기본적인 성격의 구조를 이해하고 수정하기 위한 치료절차들을 발달시켰다. 인간의 행동을 좌우하는 중요한 역동적인 힘(Dynamic forces)의 근원은 무의식에 있으며, 무의식적 갈등이 부적응, 신경증, 신경질환의 근원이 된다는 정신분석은 성격발달의 한 모델로, 인간본성의 철학으로, 그리고 정신질환의 한 방법(Belkin, 1981)으로서 널리 알려져 있으며, 20세기에 들어서 인류가 발견한 업적 중 가장 위대한 업적으로 인정받고 있고, 실제로 인간의 정신생활의 이해에 크게 공헌하고 있다

인간의 본성에 대한 Freud의 관점은 결정론적이다. Freud에 의하면 인간행동은 생후 5년간의 비합리적인 힘, 무의식적인 동기, 생물적이고 본능적인 동기 그리고 심리·성적인 사건에 의해 결정된다고 한다. 프로이드는 아동의 어린 시절의 경험이 중요하다고 본다. 즉, 인간의 문제는 인생초기의 경험으로 인해 생기며 어린 시절의 해결되지 못한 문제가 일생을

통해서 영향을 미친다고 본다. 본능(instincts)은 프로이트적 접근에서 중심 개념으로 생의 본능((life instincts; Eros)과 죽음의 본능(death instincts; Thanatos)으로 구분된다. 또한 리비도(libido)는 성적 에너지를 언급할 때 사용했는데, 동기의 근원으로 보았다.

Freud의 성격의 구조는 본능(원욕, id), 자아(ego), 초자아(super-ego)의 세 가지로 구성된다. 본능은 심리적 에너지의 근원이며 비논리적, 맹목적, 충동적, 부도덕하며 즐거움을 얻는 것을 목적으로 하여 '쾌락원리'라고 한다. 자아는 현실의 외적인 세계와 관계를 가지며 성격을 제어하고 다스리는 '행정부' 역할을 한다. 즉, 자아는 본능과 초자아의 재판관 역할을 하며 자아가 강한 사람이 정신적으로 건강한 사람이다. 자아는 객관적이고도 이성적이며 현실적이므로 '현실원리'라고 한다. 초자아는 성격의 '사법부'이다. 사람의 도덕규범이고 개인의 행동이 옳은가 그른가, 좋은가 나쁜가를 관장한다. 초자아는 본능과 충동을 억제하고 자아의 현실적인 목표 대신 이상적인 목표를 갖고 완전성을 위해 정진하도록 한다. 초자아는 이상적, 양심적, 도덕적이며 '도덕원리'라고 한다.

Freud는 인간의 정신은 의식, 전의식, 무의식 세 가지 의식차원에서 일어난다고 보았다. 의식은 '빙산의 일각' 정도 차지하고 무의식은 '빙산'으로 표현하여 인간 정신의 대부분은 무의식 상태로 있다고 보았다. 의식은 직접적인 자각에 나타나는 이념과 감각에 의해서 만들어지는 자각상태에서의 심적 활동으로 현실에 입각하여 반응한다. 전의식은 지금 한순간에는 주의를 기울이지 않아 알아차리지 못하고 의식영역 안에 들어있지 않은 어떤 생각, 감정, 공상, 관념, 기억, 경험으로 비교적 적은 노력의 심리적 작업이나 심적 에너지를 소비하면 의식 속에 끄집어 올릴 수 있는 심적 내용이다. 그리고 무의식은 지각할 수 없으며 경험과 기억, 사회적 관습으로부터 도저히 용납되지 않는 욕망, 충동 등이 의식 속에 떠오르지 못하고 억압되어 저장되어 있는 것이다. 이러한 심적 내용이 의식 내에 떠오른다는 것은 사회적·도덕적으로 용납받지 못하거나 의식화 되었을 때 자아에 손상을 가져오므로 계속 억압받게 된다. 그러나 이러한 충동과 갈등이 증대되고 계속해서 억압되면 자아를 보존하기 위하여 사회적으로 인정되는 질환, 정서적 장애, 신경증으로 발전되거나 상징적 대상에 대한 공격적 행동으로 나타나게 되는 것이다.

정신분석 상담목표는 내담자로 하여금 무의식적 갈등을 의식화시켜서 개인의 성격구조를 수정하고, 초기경험을 재결정하여 억압된 갈등을 훈습시키며, 행동의 동기를 각성·통찰할 수 있도록 돕는 것이다. 무의식에 근거하고 있는 내담자의 문제행동에 대한 각성과 통찰을 도와서 건설적인 성격으로 변화시킴으로써 잘 적응하는 개인으로서 성장과 발달을 돕는데 있다. 즉, 가능한 한 내담자의 내부갈등을 해결하도록 도와주어 정신건강을 되찾도록 도와주는 것이다.

상담자는 자신을 노출시키지 않아야 하고 내담자는 상담자에게 투사한다. 전이를 통해서 작업함으로써 저항을 감소시키고 보다 합리적인 통제를 이루는데 초점이 있다. 전이(transference)란 내담자의 긍정적이거나 부정적인 느낌이나 환상이 상담자에게로 무의식적으로 옮겨가는 것으로 내담자가 사랑, 성욕, 적개심, 불안감이나 원망과 관련된 유아기의 강렬했던 갈등을 재생시켜서 그것들을 재현시키고 재경험하며 상담자에게 귀착시키는 것이다. 즉, 내담자는 상담자를 처벌하고 요구하며 통제하는 권위자로 인식하는 것이다. 그리고 역전이(counter-transference)란 상담자가 그들의 객관성을 방해하는 내담자에게 갖는 비합리적 반응이다. 따라서 상담자는 객관성을 상담한 수준까지 발달시켜야 하며 내담자와의 관계에서 생기는 분노, 사랑, 아첨, 비평, 기타 강렬한 감정에 직면해서 비합리적이고 주관적인 반응을 하지 않아야 한다. 내담자는 무의식에 있는 갈등을 자유연상이나 꿈 등을 통해 대화에 의해서 통찰을 얻는데 참여하고, 상담자는 과거에 연관된 일들에 의한 현재 행동의 의미를 내담자에게 가르치기 위해 해석한다.

주요 기법은 자유연상, 꿈의 해석, 저항과 전이의 분석 등이다. 이것들은 내담자가 그의 무의식적 갈등을 자각하도록 돕는 기법이다. 즉, 내담자의 자각을 증진시키고 행동에 대한 지적 통찰을 얻게 하며 증상의 의미를 이해하려는 목적을 갖고 있다. 치료과정은 내담자로 하여금 자유롭게 회상하고 연상되는 대로 이야기하나 꿈의 분석 등을 통하여 대화에서 정화(catharsis)로, 정화에서 통찰로, 통찰을 통해 그의 무의식 세계를 의식화하여 성격의 변화로 이끄는 지적·정서적인 이해를 하도록 한다.

정신분석 상담에서 Freud는 성격에 대한 최초의 체계적 이론을 수립하고 효과적인 심리치료 방법을 발전시켰으며, 치료방법으로서 내담자와의 상담과정에서 전이, 저항, 해석 등을 활용하였고 불안에 대한 반응으로서의 자아방어기제를 이해하게 해준다. 그러나 인간의 행동에서 동물적인 본능이나 욕구, 특히 성(sex)의 본능을 강조하였고 아동기의 경험을 지나치게 강조하는 결정론적 입장이라는 점, 그리고 상담이나 치료하는 데 너무 많은 시간과 경비(돈)가 필요하기 때문에 지역사회의 상담센터나 공적·사적인 봉사기관에서는 활용하기가 곤란하다.

(3) 인간중심 상담 이론

로저스(Rogers)는 개인 상담에서 지시적이고 정신분석적 상담에 대한 비판을 하며 비지시적 상담을 제안하였다. 인간중심 상담에서는 인간이란 본질적으로 신뢰로우며 상담자의 직접적인 지시가 없어도 자신의 문제를 이해할 수 있는 잠재적 능력을 갖고 있기 때문에 스스로 문제를 해결할 수 있고 성장하며 자아실현을 할 수 있는 능력이 있다고 보았다. 로저스의 초기 관심은 개인 상담과 심리치료이었다가 후에 성격에 대한 체계적 이론을 발달시켰으며 이 자아이론을 개인 상담에 적용하였으며 이것을 후에 내담자 치료라고 다시 명명하였다(Rogers, 1951). 인간중심 상담은 비지시적 상담, 내담자 중심상담이라고도 한다.

인간중심 상담에서는 인간은 누구나 적당한 환경이 주어지면 스스로 성장할 수 있어 자아실현 할 수 있는 능력이 있다는 가정을 전제로 하고 있는 상담이론이다. 그러므로 내담자의 성장가능성과 자아실현 능력은 내담자 스스로 문제를 이해하고 문제를 해결할 수 있다고 본다. 인간은 긍정적 자아개념을 지니고 있으며, 사회적 발달지향적이며, 현실적이기 때문에 부적응 행동이 일어나면 인간은 자기자신을 향상시키고 유지하는데 도움이 되는 양식으로 자신의 잠재능력을 발전시키는 생득적인 경향이 있다.

또한 인간은 자아실현이라는 강력한 동기에 의하여 지배되는 존재이며, 심리적인 기능을 충분히 발휘하는 사람은 여러 가지 현실과 경험을 통해서 삶의 자료들을 올바로 지각하며 자아 속에 통합한다. Rogers는 이와 같이 충분히 기능을 발휘하는 사람은 경험 속에 대해 개방적이며 순간순간에 충족하게 살고, 자신의 판단과 선택을 신뢰하고 다른 사람의 인정이나 불안정에 별로 의존하지 않는다고 한다.

인간중심 상담목표는 내담자가 개방, 자기신뢰, 발전의지, 자발성 등으로 나아갈 수 있도록 돕는다. 인간중심 상담의 궁극적 목적은 충분히 기능하는 인간이 되도록 돕는 것이라 할 수 있다(Rogers, 1961). 여기서 기능을 충분히 발휘하는 사람의 특징으로 경험에의 개방성, 실존적 삶, 유기체적인 신뢰감, 경험적 자유, 창조성 등을 들 수 있다.

인간중심상담에서는 상담자와 내담자의 관계가 매우 중요하다. 상담자의 자질은 진실성, 따뜻함, 정확한 공감성, 존경, 허용성 등을 포함하여 내담자와 대화의 태도를 강조한다. 상담자는 내담자의 자아실현 능력을 신뢰하며, 내담자의 느낌이나 표현을 이해하고 수용하여 내담자 스스로 통찰할 수 있도록 내담자를 인격적으로 존중하는 관계이다. 상담자는 온정적인 인간관계를 통해서 내담자에게 제시해야 할 조건은 내담자의 실제 경험과 가치조건에 의해 지각된 경험 사이의 괴리를 내담자가 스스로 인지하고, 있는 그대로를 수용하며 경험하도록 하는 허용적인 분위기를 조성한다.

인간중심상담에서 상담자가 갖추어야 할 태도는 진실성, 무조건적인 긍정적 존중, 공감적 이해이다.

① **진실성**: 로저스는 상담자의 태도로서 진실성 또는 일치성의 조건을 중시하고 있다. 진실성(genuineness)이란 상담 면접 동안에 상담자의 유기적 경험의 모든 면들이 자유롭게 각성될 수 있어서 그의 자아개념이

이 경험들과 일치하는 상태로 설명될 수 있기 때문이다.

② **무조건적인 긍정적 존중**: 상담관계에서 상담자가 내담자를 구별하거나 비교·선택하는 과정으로 평가하고 판단하지 않으며, 내담자의 모든 면을 있는 그대로 받아들여 소중히 여기고 존중하는 상담자의 태도를 무조건적인 긍정적 존중(unconditioned positive regard)이라고 말한다.

③ **공감적 이해**: 상담과정에서 상호작용하는 동안 내담자의 경험과 감정, 상담의 과정에서 내담자를 민감하고 정확하게 이해하는 노력을 말한다.

인간중심상담에서는 기법을 중시하지 않고 치료자의 태도를 강조한다. 기본 기법은 적극적 경청, 감정의 반영, 명료화 등이다.

인간중심 상담은 상담과정에서 내담자가 중요한 결정을 하는 사람으로 인정한다는 점과 상담자의 기술보다 상담자의 태도와 내담자와의 관계를 중요시하며, 내담자를 신뢰하고 존중하여 내담자는 문제에 대해 스스로 결정하고 성장하여 자신의 가치와 목표를 선택할 수 있다는 공헌점이 있는데 반해서 일부 상담자들은 내담자가 도전을 하도록 격려하지 않고 무조건 지지를 해주는 경향이 있으며, 상담자가 내담자 중심적으로 되어서 상담자 자신의 인간성과 독특성을 상실할 수 있다는 것이다. 즉 상담자가 인간으로서 자신의 능력이나 가치를 감소시키고 내담자에게만 초점을 둘 수도 있다는 점이다.

(4) 행동주의 상담이론

행동주의 상담의 접근은 인간의 행동을 설명하기 위해 전통적으로 사용해 왔던 내적동기, 욕구, 충동과 같은 개념들을 거부하고 겉으로 표출된 행동, 그 자체를 중요시하는데서 출발한다. 학습이론에 기초를 두고 있으며 인간의 행동은 모두가 학습된 것이며, 학습과정을 통해 변화시킬 수 있다고 전제한다. 이상 행동이나 문제 행동도 정상에서 이탈된 질환으로 보기보다는 잘못된 학습의 결과로 본다. 행동주의 상담은 학습이론에 기초하여 내담자로 하여금 이전의 바람직하지 못한 행동을 버리고 새롭고 보다 적응적인 행동을 학습하는 것을 돕는 것을 주목적으로 하고 있다. 따라서 상담자는 일종의 학습전문가, 또는 교사의 역할을 하게 된다. 이 접근법은 현재의 행동을 강조한다.

행동주의 상담에서는 관찰이 가능한 행동에 관심을 가지고 있으며 인간의 행동은 유전과 환경과의 상호작용에 의해 이루어진다고 본다. 또한 인간의 모든 행동은 학습원리에 의해서 학습된 것으로 본다. 행동은 강화와 모방을 통해서 학습된다. 비정상적인 행동은 잘못된 학습의 결과이므로 바람직하지 않은 부적응 행동 내지 이상심리는 행동수정, 즉 재조건화 내지는 재학습에 의해서 교정될 수 있다는 것이다.

행동주의 상담목표는 내담자의 부적응 행동을 제거하고 보다 효율적인 행동을 학습시키는 것이다. 내담자에게 부적절한 학습을 제거하고 올바른 학습경험을 제공하는 과정이라 할 수 있다. 행동주의 상담의 일반적인 목적은 크게 다섯 가지를 생각할 수 있다(Geoge & Cristiani, 1981).

① 내담자의 부적응 행동을 변화시킨다.

② 내담자를 도와 효율적인 의사결정과정을 학습하게 한다.

③ 앞으로 일어날 문제를 예방한다.

④ 내담자가 요구하는 구체적인 행동상의 문제를 해결한다.

⑤ 일상생활에 전이될 수 있는 행동변화를 이룩한다.

행동주의 상담과정은 내담자가 목표를 설정하고 이 목표가 잘 실행되는지 평가하는 데에 적극적 역할을 한다. 상담자는 적극적이고 지시적이며 내담자가 보다 효율적인 행동을 배우도록 돕는 교사나 훈련가 역할을 한다. 주요 기법은 체계적 둔감법, 강화기법, 모델링, 자기주장훈련, 혐오치료, 토큰강화, 행동시연, 역할연기 등이다.

① **체계적 둔감법**: 우선 불안을 일으키는 자극을 행동적으로 분석하고 불안상황의 위계를 작성한 다음 이완절차를 학습시키고 상상적인 장면을 통해 치료하는 방법이다. 상황의 설정은 가장 위협이 적게 느껴지는 상황에서부터 가장 위협적인 상황으로 옮겨가는 식으로 제시된다. 불안을 야기시키는 자극은 그런 자극과 불안 반응간의 관계가 소거될 때까지 이완

훈련을 하면서 반복해서 치료된다.

② **모델링**: 관찰학습, 모방학습, 사회학습이라고도 한다. 내담자는 모델링을 통해서 시행착오를 거치지 않고도 바람직한 행동을 배울 수 있다. 관찰학습에서는 영화, TV, 소설 등에서도 관찰을 통해 모방학습이 이루어지고, 간접적 혹은 대리경험으로도 행동에 영향을 받는다.

③ **자기주장훈련**: 내담자가 어떤 상황에서 주장적으로 행동할지를 선택할 수 있도록 하기 위해 행동목록을 증가시키고 자신의 느낌, 생각, 신념, 태도를 표현할 수 있도록 한다. 사회기술이 부족한 사람들에게 인간관계에서 상호작용을 성공적으로 이끌어가는 방법을 가르쳐주도록 고안되었으며 주장훈련의 여섯 가지 임상적 전략은 교시, 피드백, 모델링, 행동연습, 사회적 강화, 과제이다.

교시는 상담자가 내담자에게 그의 특수한 행동을 말해주는 것이고, 행동연습은 인간관계 상황에 대한 내담자의 효율적이거나 비효율적인 행동들이 비판되며 여러 상황에서 실행되는 것이며, 사회적 강화는 내담자가 바람직한 행동을 했을 때 내담자를 칭찬하는 것이다. 그리고 과제는 내담자의 행동에 대해 특수한 과제를 부과하는 것이다.

④ **혐오치료법**: 혐오치료법(version therapy)은 바람직하지 못한 행동에 혐오스런 자극을 연합시켜서 행동을 수정하는 방법이다. 예를 들면, 알코올 중독자에게 술을 마실 때마다 먹으면 속이 메스꺼운 약을 먹도록 하면 술과 메스꺼운 증상이 짝지어 여러 번 반복되면 점점 술이 메스꺼운 증세를 일으키게 되어 술을 멀리하게 된다. 혐오자극은 실물 대신 그림, 슬라이드, 비디오 등을 활용하는 경우가 많다.

⑤ **토큰강화**: 토큰강화는 그 자체로는 강화력이 없으나 강화가 되는 자극과 짝지어져 제공됨으로써 강화력을 갖게 된다. 예를 들면, 아이가 휴지를 주울 때마다 아이가 좋아하는 초콜릿을 주면 초콜릿과 휴지줍기가 짝지어져서 강화력을 갖게 된다. 이 때 초콜릿은 그 자체가 강화력을 갖게 되는데, 이런 자극을 '제1차 강화(primary reinforcer)'라고 하며, 강한 자극과 교환할 수도 있고 모을 수 있는 강화자극을 '토큰강화(token reinforcer)'라고 한다. 토큰강화는 직접적인 보상 대신에 별표나 스티커 등의 상징적인 표나 점수를 주게 되면 강화력을 갖게 된다.

⑥ **행동시연**: 내담자가 실생활에서 행동하기 어려운 구체적 장면에 대해 역할연기를 반복적으로 연습하게 한다. 역할연기는 내담자에게 현실적 장면이나 극적인 장면을 통하여 역할행동을 시키고 그것을 시연시킴으로써 이상행동을 적응행동으로 바꾸는 기법이다.

행동주의 상담은 구체적인 것에 초점을 맞추고 상담기법의 적용에 있어서 체계적인 방식을 취함으로써 상담분야에 공헌을 하였다. 상담자가 상담하면서 적용할 수 있는 다양한 기법들이 있기 때문에 행동주의 상담에서 상담자는 내담자가 자신의 행동을 변화시키려고 행동계획을 구성하는 것을 돕기 위해서 다양한 행동전략을 사용한다. 그리고 행동주의 접근법은 중재가 가능한 모든 사람들에게 적용된다. 의학, 노인의학, 소아과, 재활계획과 스트레스 대처에 많이 사용되며, 정신지체, 자폐아, 공격적 아동이나 청소년의 문제 조정에도 사용될 수 있다. 특히 행동기법은 불안, 공포행동, 대인관계 문제, 약물복용, 성인의 정신병적 행동, 아동과 청소년의 문제를 치료하는데 효과적으로 사용되어 왔다. 다른 접근과 비교할 때 행동기법은 목표행동을 변화시키는데 있어서 더 효과적인 것으로 보인다(Spiegler, 1983). 행동치료는 단기간에 효과적인 상담이 가능하고 내담자에게 구체적인 치료목표를 명세화하도록 한다. 그리고 책임성 있는 상담을 위한 기초자료를 제공하기 위해 정확한 측정을 하는 윤리적 책임이 있다. 그러나 상담과정에서 너무 감정과 정서를 무시하는 경향으로 내담자를 격려하지 못하며 상담자들은 문제해결이나 상황의 처치만을 지나치게 강조한다는 것이다.

(5) 합리적-정서적 상담이론

엘리스(Ellis)는 정신분석 치료자로서 그가 받은 훈련이 내담자를 치료하는데 부적합하다는 것을 발견하고 합리적-정서적 상담(Rational-Emotive Therapy: RET)을 발달시켰다. RET의 기본 가정은 인간의 정서는 신념,

평가, 해석, 그리고 삶의 상황에 대한 반동에서 나온다는 것이다. RET를 통해서 내담자는 그가 가졌던 비합리적인 신념을 확인하고 논박을 통해서 효율적이고 합리적인 인지방식으로 대치할 수 있는 방법을 배우며 그 결과 상황에 대한 정서적 반응을 바꾸게 된다. 상담의 초점은 감정을 표현하는 것보다 생각하고 행동하는 것에 맞춘다. 치료자의 역할은 교사와 비슷하며 내담자는 학습자와 같다.

Ellis(1984c)는 인간이 합리적 사고와 왜곡된 사고를 할 수 있다고 보았다. 인간은 자기와 대화할 수 있고 자기를 평가할 수 있으며 자기를 유지할 수 있는 존재라고 보았다. 인간은 단순한 선호(사랑, 인정, 성공에 대한 소망)에서 정서적·행동적 장애를 일으키며 그것들을 무서운 욕구로 생각한다. 인간은 선천적으로 성장과 자기실현의 경향성을 타고 나지만, 이런 타고난 경향성이 잘못된 생각이나 학습된 자기패배적 경향에 도전할 능력을 가지고 있다고 보았다.

비합리적 사고는 당위주의에서 비롯된다. 인간은 근본적으로 불완전한 존재이다. 인간이 완벽성을 추구할 때 당위성을 갖게 되는데, 이런 당위성은 대체로 비합리적인 신념이다. 비합리적인 신념에 뿌리를 두고 있는 세 가지 당위성, 즉 자신에 대한 당위성(I must), 타인에 대한 당위성(Others must), 조건에 대한 당위성(Conditions must)이다.

자신에 대한 당위성은 자기 자신에 대해 당위성을 강조하는 것이고, 타인에 대한 당위성은 자기와 친밀한 사람들(부모, 자식, 남편이나 부인, 친구, 직장동료 등)에게 당위적인 행동을 기대하는 것이며, 조건에 대한 당위성은 주어진 조건에 대해 당위성을 기대하는 것이다.

Ellis(1962)가 제시한 정서장애의 원인이 되고 유지시키는 비합리적 생각은 다음과 같다.

- 알고 있는 모든 의미있는 사람들로부터 인정받고 사랑받는 것이 필연적이라는 생각
- 자신이 가치있는 사람이려면 모든 측면에서 철저하게 능력이 있고 성취적이어야 한다는 생각

- 인간의 불행은 외적인 사건에서 비롯되었고 사람들은 자신의 슬픔과 장애를 통제할 능력이 없다는 생각
- 일이 자기가 원하는 대로 되지 않을 때 그것은 끔찍하고 파국적이라는 생각
- 어떤 사람은 나쁘고 사악해서 그런 사악함 때문에 가혹하게 비난받고 처벌받아야 한다는 생각
- 문제의 완전한 해결책은 항상 있으며 만약 이런 완전한 해결책을 찾지 못하면 파국이라는 생각

RET의 상담목표는 내담자의 자기 패배적인 신념을 극소화시키고 삶에 대해 보다 현실적이고 너그러운 철학을 갖게 하는 것이다(Ellis, 1984c). 즉, 자기 패배적인 인생관을 없애고 합리적인 인생관을 획득할 수 있도록 돕는 것이다.

RET의 기본 가정에서 정서장애(후회, 감정의 좌절, 슬픔, 고통 등)는 주로 비합리적 사고의 산물이다. 합리적 사고를 하는 사람은 일어난 사건에 대해서 합리적인 해석을 하기 때문에 바람직한 정서적·행동적 결과를 초래한다. 그러나 비합리적 사고를 하는 사람은 일어난 사건에 대해서 비합리적인 해석을 하기 때문에 바람직하지 못한 정서적·행동적 결과를 초래하게 된다. 즉, 인간의 정서적·행동적 결과에 영향을 미치는 원인은 사건보다는 신념체계가 더 중요하다는 것이다.

ABCDE전략은 다음과 같다. 여기서 A는 활성화된 사건(Activating events), B는 '신념체계'(Belief system), C는 정서적·행동적 결과(Consequences)이다. 여기서 B는 A에 대한 개인의 신념으로써 C, 즉 정서적·행동적 결과의 원인이 된다. 예를 들면, 어떤 사람이 이혼 후에 우울증을 겪는다면, 그것은 이혼 자체가 우울증을 일으킨 것이 아니라 그가 자신의 삶이 실패했다고 생각하고 배우자에게 거부당했으며 사랑을 잃었다는 잘못된 신념이 우울증을 유발했다는 것이다. 엘리스는 거부당하거나 실패했다는 신념(B)이 우울증을 일으키는 것(C)이지 이혼한 그 사건 자체(A)가 우울증을 일으키는 것이 아니라는 것이다. 따라서 인간은 자신의 정서

반응이나 장애에 대한 책임을 져야 한다. 정서장애를 일으키는 비합리적 신념을 어떻게 바꿀 수 있는가를 보여주는 것이 RET의 핵심이다(Ellis, 1984d).

A-B-C 다음은 논박(Dispute)이다. 논박은 내담자의 비합리적 신념을 바꾸도록 돕는 방법으로 논리적 원리들이 제시되며 이 원리들은 비합리적인 신념들을 깨뜨리는데 사용된다.

D다음은 논박의 결과(Effect)이다. E는 자기파괴적 생각에서 벗어나서 보다 합리적인 인식과 현실적인 생각, 자신과 타인 또는 피할 수 없는 일상사에서의 좌절에 대해 보다 폭넓은 수용이 이루어지는 단계이다. 이혼에 대해 자신을 자책하는 대신에 "내가 결혼생활을 성공적으로 수행하지 못해 이혼한 것은 유감이지만 이혼이 내 인생의 끝장은 아니기 때문에 계속 나 자신을 책망하고 이혼의 책임을 전적으로 내가 수용하는 것은 어리석다."고 생각하게 된다. 따라서 상담의 결과 우울증과 자기경멸의 감정이 제거된다는 것이다.

RET에서는 인지적·정서적·행동적 기법을 내담자 개개인에 맞추어 다양하게 사용한다.

① **인지적 기법**: 비합리적 신념에 논박하기, 인지적 과제, 자신의 말을 바꾸기

• **비합리적 신념에 논박하기**: 상담자가 내담자의 비합리적 신념을 논박하고 논박을 통해 합리적인 신념으로 바꿔주는 것이다.

• **인지적 과제**: 내담자에게 과제를 주는데 이것은 내담자의 내면화된 자기 메시지의 일부인 추상적인 "당위성들(should, must)"를 제거시키는 것이다. 예를 들면 '나는 완벽해야만 해.'라는 당위성을 가진 사람이 타인들 앞에서 실수하지 않을까하는 두려움 때문에 불안해 할 경우, 그에게 '내가 실수를 하면 사람들은 나를 경시할거야'를 '나는 실수할 수도 있어. 인간은 누구나 완벽할 수는 없는 거야'라는 긍정적인 메시지로 과제를 준다. 이런 과제들을 통해서 내담자는 비합리적인 신념에 도전하여 결국은 합리적인 신념으로 바꿀 수 있다.

• **자신의 말을 바꾸기**: RET에서는 명백하지 않은 언어를 사고과정의 장애의 표현이라고 주장한다. 내담자는 "해야 한다(should, must, ought)"를 "하고 싶은(preferable)"으로 대치하는 법을 배운다. "만약 - 한다면 두려울 거야"를 "만약 - 한다면 불편할 거야"로 대치함으로써 자신의 언어유형을 바꾸고 새로운 자기 진술을 함으로써 내담자는 다르게 생각하고 행동하게 된다. 따라서 내담자의 비합리적인 신념이 합리적인 신념으로 바뀌지게 된다.

② **정서적 기법**: 합리적-정서적 이미지, 역할놀이, 부끄러움-공격연습

합리적-정서적 이미지: 내담자가 습관적으로 부적절한 감정을 느끼는 상황에서 활발하게 상상하도록 격려된다. 그는 이런 감정들을 적절한 감정으로 변화시키기 위해 활발히 작업하며 그 결과로 행동이 바뀌게 된다.

• **역할놀이**: 내담자는 어떤 상황에서 야기되는 어떤 행동을 연출한다. 불쾌한 감정과 관련된 중요한 비합리적인 신념을 통해 작업하면 결국 비합리적인 신념에 도전하게 되고 합리적인 신념으로 바뀌게 된다.

• **부끄러움-공격연습**: 내담자가 타인들이 자신을 어떻게 생각할까 하는 것 때문에 두려워하게 되므로 어떤 것을 과감히 해보는 과제를 하도록 하면 내담자는 과제를 수행함으로써 다른 사람들이 자신의 행동에 그렇게 많이 관심을 갖고 있지 않다는 것을 발견하게 된다.

RET는 내담자에게 자신의 많은 결정과 가치들에 대해 합리성을 검토하도록 하고 새로 획득한 통찰을 행동으로 옮기는 것을 강조한다는 것이다. 예를 들면 과제기법을 통해서 내담자가 새로운 행동을 실제로 연습하고 재조건 형성하도록 그들을 돕는데 적합하다. 그리고 포괄적이고 절충적인 치료를 강조하는 점인데, 이 상담은 인지적, 정서적, 행동적 기법들을 사용하여 내담자의 인지구조를 바꾸어서 그의 정서와 행동을 변화시키는데 사용할 수 있다. 또한 내담자의 과거에 불행했던 사건의 무기력한 희생자가 아니라는 것이다 그러나 RET에 대한 비판은 상담자는 내담자들의 과거의 사건이나 개인사를 듣지 않으려고 하고 내담자의 문제에 대해 길게 이야기하도록 격려하지도 않는다는 것이다. 과거의 어떤 사건은

현재의 문제와 연관되어 있기 때문에 때로는 내담자가 자신의 과거를 자각하고 수용함으로써 미결된 갈등을 해결할 수도 있을 텐데, RET에서는 너무 장기적이고 의미있는 변화를 이루기 어렵다고 보기 때문에 상담자는 매우 직면적이고 지시적인 역할을 하게 되어 많은 내담자들은 상담자와의 관계에서 신뢰감이나 존중감이 형성되기도 전에 성급한 직면을 하게 되면 두려워할 수 있고 그로 인해서 상담 도중에 그만둘 수도 있다는 점이다. 그리고 미숙한 상담자는 상담을 훈시나 충고로 내담자를 치료할 수 있다는 위험한 생각을 할 수 있다는 것이다.

제 6 장

평생교육의 방법

1. 평생교육방법의 개념

교수-학습에서 교사가 무엇을 어떻게 가르치느냐에 따라서 학업성취도의 결과가 달라진다.

즉, 교육활동에서 교육목적을 달성하기 위해서는 학습내용이나 교수매체도 중요하나 어떤 교육방법이냐에 따라서 교육목적 달성도가 달라진다. 따라서 학습내용에 따라 적합한 교육방법으로 교육내용을 체계적이고 논리적으로 가르치는 것이 중요하다. 권두승(2005)은 보다 효과적인 학습방법을 선택하기 위해서는 첫째, 목표의 달성에 효과적인가, 둘째, 제공되는 내용의 질과 양이 적절한 것인가, 셋째, 적절한 교재・교구의 이용이 가능한가, 넷째, 강사 및 참가자의 경험・능력에 비추어 적합한가, 다섯째, 참여의 효과를 높이기 위해 둘 이상의 방법을 혼용하는 것이 가능한가, 여섯째, 집합적인 방법과 개별적인 방법의 상호교류가 가능한가 등의 문제에 유념해야 한다고 하였다.

특히 평생교육에서는 성별, 연령, 교육수준, 직업, 사회경제적 배경, 학습에 대한 흥미 등이 각기 다른 다양한 학습대상자이므로 교수자는 다양한 교육프로그램에 의한 융통성 있는 교육방법을 선택하여 실시해야 한다. Verner(1964)에 의하면, 성인교육방법은 교육수행을 위하여 학습자와 교육기관, 교수요원 간의 관계를 수립하는 것이며, 평생교육 기관들은 학습자들을 연령, 능력, 교과내용 등의 기준에 따라 분류하고 학급을 조직하여 교육활동을 전개해 나가는 것이라고 하였다. 더 나아가 학습을 촉진시키기 위해 학습과 관계있는 여러 가지 능력을 향상시키는데 이용되는 모든 특별한 사항이나 조건을 평생교육방법이라는 의미 안에 포함시키고 있다.

2. 평생교육방법의 유형

교육방법의 유형은 다양하다. 학자에 따라서도 교육방법 유형의 분류를 약간 씩 다르게 하고 있다. 기본적으로 개인중심교육방법과 집단중심 교육방법들이 있다. Cranton과 Weston(1989)은 교수자 중심법, 상호작용 기법, 개별화 학습법, 경험 학습법으로 분류하였고, Javis(1991)는 설명식, 문답식, 촉진식 방법으로 분류하였으며, 조용하(1993)는 강의 및 강연, 토의법, 소집단 토의법, 프로젝트 및 실습 조사법 등으로 분류하였다.

본 장에서는 대표적인 개인학습 교육방법과 집단학습 교육방법에 대해 살펴보고자 한다.

1) 개인학습의 교육방법

(1) 도제식 교육방법

도제(Apprenticeship)라는 용어에는 '학습이나 지식의 습득은 반드시 체험을 통해서 이루어져야 한다'라는 특성이 포함된다. 전통적인 도제제도에서는 어떤 사람이 특정 전문분야의 전문가가 되고 싶다면 그 분야에서 능력과 경험을 갖춘 전문가의 도제로 들어갔다. 여기서 전문가의 모든 행동과 사고를 살펴서 모방하고 직접 체험하면서 그 분야의 지식이나 기능, 태도 등을 익혀 나갔다.

■ 도제학습의 절차는 다음과 같다.

① **시연단계(Modeling)** : 특정 사회집단에서 필요한 실제 과제의 문제해결 전 과정을 전문가가 시범을 보이는 단계이다.

② **교수적 도움의 단계(Scaffolding)** : 문제해결을 위한 인지적 틀을 제시하는 단계이다.

③ **교수적 도움의 중지단계(Fading)** : 학습자 스스로 문제를 해결하는 단계이다.

(2) 멘토링

멘토링(Mentoring)이란 회사나 업무에 대한 풍부한 경험과 전문지식을 가지고 있는 사람이 후배 또는 같은 조직의 구성원인 멘티를 1:1로 전담하여 지도하고 조언하면서 실력과 잠재력을 개발·성장시키는 활동이다. 멘토링은 멘토(mentor)와 멘티(mentee) 간의 파트너십이므로 권리와 의무가 존재한다. 멘토는 역할모델이며 멘티를 후원하고 보호하며, 교육하고 격려하며, 상담과 조언을 하고 정보제공을 한다. 멘티는 멘토를 존경하고 인정하며 정보제공, 아이디어 개발, 업무분담의 역할을 한다.

멘토링의 기능에 대해 Kram(1983)은 경력기능(후원, 노출 및 소개, 지도, 보호, 도전적인 업무부여)과 심리사회적 기능(역할모형, 수용 및 확신, 상담, 우정)의 두 가지 차원으로 나누었다. 즉, 멘토가 후원, 소개, 지도, 보호 등의 경력기능과 함께 역할모델이 되어 상담과 친밀한 인간관계를 통해 심리사회적 기능을 수행한다고 보았다. 정희선(2001)은 Kram의 연구모형을 보완하여 경력기능, 심리사회적 기능, 역할모형 기능의 세 가지 차원으로 나누었다.

첫째, 경력기능 : 후원, 노출 및 소개, 보호, 도전적인 업무부여

둘째, 심리사회적 기능: 수용 및 지원, 상담, 우정

셋째, 역할모형 기능: 역할모형

멘토링을 통하여 멘토는 멘티와의 상호작용을 통해서 새로운 지식과 다양한 관점에 대한 이해와 수용이 가능하며, 자신의 리더십 역량을 발휘할 수 있고, 멘티는 멘토의 역할을 담당하는 관련 영역의 전문가를 통하여 보다 효율적으로 자신의 능력을 탐색하고 확장시켜 나갈 수 있다.

그런 의미에서 멘토링은 급변하는 사회경제적 맥락 속에서 처음 조직에 입문한 멘티가 실패하거나 좌절하지 않고 순조롭게 적응하면서 성공적으로 발전할 수 있도록 돕는 실용적 개별교수방식이라 할 수 있다(신용주, 2006).

(3) 원격교육

원격교육은 다양한 매체와 통신기술의 영향을 받으면서 변화하였고, 다양한 매체를 매개로 하여 교육을 실시하기 때문에 기술공학, 특히 통신기술과 함께 이루어졌다. 원격교육은 누구든지, 언제, 어디서나 원하는 교육을 받을 수 있는 학습환경을 말한다. 원격교육에는 통신교육, 비디오 교육, 위성방송 교육, 우편학습, 독립된 개별학습, e-learning 등이 있다. 원격교육의 발달은 크게 세 시기로 나누어 볼 수 있다. 제1시기는 성인을 대상으로 가정에서 우편물을 받아 보면서 학습하는 통신교육 형태이었고, 제2시기는 방송 등 대중 전파매체를 이용한 영국의 개방대학을 중심으로 원격교육시대로 교육의 기회확대를 이룬 시기이며, 제3시기는 정보통신기술을 도입한 상호작용적 원격교육이나 가상교육의 시대이다. 앞으로 전산망의 보급과 속도의 발달, 인터넷의 일반화와 멀티미디어의 발전은 가상교육의 확대로 이어질 것이다.

■ 원격교육 중에서 e-learning은 다음과 같다.

e-Learninge이란 Electronic Learning의 약자로 전기적 신호를 매개로 강의를 제공하는 원격교육방법을 말한다. 말 그대로 인터넷을 통해 배운

다는 것이다. e-learning은 인터넷 또는 인트라넷을 통한 교육훈련 서비스의 설계, 구축 및 관리를 포함하는 개념으로 정의된다(최종연, 2001). 즉, e-learning이란 정보통신기술을 이용한 교육을 말하며, 이는 기존의 교재나 강사주도의 교육과 대비되는 컴퓨터기반(CBT: Computer based Training), 웹기반(Web-based) 등 가상학습(Virtual Classroom)을 포함하는 개념이다. e-learning은 기존의 전통적인 교실위주(c-learning)의 집합식(off-Line)의 강사주도 교육에서 멀티미디어와 정보통신기술을 이용한 기술기반의 교육(on-Line)으로 변화되면서 새로운 교육방식으로 등장하게 되었다.

e-learning은 인터넷과 인트라넷을 기반으로 다양한 멀티미디어 정보기술을 활용하여 학습자가 원하는 시간과 장소의 사이버 공간에서 필요한 정보와 지식을 획득하는 학습방식으로 교사와 학습자간의 시간적·공간적 제약이 없이 이루어지는 학습활동을 통하여 수요자 중심의 학습서비스가 제공되는 새로운 개념의 교육체제이다. 따라서 e-learning은 첫째, 학습내용으로서의 정보를 즉각적으로 가능하게 통신망에 연결한다. 둘째, 인터넷 기술을 사용하여 최종학습자에게 전달된다. 셋째, 학습내용과 더불어 수행을 향상시키는 도구까지도 포함되는 기술기반의 학습형태이다.

e-learning의 초기 형태는 컴퓨터를 활용한 프로그램학습방식(CAI: Computer Assisted Instruction/CBT)에서 비디오나 오디오를 통한 원격교육의 형태로 등장하였고, 그 후 컴퓨터와 Network가 학습에 활용되면서부터 디지털화된 컨텐츠(인터넷, 인트라넷, 위성, 오디오, 비디오, 동영상, TV, CD-ROM)의 다양한 형태로 발전하였다. 초기의 컴퓨터기반 교육은 주로 CD-ROM이 주도하여 다양한 멀티미디어 기술을 적용하여 자기학습기회를 제공하였고 최근에는 인터넷의 활용이 극대화되면서 웹기반의 교육형태가 등장하여 e-learning의 무한한 성장환경을 조성하게 되었다.

우리나라에서는 e-learning을 대학에서의 사이버 교육을 통한 전문 인력양성과 자격증 취득 및 사이버 대학을 확장하고 있고, 기업에서는 기업의 경쟁력을 강화하기 위한 목적으로 e-learning을 실시하여 구성원들에게 새로운 지식과 정보 및 기술을 제공하고 있으며, 실제로 e-learning 활용을 통하여 효과적인 학습지도와 기업에서는 조직의 생상성과 경쟁력을 향상시키고 있다.

e-learning의 문제점으로 교육비 지원을 포함하는 제도적 과제, 내용전문가의 발굴과 활용, 교육 소외계층으로의 교육확산 등을 들 수 있다. e-learning이 Technology를 기반으로 하고 있는 것이 사실이지만 우리나라의 e-learning은 제도를 기반으로 성장하였고 고용보험이라는 제도적 안전장치가 사업주나 위탁업체 모두에게 양적인 교육확대의 기회를 제공한 것이다. 그러나 이런 양적 확대 정책이 가져온 부작용은 앞으로의 질적 성장에 최대의 걸림돌이 될 것으로 판단된다. 양적인 확대를 위해 내용전문가가 부재한 상태에서 컨텐츠만이 유통되기도 하고, 제도적 지원을 받기 위한 수료율 향상에만 급급한 것이 현실이며, e-learning이 교육소외계층의 대안이 되지 못하고 있다는 점도 지적된다.

또한 정보기술은 그 기술적 발달로 인해 이전에 관료적 조직과 구조가 해왔던 일을 대신하면서 새로운 형태의 사회적 관리와 통제의 수단이 되거나, 혹은 문화적 제국주의, 자본주의의 무한한 확장과 심화, 민주주의적 질서의 교란, 정보소유의 불평등 등의 위험성(김상환, 1998; 정보근, 1998)을 초래할 수 있고, 나아가 정보기술이 사회전반에 미치는 영향으로 인해 이 사회의 비인간화, 기계의 노예화 등을 염려하기도 한다. 궁극적으로 정보기술은 단순히 이전에 존재하였던 기술의 역할, 곧 인간 삶의 보조적 역할로서의 기술이 아니라, 인간이나 인간의 삶과 직접적이고 상호밀접한 관계를 지니면서 인간사회와 인간본성을 근본적으로 변화시킨다. 인간의 일상적인 삶의 맥락과 실제 장면들이 배제되는 상황에서 전개되는 e-learning은 학습자의 소외감을 증가시킬 수 있다는 것이다. 따라서 정보기술이 사회적, 문화적 변화의 기술적 근거가 됨에도 불구하고, 지식기반사회에서의 중심은 정보기술 자체에 있지 않으며, 그것을 토대로 지식의 창출과 공유를 이끌어 가는 인간에게 있기 때문에 이를 고려한 교육이 이루어져야 한다.

(4) 프로그램 학습방법

프로그램 학습(Programed Learning)은 교과의 논리와 학습자의 학습능력을 고려하여 작성한 프로그램에 따라, 학습자가 반응을 보임과 동시에 옳고 그름을 즉시 확인하고 수정할 수 있도록 하는 방식으로 진행하는 학습방법이다. 이 학습은 주어진 학습목표를 각 학습자가 달성하도록 사전에 계열화된 의도에 따라 학습시키는 것으로, 학습자는 자기의 학습능력에 맞는 문제부터 시작하여 점진적으로 학습목표에 접근한다.

프로그램 학습의 특징은 다음과 같다. 첫째, 학습내용은 학습이 효과적으로 이루어질 수 있도록 단계적으로 진행된다. 둘째, 제시된 학습내용을 학습자가 응답하고 처리하도록 제시한다. 셋째, 학습자는 작은 범위의 학습내용을 단계적으로 학습한다. 넷째, 학습자는 스스로 그의 반응이 옳고 틀린 것을 즉시 알아내게 된다. 다섯째, 학습내용에 대한 올바른 응답을 하지 못하면 다음 단계의 학습내용이 제시되지 않는다. 여섯째, 학습자는 자기의 학습능력에 맞는 문제부터 시작하여 점진적으로 학습목표에 접근한다.

■ 프로그램 학습의 종류는 다음과 같다.

① 선다형 프로그램

프레시(Pressy, 1926)에 의해 고안된 것으로 프레시형이라고도 한다. 이 프로그램은 학습내용을 학습자들이 자신의 학습준비도로 해결할 수 있도록 한 문항형식이다.

② 직선형 프로그램

최초의 직선형 프로그램은 스키너(Skinner)가 고안한 것으로 스키너형이라고도 한다. 이 프로그램은 학습할 내용을 출발점에서 도착점까지를 소단계로 나누어 학습하도록 구성된 프로그램이다. 이 프로그램의 학습방법은 학습하고자 하는 부분을 공란으로 하여 그 부분에 답을 기입하도록 한다. 학습내용의 이해도를 높이기 위해 동일한 사항이 되풀이되거나 사용된 문장의 위치를 바꾸어 놓는 등 계속되는 프레임의 이해를 쉽게 하여 학습의 정도를 심화시킨다.

③ 분지형 프로그램

크리우더(Crowder)에 의해 고안된 것이다. 이 프로그램의 학습방식은 비교적 긴 설명과 함께 3개의 답지로 된 선다형의 질문이 주어지면, 답지 중에서 정답을 선택하게 한다. 그리고 오답의 반응에서 오는 교정학습을 하여 피드백으로 정답에 이르게 한다. 오답확률이 적어 학습자의 응답에 따라 진행하는 프레임이 달라질 수 있고 정답의 경우 다음 단계의 프레임으로 진전한다.

(5) CAI 교육방법

컴퓨터 보조수업(CAI)은 프로그램화된 교재를 학생이 다루게 함으로써 컴퓨터가 직접 수업을 하도록 하는 기능을 하도록 한 것이다. 컴퓨터 활용수업의 목적은 해당 수업목표의 효과적 달성이다. CAI의 장점은 자신의 학습진도에 따라 수업이 가능하여 개별학습을 할 수 있고 기존의 교실수업에서 제공하지 못했던 학습환경을 제공하며, 컴퓨터를 통한 프로그래밍 학습은 그 과정에서 요구되는 문제해결과 지속적인 오류 검증 및 수정의 작업을 통하여 고도의 사고능력을 신장시킬 수 있으나 학습경험을 획일화할 가능성이 있고 일반적으로 학생의 요구를 충족시키는 데 활용되지 못할 수 있으며, 학습장소는 작업장소보다 더 많은 하드웨어 필요량을 보유해야 한다는 단점이 있다.

■ CAI의 유형은 다음과 같다.

① 반복연습형

반복연습형(Drill and Practice Mode)은 개념이나 규칙의 예들을 반복 습득시키는 유형이다. 이 유형의 특성은 진단적, 평가적, 개별적, 난이도에 따른 학습이다. 문항선정 → 문항제시 → 학생반응 → 피드백 제공의 단계로 수업이 전개되고, 수업목표가 달성될 때까지 반복연습을 통해서 기억력과 종합력이 향상되도록 한다. 수학과목에서 기본연산, 외국어의 단어 익히기, 발음 배우기 등 광범위하게 사용된다.

② 개인교수형

개인교수형(Tutoral Mode)은 내용설명에 따른 질문이 주어지고 학생이 답을 하면 그것을 분석하여 피드백하고 행로를 지시해 주는 유형이다. 이것은 교실에서 교사와 학생이 1 대 1 교수 상황에서의 수업을 하는 것과 동일하다. 학생에게 충분한 교수, 상세한 안내, 연습과 피드백 제공, 총괄평가를 목적으로 한 연습기회, 학습내용의 파지를 위한 새로운 지식과 기존 지식을 연관시키는 전략을 제공한다.

이 유형의 장점은 사실적 정보, 간단한 식별력, 규칙의 적용을 교수하는 데 유용하고 학생 개개인의 수준에 따라 학습진도를 나갈 수 있으나, 단점은 오랜 제작기간이 필요하고 상위 수준의 학습목표에 대한 내용개발에 어려움이 있다는 것이다.

③ 시뮬레이션형

시뮬레이션형(Simulation Mode)은 문제를 주고 학생이 귀납적 방법에 의해 해결하도록 하는 발견학습법이다. 단순화·체계화된 모의 현실상황에서 학습자들이 컴퓨터와 상호작용을 통해서 문제를 해결하도록 하는 유형이다. 컴퓨터에 의해 시청각적 방법으로 실제와 유사한 가상적 상황을 학생에게 제시한다. 실습비용이 너무 많이 든다거나 실생활에서 개념을 배우기가 곤란하거나 학습자에게 위험부담이 높을 경우에 사용한다(예 : 비행기 조종훈련, 자동차 운전연습 등).

이 유형의 장점은 높은 학습전이도, 현실적 감각의 부여, 학습동기촉진, 특수상황에 대한 통찰력과 이해력 향상 등이고, 단점은 제작자에게 신중한 설계가 요구되며 학습과제 제작에 많은 시간과 전문성이 요구된다는 것이다.

④ 게임형

게임형(Game Mode)은 정해진 규칙 내에서 달성해야 할 목적에 도전한다는 흥미가 있는 유형으로 오락적 요소를 지니고 있으며, 학습이 촉진되고 특정기술 습득이 가능하다. 항상 목표가 제시되어 있고 학생을 대표하는 물체가 이 목표를 달성하기 위해 정해진 규칙에 따라 경쟁적으로 도전한다. 동기유발과 학습을 강화시키기 위해 환상적 · 오락적 요소를 가진다.

⑤ 시험형

시험형(Examination Mode)은 학습자의 성취정도를 평가하기 위한 것으로, 컴퓨터가 시험문제를 만들고 제시 순서를 정해줄 수 있으며, 시험과정을 관리하고 그 결과를 쉽고 정확하게 기록할 수 있도록 도와주는 유형이다. 이 유형은 정확하게 학습자의 능력을 측정함으로써 시험의 질을 높이고, 교사의 관리와 기록에 따른 시간을 절약해 주며, 다양한 시험유형을 활용할 수 있도록 한다.

2) 집단학습 교육방법

(1) 강의법

강의법(Lecture Method)은 가장 오래된 전통적인 교수방법으로, 주로 언어를 통한 설명과 해설을 통해 이루어진다. 이 방법은 고대 희랍시대의 철학자들이 서로의 지식을 나누어 갖기 위해 사용해 온 이래 지금까지 수업과정에서 빈번히 사용되고 있다.

강의의 주된 목적은 청중들에게 분명한 사실, 개념, 지식, 아이디어 등에 관한 정보를 제공하는 데 있다(Cruickshank et al., 1995).

강의법의 일반적 기술은 첫째, 교사는 언어를 직관적이며 명확하게 사용해야 한다. 둘째, 교사는 학습자의 성장발달을 고려하여 언어를 선택해야 한다. 셋째, 교사는 학습자의 반응을 수시로 확인하여 그에 따른 강의의 진도 및 정도를 조절해야 한다. 넷째, 교사 자신의 음성이나 음색의 정도를 조절하고 가끔 유머를 사용하여 학습자가 권태를 느끼지 않도록 해야 한다. 다섯째, 시청각 보조 자료도 사용하여 학습의 효과를 높여야 한다.

강의법의 장점은 짧은 시간에 다량의 내용을 많은 사람들에게 체계적으로 전달할 수 있고, 교사의 언어만으로 난해한 문제를 용이하게 설명할 수 있으며, 학습자의 감정자극과 동기유발이 용이하고 교사가 시간을 조절할 수 있어 학습경제상 유리하나, 단점은 학습자의 수동적 역할로 인해 활동기회를 제약하고, 교사의 획일화된 수업진행으로 개성과 능력이 무시되기 쉬우며, 지식위주의 교육에 빠지기 쉽고, 추상적인 개념전달로 인해 학습능력이 낮은 학습자는 학습내용을 이해하기 곤란하다.

(2) 토의법

토의법(Discussinon Method)은 공동학습의 일종으로 학급조직을 고정하지 않고 비형식적인 토의집단으로 구성해서 자유로운 토론을 함으로써 문제해결에 협력하여 집단적 결론으로 이끌어 나가는 학습방법이다. 이 방법은 의사소통을 전제로 하기 때문에 토의에 참여하는 학습자와 수업자의 역할이 강조되며, 정보와 경험의 상호교환이 중요시된다. 따라서 토의에서 수업자의 역할은 상황에 따라 다양하게 나타나고, 집단의 크기와 구성원들의 특성에 따라 토의의 성격이 좌우될 수 있다.

데이비스(Davis, 1981)는 토의법의 목적은 학습자의 참여를 유도하고, 문제를 비판적으로 분석하는 능력을 신장시키며 창의적 능력과 협동적 기술을 개발시키는 데 있다고 보았다.

토의법의 장점은 타인의 의견존중 및 협력하는 태도와 실천력을 기를 수 있어 민주시민의식을 함양할 수 있고, 스스로 사고하고 의사표현을 하는 능력을 함양할 수 있으며, 고등정신 기능을 기를 수 있으나, 단점은 저학년이나 학습능력이 낮은 학습자 수업에서는 형식적인 토의가 되기 쉽고, 시간의 비경제성과 인원의 제한이 있으며, 어려운 사실과 개념을 다루기가 어렵다.

■ 토의법의 유형은 다음과 같다.

① 원탁식 토의

원탁식 토의(Round Table Discussion)는 10명 정도의 참가인원이 정해진 주제에 대해 상호동등한 관계 속에서 자유롭게 의견을 교환하는 방식이다. 참여자들의 발언이 활발하게 이루어지고, 참여자 모두 토의에서 합의된 결과에 대한 책임을 똑같이 공유한다는 점에서 매우 민주적인 토의방법이지만 시간이 많이 걸리고 발언이 특정인에게만 편중될 우려가 있으므로 토의에 참여하지 못하는 사람이 있을 수 있다. 따라서 성공적인 토의가 이루어지려면 충분한 경험이 있는 사회자가 침묵하거나 소외되는 참여자에게도 발언할 수 있는 기회를 적절히 제공하고, 소모적 논쟁이나 논박으로 주제에서 벗어나지 않도록 해야 한다.

② 배심토의

배심토의(Panel Discussion)는 사회자의 진행에 의해 토의주제에 관한 지식과 경험이 풍부한 4-6명의 패널 구성원이 청중 앞에서 토의하는 방식이다. 토의주제에 대해 상반되는 견해를 가진 소수의 패널 구성원들은 발언 시간에 사회자의 적절한 통제를 받는다. 이 방법은 사회자의 능력에 따라 토의를 통해 많은 문제를 취급할 수 있고, 청중과 발표자 사이에 자발적인 의사교환이 가능하나 비공식적인 대화를 중심으로 이루어지므로 논리적이고 체계적인 정보의 제시가 어렵고, 대부분의 질문에 완벽한 응답을 기대하기 어렵다. 가능하면 예리한 사고력의 소유자로 즉석에서 명확하게 답변할 수 있는 발표자를 선정해야 하고, 사회자는 1인당 발표시간을 2-3분을 소요하지 않는 범위 내에서 간결하게 의사를 발표하도록 통제해야 한다.

③ 공개토의

공개토의(Forum Discussion)는 1-2명의 전문가가 주어진 시간 내에 공개연설을 한 뒤 그 내용을 중심으로 청중과 질의응답하는 형식으로 진행되는 방식이다. 포럼은 전문가와 학습자들 간에 질의응답을 자유롭게 함으로써 원활한 상호의사소통을 한다. 사회자가 연설자의 시간을 적절히 통제하고 청중의 질문을 유도해야 하며, 질의시간이나 발언횟수를 적절히 조절해야 한다.

④ 심포지엄

원래 그리스어의 심포시아(Symposia: 함께 술을 마시는 것), 심포시온(Symposion: 饗宴·饗應)에서 라틴어의 심포지엄(Symposium)으로 옮겨진 말이다. 오늘날에는 향연이라는 의미 외에도 화기애애한 분위기에서 진행되는 학술적인 토론회나 그 밖에 신문·잡지 등에서 특정한 테마를 놓고 2명 또는 그 이상의 사람들이 각자의 견해를 발표하는 공중토론을 의미하여 단상토론이라고도 한다. 심포지엄은 특별한 논점이나 문제점 등을 다양한 측면에서 각기 견해가 다른 발표자가 발표를 하는 형태로 이루어진다. 토의주제에 대해 전문적 지식을 갖고 있는 2-3명의 전문가가 주제발표를 한 후 사회자의 진행에 따라 발표자와 청중 사이의 질의응답이나 토의도 가능하다. 참가자들은 토의주제에 대해 전문적인 지식이나 정보, 경험 등을 지니고 있어야 한다. 이 방법은 다양한 지식과 경험의 제시가 가능하고, 참가자 전원이 토의주제에 관련된 지식이나 정보를 갖고 있는 경우로 체계적이고 깊이 있는 토의가 가능하다.

⑤ 세미나

세미나(Seminar)는 토의주제에 대해 전문적인 지식을 갖고 있는 전문가나 연구가들이 참여하고, 참석자 전원이 자신의 의견을 발표할 기회를 갖는 것이 특징이다. 대체로 높은 권위의 전문가 간의 의견교환을 통해서 참여자들에게 토의주제에 대한 전문적 연수나 훈련의 기회를 제공하고자 할 때 자주 활용된다. 사회자와 발표자, 참가자들이 토의주제에 대한 전문적 지식과 정보를 소유하고 있기 때문에 전반적으로 매우 활발한 상호작용 속에서 토의가 진행된다.

⑥ 워크숍

워크숍(Workshop)은 참석자들 자신이 문제를 다루는 능력을 증진시키고 철저한 연구 및 토론을 통하여 어떤 주제에 관한 지식을 확장시키고자 공동으로 작업하기 위해 이루어진다. 기간은 보통 3일-3주 정도로 잡으며, 참가 인원은 10-25명으로 제한한다. 이 때 프로그램의 효과성을 높이기 위해서는 참가자가 시작단계부터 마지막 단계까지 지속적인 출석이 보장되어야 한다.

⑦ 콜로키

콜로키(Colloquy)는 대담토론, 자유토론이라고도 하며, 일반적으로 6-8명의 참석자로 이루어지고 3-4명은 학습자 대표로, 또 다른 3-4명은 전문가나 자원인사, 그리고 1명의 사회자로 구성된다. 일반 청중 학습자들의 참여가 허용되며, 토의시간은 학습자 집단과 전문가 집단 양측에 거의 동등하게 주어진다. 적극적이고 능동적인 학습참여를 가능하게 함으로써 학습자의 흥미와 동기를 유발시킬 수 있으나 토론자들이 학습기법의 특성과 구성원들의 역할을 잘 숙지하지 못할 경우 집단토의가 되어버릴 수 있다.

(3) 구안법

구안법(Project Method)은 킬패트릭(Kilpatrick, 1918)이 제안한 학습법으로, 구안(Project)이란 '생각한다' '구상한다' 또는 '묘사한다' 등의 의미로 쓰여지며, 마음 속에 생각하고 있는 것을 구체적으로 실현하고 형상화하기 위하여 자기 스스로가 계획을 세워 수행하는 학습방법이다. 이 학습은 문제의 인식에서부터 출발하나 문제 자체가 현실적이고 구체적이어야 하며, 사고적 활동보다는 어떤 작업을 계획하고 수행하는 해결의 과정을 중시한다. 이 학습은 주로 극화학습, 발표학습, 구성학습, 창작학습, 전시학습 형태로 이루어지며, 개인차에 따른 개별학습이 가능하고 문제를 구체적이며 실제적으로 해결할 수 있게 한다.

구안법의 장점은 생활을 통해서 실제적인 문제해결의 기회를 제공하므로 학교생활과 실제생활을 결부시킬 수 있고, 학습자의 흥미에서 출발하므로 동기유발이 가능하고 주도성과 책임감을 훈련할 수 있으며, 창조적·구성적 태도를 기를 수 있으나 우수한 학습자가 학습을 독점할 우려가 있고 능력이 부족한 학습자에게는 시간과 정력이 낭비될 우려가 있고, 문제를 해결하기 위한 자료가 많이 사용되어 자료를 얻기가 어려우며. 교재의 논리적 체계가 무너질 우려가 있다.

■ 구안법의 학습단계는 다음과 같다.

① **목적파악**: 학습문제를 선택하고 학습목적을 확인하는 단계이다.
② **계획수립**: 계획을 세우는 단계이다.
③ **실 행**: 흥미를 가지고 활발하게 활동하는 단계이다.
④ **평 가**: 자기 평가, 상호 평가, 교사 평가를 하는 단계이다.

(4) 역할놀이

역할놀이(Role Playing)는 실제의 장면이나 그와 매우 유사한 상황으로 만들어서 학습하는 방법이다. 역할이란 다른 사람과의 관계에서 감정, 말, 행동의 일정한 형태로 나타나는 독특하고 습관화된 행동양식이다(Chesler & Fox, 1966).

역할활동은 인간관계의 문제에 대하여 자발적으로 연기해 보고 다른 연기자의 행동과 관찰자의 토의내용을 중심으로 역할연기를 분석해 보는 새로운 수업기법이다(Levit, 1955).

전형적인 교실수업에서 역할놀이의 목적은 참여자와 관찰자가 실제적인 문제상황에 참여하여 문제를 해결하고 이해하도록 하는 것이다. 예를 들면, 모의재판이나 모의 주주총회 등을 실제상황의 재현과 같은 상황으로 재현하여 밝히는 것이다. 역할활동의 경험은 학생들의 관찰력, 영향력, 동정심, 의사결정 능력을 기르는 데 도움이 된다. 역할활동은 개인적 가치와 행동의 분석, 대인관계 문제해결을 위한 전략, 타인에 대한 감정 이입의 전개와 같은 일을 돕기 위해 고안되었다.

참여자와 관찰자가 역할활동 과정을 통하여 학습한 결과는 다음과 같다. 첫째, 감정(감정이입, 공감, 분노, 애정 등)을 탐색한다. 둘째, 태도와 가치, 지각을 이해한다. 셋째, 문제해결 기능 및 태도를 개발한다. 넷째, 교과목을 탐색하는 데 도움이 되는 인간행동의 생생한 예를 다양한 방식으로 접하도록 하는 것이다(Joyce et al., 1992). 교사가 학생들에게 통찰력, 영향력, 의사결정능력, 상담기술, 문제해결능력, 의사소통기술 등을 길러주고자 할 때에 역할놀이 수업모형은 효과적인 학습방법이 될 수 있다(Bank et al., 1981).

■ 역할활동의 학습단계는 다음과 같다.

① 상황 설정하기

학생들에게 문제를 제시하고, 확인시키며 집중시킨다. 문제에 대한 실제상황을 서술하거나 교사가 상황을 선정하고 비디오나 텔레비전 쇼의 형식으로 예시함으로써 문제를 분명하게 제시한다. 상황설정하기에서는 시연할 역할놀이에 대한 전반적인 설명이 이루어진다.

② 준비 및 연습

역할활동의 참여자를 선정하고 연습하며 실연을 준비하는 단계이다. 학생과 교사는 그들이 무엇과 같은지, 어떻게 느끼는지, 무엇을 해야 하는지 등에 대한 다양한 배역들에 대해 설명하고 배역을 할당한다. 배역을 정한 다음에는 행동의 순서를 결정하고, 역할의 재진술, 문제상황의 내면 파악, 관찰자의 관찰관점 정하기, 과제할당 등의 순으로 무대를 설치하고 역할놀이 실연을 준비한다.

③ 실연하기

실연자(Player)는 역할에 따라 각자 현실적으로 반응하며 자율적으로 그 상황을 실연한다. 역할활동이 유창한 극화가 되리라고 기대하지 말고, 각 역할의 실연자가 어떻게 반응할 것인지에 대한 불확실성은 그 역할을 느끼는 것의 부분일 뿐만 아니라 생활의 일부분이기도 함을 인식해야 한다. 후속 토의가 사건이나 역할에 대한 학생의 이해를 빠뜨린 것이라면 교사는 그 장면을 재현하도록 요구할 수 있어야 한다.

④ 평가하기

역할활동 후 관찰자와 실연자가 서로 토의하고 교사가 정리하는 단계이다. 처음의 토의는 묘사한 것에 대한 서로의 다른 해석, 그 역할이 어떻게 수행되었어야 하는지에 대한 의견 불일치에 초점을 둔다. 불일치에도 불구하고 중요시되는 것은 그 행동의 결과와 동기이다. 교사는 실연자와 관찰자와의 토의를 통해 경험을 교환하고 일반화하게 한다.

(5) 브레인스토밍

Osborn의 브레인스토밍 프로그램에서는 집단토의를 통해 창의적 아이디어를 산출하도록 훈련한다. 브레인스토밍이란 뇌(brain)에 폭풍(storm)을 일으킨다는 뜻으로, 어떤 구체적인 문제에 대한 해결방안을 생각할 때, 비판이나 판단을 일단 중지하고 질을 고려함이 없이 머리 속에 떠오르는 대로 아이디어를 내게 하는 방법이다.

■ Osborn(1940)이 제시한 브레인스토밍의 기법에는 다음과 같은 것이 있다.

① **판단보류의 원리(비판금지)** : 참여자들에게 '지연판단의 원리'를 지시한다. 즉, 브레인스토밍이 끝날 때까지 비판적 코멘트는 하지 않도록 한다.

② **다양성의 원리(질보다 양)** : 참여자들에게 아이디어의 질에 구애됨이 없이 가능한 한 많은 아이디어를 생각해 내도록 권장한다.

③ **독창성의 원리** : 참여자들이 세련되지는 않았더라도 색다른 아이디어를 산출해 내도록 자극한다.

④ **결합의 원리(조합과 개선)** : 참여자들에게 브레인스토밍 중에 제시된 아이디어에 새로운 그 무엇을 첨가하도록 자극한다.

3. 평생교육자

평생교육자의 역할과 자질은 다양하게 요구된다. 특히 평생교육자의 개인적 특성은 건강, 정력, 적응력, 주도력, 성실감, 낙관적 기질, 협동심이 타인보다 우수해야 한다. 그리고 평생교육자는 성인들이 자신들의 필요와 목표를 만족시켜 나가기 위해서는 학습이 중요하다는 자각과 이러한 자각을 갖도록 성인들을 자극할 필요가 있으며, 자기가 활동하고 있는 그 기관이나 단체의 소속 구성원으로서 그 기관이나 단체의 필요와 목표에 헌신할 소명감이 있어야 한다. 평생교육자의 역할은 학습자가 요구하는 지식과 기능 및 정보를 수집하여 체계적으로 정리하여 적시에 제공해주는 역할을 담당하는 학습촉진자, 정보제공자, 학습격려자, 상담 및 조언자로서의 역할을 통합적으로 수행하여야 한다.

평생교육자의 역할은 성인들의 학습전개과정에 있어서 교사중심보다는 학습자중심의 교육활동이 이루어질 수 있도록 학습환경 및 분위기를 조성하여 그들의 학습목표에 도달할 수 있도록 도와주어야 한다. 또한 문제해결과정에 있어서는 여러 가지 대안이나 유익한 정보 및 자료들을 제고해 줄 수 있어야 하며, 성인학습자들의 욕구나 필요를 충족시켜 주면서 그들에게 흥미유발이나 지속적인 학습참여 및 동기유발을 위하여 학습상황에 따른 의미있는 적절한 경험들을 제공해주는 역할을 수행해야 할 것이다.

다음은 각 학자들의 견해를 중심으로 평생교육자의 역할과 자질에 대해 살펴보고자 한다.

1) Brookfield의 견해

브룩필드(Brookfield, 1988)는 평생교육자의 역할을 교수역할, 프로그램 개발역할, 교수 및 인적 자원개발 역할, 지역사회 활동역할 등 네 가지로 범주화하였다.

첫째, 교수역할이다.

성인학습에서는 학습자의 자기주도적 학습을 강조하기 때문에 교수자가 아닌 안내자나 촉진자로만 생각하는 경향이 있다. 그러나 실제로 성인교육에서도 교수자의 역할이 필요하다. Brookfield(1987)는 교사의 포괄적인 역할에서 교수활동에 대한 몇 가지 대안적인 개념들로 구분하는데, 즉 예술가로서의 교사, 촉진자로서의 교사, 비판적 분석가로서의 교사의 역할이다. 예술가로서의 교사는 사람들과 특정상황에 대해 창조적·즉흥적인 반응을 유도해낸다. 예술가로서의 개념에 있어서는 창의성, 혁신, 민감성 등의 특성이 중요하다(Lenz, 1982). 촉진자로서의 교사는 학습자를 존중하며 학습자와의 관계에서 공감하고 지지하는 역할이다. 비판적 분석가로서의 교사는 학습자들의 잘못된 신념이나 사고, 행동 등에 대해 대안을 제시하고 합리적인 사고, 신념 및 행동을 할 수 있도록 안내하고 깨닫게 한다.

둘째, 프로그램 개발역할이다.

성인학습지도자는 프로그램 개발자로서 프로그램의 기획, 요구분석, 목표설정, 교육내용 선정, 인적·물적 자원 배분, 홍보 전략, 평가 등의 일련의 활동을 수행한다.

셋째, 인적자원 개발의 역할이다.

인적자원 개발자의 역할은 세 가지로 구분된다. ① 수업, 커리큘럼 개발, 자료개발, 방법설계, ② 개인연수 관리, 지역사회 관계개선, 예산배정에 참여한 행정가, ③ 조직형태를 변화시키고 다른 사람들이 학습하도록 자극하며, 유행되지 않거나 알려지지 않은 관점을 지지하는 데 참여한 자문가(consultant)가 되는 것이다.

넷째, 지역사회 교육의 역할이다.

미국의 성인교육자들은 지역사회 교육의 역할에 대해 강조한다. 지역사회를 학습의 공간으로 간주하고 지역에 위치하고 있는 성인학습 기관들이 지역주민의 학습욕구를 만족시키며, 학습에서 소외되었던 학습자들에 대한 문제를 지역사회에서 해결하고자 한다. 그리고 지역사회 발전을 위한 정책수립과 지역문제를 해결하는데 지역주민들의 합의된 의견이 도출될 수 있도록 성인학습자의 역할이 중요하다.

2) Knowles의 견해

노울즈(Knowles, 1980)는 평생교육자의 역할을 학습의 촉진자, 프로그램개발자, 행정가로 보았다.

첫째, 학습 촉진자로서의 자질이다.

① 성인학습의 개념 및 이론 틀에 관한 능력

학습자로서 성인의 욕구, 흥미, 동기, 능력, 발달상의 특성에 관한 현대적 개념 및 연구결과를 기술하고 적용할 수 있는 능력, 다양한 학습이론을 이해하고 그것이 특정한 성인학습 상황에 관련성이 있는지를 평가하는 능력, 그리고 자기주도적 학습자들을 위해 촉진자나 자원인사로서 교사의 역할을 하는 것이다.

② 학습경험의 설계 및 집행에 관한 능력

학습내용의 선정, 학습자들 간의 개인차를 고려한 다양한 목표를 달성하기 위한 학습경험의 설계, 학습자와의 상호존중과 신뢰, 친밀감 형성, 학습활동을 계획·실행·평가하는데 학습자를 적절히 참여시키는 능력 등이다.

③ 학습자들이 자기주도적이 되는데 도움을 주는 것과 관련된 능력

학습자들의 자기주도적 학습이 이루어질 수 있도록 특정한 교육목적을 달성하기 위해서나 학습내용에 따라서 학습방법이나 기법 및 학습자료를 적절하게 선택하여 활용할 수 있는 능력이다. 그리고 학습자의 다양한 경험을 활용하고 학습에 효과적으로 참여하도록 하는 능력이다.

둘째, 프로그램 개발자로서의 자질이다.

프로그램을 기획하고 프로그램의 전 과정을 설계할 수 있는 능력이다. 고객이나 학습자를 기획과정에 적절히 참여시키고 다양한 상황(직업교육, 문해교육, 기초기술교육, 연수교육 등)에서 학습자들의 욕구를 충족시키기 위한 다양한 프로그램을 개발할 수 있으며 기관의 책무성 요건을 충족시키고 프로그램 평가를 분석하여 프로그램 개선을 할 수 있는 능력을 갖추는 것이다.

셋째, 행정가로서의 자질이다.

조직의 발전 및 유지를 시키기 위해 조직형태나 운영 및 개선에 관한 이론과 연구결과를 기술하고 적용하는 능력, 조직의 사명에 맞도록 정책을 입안하고 조직의 효율성을 평가하며 지속적인 발전을 유지시키는 능력, 직원에 대한 업무수행을 평가하고 격려하는 능력, 프로그램의 실행자로서 예산된 범위 내에서 재정적인 계획을 세우고 홍보전략을 적절하게 설계하여 활용하는 능력 등을 갖추고 있다.

평생교육이 효과적으로 이루어지려면 평생교육자의 자질이 중요하다. 평생교육자는 학습의 문제에 관심을 가지고 지원해주며 유연성, 혁신성, 새로운 것을 시도해 보는 것, 가르치는 주제에 대한 열정과 철학, 성인교수의 철학에 대한 분명한 이해가 있어야 한다. 효과적인 교수자는 기획, 의사소통, 돌봄과 안내, 평가, 주제, 개방적 학습공간의 형성 등의 기술을 가지고 있어야 한다(Cross, 1996). 박노열(1987)은 첫째, 인간적 자비심, 둘째, 지역사회 필요와 주민의 학습욕구에 대한 민감성, 셋째, 누구와도 조화를 이룰 수 있는 융통성, 넷째, 사회교육에 대한 관심과 협조를 이끌

어낼 수 있는 정치력, 다섯째, 사회교육의 프로그램의 가치를 판단할 수 있는 철학, 여섯째, 당면문제를 조직적으로 해결할 수 있는 문제능력해결, 일곱째, 사회교육에 대한 전문지식 등을 그 자질로 보았다.

평생교육자의 자질은 첫째, 건강하고 정력적이며, 적응력과 주도성을 갖추어야 한다. 둘째, 학습자의 욕구를 빨리 파악해야 한다. 셋째, 집단과정을 민주적인 지도력을 갖고 잘 이끌어갈 수 있어야 한다. 넷째, 변화와 혁신을 촉진하는 발전지향적인 선도적 지도자이어야 한다. 다섯째, 교육에서나 기관 운영에서 인간관계를 원만하게 할 수 있는 자라야 한다. 여섯째, 성인학습에 대한 전문적 지식을 갖고 있어야 한다(가영희 외, 2008).

4. 평생교육의 평가

교육평가는 교사와 학습자가 학습목표의 달성정도를 판단하는 과정이며, 그 결과는 교육의 전 과정에 반영되어야 한다. 즉 적절한 측정을 통하여, 자료를 수집하고 그것을 기초로 하여 평가가 이루어진다. 평가와 결과는 적절한 기준과 방법에 의하여 평가되어야 하며, 평가에서 얻어진 자료는 교육의 목표설정, 학습경험의 조직과 제공, 학습방법을 결정함에 있어 중요한 구실을 하게 된다. 평가는 지금까지 교육과 관련하여 평가를 한다고 하면 학습자들의 학업성취도에 국한하여 생각해 왔었으나, 최근에는 한 걸음 더 나아가 학습자들의 학업성취에 영향을 주는 교사, 프로그램, 학교환경, 지역사회 등에까지 그 논의의 범위가 확대되고 있다.

평생교육평가는 평생교육의 교육목표를 얼마나 달성하였는지를 객관적이고 수량적으로 측정하는 것이고 평가의 결과는 추후에 실시하는 평생교육의 학습경험의 조직과 선정, 교육방법을 결정하고 개선하는데 중요한 자료가 된다. 평생교육의 평가는 학습자 자신과 교수자, 동료평가로 이루어지며, 주로 학습자가 얼마나 지식이나 기술이 향상되었는가를 중시한다.

프로그램 평가의 핵심영역은 프로그램의 목적, 프로그램의 내용, 프로그램 참여자, 프로그램 운영 등 4가지로 요약할 수 있다(김진화, 2005).

첫째, 프로그램 내용에 대한 평가는 프로그램이 궁극적으로 의도하는 바가 성취되었는가에 초점을 맞춘다.

둘째, 프로그램 내용에 대한 평가는 프로그램 내용의 혁신성, 현실성, 즉시성, 적용성, 요구반영 정도에 초점을 맞춘다.

셋째, 프로그램 참여자에 대한 평가는 프로그램에 참여했던 사람들에 대한 인식, 태도, 느낌, 호감도, 만족도 등을 파악하는데 초점을 맞춘다.

넷째, 프로그램 운영에 대한 평가는 프로그램이 매끄럽고 원활하게 수행되었는가? 혹은 프로그램 운영과 관련된 제반요인, 즉 시설, 매체, 수강료, 강사자질 등을 확인하는데 초점을 맞춘다.

평가방법은 시험, 질문지법, 관찰법, 감상문 작성법, 논문 등이 있고, 평가주체에 따라 자체평가, 제3자 평가(전문가 평가)로 분류하며, 평가시기에 따라 기초평가, 중간평가, 최종평가, 추후평가로 분류하고, 평가대상에 따라 개인평가, 프로그램 평가, 기관평가, 지역사회 평가 등으로 분류한다(정지웅, 2000).

제 7 장

평생교육프로그램의 개발

1. 평생교육프로그램 개발의 의의

프로그램개발이란 흔히 '프로그래밍(programming)', '프로그램기획(program planning)' 등의 용어로 표현되는데, 이러한 용어들은 모두 프로그램의 설계와 아울러 설계가 이루어진 맥락, 프로그램을 기획하고 실행하며 평가하는 모든 방법까지를 포함하는 개념이다. 즉 프로그램은 예산, 홍보, 평가 등의 전 과정을 포함한다. 프로그램이라는 용어는 학자들의 관점에 따라 다르다. 버너(Verner, 1964)는 프로그램이란 특별한 교수목표를 성취하기 위해 계획된 학습경험의 연속을 의미하는 것으로 1회성 수업으로부터 전체 지역사회를 포괄하는 교육활동까지 적용하는 유연성 있는 용어라고 하였고, 슈로더(Schroeder, 1970)는 프로그램을 "지역사회에서 이루어지는 성인들의 모든 교육활동, 조직이나 기관의 평생교육을 위한 모든 능력, 특수 인구집단을 위해 설계된 교육적 활동"으로 보고 있다. 프로그램의 설계는 교육목적, 내용, 경험, 조직 및 평가를 다루는 기술만을 강조하지만 프로그램 개발은 프로그램을 계획·설계·시행·평가하는 수단과 방법까지를 포괄하는 광의의 개념으로 규정하는 것이 일반적이다(Boone, 1985). 즉 프로그램개발은 프로그램기획(program planning), 프로그램 설계(program design), 프로그램 마케팅(program marketing), 프로그램 실행(program implementation), 프로그램 평가(program evaluation) 등을 포함한다.

분(Boone, 1985)의 프로그램개발의 의의는 다음과 같다.

첫째, 학습자의 행동변화를 위해 고안된 교육프로그램의 실행을 위한 평생교육자의 노력에 의미를 부여하고 관리하기 위한 합리적인 틀이다.

둘째, 일반학습자들을 분석하고 교육대상자와 지도자를 파악한 후 그들의 교육욕구를 측정하여 이의 충족을 위한 프로그램을 설계・실행함으로써 평생교육기관과 일반 대중을 연결시키는 수단이다.

셋째, 평생학습자의 생활방식에 많은 영향을 미치는 지도자 및 현장에서 실천하는 평생 교육자들의 활동의 장이다.

넷째, 평생교육기관이 교육을 통해 달성할 수 있는 여러 조건들을 조성하기 위한 기회이다.

2. 평생교육프로그램의 목적

성인학습자들이 학습활동에 참여하는 중요한 이유는 개인의 삶의 질을 향상시키고 직업과 관련된 지식과 기술을 습득하기 위한 것이다. 평생교육프로그램은 학습자 개인 및 집단, 지역사회를 대상으로 바람직한 변화가 일어나도록 추구하는 것을 목적으로 한다. 미리엄과 커닝햄(Merriam & Cunningham, 1989)은 평생교육 프로그램은 5가지 목적과 고객의 다양성을 위해 만들어진다고 한다(〈표 7-1〉 참조).

사실상 평생교육 프로그램의 목적은 한 가지 목적만이 아니라 대부분은 다양한 목적을 복합적으로 추구하면서 개발된다.

〈표 7-1〉 평생교육 프로그램의 목적과 프로그램의 예

프로그램의 목적	프로그램의 예
• 개인의 지속적인 성장과 발달추구	• 19, 20세기의 문화와 중국예술에 대한 교육 • 워크숍: 당신의 컴퓨터를 효과적으로 사용하는 방법
• 삶의 이슈와 실제적 문제해결추구	• 변화하는 삶에 대처하기 위한 방법 세미나 • 환자가족을 돌보기 위한 정보제공 • 퇴직 전 교육
• 현재와 미래의 직업기회 준비	• 새로운 직업인을 위한 교육 프로그램 • 자격취득 및 학위취득 프로그램 • 새로운 취업을 위한 세미나
• 조직이 바라는 기준도달	• 고용자들을 대상으로 조직의 질적향상을 목적으로 하는 세미나 • 경제발전협회에서 제공되는 워크숍 • 관리자, 경영자를 위한 세미나
• 지역사회와 사회적 이슈 검토	• 교사, 행정가, 부모를 대상으로 관리 기술을 개발시키기 위한 워크숍 • 다양한 지역사회 교육프로그램 • 건강, 경제, 사회적 이슈에 초점을 둔 컨퍼런스

자료: Caffarella, R. S.(1994). *Planning Programs for Adult Learners*. San Francisco: Jossey-Bass.

3. 평생교육프로그램 개발의 원리

프로그램개발은 창조성, 현실성, 논리성을 충족하는 기본원리에 충실할 때 보다 좋은 프로그램을 개발할 수 있다.

첫째, 창조성의 원리

이 원리는 특이하고 새로우며 독특한 것을 만들어 내는 능력을 창조성이라고 한다. 길포드(Guilford, 1959)는 창조성을 새롭고 신기한 것을 낳는 힘이라고 정의하였고, Taylor(1961)는 생산적 사고와 창조적 사고를 표현하는 복잡한 심리적 과정으로서, 인내성과 성취, 변화, 개선을 구하는 태도, 그리고 아주 큰 소신을 낳게 하는 정열 같은 것이라고 하였다.

즉, 좋은 프로그램을 개발하려면 새롭고 창조적인 아이디어로 혁신적이고 독특한 프로그램의 내용과 방법을 창출하여 다른 프로그램과 차별성이 있어야 한다.

둘째, 현실성의 원리

이 원리는 프로그램이 실현가능한 내용과 방법으로 구성되어 실생활에서 활용할 수 있어야 한다.

셋째, 논리성의 원리

이 원리는 프로그램의 내용과 방법이 체계적이고 합리적이어야 함을 말한다.

즉 프로그램개발시 계획, 실행, 평가에 이르기까지 체계적이고 논리적으로 조직되어야 한다.

4. 평생교육프로그램 개발의 유형

평생교육 프로그램 유형들은 다양한 기준에 의해 구분이 된다. 확장교육 모형으로 Boyle의 모형(1981)과 Boone의 모형(1985)이 있고, 성인교육 모형으로는 Houle의 모형(1972), Knowles의 모형(1980), Kowalski의 모형(1988) 그리고 Caffarella의 모형(1994)이 있다. 확장교육은 일반 확장교육과 농업확장교육으로 구분하고, 성인교육은 성인학습자에 초점을 둔 교육이다. 여기서는 Boyle의 모형과 Boone의 모형, Knowles의 모형, Caffarella의 모형에 대해서 살펴보고자 한다.

1) Boyle의 모형

보일(Boyle, 1981)은 성인학습 프로그램을 개발주체, 개발목적, 프로그램 용도에 따라서 분류하였다.

(1) 개발주체에 의한 분류

학습자중심, 내용중심, 문제중심의 프로그램으로 구분한다.

① 내용중심의 성인교육: 특정한 내용의 습득과 전달이 목적으로 직업 훈련, 컴퓨터 교육 등이 있다.

② 학습자중심의 성인교육: 장인교육, 예술교육이 있다.

③ 문제중심의 성인교육: 퇴직교육, 부모교육 등이 있다.

(2) 프로그램 용도에 의한 분류

직업교육, 문해교육, 지역사회교육 등으로 구분한다.

① 직업교육

주로 기업관련 교육에서 사용되는 것으로 흔히 HRD 즉, 개인 및 조직의 수행력을 높여 경쟁력을 갖추기 위하여 교육적으로 접근하는 것에 초점이 있다. 성인교육 프로그램들이 주로 조직의 경쟁력을 갖추기 위하여 조직원들을 교육 및 재교육시키거나 혹은 새로운 직업이나 이직을 위한 목적으로 만들어진다. 대표적인 것으로 특정 활동모델, 일반 직업모델, 전문직 계속교육 등이 있다.

② 문해교육

성인학습자의 기초적인 언어습득 및 활용을 위한 교육프로그램으로 뉴만과 프레이리의 모델이 존재한다. 뉴만의 모델에서는 프로그램의 참여자에 대한 분석을 시작으로 프로그램 계획의 기초자료를 확보하며, 이를 기반으로 학습자의 특성을 고려하여 문해교육 프로그램 목표를 설정한다. 그 다음 구체적인 교수기법, 수업을 위한 자료, 자원, 강사, 장소 등이 선정되고 학습자의 능력과 일치될 때 문해교육을 실시하고 평가를 해서 수정된 결과가 다시 프로그램 검토에 활용한다.

③ 지역사회교육

평생교육의 지역에서의 실천으로 주로 분(Boone), 도란(Dolan), 쉐런(Shearn), 리피트(Lippitt), 웨스틀리(Westley) 등의 모델이 존재한다.

(3) 개발목적에 의한 분류

정보형 프로그램과 개발형 프로그램, 제도형 프로그램으로 구분한다.

① 정보형 프로그램

정보 프로그램은 학습자에게 특정한 새로운 정보를 제공하기 위해 개발된 것으로 정보를 갖고 있는 사람과 그것을 필요로 하는 사람 사이의 정보교환을 주된 목적으로 한다. 새로운 연구결과나 변화의 흐름, 수정된 체제 등 기존의 지식 내용이 수정이 된 경우 그에 대한 정보를 얻고자 하는 것에 맞추어 개발되는 프로그램이다.

② 제도형 프로그램

성인학습 기관이 주체가 되어 개인의 지식, 기술, 기초능력의 신장을 위한 프로그램으로 학습자의 욕구에 기초하여 프로그램이 개발된다. 지도자는 전문적 지식을 갖고 있어야 하며 주로 회계사, 법률가, 의사 등 전문직 종사자의 재교육을 위해 개발된 프로그램이다.

③ 개발형 프로그램

학습자, 지역사회 또는 집단의 문제를 파악하고 그 문제를 해결하거나 대처하는데 도움을 주는 교육프로그램으로 문제해결 프로그램이라고도 한다. 개발 프로그램은 흔히 명확한 목표가 설정되지 않은 상황에서 시작하는 경우가 많으므로 프로그래머는 철저한 상황분석을 통해 프로그램의 목표를 설정해야 하고, 문제파악과 욕구사정을 거쳐서 평가에 이르는 전 교육과정을 통해 촉진하는 역할을 수행한다.

Boyle은 "학습자와 프로그램 개발자가 공동으로 만들어가는 일련의 활동과 과정"이라고 정의하면서 프로그램 개발시 고려할 내용을 다음과 같이 제시하였다.

① 변화시키거나 개선해야 할 문제점이나 상황에 대하여 분석하고 나아가 의사결정을 위한 조직적인 구조를 개발한다.

② 학습에 필요한 자원과 학습자, 그리고 지역사회에 대한 분석결과를 효과적으로 이용한다.

③ 바람직한 변화가 학습활동계획에 포함될 수 있도록 확인해야 할 문제점과 상황에 우선순위를 매긴다.

④ 주민과 지역사회가 함께 하는 프로그램을 통하여 얻을 수 있는 장점을 확인한다.

⑤ 프로그램의 효과적인 홍보와 수행을 위해 동원 가능한 자원과 지원 정도를 확인한다.

⑥ 적절한 학습경험을 다양한 참여 학습자들에게 제공할 수 있도록 활동계획을 설계한다.

⑦ 대회, 회의, 워크숍, 개별적 참고자료 및 라디오와 TV 프로그램 등을 통해 적절한 학습기회를 제공하도록 고안한다.

⑧ 프로그램의 가치에 대한 효과적인 판단을 하는 데 필요한 책무가 무엇인지를 파악한다.

⑨ 재정관계, 의사 결정자, 참여자들, 그리고 기타 관심 있는 자들과 집단에게 프로그램의 가치를 홍보한다.

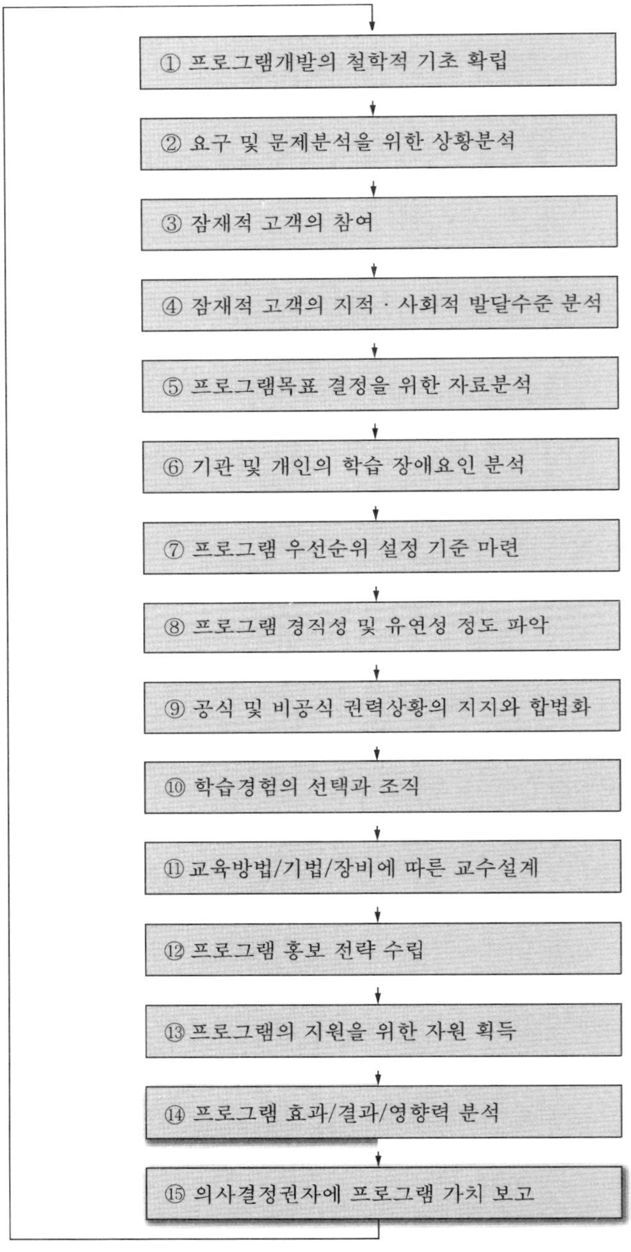

출처 : 김진화(2005)

〈그림 7-1〉 Boyle의 프로그램개발 기본개념과 모델

2) Boone의 모형

분(Boone, 1985)의 프로그램개발 모델은 조직의 목적, 고객의 요구분석, 평가를 실제처럼 명료화하는 것을 중시하였다. 그는 동료나 지도자들과 효과적으로 상호작용을 강조했으며 조직은 프로그램에 필요한 자원을 지원하고 프로그램 실행을 위한 사회문화적 환경을 조성하였다.

Boone이 제시한 평생교육 프로그램 기획 시 고려해야 할 요소는 첫째, 계획된 변화의 원리 둘째, 연계성의 원리 셋째, 민주성의 원리 넷째, 전환성의 원리 등이다. Boone은 프로그램개발 과정을 프로그램기획, 프로그램 설계와 실행, 프로그램 평가 등 3단계로 설정하였다. 첫째, 프로그램 기획의 단계를 성인교육자들이 초점을 두고 있는 행동변화를 위한 주요계획 또는 장기간의 활동설명서이다. 둘째, 프로그램 설계·실행 단계는 활동계획과 활동전략으로 세분된다. 셋째, 프로그램 평가단계에서는 프로그램 결과의 조사 및 측정, 프로그램 투입사정, 학습자와 지도자, 기관, 재정자원, 교수진의 책무성과 기관회복, 프로그램 수정을 위한 평가결과의 사용 등으로 구성된다(기영화, 2001). Boone의 프로그램개발 개념도는 〈그림 7-2〉와 같다.

프로그램 기획		프로그램 설계 · 실행		프로그램 평가
조직체 재생과정	조직-고객연계	프로그램 설계	프로그램 실행	프로그램 개정
조직의 기능분석 · 사명 · 철학 · 목표 조직의 구조분석 · 역할 · 관계 조직의 과정분석 · 감독 · 인력개발 · 평가 프로그램개발의 개념적 준거 이해 지속적 조직재생	고객분석 · 매핑 · 연구 고객대상집단확인 고객리더확인/접촉 고객요구 공동분석	요구분석결과의 거시적 요구로 전환 거시적 요구의 거시적 목표로 전환 교육전략/학습활동 구체화 프로그램의 거시적 결과 구체화	활동계획수립: · 요구의 학습목표전환 · 학습경험의 구체화 · 학습경험 평가계획 실행 전략 수립 마케팅 방법 계획 학습자 모집계획 리더급 학습자 교육 교수학습과정 평가/강화	프로그램의 결과 확인/측정 프로그램 투입요소 평가 평가결과의 활용 · 프로그램개정 · 조직체 재생 프로그램결과 보고 · 고객 · 지원기관

출처 : 김진화(2005)

〈그림 7-2〉 Boone(1985)의 프로그램개발 개념도

3) Knowles의 모형

놀즈(Knowles, 1980)는 『현대 성인교육의 실제(*The Modern Practice of Adults Education*)』에서 네 가지 성인교육학적 철학에 기초하여 프로그램개발 모델을 제시하였다. 첫째, 성인들은 자기주도성을 가지고 있다. 둘째, 그들의 학습경험이 학습자원으로 활용된다. 셋째, 사회적 발달과업에 따라 학습준비도가 형성된다. 넷째, 학습자는 학습한 결과를 즉시적으로 활용하기를 원한다. 다섯째, 인간은 외적 동기뿐만 아니라 내적 동기에 의해서도 동기유발되며, 내적 동기가 더 중요하다.

Knowles의 프로그램개발은 〈그림 7-3〉과 같이 7단계로 이루어진다(김진화, 2005).

① 기관의 환경구조분석: 조직체의 목적과 정책기술 및 위원회 구조의 제도적 메커니즘을 통해서 이룩된다.

② 참여계획 조직구성: 프로그램 위원회를 통해서 일어난다.

③ 학습요구 및 필요진단: 개인 및 조직체 수준과 지역사회 수준에서 면접과 조사 등과 같은 다양한 수단에 의해서 이루어진다.

④ 일반목적과 프로그램 목표정의: 목표설정 단계에서는 잠재적 목표가 교육적인 범주와 조작적인 범주로 분류되며, 이들은 기관의 철학과 가능성 및 개인 흥미라는 여과장치를 통해서 최종적으로 선정되는 요구만이 프로그램의 목표가 된다.

⑤ 종합적인 프로그램 설계: 이 단계에서는 학습경험 설계를 위한 것으로, 그는 여기에서 독특한 관점, 즉 예술의 관점에서 원리를 조직화하는 것으로 표현하였다. 선, 공간/형태, 소리, 색깔, 그리고 감촉에 의하여 다수의 가능한 학습체제들 중에서 한 가지가 선택되어져야 함을 지적하고 있다.

⑥ 종합프로그램설계: 종합적인 프로그램 운영으로 계획된 것을 관리하는 단계를 말한다. 이 단계에서는 프로그램 운영 담당자와 강사의 섭외, 시설의 운영 및 관리, 프로그램 운영 및 감독, 교육적 상담, 프로그램 진흥, 프로그램 마케팅, 재정 자금운영·관리 등에 관한 내용이 취급된다.

⑦ 평가와 요구 재진단: 평가단계로 바라던 행동변화를 평가하기 위해서는 양적인 기법이 적절하며, 자기 발전을 평가하기 위해서는 프로그램 개발에서 참여자 평가가 적절하다.

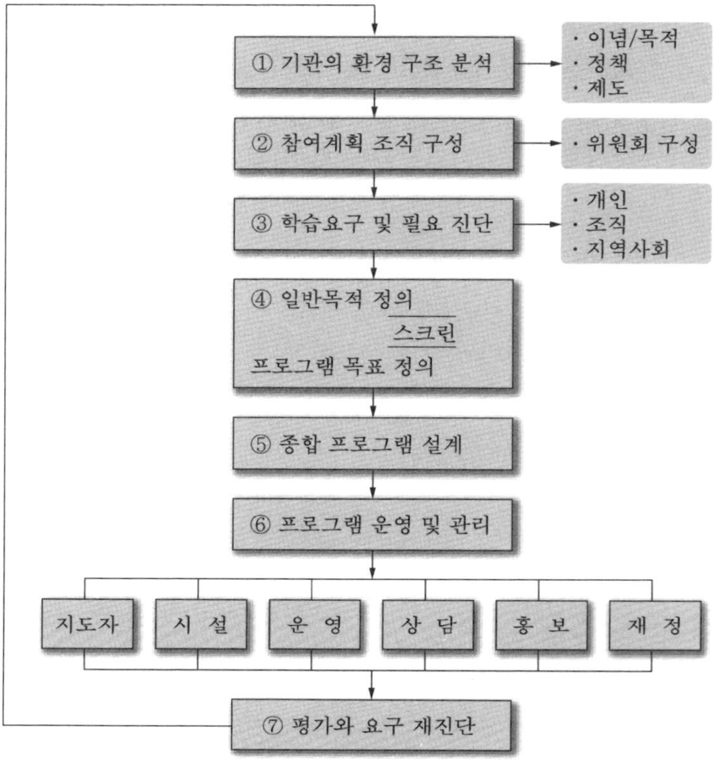

〈그림 7-3〉 Knowles(1980)의 프로그램 설계모델

4) Caffarella의 모형

카파렐라(Caffarella, 1994)는 상호작용 프로그램개발 모델을 제시했는데, 그녀가 제시한 모델의 특징은 첫째, 프로그램개발 모델이 구체적인 실천을 전제하고 있다. 즉, 프로그램개발의 각 단계에서 행해지는 과업과 절차들이 구체적으로 명시되어 있다. 둘째, 프로그램개발의 맥락을 대학 확장교육과 기업교육 영역을 포괄하여 프로그램개발의 원리를 제시한다. 셋째, 프로그램개발과 관련된 체제를 기관, 성인교육자, 지원집단, 학습자 등으로 조직의 우선순위, 과업, 사람 간의 복합적인 상호작용을 강조하기 때문에 상호작용모델이라고 한다. 넷째, 프로그램개발은 조작적 노력보다

는 협동적이다. 다섯째, 프로그램개발과정 중에서 프로그램 아이디어의 우선순위 설정과 프로그램 마케팅을 정식 프로그램개발 모델에 포함시켰다. 여섯째, 유능한 프로그램 개발자는 실습을 통해서 만들어진다.

Caffarella가 제시한 프로그램개발 모델은 11단계로 기획과정의 기초설정, 프로그램 아이디어 확인, 프로그램 아이디어의 분류와 우선순위결정, 프로그램 목표개발, 학습전이를 위한 준비, 평가계획의 수립, 체재, 계획표, 요원요구의 결정, 예산준비와 계획안의 마케팅, 수업계획 설계, 시설조정, 프로그램 가치의 보고 등이다.

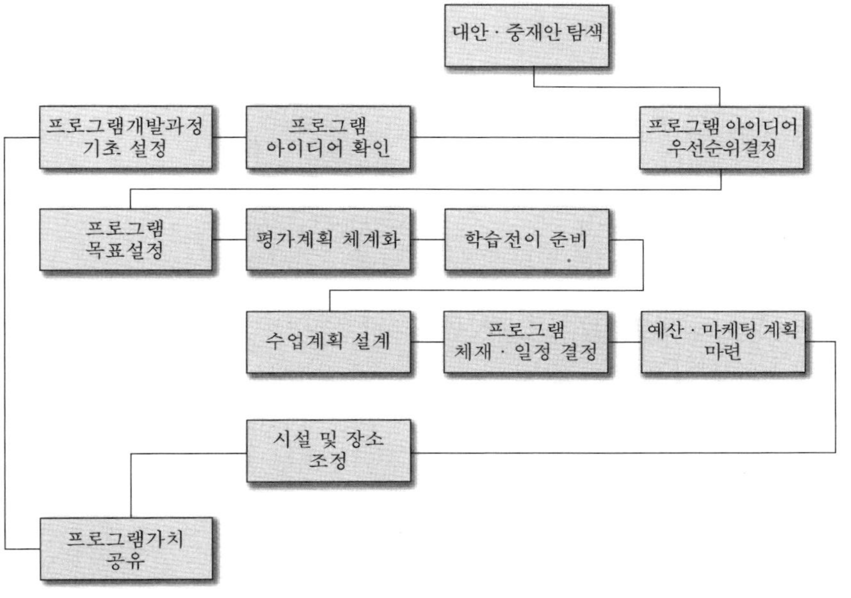

자료 : Caffarella(1994: 18)

〈그림 7-4〉 Caffarella(1994)의 프로그램개발 상호작용 모델

5. 평생교육프로그램개발의 기초

1) 성공적인 프로그램개발의 조건

(1) 평생교육 프로그램 개발시 고려해야 할 사항

① 학습참여자의 특성 : 직무특성(직무상의 권한과 책임), 연령특성(연령에 따른 교육요구), 학습특성(학습능력, 학습의욕) 등을 고려한다.

② 예산 : 필요한 예산액, 예산 확보 방법, 교육실시 후 예상되는 경제(외)적 효과 등을 고려한다.

③ 교육인력 : 강사, 초빙강사, 토의 리더를 확보한다.

④ 교재 및 교육시설 : 필요한 학습자료 및 보조기구 확보가 가능한지와 학습장소 및 부대시설의 형편이 어떠한지 등을 고려한다.

⑤ 교육진행 및 평가계획 : 교육진행을 위한 사전 계획 및 평가계획을 한다.

⑥ 비용-이익 관계 : 투자비용보다 산출예상 이익(경제적, 경제외적)이 큰지를 검토(제공자 측면과 학습자 측면)한다.

▸던롭과 루이스(Dunlop & Lewis, 1990)는 좋은 평생교육프로그램의 조건을 다음과 같이 제시하고 있다.

① 프로그램에 대한 높은 호응도
② 참여자들의 만족도
③ 지역사회에서의 가시성, 신뢰성, 신용도
④ 참여학습의 중요성
⑤ 참여자의 높은 관심과 참여
⑥ 경제적 후원자들의 만족도

⑦ 재정적 목표달성

⑧ 후원자들을 위한 부수적 이익증대

⑨ 참여자들을 위한 부수적 이익증대

⑩ 계획자 또는 교수자의 만족도

(2) 성공적인 프로그램개발을 위한 프로그램기획의 기본원리(Young, 1977)

① 기획은 프로그램의 구체적 목적과 목표를 달성하기 위해 성취되어야 할 성과적 태도와 행동을 구체화하고 세밀하게 나타내 주는 것이어야 한다.

② 기획은 단순한 선형적 접근방법보다는 체제적 접근의 원리를 취하는 것이 바람직하다.

③ 기획과정에는 가급적 많은 사람들의 공동적 참여가 이루어지는 것이 필요하다.

④ 기획은 개인의 독자적 노력보다는 협동과 공동의 노력에 기초하여야 한다.

⑤ 기획은 불확실하고 모호한 내용을 명백히 하고 이에 방해되는 요소들을 제거해야 한다.

⑥ 기획은 새로운 전망을 예측할 수 있는 미래지향적 역할을 수행해야 한다.

⑦ 기획은 기능적이고 도구적인 접근보다는 인간주의적 관점에 입각해서 추진되어야 한다.

2) 평생교육프로그램개발의 기본적인 성격

① 평생교육프로그램 개발은 각 평생교육기관이 그 기관 나름대로 특성 있는 성취를 이룩해 나가는 과정이다.

② 평생교육프로그램 개발은 프로그램의 계획, 시행, 평가에 관련되는 모든 제반 요소들을 체계적으로 분석하고 통합·수렴하는 종합적인 과정

이다.

③ 평생교육프로그램개발은 현재 우리가 당면하고 있는 평생교육에 대한 부단한 물음들에 대한 해답을 추구하며, 미래의 보다 나은 교육을 위한 점진적인 개혁과정이다.

④ 평생교육프로그램개발은 프로그램개발과정에 참여하는 많은 사람들 간의 협동적인 합의에 바탕을 둔 집단의사 결정의 과정이다.

⑤ 평생교육프로그램개발은 프로그램개발에 스스로 참여하는 모든 사람들의 부단한 자아혁신적 개발노력과 그 교육기관의 조직개발을 위한 노력을 통해서 성취될 수 있는 참여적 발전과정이다

▸ 쿰스(Coombs)는 학교에서의 교육과정개발과 평생교육프로그램 개발상의 차이점을 다음과 같이 제시하고 있다.

① 평생교육프로그램의 개발주체는 다양한 평생교육기관이다.

② 평생교육프로그램은 성인들의 삶과 직접적인 관련이 있는 실생활을 중심으로 개발되어야 한다.

③ 평생교육에서의 교육자는 프로그램의 내용결정은 물론이거니와, 프로그램의 조직 등에 관하여 상당한 결정권을 갖는다.

④ 평생교육프로그램은 비교적 단기적으로 사용되며 주어진 환경이나 상황에 따라 융통성 있게 변화시킬 수 있다.

3) 프로그램개발을 위한 원칙들

효과적인 프로그램개발을 위한 원칙들은 다음과 같다(이화정 외, 2003).

① 이 프로그램이 객관적 사실에 근거하여 합리적으로 계획되어 있는가.

② 실제로 지역사회 및 그 구성원들에게 실제적인 도움이 되는가.

③ 프로그램 관계자들이 받아들일 수 있는 가치가 반영되어 있는가.

④ 지역사회가 가진 긴급한 교육욕구에 대응하는 프로그램인가.

⑤ 프로그램 비효과성이 높은가.

⑥ 프로그램에 대한 접근이 참신한가.

⑦ 지역사회에 존재하는 기존 교육자원을 충분히 활용할 수 있는가.

⑧ 지역사회 내 다른 기관 및 단체들과 상호협력할 수 있는가.

⑨ 이 프로그램의 실행이 다른 기관에 긍정적인 영향을 미치는가.

⑩ 같은 지역사회 내에 유사한 교육서비스 프로그램이 중복실행되고 있지 않은가.

⑪ 이 프로그램을 수행할 교육인력은 충분한가.

⑫ 이 프로그램에 동원될 수 있는 인적·물적 자원들에 대한 조사는 충분했는가.

6. 평생교육프로그램의 개발과정

프로그램개발은 복잡한 절차와 단계로 구성되고 각 단계마다 다양한 원리와 기법들이 적용된다. 프로그램 개발과정을 프로그램 기획-요구분석-프로그램의 목표설정-학습내용 선정 및 조직-인적/물적자원의 분배-마케팅 방법의 결정-평가 및 보고서 작성 등으로 살펴보고자 한다.

1) 프로그램의 기획

프로그램 기획은 일회적인 것이 아니라 관련정보를 수집·분석하고 잠재적 요구를 확인하고 분석해 가는 과정이다. 프로그램 기획은 협력적인 특성을 지니는데, 프로그램 개발과정에 많은 당사자의 참여가 이루어질 때 좋은 프로그램이 만들어질 수 있다. 프로그램 기획은 민주적인 의사결정의 과정이다(Boone, 1985). 프로그램의 중요한 구성요소들은 상황의 이해, 사람들의 생각을 확인, 분석, 명료한 프로그램의 목표설정과 교수설계, 학습의 전이와 평가설계, 예산과 프로그램 마케팅 등이다(Caffarella, 1999).

평생교육 프로그램기획의 기본적인 특성은 다음과 같다(김진화, 2002).

첫째, 프로그램기획은 미래지향적인 활동이다. 프로그램기획은 평생교육기관이 그 설립이념과 목적을 실천해 나가기 위한 교육프로그램을 미리 준비하는 것이다.

둘째, 프로그램기획은 평생교육기관이 살아남기 위한 행위이다. 평생교육기관은 급속한 사회변화에 능동적으로 대처하고 발전하기 위해 프로그램을 개발한다.

셋째, 프로그램기획을 통해서 평생교육기관은 그 운영 및 관리에 있어서 효율성을 제고시킬 수 있다. 또한 향후 평생교육기관의 프로그램 운영 방향에 대한 충분한 준비로 자원의 효율적인 배분과 운영의 합리화를 모색할 수 있다.

넷째, 프로그램기획은 관련 정보의 수집·분석은 물론 요구측정 및 요구분석에 이르는 과정을 모두 포함한다. 제공할 프로그램에 대한 다양한 정보와 함께 학습자의 구체적인 요구가 반영될 때 프로그램의 개발이 가능하다.

다섯째, 프로그램기획은 이에 관련된 많은 인사들이 함께 참여하는 협동적인 성격을 가지고 있다. 따라서 프로그램 개발과정에 포함되는 다양한 요소들을 조화롭게 통합적으로 고려하는 인식과 자세가 필요하다.

프로그램 기획의 원리는 첫째, 특정한 목표를 달성하기 위해 의도적으로 고안된 행동을 포함한다. 둘째, 체제적 접근법을 포함한다. 셋째, 많은 사람들이 참여한다. 넷째, 미래에 무엇을 원하고 어떻게 실현할 것인가를 보여주는 과정이다.

(1) 효과적인 프로그램 기획

① 시기적으로 적절한 주제를 선정할 것.

② 시대적 변화에 대한 연관성 있는 내용을 선정할 것.

③ 교수자가 숙련되어 있을 것.

④ 학습설계가 체계적으로 이루어져 있을 것.

⑤ 교수자가 학습자에 대해 폭넓게 이해하고 있을 것.

⑥ 일상생활의 중심적인 내용일 것.

⑦ 조직과 환경으로부터 지원을 받을 것.

⑧ 학습자의 요구를 실현하는 것.

(2) 상황분석

상황분석은 지역사회와 학습자들에 대한 연구, 분석, 해석 및 판단을 의미하는 것이다.

즉, 지역사회, 평생교육기관, 사회적 추세, 프로그램개발의 타당성, 학습자 분석 등이다.

① 지역사회 분석

지역사회에서 사는 사람들의 특성, 정치, 사회, 문화 등의 요인들이 크게 영향을 미치기 때문에 그에 대한 분석도 해야 한다.

② 평생교육기관의 분석

평생교육기관의 이념과 철학을 고려하여 평생교육기관에서 추구하는 목적에 부합하도록 프로그램개발에 반영되도록 한다.

③ 사회적 추세 분석

사회적 추세 및 요구에 부응하도록 프로그램을 개발하기 위하여 사회적 쟁점이나 지역사회의 문제 및 욕구, 기업이나 조직의 현안들을 파악해야 한다.

④ 프로그램개발의 타당성 분석

프로그램개발이 효과적으로 수행되기 위해서는 프로그램개발이 반드시 필요하다는 당위성에 대한 확인이 필요하다.

⑤ 프로그램 학습자 분석

학습고객 분석은 참여 예상인원, 참여 가능한 시간, 거주지, 연령, 교육

정도, 사회, 문화적 배경, 장애여부, 학습 스타일 등을 조사한다(김진화, 2001). 특히 잠재적 고객의 교육정도, 성별, 연령, 사회문화적 배경 등을 고려하여 매핑이 필요하다.

매핑(mapping)이란 일정한 기준에 의해 경계를 정하여 구획하는 것을 의미한다. 프로그램 개발에 있어서 해야 할 매핑의 방법으로는 사회체제 분석, 사회계층화, 사회차별화, 문화 분석이 있다.

첫째, 사회체제 분석(social system analysis)이란 사회체제의 구성요소인 사회구성원, 신념, 감정, 목표, 시설, 지위역할, 힘, 사회규범, 사회적 서열, 제재 등의 상호작용을 분석하는 것이다.

둘째, 사회계층화(social stratification)는 사람들을 소득, 교육수준, 직업, 가문 등 사회 경제적 및 다른 요인들을 기반으로 하여 척도로 상, 중, 하로 구분하는 것이다.

셋째, 사회차별화(social differentiation)는 사회구성원을 차별화시키기 위한 요인들로 성별, 사회적 역할, 사회경제적 상태, 윤리적 배경, 교육경험 등이 있다.

넷째, 문화 분석(cultural analysis)은 집단의 공유된 신념, 태도, 가치, 지식, 생활방식 등을 통한 문화 분석을 통해 잠재적 학습자 집단을 이해할 수 있다.

(3) 프로그램 필요성 검토

프로그램의 목적이 무엇인지를 명료화시키는 것이 중요하다. 프로그램의 필요성을 검토해야 하는 것들은 다음과 같다.

① 프로그램의 주제는?

② 프로그램 개발을 요청한 사람의 근본적인 의도는?

③ 당신이 프로그램이 필요하다고 느낀 이유는?

④ 프로그램을 통해 얻고자 하는 궁극적인 목적은?

⑤ 프로그램 예상효과 및 장애요인은?

지금까지 검토결과에 비추어 프로그램 추진여부를 결정한다.

2) 요구분석

성인학습자의 요구분석은 실제로 프로그램에 참여하는 대상자들뿐만 아니라 잠재적 학습자의 요구분석도 매우 중요하다. 잠재적 학습자들의 성별, 연령, 교육정도, 경제수준, 사회, 문화, 종교 등을 고려해서 분석하며, 이들이 프로그램에 참여할 수 있도록 그들의 참여를 유도하고 격려해야 한다. 학습요구는 학습자들의 학습에 대한 동기부여는 물론 학습결과의 성패에도 영향을 미친다. 학습요구를 파악하기 위해서 설문조사, 면접, 관찰, 각종 기록 자료와 문서, 중요 인물 접촉 등을 사용하지만 정확하게 학습자의 요구를 파악하는 일은 어렵고 어떤 방법도 다른 것보다 절대적으로 낫다고 할 수 없다(Caffarella, 1994). 각 방법들은 상황과 요구되는 자료에 의존하며 각각의 장점과 약점이 있기 때문에 프로그램 개발자는 각 상황에 적합한 한 가지 혹은 여러 가지의 방식을 이용해야 한다.

(1) 요구의 우선순위 설정

진단된 모든 요구를 목록으로 작성하고, 요구를 순위별로 나열하며 프로그램으로 실현될 요구를 선정하고, 그 당위성을 기술한다. 우선순위를 결정하는데 도움이 되는 기준은 Boyle(1981)은 지역사회의 특성, 학습자 집단의 욕구, 정치적 구조, 조직의 특성, 자원의 정도와 종류, 성인교육자의 경험과 인식 등을 기준으로 삼았고, Caffarella(1994)는 프로그램과 관련하여 개발자는 인적자원, 환경여건, 비용 등을 고려하여 사안의 중요성, 긴급성, 파급효과의 정도에 따라 개발여부를 결정하게 된다고 보았다.

① 인적자원: 특정 요구와 관련해서 지식이나 기술을 제공할 사람은 있는가?

② 목표달성: 특정 요구가 조직의 목표에 기여하는가?

③ 긴급성: 특정한 요구는 즉각적으로 실행되어야 하는가?

④ 파급효과: 다른 요구의 실현에도 영향을 미치는가?

⑤ 요구의 정도: 현재 상태와 기대되는 상태 간의 격차.

⑥ 자원제공: 물리적 편의시설이 제공될 수 있는가?

3) 프로그램의 목표설정

목표설정에서 프로그램 목표는 프로그램 결과를 가시화하고 평가를 제시하며, 프로그램의 결과로 기대되는 활동이 목표로 기술되고, 그 목표가 분명하고 정교할 때 효과적인 결과를 얻을 수 있다. 프로그램의 목표에 포함되는 내용은 방향지시, 학습내용의 안내, 평가기준 지시, 프로그램의 결과예측에 관한 내용들이다.

평생교육사가 프로그램 목적을 설정하기 위해서는 프로그램이 지향하는 바가 무엇인가에 대해 인식할 필요가 있다. 프로그램 목적을 설정하기 위해서는 다음 몇 가지 사실에 근거하여 프로그램의 의도를 명시해야 한다.

첫째, 프로그램을 설정하기 위해서는 기초적인 자원으로 국가와 지방자치단체가 지향하는 사회적 이념을 파악하는 것이 필요하다.

둘째, 평생교육기관에 재정적인 지원을 제공하는 정부나 민간단체, 그리고 여타 기관들에 의해 교육프로그램의 방향이 결정될 수 있다. 평생교육기관을 지원하는 단체나 조직체가 의도한 대로 프로그램의 목적이 결정된다.

셋째, 평생교육기관을 둘러싸고 있는 제반 속성과 사회적 변화 및 동향에 의해 프로그램의 목적을 설정하는 데 중요한 근거가 된다.

넷째, 평생교육기관의 설립취지와 이념은 프로그램의 목적을 설정하는 데 중요한 근거가 된다. 즉 각 평생교육기관이 추구하는 가치나 이념에 따라 목적이 다르게 설정된다.

다섯째, 학습자의 성장, 발달, 요구, 필요, 문제해결 등은 프로그램의 목적을 설정하는데 중요한 근거가 된다. 즉 학습자의 성장, 발달, 필요와 요구, 그리고 직면하고 있는 문제해결과 관련하여 프로그램의 목표를 설정한다.

(1) 프로그램 목적의 진술방법

최근에 평생교육 프로그램 목적을 진술하는 기본원칙은 미국의 확장교육에서 주로 사용되는 "To-By-For"이다. 이 원칙은 학습자(고객)에게 어떤 종류의 프로그램을 제공하여 궁극적으로 이루고자 하는 구체적인 결과가 무엇인지를 명시하는 형태를 취하고 있다(김진화, 2005).

① To : to achieve specific objectives(프로그램을 통해 이루고자 하는 목표)
② By : providing programs(제시될 프로그램의 유형)
③ For : identified learner(프로그램의 참여자인 학습자)

한글의 언어적 체계에 근거한 프로그램 목적의 진술은 상황, 대상, 내용, 의도 등의 4개 요소를 포함시킨다.

① 상황: 학습자가 처해 있는 상황이나 학습자의 현재의 상태를 명시한다.
② 대상: 프로그램의 참여자를 제시한다.
③ 내용: 참여자가 경험하게 될 프로그램의 포괄적인 내용을 명시한다.
④ 의도: 프로그램에 참여한 학습자가 프로그램 종료 후 변화될 궁극적인 기대효과를 명시한다.

〈프로그램 목적 진술의 예〉

- 기술을 가지고 있지 못해 취업을 하지 못하는(상황)
- 노숙자들을 대상으로(대상)
- 적당한 기술교육 프로그램을 제공함으로써(내용)
- 기술을 습득하여 자신감을 갖고 취업에 시도하도록 한다(기대효과).

(2) 학습목표

학습목표(Instructional Objectives)란 특정한 수업을 통해 달성하고자 하는 학습자들의 성취행동을 말한다. 학습목표는 수업방향을 제시해 주고 수업내용의 선정과 조직, 성취도 평가의 기준을 제공해 준다. 학습자의 학습목표 인식은 학습효과를 높여주므로 명확한 학습목표의 진술이 필요하다. 평생교육 프로그램 개발을 하면서 학습목표를 설정할 때 반드시 고려해야 할 몇 가지 요소에 대해 여러 학자들은 지역사회 및 잠재적 학습자 관련 상황을 분석하고, 욕구 및 문제를 분석하여 학습목표를 구체화하기 위한 원천으로 다음의 세 가지를 제시한다(차갑부, 2002).

첫째, 학습자이다. 프로그램 개발자는 학습자의 욕구와 흥미를 측정해야 하며, 학습자의 욕구와 상황분석에 학습목표가 기초하여 설정된다. 그 다음에 학습목표는 잠재적 학습자가 가지고 있는 교육욕구를 어떤 방법을 통해서 충족시킬 수 있는지를 파악한 후 설정된다. 따라서 학습자는 학습목표 설정에 중요한 원천이 된다.

둘째, 사회변화이다. 사회변화를 읽음으로써 프로그램 개발자는 잠재적 학습자들의 학습욕구에 대한 직접적인 사정없이도 그들의 흥미와 욕구를 파악할 수 있다. 이런 사회추세 분석을 통해 파악된 욕구는 실용적이고 현실적인 평생교육의 학습목표로 연결될 수 있다.

셋째, 교과영역이다. 구체적인 학습목표는 특정 학문영역의 내용이나 교수자 자신으로부터 설정될 수 있다. 구체적으로 많이 연구되고 있는 주제를 학습목표로 설정했다면 그 원천은 교과영역이 된다.

(3) 학습목표의 진술의 원칙과 방법

① 학습목표의 진술의 원칙

- 학습자의 행동으로 진술되어야 한다.
- 내용과 행동의 이원적 진술이 되어야 한다.
- 구체적이고 행동적인 용어로 진술해야 한다.
- 학습결과에 따라 기대되는 학습자의 행동으로 진술해야 한다.

- 가능한 명시적 동사로 진술해야 한다.
- 학습자에게서 관찰될 수 있는 행위동사로 진술해야 한다.
- 각 목표는 한 가지 학습결과를 포함하고 있어야 한다.

② 타일러의 학습목표 진술방법

타일러(Tyler)는 교육평가가 효과적으로 이루어지기 위해서는 수업목표가 타당하게 설정되어야 하고 구체적으로 진술되어야 한다고 하였다. 수업목표는 교육내용만을 세분하는 것이 아니라 어느 행동수준에서 학생들에게 가르쳐질 것인가도 분명하게 진술되어야 한다고 하였다. 즉, 수업목표는 내용과 행동의 이원적인 진술이 되어야 한다.

- 학생의 행동과 내용이 함께 진술되어야 한다.
- 학생에게 기대되는 행동은 충분히 세분화되어야 한다.
- 학습자의 행동수준으로 진술되어야 한다.
- 타일러의 진술양식은 총괄평가의 활용에 적합하다.
  예) 1차 방정식을(학습 내용) 풀 수 있다(도착점 행동).

③ 메이거의 학습목표 진술방법

메이거(Mager)는 수업목표가 행동목표로 진술되어야 한다고 하였다. 그리고 행동목표는 도착점 행동, 조건, 기준 등의 세 가지 조건을 갖추어야 한다고 하였다.

메이거의 수업목표 진술방법은 총괄평가보다는 형성평가에 더 적합하다.

■ 도착점 행동

어떤 수업에서 기대하는 의도한 성과·학습의 결과로서 나타나야 하는 성과를 말한다.

수업이 끝났을 때 무엇을 할 수 있는지를 제3자가 볼 수 있도록 명시적인 용어로 진술하여야 한다. 암시적 용어로 진술하면 수업목표가 불확실해질 수 있다.

예) 암시적 동사 : 이해한다, 즐긴다, 믿는다, 깨닫는다, 감상한다, 안다, 운동한다, 해결한다.

명시적 동사 : 지적한다, 찾아낸다, 비교한다, 열거한다, 쓴다, 암송한다, 적용한다, 식별한다, 제시한다, 분류한다, 선택한다.

■ 조 건

조건은 성취행동을 나타낼 수 있는 상황이나 조건을 제시하는 것이다. 어떤 조건에서 그러한 행동이 나타내야 할 것인지 진술해야 한다.

■ 수락 기준

어느 정도 잘 해야 수업목표에 도달할 수 있는지의 전제이다.

예) 1차 방정식 문제 10개를 제시했을 때(조건), 30분 이내에 8문제를 (수락기준) 풀 수 있다(도착점 행동).

④ 수업목표에 사용되는 진술동사

수업목표 진술에서 블룸(Bloom)의 구분에 따른 인지적·정의적·심리운동적 영역에 메이거가 제시한 수업목표 진술동사들 중 대표적인 것들을 제시하면 다음과 같다.

〈지적 영역〉

- 지식 : 찾아내다, 정의하다, 열거하다, 확인하다, 재생하다, 가려내다
- 이해 : 기술하다, 설명하다, 시범을 보이다, 구별하다, 추론하다, 전환하다, 예측하다
- 적용 : 관계짓다, 예증하다, 발견하다, 예측하다, 풀다, 작성하다
- 분석 : 세분하다, 조직화하다, 추론하다, 약술하다, 가려내다, 변별하다
- 종합 : 분류하다, 구성하다, 고안하다, 설계하다, 조직하다, 계획하다, 설명하다
- 평가 : 감정하다, 비교하다, 입증하다, 해석하다, 서술하다, 주장하다, 결론짓다

〈정의적 영역〉
선택하다, 조직하다, 참가하다, 반응하다, 감상하다, 완성하다

〈심동적(심리운동적) 영역〉
조립하다, 짓다, 측정하다, 연결하다, 수영하다, 설계하다, 던지다, 수영하다, 컴퓨터를 하다, 깨끗이 하다, 고정시키다, 만들다, 고치다, 꿰매다, 창작하다, 묶다, 칠하다, 스케치하다, 조정하다, 톱질하다, 못을 박다

4) 학습내용의 선정 및 조직

성인학습자들이 학습목표를 달성하기 위해서는 학습내용의 선정이 중요하다. 학습내용을 선정할 때는 학습자의 경험과 잠재적 학습자들의 참여정도, 학습자의 실행정도와 피드백을 포함해서 다음과 같은 기준에 의해 선정한다.

첫째, 학습의 내용이 사전경험과 관련될 때 효과적인 학습이 가능하다.

둘째, 학습내용의 계획과 실행에 학습자 참여 정도를 포함한다.

셋째, 학습내용은 학습자가 실행가능한 것으로 구성한다.

학습목표와 학습내용 선정이 결정되면 그에 따른 교수법과 교수매체를 선택해야 한다. 성인학습은 연령, 직업, 학업정도, 지역성 등 다양한 사람들을 대상으로 하므로 학습지도에서도 다양한 방법과 창의성이 요구되며, 학습자들의 학습동기를 유발시켜 적극적으로 학습활동에 참여하여 효과적인 학습결과를 유도할 수 있는 교수매체를 선정하는 것이 필요하다.

5) 인적 · 물적자원의 분배

평생교육 프로그램 개발에서 인적자원 및 물적 자원의 확보는 효과적인 학습활동에 매우 중요한 요소이다. 이 단계에서는 강사선정, 장소선정, 시설설비, 총지출액 계산, 수입원 조사, 수강료 결정 등이 이루어진다. 인

적자원은 주로 평생교육을 담당할 교수자이다. 교수자는 교육할 내용에 대한 전문적인 지식이 있어야 하고 교수기법이 숙달되었으며 학습자와의 공감대를 형성할 수 있어야 한다. 또한 효과적인 학습효과를 얻기 위해서는 교수자의 열정과 유머가 있으며 교육할 조직이나 대상자들에 대한 정보를 많이 확보하고 있어야 한다. 따라서 이러한 자격을 갖춘 강사들을 확보하는 것이 중요하다. 또한 프로그램을 실시하기에 적합한 장소가 선정되어야 하고 시설설비가 갖추어져야 하며 강사의 경력에 따라 지급될 강사료 등의 물적 자원도 확보되어야 한다. 물적 자원과 시설 면에서는 최대한 학습자 중심으로 그들이 사용하기 편리하며 학습자와 교수자 또 학습자 간의 상호작용이 활발히 이루어질 수 있도록 해야 한다. 강의실의 색으로는 학습에 도움을 주기 위해서 연한 블루와 녹색이 좋다. 적절한 조명 및 음향시설, 휴게실, 음료시설, 간식, 주차 공간 등은 실질적으로 중요하다(기영화, 2000).

6) 마케팅 방법 결정

성인학습에서는 학습대상자들에게 얼마나 홍보(marketing)를 잘 하는가가 중요하다. 마케팅은 판매를 위한 수단이다. 즉 마케팅 전략에 따라 잠재적 학습자들을 교육활동에 참여하도록 유도하는 과정이다. 성인학습 지도자들에게 있어서 시장조사의 문제는 학습자들이 가치가 있다고 느낄 수 있도록 하는, 즉 교환가치의 생산에 있다. 시장조사를 위한 4가지 중심요인은 프로그램, 가격, 촉진, 장소 등으로 구성된다(Long, 1983; Boone, 1985).

그리고 마케팅 전략에서 고려할 점은 다음과 같다.
첫째, 홍보 타켓 집단을 정한다.
둘째, 목표집단의 학력수준을 분석한다.
셋째, 홍보 타켓의 업무부서와 지역을 분석한다.

넷째, 홍보예산을 계산한다.

다섯째, 홍보기법 선정과 그 이유를 정한다.

여섯째, 홍보할 지역과 게시장소를 정한다.

일곱째, 홍보매수와 기간을 정한다.

여덟째, 정해진 홍보방법에 따른 홍보자료를 제작한다.

프로그램 마케팅 방법은 홍보, 광고, 우편물, 신문 및 잡지 광고, 구두, 전화, 팜플릿, 방송매체 등을 활용한다.

7) 평가 및 보고서 작성

프로그램 평가의 목적은 첫째, 프로그램 계획에 피드백을 제공하고 향상시키기 위한 것이다. 둘째, 프로그램 실시의 타당성을 제공하기 위한 것이다. 셋째, 재정지원 기관의 조건을 만족시켰는지 확인하기 위한 것이다. 넷째, 프로그램 광고의 자료로 사용하기 위한 것이다.

프로그램 평가에서는 주로 평가의 내용, 방법, 시기와 보고서의 배포대상, 유형결정, 시기, 내용, 활용 등이 이루어지며, 프로그램 평가를 통해서 프로그램의 목적을 유지하게 하고 프로그램 진행과정의 의사결정 정보를 제공하며 프로그램 설계와 학습활동 과정을 개선한다. 또한 프로그램의 가치에 대한 전달이나 보고서 작성 및 제출은 프로그램 제작자, 고객, 프로그램을 후원하는 단체에게 있어 매우 중요한 기능을 한다(Boyle, 1981).

평가모형 중 스터플빔(Stufflebeam)의 CIPP모형에서는 상황평가, 투입평가, 과정평가, 산출평가로 이루어졌다고 보고, 이 모형은 프로그램과 관련된 의사결정자들에게 새로운 정보를 지속적으로 제공함으로써 처음에 계획된 결정에 대한 정보를 제공한다. 카파렐라(Caffarella)의 평가수준 모형은 목표점검, 체제평가, 사례연구법, 준 법적평가, 전문가 평가, 평가수준 점검 등으로 이루어졌으며, 이 모형은 프로그램 종료 후 참여자들의 반응을 파악하게 된다. 참여자들은 프로그램의 수업내용, 교수기법, 시설이나 프로그램의 장·단점 등에 관한 자신의 견해를 제시함으로써 프로그램에 대한 피드백 제공에 도움을 준다. 그리고 커크패트릭(Kirkpatrick, 1994)은 평가의 영역으로 반응평가, 학습평가, 행동평가, 결과평가의 네 가지를 제시하고 있다.

① 반응평가

학습자들의 반응을 통해 그들이 프로그램에 대해 느낀 호의의 정도를 평가하는 것으로 반응이나 태도에 대한 자료이다. 과목내용, 방법, 학습환경, 강사, 시설 등에 대한 만족도를 측정하며 여러 차원의 사람들이 행할 수 있다(질문지, 인터뷰, 초점집단 등).

② 학습평가

최종적으로 학습자가 성취해야 할 목표를 달성했는지에 대한 자료이다. 프로그램을 통해 학습자의 지식, 기능, 태도 등의 획득 여부를 측정한다(지식은 지필검사, 운동기능은 과업시뮬레이션, 태도는 역할연기 등으로 측정).

③ 행동평가

훈련에 참여한 사람이 실제 현직 수행능력 면에서 얼마나 긍정적 변화가 일어났는지를 평가하는 것이다.

프로그램 참여결과 얻어지는 참여자들의 행동변화를 측정하지만 측정이 어렵다(관찰, 체크리스트).

④ 결과평가

프로그램 운영에 투자한 시간과 노력, 비용 등에 대비한 교육성과를 평가하는 것으로 조직의 개선 및 효율성에 기여한 정도에 대한 자료이다. 즉 학습자가 학습을 통해서 학습한 것이 전반적으로 조직의 생산성이나 품질개선 등에 얼마나 기여했는지를 측정한다(운영비, 사고 수, 총수입 증가, 결근율, 전직률, 장비 고장률 등).

프로그램 평가는 주로 교수자, 외부 전문가, 학습자, 프로그램 관련자들이 실시하며, 프로그램 평가의 절차는 평가의 목표설정, 평가내용과 방법의 결정, 평가도구 제작, 평가의 실시, 평가결과의 처리 및 분석, 평가결과의 활용 등으로 이루어진다.

첫째, 평가의 목표설정이다.

둘째, 평가내용과 방법의 결정이다. 평가내용은 학습내용과 학습자가 습득할 지식, 이해, 태도 등도 포함된다.

셋째, 평가도구 제작이다. 좋은 평가도구는 평가의 타당도, 신뢰도, 객관도가 확보된 도구이다.

넷째, 평가의 실시이다. 평가방법은 평생교육에서는 주로 설문지나 집단토의 등이 사용되며, 일반적으로 필답고사, 서술시험, 질문지법, 관찰 등으로 실시한다.

다섯째, 평가결과의 처리 및 분석이다. 수집된 자료를 정확하고 객관적으로 분석해야 한다.

여섯째, 평가결과의 활용이다. 평가결과를 활용하여 프로그램 개선이나 마케팅에 기여할 수 있다.

☞ 프로그램의 예) 지역사회학교 프로그램

1. 주제 : 학교와 지역사회의 협력활동을 통한 좋은 학교 만들기
2. 목적

○ 학교와 지역사회가 서로 협력하여 함께 가르치고 배우며, 상호간의 만남과 당면 문제를 공동으로 해결하여 좋은 학교를 만든다.

3. 시범 운영 대상

○ 학부모 및 지역사회운영회 회원

4. 나. 학부모 평생교육 프로그램

【예시 1】 서울일원초등학교 성인교육 프로그램

('99 서울특별시교육청 지정 평생교육 시범학교)

□ 주제

○ 학교 · 지역사회 협력 체제를 통한 평생교육 활성화 방안

□ 운영 목적

○ 학교의 인적·물적 자원을 최대한 활용하며 학부모 및 지역 주민을 위한 적극적인 교육활동에 나섬으로써

첫째, 지역사회와의 유대를 강화하여 학교·지역사회 협력 체제를 구축하고

둘째, 지역주민의 계속학습에 대한 욕구를 충족시키고 변화하는 사회에 대응하는 능력을 기르도록 하며

셋째, 학교가 지역사회 교육센터로서의 역할을 충실히 수행하고자 한다.

□ 운영대상 및 기간

○ 대상 : 본교 학부모 및 지역주민 250명, 5개 노인정 50명

○ 기간 : 제 1기 - 1999. 3. 22 ~ 1999. 7. 27

제 2기 - 1999. 8. 26 ~ 1999. 12. 16

□ 실태 파악

1) 지역사회 실태

- 일원 2동에 위치한 주공아파트와 3개의 민간아파트로 구성된 단지임
- 주위환경은 비교적 조용하고 깨끗한 편이며 주변에 지역주민이 이용할 수 있는 교육문화센터로 강남 구민회관, 수서 청소년회관, 태화 기독교 복지관 등이 1996년 이래로 들어서면서 성인들의 배움의 기회가 늘어난 편이며, 또한 5개 노인정도 레크리에이션, 수지침 강좌 등 행정구청과의 연계된 교육 프로그램이 활성화되어 가고 있는 추세이다.

2) 학부모 실태

- 학부모의 교육수준 : 대졸 - 23% 가량, 맞벌이 부부 : 46% 가량
- 학교에 대한 신뢰도 및 교육에 대한 관심도는 높은 편이나 개인주의적 성향이 강한 편임

3) 학교의 실태

- 정보화교실, 컴퓨터 교실, 탁구실, 미술실 등 강좌 개설에 활용할 교실 시설은 양호한 편이나 어학실은 갖추지 못함
- 특기 있는 교원을 평생교육 담당 강사로 확보함

4) 운영 방침

학교 · 지역사회와의 협력체제 구축을 위해 본교에서 개방 가능한 모든 시설을 지원하며 본교 교직원 중에서도 지도 가능한 교사를 강사로 위촉한다.

가) 모집 방법

- 학부모 및 지역사회 주민 등 희망하는 모든 사람들에게 문호를 개방한다.
- 평생교육 수강생 모집 안내서를 통하여 신청 · 접수한다.(전교생 가정통신문 발송)

나) 운영 방법

- 지도교사는 항상 수강생간의 인화단결 및 지도교사에 대한 신뢰도 구축을 위해 최선을 다한다.
- 강좌별 수강생 수는 25명을 정원으로 하되 강좌 특성을 배려하여 보조강사를 두도록 한다.
- 매주 2회 2시간씩 지도하되 미술부는 주 1회 4시간으로 운영한다.
- 총 학습시간의 10%는 교양교육을 실시한다.
- 학습비는 무료로 하되 강좌에 따라 최소한의 실비를 학습자 부담으로 할 수 있다.
- 70% 이상 출석자는 수료증을 교부하며 등록한 수강생은 부득이한 경우를 제외하고는 모두 수료될 수 있도록 지도교사는 수강생 관리에 최선을 다한다.

〈표 7-2〉 개설강좌 프로그램

연번	개설 강좌명	등록인원	강좌 실시 요일	실시 시간	등록인원	학습비(월)
교양강좌	학부모의 올바른 교육	250	4. 27(화)	13:00~15:00	교사 연수실	무료
	학교와 지역사회의 협력 체제 구축을 위한 노력		6. 9 (수)			
	평생교육을 통한 자아실현	250	9. 14(화)	13:00~15:00		
	학교와 지역사회의 바람		9. 28(화)			
1	컴퓨터 1 (초급반)	25	화, 목	15:00~17:00	정보화실	무료
2	컴퓨터 2 (중급반)	25	〃	〃	컴퓨터실	〃
3	석부·목부작	25	〃	〃	제2과학실	〃
4.	한지 공예	25	〃	〃	1-3교실	〃
5	생활영어	25	월, 수	〃	정보화실	〃
6	탁구	30	〃	〃	탁구실	20,000
7	생활일어	25	화, 목	〃	5-6교실	무료
8	미술(회화)	25	토	09:00~13:00	미술실	20,000
9	노인교실 1(건전 가요)	50	화, 목	15:00~17:00	예절실	무료
10	노인교실 2(게이트 볼)		화, 목		운동장	

□ 프로그램의 실제(예 : 한지공예반)

○ 교육목표

• 한지의 특성과 쓰임을 알고 다양한 표현활동을 할 수 있다.

• 염색된 한지를 사용하여 실생활용품 및 그림으로 표현할 수 있다.

〈표 7-3〉 한지공예반의 프로그램

월	주	차시	지 도 내 용	월	주	차시	지 도 내 용
4	1	1	한지 그림 소개, 봄의 소리	9	1	1	한지의 특성 및 작품 선정
		2	이른 아침			2	06시
	2	1	과반 만들기		2	1	06시
		2	예단(보자기), 닥종이 인형 소개			2	억새(1호)
	3	1	예단 마무리, 장신구 만들기		3	1	억새(4호)
		2	닥종이 인형 기초, 과반 꾸미기			2	06시와 억새 마무리
	4	1	해돋이		4	1	엉겅퀴
		2	과반 마무리, 해돋이 마무리			2	엉겅퀴
5	1	1	코스모스, 인형 얼굴 만들기	10	1	1	촛대 초벌 바르기
		2	코스모스 마무리, 인형 입모양 내기			2	촛대 꾸미기
	2	1	제비꽃, 인형 코 만들기		2	1	촛대 꾸며 완성하기
		2	제비꽃 마무리, 인형 눈 나타내기			2	장신구(브릿지)
	3	1	인형 만들기, 얼굴 및 몸통		3	1	전시장 견학
		2	인형 입, 코, 눈, 이마, 볼 나타내기			2	학(4호)
	4	1	인형 팔, 다리 만들기		4	1	학 나타내기
		2	인형 팔, 다리 마무리하기			2	학 마무리
6	1	1	인형 만들기, 손가락 만들기	11	1	1	겨울 고향
		2	인형 만들기, 발가락 만들기			2	겨울 고향 입체감 살려 붙이기
	2	1	부채 선택하기(인사동 견학)		2	1	겨울 고향 완성하기
		2	부채 꾸미기			2	매화(6호)
	3	1	인형 얼굴 표현하기		3	1	매화 명암 넣어 꽃잎 본뜨기
		2	인형 몸통 만들기			2	매화꽃잎 찢는 법, 줄기의 가위 사용법
	4	1	반지고리 만들기		4	1	매화 완성하기
		2	반지고리 만들기			2	등(A)
7	1	1	반지고리 마무리	12	1	1	등 꾸미기
		2	인형 몸통에 색깔 입히기			2	등 마무리
	2	1	찻상 만들기		2	1	카드 만들기
		2	찻상 속지 바르기			2	설경(10호)
	3	1	찻상 겉지 바르기		3	1	설경 본뜨기
		2	찻상 꾸며 완성하기			2	설경 입체감 나타내기
	4	1	인형 옷 만들기, 머리 모양 만들기		4	1	설경 명암 나타내기
		2	인형 완성하기			2	설경 완성하기

제 8 장

평생교육의 정책과 행정

1. 평생교육법제

우리나라 평생교육제도는 1982년에 제정된 「사회교육법」을 근간으로 하고 있으며, 1999년에 공포한 「평생교육법」을 토대로 현재까지 발전되어 왔다. 그러나 급격한 사회변화에 따라 복잡하고 다양하게 전개되는 평생교육의 수요를 충족하기 위하여 평생교육법의 체제는 계속적으로 정비되어 왔다.

기존의 평생교육법은 사회교육법을 전면 개정하여 '누구나, 언제, 어디서나' 원하는 교육을 받을 수 있는 열린교육사회, 평생학습회를 지향해 왔다. 평생교육법은 교육기본법 아래 초·중등교육법, 고등교육법과 동등한 위치에서 교육기본법을 중심으로 한 교육법제의 한 축으로 기능하여 왔다. 또한 국민의 학습권과 학습자의 선택권을 실질적으로 보장하기 위하여 다양한 학습지원제도를 도입하고 평생교육에 대한 국가 및 지방자치단체의 지원 체제를 한층 강화하였다.

2007년 12월 14일 개정·공포된 평생교육법은 기존의 평생교육법 취지를 바탕으로 국가평생교육 지원 체제를 시대적, 사회적 요구에 맞게 재편하는데 중점을 두고 있다(교육과학기술부, 2008).

첫째, 평생교육진흥원, 시·도 평생교육진흥원, 시·군·구 평생학습관으로 이어지는 평생교육전담기구의 설치·운영 근거를 마련함으로써 종전에 분산·운영되던 평생교육센터, 학점은행센터, 독학학위검정원 등 3개 기관을 합하여 평생교육진흥원으로 통합·효율화하였다.

둘째, 문해교육프로그램의 학력인정, 평생교육사 양성 및 연수체제의 개편 등을 통하여 국가차원의 평생교육진흥정책을 명확히 규정하였다.

셋째, 평생교육기관의 책무성 강화 및 학력인정 평생교육시설의 정비 등을 통해 학습자 친화적 평생교육제도 개선과 지원기반 구축에 초점을 두었다.

1) 평생교육법의 제정

제5공화국의 헌법조항에 평생교육진흥 조항이 규정됨에 따라 1982년 「사회교육법」이 제정되었고, 1999년에 「평생교육법」으로 법명이 개정되어 산업사회에서 지식사회로 변화하는 시점에서 필연적으로 나타난 평생학습시대에 발맞춰 총체적인 평생학습 지원체제를 구축할 수 있게 되었다. 2008년 평생교육법의 개정으로 인하여 평생교육 사업의 총체적이고 효율적으로 운영할 수 있도록 추진되었다.

(1) 평생교육법 역사

① 사회교육법 제정('82.12.31)

지식·기술이 확대되고 생활환경이 급변하는 산업사회에서 보람된 생활을 누리기 위해 평생을 통한 교육이 불가피하게 되었고 이에 따라 헌법 제29조('87.10.29) 개정 이전, 2008년 현재는 제31조에서 평생교육의 진흥을 국가의 의무로 규정하고 있으므로 헌법정신에 따라 사회교육을 제도화하고, 모든 국민에게 평생을 통한 사회교육의 기회를 부여하여 국민의 삶의 질을 향상하게 함으로써 정의로운 민주복지사회의 건설과 문화

창달에 기여하려 하였다.

사회교육법 제정을 통하여 학교교육 외에 국민의 평생교육을 위한 조직적인 교육활동을 사회교육으로 정의하여 체계적으로 진행되었으며, 국가와 지방자치단체가 사회교육시설을 설치하고, 전문요원을 양성하여 사회교육활동을 장려하였다. 이러한 사회교육에 관한 정책을 심의·조정하기 위하여 문교부에 사회교육정책 조정위원회를 두도록 하였다.

② 사회교육법 전부개정, 평생교육법으로 법명개정('99.8.31)

평생교육의 진흥을 국가의 의무로 규정하고 있는 헌법 및 교육기본법의 규정에 따라 종전의 「사회교육법」의 제명을 「평생교육법」으로 변경하고, 평생교육의 이수를 그에 상응하는 학교교육의 이수로 인정될 수 있도록 한 「교육기본법」의 취지에 따라 사내대학·원격대학 형태의 평생교육시설 등 학교교육과 동일한 학력이 인정되는 새로운 형태의 평생교육시설을 설치·운영할 수 있도록 하였다.

③ 평생교육법 전부개정('07.12.14)

평생교육의 활성화를 위하여 국가와 광역·기초 자치단체 단위의 추진체제를 정비하고, 평생교육의 총괄적인 집행기구로서 한국교육개발원의 평생교육센터·학점은행센터, 한국방송통신대학교의 독학학위검정원 등 3개의 기관을 통합하여 「평생교육진흥원」을 설립하는 등 국가 평생교육추진체제를 재정비하였다.

(2) 평생교육법 제정

새롭게 제정 공포된 평생교육법의 취지를 요약하면 다음과 같다(2008, 교육과학기술부).

① 평생교육법의 법적 체계개편 및 평생교육 개념의 명확화

평생교육법의 법적 체계를 헌법 제31조 제1항 및 제5항, 교육기본법 제10조 등에 근거하여 학습자의 학습권과 평생학습의 원리에 맞춘 학습자 중심의 새로운 법적 체계로 정비하였다. 또한 평생교육의 개념을 "학교의 정규교육과정을 제외한 학력보완교육, 성인 기초・문자해득교육, 직업능력 향상교육, 인문교양교육, 문화예술교육, 시민참여교육 등을 포함하는 모든 형태의 조직적인 교육활동"으로 정의하였다.

② 지식기반사회, 창조경제사회에 있어서 '인재대국' 건설을 위한 평생학습기반의 조성

평생교육법은 급변하는 세계화・정보화・창조경제 사회에서 누구나, 언제, 어디서나 배울 수 있는 평생학습기회 확대에 이바지 할 수 있도록 제정되었다. 평생학습은 학령기에 놓친 교육기회를 보상하는 소극적 차원을 넘어 산업사회에서 지식사회로 변화하는 과정에서 총체적인 평생학습 지원체제 구축의 필요성이 증대되었고, 평생교육의 효율적 추진을 통하여 '학습강국, 인재대국'의 건설을 위하여 평생교육 추진체제의 개편 및 평가인정체제의 구축을 필요로 하였다.

③ 국가 및 지방자치단체의 평생학습 정책지원 강화

국가 및 지방자치단체는 평생교육기관의 학습비 지원, 평생교육기관 상호간의 네트워크 구축, 평생학습도시 사업, 중앙단위 평생교육진흥 위원회 및 지역단위 평생교육협의회의 설치・운영을 통한 지역주민을 위한 평생교육 관련 사업조정 및 협력증진 도모하기 위하여 평생학습법을 개정하였으며, 한국교육개발원의 평생교육센터・학점은행센터, 한국방송통신대학교의 독학학위검정원 등 3개의 독립된 기관에서 분산・운영 중이던 여러 기관을 평생교육진흥원으로 통합함으로써 평생교육의 활성화를 위한 책무성과 효율성을 강화할 수 있는 제도로 마련하였다.

④ 평생학습과정 이수자의 사회적 대우 확대와 학습의욕 고취

종래의 초・중등 학력인정 중심이었던 학력인정평생교육시설을 전문대학학력인정 수준으로 확대함과 동시에 초・중등학력인정 문자해득교육프로그램의 지정・운영을 통한 성인기초교육 대상자의 평생학습 의욕을 고취하였다.

⑤ 기초교육 기회확대와 고등교육 수준의 평생학습 기회촉진

대학의 평생교육원 등 다양한 평생교육기관을 통해 성인교육의 기회를 확대할 수 있는 방안을 만들었고, 학점은행제, 전공대학, 사내대학 및 원격대학형태의 평생교육시설 등 다양한 학력인정제도를 통해 고등교육수준까지 국민의 능력향상에 중점을 두었다고 볼 수 있다.

〈표 8-1〉 평생교육법 추진경과(교육과학기술부, 2008)

제5공화국 헌법 ('80. 10. 27)	• 제29조 제5항 '국가의 평생교육진흥 조항' 명시 • 제29조 제6항 '학교교육 및 평생교육을 포함한 교육제도 법률주의 규정'
사회교육법 ('82. 12. 31)	• 1981. 12. 12. 구용현의원외 56인 발의로 법안 제출 • 1982. 11. 26. 국회 문교공보위원회 통과 • 1982. 12. 15. 제114회 국회(정기회) 본회의 통과 • 1982. 12. 31. 법률 제3648호로 공포
사회교육법 전부개정 평생교육법 ('99. 8. 31)	• 1998. 11. 26. 정부안 확정, 국회에 법안 제출 • 1999. 08. 10. 국회 교육위원회 통과 • 1999. 08. 12. 제206회 국회(임시회) 본회의 통과 • 1999. 08. 31. 법률 제6003호로 공포(2000. 03. 01 시행) 법명변경(사회교육법 → 평생교육법)
평생교육법 전부개정 ('07. 12. 14)	• 2006. 02. 21. 전부개정 법률안(이인영의원 대표발의) • 2007. 04. 09. 전부개정 법률안(임해규의원 대표발의) • 2007. 04. 18. 전부개정 법률안 2건(이인영, 임해규의원 대표발의)에 관한 국회 교육위원회 공청회 • 2007. 11. 16. 국회 교육위원회 확정 의결 통과 • 2007. 11. 21. 국회 법사위원회 의결 통과 • 2007. 11. 22. 국회(정기회) 본회의 의결 통과 • 2007. 12. 14. 법률 제8676호호 공포(2008. 02. 15 시행)

〈표 8-2〉 평생교육법시행령 · 시행규칙 추진경과(교육과학기술부, 2008)

개정안 마련 ('07. 11. 14)	• 평생교육법시행령 · 시행규칙 개정안 확정 -전문가 세미나 및 정책연구와 연계하여 추진
전 부처청 및 관련기관 · 단체 협의 ('07. 11. 16 - 12. 7)	• 전 부처청 의견 조회 -전 시 · 도교육청 및 대학, 한국평생교육총연합회, 관련 학회, 학원연합회 등 관련 단체 의견 조회 포괄 • 의견제시(총 11개 기관, 21건) : 정부부처 6건, 한국평생교육사협회 등 관계 기관 15건 - 환경부, 산자부 평생교육진흥위원회 의견 추가 - 기획예산처의 평생교육진흥원 설립 당시 정원, • 예산 검토결과 - 기타 자구 수정 등
입법예고 ('07. 12. 14 - 2008. 1. 3)	• 입법예고 : 관고게재, 교육부 참여마당 신문고에서 입법 예고 기간 동안 「전자공청회」를 동시 진행, 공문발송 • 의견제시(12건) : 한국문해교육협회 등
교육규제완화위원회 ('07. 12. 11)	이견 없음
국무조정실 규제개혁위원회 ('08. 1. 17)	이견 없음 - 비중요 규제 6건, 중요 규제 1건 : 원안 동의
법제처 심의 ('08. 1. 9 - 1. 25) ※ 차관회의 통과 ('08. 1. 31) ※ 국무회의 통과 ('08. 2. 5)	• 주요변경내용 - 문해교육 ⇒ 문자해득교육으로 변경 등

2) 평생교육법 주요 내용

(1) 평생교육법의 법적 체계 마련 및 평생교육 개념의 명확화

평생교육법의 주요 내용은 평생교육법의 접적 체계를 헌법 제31조 제1항 및 제5항, 교육기본법 제3조 및 제10조에 근거하여 학습자의 학습권과 평생학습의 원리에 맞춘 학습자 중심의 새로운 법적 체계를 마련하였으며, 평생교육의 개념을 "학교의 정규교육과정을 제외한 학력보완교육, 성인 기초 · 문자 해득교육, 직업능력 향상교육, 인문교양교육, 문화예술교육,

시민참여교육 등을 포함하는 모든 형태의 조직적인 교육활동"으로 정의하였다.

(2) 평생교육진흥 기본계획의 수립 · 시행

교육과학기술부장관은 5년마다 평생교육진흥기본계획을 수립하고, 시·도지사는 기본계획에 따라 연도별 평생교육진흥시행계획을 시·도 교육감과 협의하여 수립·시행하도록 하여, 지방자치단체별로 평생교육에 관한 전반적인 계획을 수립할 수 있는 체제를 마련하였다.

(3) 학습비 지원 및 유 · 무급 학습휴가제 도입

직장인들이 계속교육 및 재교육 등을 통해 자아실현과 능력향상의 기회를 가질 수 있도록 각 직장의 실정에 따라 유급 또는 무급으로 학습휴가를 실시하거나 학습비를 지원할 수 있도록 하여 직장에 속해 있는 성인들의 평생교육기회를 체제를 통하여 확보하여 평생교육의 장을 넓히도록 하였다.

(4) 전문인력정보은행제 및 학습계좌제 도입

교육전문 인적 자원 등을 대학의 시간강사, 각종 연수기관의 강사요원, 평생 교육활동의 강사 등으로 활용하는 강사정보은행제를 운영함으로써 높은 수준의 강사를 확보하여 질 높은 평생교육을 실시할 수 있도록 하였으며, 국민의 평생교육 촉진 등 인적자원의 효율적인 개발·관리를 위하여 개인의 학습경험을 종합적으로 집중 관리하는 학습계좌를 도입·운영할 수 있도록 하였다.

(5) 평생교육지원을 위한 추진체제의 정비

평생교육진흥정책에 관한 주요사항을 심의하기 위하여 평생교육진흥위원회를 교육과학기술부장관의 소속하에 두었으며, 평생교육진흥시행계획의 수립·시행에 필요한 사항을 심의하기 위하여 시·도지사 소속하에 시·도 평생교육협의회를 두었다. 또한 시·군 및 자치구에는 지역주민을 위한 평생교육의 실시와 관련되는 사업간 조정 및 유관기관 간 협력 증진을 위하여 시·군·자치구 평생교육협의회를 둠으로써 평생교육을 유기적으로 지원할 수 있는 체제가 정비되었다고 볼 수 있다.

(6) 평생교육 지원을 위한 3대 전담 지원기구의 운영

국가는 평생교육진흥 관련 업무를 지원하기 위하여 「평생교육진흥원」을 설립하여 평생교육 프로그램의 개발 지원, 평생교육사를 포함한 평생교육 종사자 양성·연수, 평생교육 종합정보시스템 구축, 평생 학습결과의 인정, 학습계좌제 등 평생교육 관련 주요 집행기능을 수행하도록 하였다.

또한 시·도지사는 관할 구역 내의 주민을 대상으로 하는 평생교육프로그램 운영과 평생교육정보제공 및 연수기회를 제공하기 위하여 「시·도 평생교육진흥원」을 설치 또는 지정·운영할 수 있도록 하여 시, 도의 평생교육에 효과적인 지원을 꾀할 수 있도록 하였다. 아울러 시·도 교육감은 관할 구역 안에 평생학습관을 설치 또는 지정·운영하여야 하고 기초자치단체의 장은 평생학습관의 설치 또는 재정적 지원 등 평생교육 진흥 사업을 실시할 수 있도록 하였다.

(7) 평생교육사의 기능 및 양성·연수제도 정비

평생교육기관에 평생교육사를 배치하여 평생교육의 기획·진행·분석·평가 및 교수업무를 수행하게 하였으며, 평생교육사의 양성·연수제도를 정비하여 전문성과 능력 있는 평생교육전문가가 양질의 평생교육을 실시할 수 있는 여건을 조성하였다.

(8) 학력인정 평생교육시설의 확대 및 설치자의 조건 강화

고등학교졸업이하의 학력이 인정되는 시설에는 「초·중등교육법」 제19조의 교원을 둘 수 있으며, 이 경우 교원의 복무·국내연수 및 재교육에 관하여는 국·공립학교의 교원에 관한 규정을 준용하였다. 2008년 2월 15일 평생교육법 시행 당시 「초·중등교육법」 제54조 4항에 따라 전공과를 설치·운영하는 고등기술학교는 교육과학기술부장관의 인가를 받아 전문대학졸업자와 동등학 학력·학위가 인정되는 평생교육시설로 전환·운영할 수 있도록 하였으며, 2008년 2월 15일 이후부터 새롭게 설립되는 '고등학교 졸업 이하 학력인정 평생교육시설'의 설립 주체는 「사립학교법」에 따른 학교 법인 또는 「공익법인의 설립운영에 관한 법률」에 따른 재단 법인으로 한정함으로써, 평생교육기관 설치자의 사회적 책무와 공익성을 강화하고, 국민의 학습권을 보장하며, 개인이 설치·경영하는 시설에 국가나 지방자치단체가 보조금을 지원할 수 있는 한계를 극복할 수 있도록 하였으며, 기타의 개인 시설도 설립 주체를 변경해 나가도록 유도·권장하였다.

교육과학기술부 장관은 원격대학형태의 평생교육시설에 대하여는 평가를 실시하고 그 결과를 공개하여야 하며, 원격대학형태의 평생교육 시설을 설치·운영하는 자 및 그 시설에 대하여 「사립학교법」제28조, 제29조, 제31조, 제70조를 준용하였다.

〈표 8-3〉 평생교육법에 제시된 평생교육 시설

	평생교육시설
제29조	학교의 평생교육시설
제30조	학교부설 평생교육시설
제31조	학교형태 평생교육시설
제32조	사내대학형태 평생교육시설
제33조 제1항 및 제2항	원격교육형태 평생교육시설
제33조 제3항부터 제6항까지	원격대학형태 평생교육시설
제35조부터 제38조까지	사업장 부설, 시민사회단체부설, 원론기관부설 평생교육시설, 지식·인력개발 관련 평생교육시설

(9) 다양한 평생교육시설의 설치·운영

새롭게 개편된 평생교육법에는 다양한 유형의 평생교육시설을 새롭게 법제화 하였는데, 학교의 평생교육기능을 강화하였으며, 학교형태 또는 학력인정시설의 경우 등록·인가제를 유지하고 학력미인정시설의 경우 등록제의 신고제 전환, 신고제의 보고제 전환 등 설치·운영상의 자율성을 제고하였다.

(10) 성인을 위한 문자해득교육 프로그램의 설치 · 지정 운영 및 학력인정

평생교육법에서 국가 및 지방자치단체는 초 · 중등학교에 성인문자해득교육프로그램을 설치 · 운영하거나 지정 · 운영할 수 있으며, 이에 대한 재정지원을 통하여 성인의 문자해득교육 및 성인기초 능력을 높이기 위하여 노력하도록 하였다. 이를 통해 일정한 성인 문자해득 교육프로그램을 이수한 자에게는 초등학교 및 중학교 학력을 인정할 수 있도록 하였다.

2. 평생교육정책

한국의 평생교육정책에 대한 방향은 다음의 몇 가지로 설명될 수 있다.

첫째 평생교육 이념의 재정립으로서 자아실현으로서의 평생학습, 개인의 고용능력과 경제의 경쟁력 제고로서의 평생학습, 사회적 포용으로서의 평생학습, 시민사회에서의 적극적 시민정신으로서의 평생학습을 강조한다고 볼 수 있다.

둘째, 평생교육 추진을 위한 정부의 인식전환을 말할 수 있다. 이는 학교교육의 부족한 부분을 해소하고자 출발한 평생교육 이념에 맞게 평생학습을 공교육 내실화의 패러다임으로 학교자체를 평생학습학교로 리모델링하고자 하며 학교를 기존의 관료제적 현상유지에서 지역사회 학습센터 및 학습조직의 형태, 네트워크 형태 및 탈학교형태로 발전시켜 앞으로의 학교는 평생학습의 실현체인 학습망(Learning Web)이어야 한다는 것을 제시하고 있다.

셋째, 평생학습 기회의 확대를 들 수 있다. 이를 위하여 성인 기초교육의 강화, 주민자치 센터의 평생교육화, 소외계층 평생교육의 강화를 추구한다. 한국교육개발원의 2002년도 성인 비문해 실태조사 결과에 의하면 조사대상 전체의 8.4%가 기초 문해의 최저 단계인 1수준에 해당하는 것으로 볼 때, 성인 고등교육기회 확대에 치우쳐 학력 인플레이션을 조장하고 본래의 정신인 성인기초교육에 소홀하다는 비판이 있으며 차제에 성인기초교육 강화 기반을 마련하고자 한다.

넷째, 평생교육정책 대상을 확장하였다. 이는 평생교육정책 대상영역 및 관련 행정부처의 기능을 통합하고 학교교육을 포괄하는 평생교육 체제의 재정립을 의미한다. 대상과 내용면에서 교육과학부 고유 업무이자 유리되기 힘든 청소년, 체육, 여성, 도서관, 능력개발 등의 업무와 유기적인 연계를 맺어 평생학습의 정체성 및 전문성을 확보하고자 한다.

다섯째, 평생교육 관련 제도 및 기구를 정비한다. 평생교육 관련 법제 정비는 평생교육 대상 영역의 명료화와 평생교육 및 과년 개념의 재정립을 추구한다. 평생교육 추진기구의 강화 및 기능 통합으로서 평생교육 전담 추진기구의 통합 운영 등의 효율성을 제고하여 운영된다.

1) 성인학습 참여율 증진을 위한 정책

(1) 평생학습도시 정책

① 평생학습도시 배경과 동향

평생학습도시 조성사업은 시 · 군 · 구 기초자치단체 단위 주민들의 평생학습 활성화를 통하여 지역사회의 변화와 발전을 지향하는 사업이다. 추진배경은 평생학습사회의 도래로 인하여 지역단위 활성화의 전략으로 주민들을 대상으로 하는 평생학습기회 제공이 중요한 전략으로 부각됨으로써 추진되고 있다. 평생학습사회에서는 과거와 같은 학교교육뿐만 아니라 학교를 포함한 사회전체 부문에서의 전 사회구성원을 대상으로 하는 다양한 형태의 학습이 사회의 유지와 활성화에 중요한 요소로 작용한다.

평생학습도시 사업은 평생학습사회에 있어서 행정단위인 기초자치단체에 시민의 평생학습을 지원하는 환경과 제도를 인위적으로 구성하는 사업이다. 세계 각국에서는 평생학습도시 사업을 추진하는 이유는 지역활성화, 지역공동체 형성, 경제적 경쟁력 제고를 위한 것이다. 일본의 평생학습도시 사업은 지자체의 행정력과 자율성에 기반하여 지역 고유의 특성과 장점을 강화하는 방향으로 추진되고 있으며, 지역 내 다양한 공공적, 사회적 단체의 연계협력, 자원봉사자 양성 등 지방자치 전략으로 추진되고 있다.

영국의 평생학습도시는 도시 내 평생교육 관련 주체의 파트너십에 기반하여 추진되고 있다. 지역 내, 직업훈련기관, 기업체, 대학, 시민단체, 언론매체, 봉사단체 등의 파트너십을 결성하고 기금을 조성하여 사업을 추진하고 있다. 영국의 학습도시에서는 중앙과 유럽차원의 재원 지원도 이루어지고 있다.

독일과 스페인 등지에서 추진되는 학습도시 사업과 유사한 사업으로는 학습지역(learning region)이라는 사업이 추진되고 있다. 학습지역 사업은 지역 내 산업관련기관인 기업체, 직업교육기관, 연구소, 벤처산업단지 등의 파트너십을 통하여 생산과 산업관련 연구와 학습을 통하여 지식창출과 유통, 혁신을 바탕으로 지역산업 경쟁력을 강화하는 방향으로 전개되는 특수 목적의 지식활성화 전략이다.

호주의 평생학습도시는 학습공동체(Learning Community)라고 하며, 이 학습공동체는 자신의 미래를 스스로 만들어 갈 수 있도록 구성원의 평생학습에 필요한 역량을 갖출 수 있도록 지원하는 공동체이다.

이처럼 평생학습도시 사업은 평생학습사회의 도래라는 시대적 배경에서 지역단위의 평생학습자원을 총동원 제구조화하여 시민의 학습을 지원하는 이상적 환경을 조성하여 지역주민 개개인의 자아실현과 지역사회의 통합증진, 경제적 경쟁력 제고와 지역주민의 삶의 질 향상을 도모하는 지역 활성화 사업이다(평생교육백서, 2006).

② 평생학습도시 조성과정

자치단체 및 평생학습 유관 기관 간의 긴밀한 파트너십 형성을 통한 지역학습공동체 조성을 위해 평생학습도시 사업을 2001년도부터 실시하여 2007년도까지 76개의 지자체가 평생학습도시로 선정·지원되어, 기초자체장 중심으로 해당지역의 평생학습 기반이 구축되고 활성화에 성과가 있었으나 지자체의 재정 사정으로 인해 학습도시 추진동력이 부족하였고, 이에 따라 이를 평생학습도시 사업의 법적 근거제시를 통하여 활성화를 기하고자 추진하고 있다.

평생학습도시 선정은 엄격한 심사를 통하여 지정된다. 평생학습도시 심사는 1차 심사, 2차 심사 3차 종합사정이 있다. 1차 심사는 시·도 교육청에서 심사하여 추천한다. 2차 심사는 교육과학기술부에서 심사가 이루어지는 데 사업계획서 서면심사와 기관장·사업담당자 면담 및 현장 확인을 통한 심사이다. 3차 종합사정은 서면심사와 현장방문 심사결과를 토대로 심사위원회에서 종합하여 판단하게 된다.

〈표 8-4〉 평생학습도시 선정현황(2001~2007)

광역	학습도시	광역	학습도시
서울	7	부산	3
대구	2	인천	3
광주	3	대전	2
울산	2	경기	11
강원	4	충북	4
충남	7	전북	7
전남	7	경북	4
경남	8	제주	2

③ 평생학습도시 사업 추진현황

평생학습도시로 선정된 도시에서는 대개의 경우 유사한 형태로 사업이 추진되다. 일반적으로 평생학습도시로 선정된 도시에서는 평생학습조례제정, 평생학습전담조직(평생학습지원과 평생학습팀 등)운영 등의 사업을 추진한다.

2012년까지 110개 평생학습도시를 추진하겠다는 계획과 함께 평생학습도시의 내실화를 통한 평생학습의 질적 수준을 제고하는 것을 목표로 평생학습 주민 참여율을 증가시키는 것을 목표로 하였다.

평생학습도시로 선정된 도시에서는 평생학습관련 조례를 제정한다. 평생학습도시에서 조례를 제정하는 이유는 평생학습도시 사업이 지속적으로 추진될 수 있도록 하는 제도적 장치를 마련하기 위한 것이다. 최근에는 평생학습도시로 선정되기를 희망하는 도시에서 미리 조례를 제정하고 신청하는 경우가 대부분이다.

〈표 8-5〉 평생학습도시의 조례제정 현황(2005년 기준)

도시명	제정연도	도시명	제정연도
경기 광명시	2002년	경북 안동시	2004년
경기 부천시	2003년	경남 거창군	2004년
인천 연수구	2004년	전남 목포시	2004년
제주 제주시	2002년	경기 이천시	2004년
부산 해운대구	2003년	전북 전주시	2004년
제주 서귀포시	2004년	경남 창원시	2005년
전남 순천시	2004년	충북 청주시	2004년
충남 금산군	2004년	서울 관악구	2005년
경북 칠곡군	2005년		

대부분의 도시에서는 계수준의 조직을 설치하는 것이 일반적이었으나 2005년을 기점으로 과수준의 조직을 설치하고 있는 추세이다. 행정조직을 강화하고 있는 지자체에서는 국수준의 행정조직도 설치하고 있다. 이 같은 조직에서 담당하고 있는 기능은 평생학습도시 건설관련 기획조정, 대외협력, 예산확보집행, 사업평가, 평생학습도시 건설 기본 계획수립과 추진, 평생학습문화 진흥사업, 평생학습 예산수립과 지원, 평생교육센터 운영에 대한 행·재정적 지원 및 지도와 감독, 평생교육기관인 시사업소, 주민자치센터 관리, 교육청과 유관기관과 교류와 협조, 평생학습 홍보, 국내외 평생학습도시 네트워킹, 청소년, 문화, 환경교육, 복지교육 등과 관련된 사무지원 등의 업무를 담당하고 있다.

평생학습센터에서는 네트워크 기능도 담당하고 있다 평생학습센터의 네트워크 기능은 지역 내 유관기관과 시설간의 자원교류를 연계하는 기능이다. 즉, 인적자원, 물적자원, 정보자원의 교류를 촉진하고 매개하는 사업을 추진하고 있다. 또한 평생학습도시에서는 평생학습에 대하여 홍보하고 평생학습문화를 조성하는 사업도 추진하고 있다. 평생학습세미나 개최, 평생학습포럼 개최, 평생학습축제 개최 등을 통하여 평생학습에 대하여 홍보하는 기능을 추진하고 있다.

(2) 평생교육 전담 · 지원기구의 설치 · 운영

① 평생교육진흥원

평생교육 관련 전문기관을 평생교육센터(KEDI), 학점은행센터(KEDI), 독학학위검정원(한국방송통신대학교)에 위탁 · 위임하여 분산 · 운영되어 온 결과, 국가수준의 체계적이고 종합적 사업을 수행하는데 있어 한계를 가져왔던 것을 극복하고자 평생교육진흥원을 설치 운영하게 되었다. 또한 평생교육지원인력의 전문성과 예산부족 등으로 나타난 중 · 장기 평생교육 발전방안을 수립하고 신규 정책수요를 발굴하며, 사업에 대한 모니터링 기능을 확대하고 평생교육 관련 사업에 대한 분석과 평가 등에 대한 한계를 평생교육 관련 기관간의 통합운영을 통하여 시너지 효과를 구축하고, 인력활용의 효율성을 증대할 필요성을 충족시키기 위함이 평생교육진흥원의 입법 추진과정이다.

이와 같이 평생교육집행전담기구로서 '평생교육진흥원'이 통합 개편 운영됨으로써 국가차원의 평생교육 관련 업무를 전담 운영할 수 있도록 평생교육센터(KEDI), 학점은행센터(KEDI), 독학학위검정원(방송대)을 평생교육진흥원으로 통합 개편하여 집행의 효율성을 도모하였고, 평생교육 관련 정책기획, 연수, 프로그램개발, 사업진행, 홍보 및 시 · 도 평생교육진흥원 지원 업무 등을 효과적으로 수행할 수 있게 되었다.

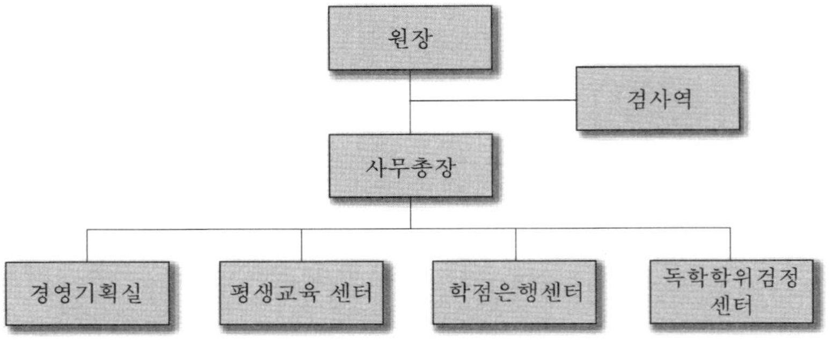

〈그림 8-1〉 평생교육진흥원의 조직 현황

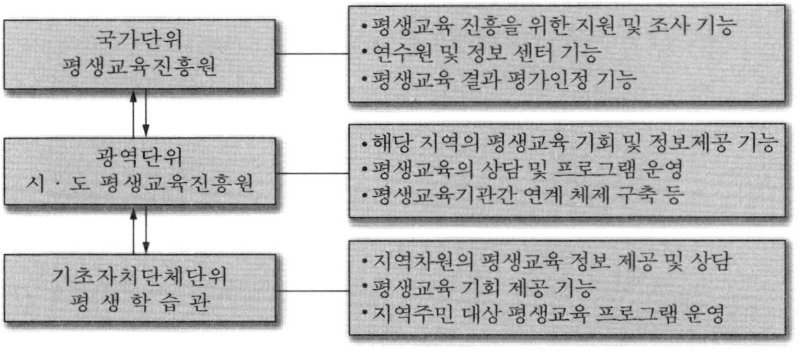

〈그림 8-2〉 평생교육전담 · 지원 기구 및 역할

② 시 · 도 평생교육진흥원

기존의 평생교육법은 교육과학기술부장관 및 교육감으로 하여금 지역평생교육정보센터를 운영할 수 있도록 정하고 있었으나, 지역주민의 평생교육을 위해 시 · 도지사가 시 · 도 평생교육진흥원을 운영할 수 있도록 하여 평생교육 진흥지원에 필요한 재원확보 등 인적 · 물적 자원의 동원 및 활용이 종전의 교육감 운영체제보다 활성화될 것으로 판단됨과 동시에 평생교육계획을 지역의 사회 · 복지 · 문화 등 지역개발 사업과 연계하여 운영함으로써 평생교육의 활성화를 극대화할 수 있을 것으로 기대한다.

③ 시 · 군 · 구 평생학습관 설치 · 운영

중앙차원의 평생교육진흥원, 시 · 도 차원의 시 · 도 평생교육진흥원과 연계하여 주민 대상의 평생교육 계획을 수립하고, 정보를 제공하고 상담 하는 등의 네트워크 추진 등을 평생교육전담부서의 설치 및 평생학습관(평생학습센터) 등의 설치를 동하여 운영할 수 있도록 체제가 정비되었다.

〈표 8-6〉 추진전담기구별 역할

구분	중앙	시 · 도(광역)	시 · 군 · 구(기초
명칭	평생교육진흥원	시 · 도 평생교육진흥원	시 · 군 · 구 평생학습관
설치자	국가가 설립	시 · 도지사가 설치 또는 지정 운영	2원화 운영체제 -교육감 지정 · 운영 -지자체장 설치 · 지원
성격	(교육과학기술부 산하 재단법인 형태) 평생교육전담 집행기관	광역 시 · 도 차원의 평생교육사업기관	기초자치단체 차원의 평생교육사업기관
기능	평생교육 진흥을 위한 지원, 조사, 연수, 프로그램 개발 등	평생교육 기회 및 정보제공, 상담, 프로그램 운영 등	주민 평생교육 활성화를 위한 사업 추진 등
근거	평생교육법 제19조	평생교육법 제20조 지방자치단체의 조례	평생교육법 제21조 지방자치단체의 조례

〈표 8-7〉 평생학습관 지정현황

지역	기관수	지역	기관수
서울특별시	9	부산광역시	27
대구광역시	8	인천광역시	18
광주광역시	20	대전광역시	20
울산광역시	4	경기도	72
강원도	22	충청북도	15
충청남도	20	전라북도	18
전라남도	25	경상북도	23
경상남도	22	제주도	5

2) 인적자원개발을 위한 평생교육정책

인적자원의 중요성과 포괄적 규정은 인적자원을 정책적으로 관리해야 할 대상임을 뜻한다. 초기 산업시대 인간은 생산과 비용을 유발하는 단순한 생산요소 중의 하나인 노동력으로만 인식되었으나, 점차 고부가가치 창출을 위한 관리의 대상으로 변화하여 이제는 투자의 대상이며, 국가나 기업의 자산으로 인식되고 있다. 우리나라에서도 2003년 3월부터 전개해 온 인적자원개발정책은 인적자원개발 기본법 제정과 정책추진을 위한 범정부적 조직체계, 그리고 정책의 방향과 내용을 제시하는 국가인적자원개발기본계획을 기반으로 하여 인적자원개발과 관련된 120여건의 핵심적 정책과제를 처리하여 왔다. 인적자원개발정책은 인적자원을 경제·사회적 발전을 위한 핵심 역량으로 간주하고 이를 종합적으로 발전시키기 위한 정부의 계획과 행동으로서 사람과 지식에 관한 종합 정책, 미시적 차원의 혁신정책, 사회적 자신의 형성정책이라는 성격을 지닌다(정봉근, 2003).

교육은 개개인의 성장과 발달 측면에서 개인의 잠재능력 극대화와 성취에 초점을 두어 주로 학령기 학생을 대상으로 학교 입학-졸업까지의 '흐름(flow)'과 인적자원의 '공급' 위주이다. 국가인적자원개발(National HRD)은 교육적 성취를 기반으로 국가차원에서 인적자원의 수요와 공급, 효율성 극대화 등 종합적 시각을 반영한다. 지식기반사회에서 교육정책 목표는 교육부문만의 노력으로는 달성하기 어려우며, 이에 따라 국가인적자원개발은 교육시스템과 다른 부문을 연계하고 조율하는 노력을 통해 국가경쟁력 강화를 추구한다. 그러나 누가 뭐래도 인적자원개발의 심장은 학습에 있다는 것이 정설이다. 교육과 인적자원개발의 차별화보다는 양질의 교육을 통한 양질의 인적자원의 개발에 정책의 초점이 주어져야 할 것이다.

3) 소외계층을 위한 평생교육정책

소외계층에 대한 평생교육정책은 우리 사회에서 상대적 교육 취약계층으로 볼 수 있는 여성, 노인, 중도 장애인 및 저소득층, 저학력층 등을 위한 평생교육 프로그램을 평생교육기관 등을 대상으로 공모하여 2001년부터 지속적으로 지원되고 있다.

노인 및 상대적 소외계층에 대한 평생교육 지원은 심화되고 있는 사회계층의 양극화 해소 차원에서 절실히 요청되는 실정이다. 또한 최근 급속히 증가하는 고령자 층의 교육수요에 효과적으로 대응할 수 있는 제도적 기반 마련이 요청되고 기존의 노인복지보다 예방적이고 생산적인 차원의 노인교육에 중점을 두는 선진국형 노인정책으로 전환할 필요에 의해 추진되고 있다.

1999년도 노인교육 활성화 기본계획이 수립된 이래 노인교육 정책들이 지속적으로 추진되었다. 노인교육 담당자의 전문성을 신장시키기 위해 대학부설 평생교육원에 노인교육기관 실무자 및 전문가 양성과정을 운영토록 대학에 지원하여, 노인교육담당자 양성과정이 2001년부터 2003년까지 실시되었으며 "퇴직 예정자 사회적응교육 프로그램 개발 연구" 등 노인교육 프로그램 개발 정책연구도 수행되었다. 또한 2002년 1월에는 노인교육의 활성화를 추진하는데 주력하여 노인교육 인프라 구축, 노인의 사회참여기회 확대, 세대간 이해를 주요내용으로 하는 고령인적자원개발 계획을 수립하고, 이를 실천하기 위한 기반조성에 중점을 두었다.

지속적으로 고령자, 노인의 평생교육 추진체제를 정비하고 다양한 노인교육 프로그램을 개발해 나가야 하며, 평생교육기관을 활용한 퇴직전 노후준비교육과 퇴직 후 교육을 통하여 재취업기회를 확대하고 생산적 노후생활을 위한 각종 자원봉사 지원체제를 마련하여야 할 것이다.

4) 여성을 위한 평생교육정책

여성 평생교육은 계몽교육, 문해교육 등 기초능력과 근대의식 함양 차원에서 취미교양교육으로 그리고 현재는 자격증이나 취업에 도움이 되는 전문직업교육의 방향으로 변하고 있다. 여성평생교육의 주요 제공자였던 여성단체나 대학평생교육원등도 직업교육, 전문과정 운영에 역점을 두고 있다.

정부의 여성평생학습에 대한 투자는 여성을 대상으로 하는 평생교육시설의 확대와 취약계층 여성에 대한 교육비 지원에 집중되고 있다. 연성인력개발센터는 2001년 노동부 산하 '일하는 여성의 집'이 여성부로 이관되면서 명칭을 변경했고, 2005년 지자체로 이관되면서 전국적으로 확대 운영되고 있다. 지역실정에 맞는 관리와 지원이 용이하도록 중앙과 시·도 지자체, 민간단체의 협력 사업으로 운영되는 것이 특징으로 민간여성단체를 사업주체로 하되 정부가 사업비의 일부를 보조하는 형태로 운영되고 있다.

여성회관은 지자체가 운영하는 것으로 주로 여성사회교육과 복지기능을 수행하고 있는데 2005년 전국에 100여 개소가 생겨날 만큼 점차 확대되고 있으며 직업교육기능을 더 강화하는 방향으로 접근하고 있으나 문화교양교육 비중이 여전히 크다. 여성회관 외에도 주민자치 센터가 지자체의 새로운 여성평생교육의 장으로 정책투자의 대상이 되고 있다.

3. 평생교육행정

1) 평생교육행정의 성격

평생교육행정은 교육학의 다른 영역에 비하여 그 개념이 분명하지 않다. 영역별로 분류되고 있는 교육형태, 즉 가정교육, 학교교육, 사회교육 등에 관한 행정개념은 오랜 연구성과를 토대로 학교교육행정이나 사회교육행정의 개념이 비교적 분명하게 드러나 있는 편이지만 평생교육행정은 그 개념이나 행정체제가 분명하게 드러나는 것은 아니다.

김도수(1994)는 평생교육행정이란 "국가나 지방자치단체가 국민 혹은 지역주민의 평생학습기회를 원조, 진흥하기 위한 목적을 가지고 공적인 정책과제를 실현하는 공공작용"이라고 정의하였다. 평생교육행정은 국가가 국민의 교육권을 보장하기 위하여 교육기회를 정비, 제공하는 일련의 공적인 행정작용으로써 유아에서 노인에 이르기까지 모든 국민의 교육을 평생 보장하려는 행정작용이라고 말할 수 있다. 따라서 평생교육행정은 모든 국민에게 교육의 기회를 제공해주고 삶의 질을 향상시키며 최종적으로 평생학습회 건설을 목표로 하는 것을 의미한다. 따라서 평생교육행정은 사회의 모든 교육기관의 교육적 기능을 유기적으로 연계시키고 관계되는 교육기능들을 종합적으로 정비, 제공하는 것을 행정과제로 한다. 평생교육행정이 통합 행정구조를 가져야 하는 것은 이러한 여러 가지 사회적인 교육기능을 연계시키기 위하여 일반 행정이나 관련 행정을 통합적인 평생교육체제로 구축하기 위한 것이라고 할 수 있다.

평생교육행정은 학교교육행정이나 사회교육행정은 물로 평생교육과 관련된 교육행정 이외의 관련 행정들을 모두 포함하여 새로운 행정제도를 수립하려는 것이다. 따라서 평생교육행정은 기존의 행정체계와는 다른 새로운 창의적인 행정체제로 볼 수 있다. 이를테면, 평생교육행정은 학교교육행정, 사회교육행정, 문화체육행정 분야뿐만 아니라 보건복지부, 노동부, 농림수산부, 과학기술처 등 교육행정 이외의 행정분야와 민간 교육분야와 제휴, 원조하는 통합행정체제이다.

2) 평생교육행정의 원리

(1) 통합행정

평생교육행정은 학교교육행정이나 사회교육행정과 같이 정해진 교육영역을 관장하는 개별행정이 아니라 통합행정으로 개념화되고 체계화되어야 한다(김도수, 1994). 일반행정에도 종합행정이라는 개념이 있는데, 그것은 완성된 개념이라기보다는 몇 가지 행정영역을 총괄하는 종합적인 행정체계를 말한다. 평생교육행정이 종합행정이라든가 통합행정이 되어야 하는 이유는 평생교육 그 자체가 통합적인 특성을 가지고 있기 때문이다. 평생교육행정은 통합행정으로 체계화되지 않으면 사실상 행정으로서의 기능을 발휘하기 어려울 뿐만 아니라 평생교육의 본래 목적을 실현하는 것은 불가능하다.

평생교육행정을 통합행정으로 체계화한다고 할 때 자칫 잘못하면 오해를 낳을 수도 있다. 왜냐하면 통합행정이라든가 종합행정이란 여러 가지 교육행정체계, 즉 보육행정, 유치원행정, 학교행정, 사립학교행정, 사회교육행정 등과 같은 모든 행정을 하나의 행정체계로 단일화하는 것으로 오해할 수 있기 때문이다. 장차 평생교육행정이 보다 바람직한 행정으로 성숙, 발전하기 위해서는 이러한 모든 교육과 관련된 행정영역을 포함한 통합행정이 되어야 할 것이다. 그러나 현실적으로 그러한 행정영역들을 통합한다는 것은 거의 불가능하고 경우에 따라서는 오히려 행정상에 장애가 될 수도 있다.

(2) 교육권 보장

교육권이란 교육에 관하여 일정한 방침을 결정하고 그것을 실시하는 권한이라고 하기도 하고 교육에 대한 기대, 희망, 요구 등을 기획하고 진술하는 발언권이라고도 한다(김도수, 1994). 무엇보다도 교육권은 교육을 법에 의하여 보호받으려는 권리이다.

그러나 평생교육에서 교육권의 개념은 다르게 해석되어야 한다. 평생교육정책의 이념은 헌법 제31조 1항과 5항에 규정된 '모든 국민의 균등한 교육을 받을 권리' '모든 국민의 평생교육 보장', 즉 국민의 교육권 보장정신에 터해야 하고, 이는 유아에서부터 노인에 이르기까지 일생 동안 계속해서 언제 어디서나 학습할 수 있는 평생교육의 이념을 내포하고 있다고 보아도 무방하다. 교육권은 아동학생이나 청년에게만 적용되는 권리이념이 아니라 유아부터 노인에 이르기까지 모든 국민이 누릴 수 있는 권리로 정립되어야 한다. 그러나 여기에는 '교육권 보장'을 이론적으로 뒷받침할 수 있는 교육이론과 '국민의 능력에 따른 균등한 교육'에 대한 이론적인 설명이 있어야 한다.

국민의 교육권을 일생 동안 보장하는 교육행정이 되기 이해서는 가정교육, 청소년 교육, 학교교육, 사회교육, 기업체교육, 노인교육 등 모든 교육을 통합한 통합행정이 절실히 요구된다. 통합행정으로서의 평생교육행정에 관한 이론과 체제에 관한 연구는 장차 평생교육사회를 건설하는 데 있어서 빼놓을 수 없는 과제일 것이다.

(3) 공교육

공교육이란 국가나 지방자치단체가 교육에 관여하고 있는 교육체제를 말한다. 이는 곧 법률이 정한 학교는 공공의 성격을 갖는다는 원리를 적용한 것으로 국가와 지방자치단체가 설치한 시설에서 행해지는 교육을 공교육이라고 규정하고 있다. 교육기관의 관리, 운영은 그러한 단체의 행정기관에 의해서 이루어지며 거기에 소요되는 경비는 국가는 지방자치단체가 부담한다. 다시 말하면 공교육이란 "국가 및 지방자치단체 그리고 그들 기관에 의해서 관리, 운영되는 교육"이라고 정의할 수 있다.

지금까지 공교육의 중심 대상은 국공립교육기관이었고 그 밖의 교육기관은 대체적으로 공교육 대상에서 제외하였다. 특히 국민 전체의 교육에 대한 책임을 지고 있는 평생교육은 법 규정상으로는 공교육의 대상에 포함되어 있으나 실제로는 공교육으로서의 지위에서 제외되고 있다. 공교육을 국가의 예산에 의한 교육 또는 공적 성격을 가지고 공익을 목표로 하는 국민 전체에 봉사하는 교육이라고 한다면 평생교육 또한 국민 전체에 봉사하는 공교육으로 해석해야 한다는 논리이다.

평생교육의 공교육적 성격은 평생교육을 국가 및 지방 공공단체가 범제도적으로 공교육화할 것을 요청하고 있는 것이다. 국민의 교육권 보장을 위한 공교육체제 개편론은 Lengrand 이후에 줄곧 강조되어 온 이론이다. 평생교육의 공교육화를 위한 기본조건은 국가와 지방자치단체에 의한 교육의 조건정비와 공적비용에 의한 재정이 확보되어야 한다. 평생교육의 궁극적인 목표인 국민의 교육기회를 일생 동안 보장하는 교육체제를 수립하기 위해서는 교육재정이 확보되어야 하기 때문이다.

(4) 교육의 중립성

교육은 정치와 종교로부터 중립을 보장받는데, 이는 곧 특정 정당이나 종교의 간섭으로부터의 자유를 의미한다. 교육이 특별히 중립성을 강조하는 것은 정치권력이나 종교단체가 자체의 이익을 위하여 교육을 수단으로 이용하거나 국민의 교육받을 권리를 침해해서는 안 되기 때문이다. 교육의 중립성은 국민의 교육받을 권리를 제도적으로나 내용 면에서 보장하기 위하여 원리원칙으로 존중되고 있다. 교육의 중립성 원칙은 대체로 지금까지 학교교육을 중심으로 적용되어 보장받아 왔다.

평생교육도 국공립 학교교육과 마찬가지로 정치적·파당적 기타 개인적 편견의 선전을 위한 방편으로 이용되어서는 안 될 것이다. 그러므로 정치적으로나 종교적으로 중립성이 훼손되기 쉬운 평생교육을 법률로 보장하여야 할 것이다. 따라서 법령상으로도 중립성의 원리는 학교교육과 마찬가지로 유아에서 노인에 이르기까지 모든 교육대상, 교육활동에 적용되어야 할 평생교육의 제도원리가 되어야 한다.

그러나 우리나라는 학교교육이나 평생교육의 이러한 원칙이 선전에 의해서 침해되거나 무시되는 일이 종종 있었고, 특히 평생교육은 정권의 홍보, 선전의 수단으로 이용되는 사례가 허다했다는 사실이 널리 알려져 있다. 평생교육이 정치의 권력수단으로 이용되고 있는지의 여부를 평가하는 기준은 그 활동 자체가 국민을 위한 것인가 아니면 주최자측을 위한 것인가를 보면 알 수 있다. 다음에 평생교육이 정권이나 종파의 부당한 지배를 받지 않고 바르게 운영되는 중립성의 원칙을 살펴보면 다음과 같다(김도수, 1994).

첫째, 평생교육은 특정 정권이나 종파의 선전수단으로 이용되어서는 안 되지만 그렇다고 종교와 정치에 관한 교양교육까지 배제하자는 것은 아니다. 평생교육이 종교와 정치에 관한 일반 교양교육을 배제하는 것이 곧 중립성을 확보하는 길이라는 사고방식은 잘못이다. 교육의 중립성은 특정 종교와 정당의 견해를 지지하거나 선전하는 행위를 배제하려는 것이며, 교양을 넓히려는 교육활동까지 제한해서는 안 된다. 시민에게 다양한 종파나 정당의 정책이념을 이해시킴으로써 시민 스스로가 그에 대한 교양을 확대시킬 수 있고 선택능력을 신장시키는 일은 권장되어야 할 교육활동이다.

둘째, 평생교육의 중립성은 주최자의 확고한 신념에 의해서 보장될 수 있다. 평생교육의 지도자가 행정기관의 지도자이든 민간단체의 지도자이든지 간에 자기 자신의 신념과 종파의 정당을 교양으로 이해시킨다는 것을 혼동해서는 결코 안 된다. 지도자는 그의 신분이 헌법에 보장되어 있기 때문에 특정 종교나 정당을 지지하고 있다고 해서 지도자로서의 결격사유가 될 수는 없다. 그러므로 어떤 프로그램에서 강사를 초빙하려고 할 때 그의 사상이나 신념이 초청의 기준이 되어서는 안 된다.

셋째, 정부, 집권당 혹은 공공단체의 집행기관 등의 행정권력은 어떠한 경우에도 교육에 간섭해서는 안 된다. 교육의 중립성은 어떤 정당이나 정치·사회단체가 교육기관을 자신들의 정치적 선전의 수단으로 이용하는 것을 용납하지 않거니와 집행기관의 교육에 대한 간섭도 용인하지 않는다. 교육위원회와 같이 위원회제도를 도입하고는 있으나 그렇다고 일반 행정권력으로부터 완전히 독립하는 것도 사실상 불가능하다. 왜냐하면 교육위원회 자체가 행정권력에 의한 정치적 영향력을 배제하기 어려운 위치에 놓여 있으며, 행정권력의 지배를 필요로 하는 성격을 가장 크게 가지고 있기 때문이다.

넷째, 무엇보다도 교육의 중립성이 보장되어야 할 중요한 이유는 교육의 본질에서 찾을 수 있다. 교육은 인간형성의 작용이며, 자유로운 인격적인 상호작용에 의한 인간육성을 지향한다. 교육은 인간의 자율적인 가치관 형성을 목표로 하며, 그것은 내면형성의 본질이다. 따라서 교육의 핵심은 가치관의 형성에 두어야 하고, 어떤 경우에도 가치관을 지배하거나 손상해서는 안 된다. 교육의 중립성을 교육제도의 원리로 삼고 있는 것도 바로 이 '가치관'을 존중하는 원칙에 충실하기 위한 발로이다. 따라서 가치관의 형성을 법률로 보장하고자 하는 것이 교육의 중립성을 표방한 공교육의 원리이며 조직이다.

특히 다양한 가치관 형성을 지향하는 평생교육에 있어서는 교육의 중립성이 더욱 강조되는데 이는 다양한 가치관을 존중하고 한 쪽으로 치우치는 편중 교육의 파행을 막기 위해 필요한 원칙인 것이다(김도수, 1994).

4. 평생교육사 제도

다양한 연령과 계층, 지역성, 신분, 지위 등을 망라한 국민전체를 대상으로 하는 사회교육에서 전문성과 자격을 갖춘 사회교육지도자 확보는 효율적인 평생교육활동을 전개하기 위해서 필수적인 일이다.

1982년 사회교육법이 제정・공포되고 1983년 사회교육법 시행령이 제정되면서 대학을 중심으로 사회교육전문요원을 양성하기 시작했다. 2000

년 평생교육법이 제정되면서 사회교육전문요원은 평생교육사로 그 명칭이 변경되어 양성되고 있다.

평생교육법에 의하면, 평생교육 현장의 효율성과 전문성을 강화하기 위하여 평생교육사 자격제도가 규정되어 있다. 이는 실제 현장의 평생교육의 기획, 운영, 평가 등을 담당하는 전문인력의 양성과 배치, 연수체제를 기반으로 한 국가 자격이다. 즉, 평생교육 직업 현장에서 평생교육 담당자라는 특정직무 수행능력을 보장해주고 있는 제도이다.

평생교육사 양성은 평생교육법 제24조(대학)나 제25조(양성기관)에 따라 이원화되어 평생교육 관련 과목을 일정학점 이상 이수한 자에게 평생교육사 자격을 부여하도록 되어 있다. 우선 대학 내의 양성과정은 최근 많은 대학과 대학원에서 전공학과를 개설하여 전문적으로 평생교육 전문가를 양성하려는 움직임이 있지만, 일반적으로 '교직과정'과 비슷한 성격으로 운영되고 있다.

평생교육사 양성과정은 평생교육법 제24조(평생교육사)에 보면 교육과학기술부장관은 고등교육법 제2조의 규정에 의하여 학교(대학)에서 평생교육관련 과목을 일정학점 이상 이수한 자 또는 제25조의 규정에 의한 일정한 자격과 기준을 갖춘 평생교육사 양성기관에서 소정의 과정을 이수한 자에게 평생교육사자격을 부여하는 제도이다. 따라서 평생교육사 자격을 취득하는 방법은 대학, 대학원 혹은 전문대학에서의 신규 인력의 양성과 현장 재직자를 위한 양성과정의 두 가지 방식으로 양성이 추진되고 있다.

평생교육의 양적 확대와 함께 평생교육을 담당하는 실무자들이 평생교육에 대한 아무런 인식이나 자격 없이 근무함으로써 발생하는 전문성의 문제와 양성기관의 부재로 현직 종사자들을 위한 자격취득 통로문제를 제기하였다. 이러한 문제를 해결하기 위하여 대학의 평생교육과정과 함께 교육인적자원부장관이 평생교육사의 양성 및 연수를 위하여 대통령령이 정하는 바에 따라 평생교육단체 또는 평생교육시설을 평생교육사 양성기관으로 지정할 수 있다고 규정하고 있다.

평생교육법시행령 제21조(평생교육사 양성기관의 지정)에서 이를 구체화하여 ① 법 제25조에 따른 평생교육사 양성기관으로 기능을 대행하는 법인 또는 단체 ② 법 제30조 제2항에 따른 부설 평생교육원 ③ 공무원교육훈련법에 따른 공무원교육훈련기관 ④ 교육공무원법에 따른 연수기관 ⑤ 특별법 또는 정부출현으로 설립된 연수 및 교육훈련기관 등으로 그 대상을 다양화하고 있다.

이에 교육과학기술부는 시범사업으로 전국을 4개 권역으로 나누어 4개 기관(수도권 : 이화여자대학교 평생교육원, 중부권 : 천안외대 평생교육원, 호남권 : 전북대학교 평생교육원, 영남권 : 대구대학교 평생교육원)을 평생교육사 양성기관으로 지정하였다. 2004년부터 인천(인하대학교 평생교육원), 부산(동의대학교 평생교육원)이 추가되었다.

교육과학기술부령이 정하는 평생교육 관련 과목들은 크게 필수과목과 선택과목으로 분류된다. 평생교육사 양성과목은 〈표 8-8〉과 같다.

〈표 8-8〉 평생교육사 양성 과목

과정	구분	과목명
양성과정	필수	평생교육론, 평생교육방법론, 평생교육경영론, 평생교육프로그램개발론
		평생교육실습(4주간)
	선택	아동교육론, 청소년교육론, 여성교육론, 노인교육론, 시민교육론, 문자해득교육론, 특수교육론, 성인학습 및 상담(1과목 이상 선택하여야 함)
		교육사회학, 교육공학, 교육복지론, 지역사회교육론, 문화예술교육론, 인적자원개발론, 직업·진로설계, 원격(이러닝, 사이버)교육론, 기업교육론, 환경교육론, 교수설계, 교육조사방법론, 상담심리학(1과목 이상 선택하여야 함)

〈비고〉
1. 양성과정의 과목명칭이 동일하지 아니하더라도 교과의 내용이 동일하다는 평생교육진흥원장의 승인을 받을 경우 동일과목으로 본다.
2. 필수과목은 평생교육실습을 포함하여 15학점 이상을 이수하여야 한다.
3. 과목당 학점은 3학점으로 하고, 성적은 각 과목을 100점 만점으로 하여 평균 80점이 이상이어야 하며, 평생교육실습 과목은 「평생교육법 시행령」 제69조 제2항에 따라 문자해득교육 프로그램으로 지정받은 기관, 「평생교육법」 제19조부터 제21조까지의 규정에 해당하는 평생교육기관에서의 4주 간 현장실습을 포함한 수업과정으로 구성한다.

※ 평생교육법 시행규칙 [별표 I]

평생교육법에 의하면, 교육과학기술부장관은 고등교육법 제2조의 규정에 의한 학교에서 평생교육법 제2조의 규정에 의한 학교에서 평생교육 관련 과목을 일정학점 이상 이수한 자, 또는 제25조의 규정에 의한 평생교육사 양성기관에서 필요한 과정을 이수한 자에게는 평생교육사 자격을 부여한다고 규정하고 있다. 평생교육사의 등급별 자격요건은 2008년 개정에 의하여 기존의 평생교육사 자격 요건과 다소 변경이 있었다. 이러한 평생교육사의 등급별 자격요건을 살펴보면 다음과 같다(〈표 8-9〉 참조).

평생교육지도자가 수행하는 역할은 문자 그대로 다중적 역할이다. 따라서 평생교육 지도자는 학교의 역할수행자인 교원이나 특수직종에 종사하는 전문가 이상으로 실천을 겸비한 전문지식을 갖추어야 한다. 그럼에도 불구하고 우리나라에서는 지금까지 평생교육에 종사하는 평생교육요원들은 평생교육을 전공하였거나 그에 대한 깊은 전문지식을 가지지 못한 사람들이 대부분이었다. 그래서 아무나 해도 되는 것처럼 생각하는 사람이 많다. 이것은 학교교육이 교육을 독점하고 있던 시대의 이야기이다. 다시 말해 평생교육을 부수적으로 생각하던 때의 이야기다. 그러나 지금은 평생교육이 21세기의 새로운 교육패러다임, 새로운 교육대안으로 인식되고 있는 현시점에서 평생교육은 학교교육과 더불어 평생교육체제를 구축하는 양대 축으로 받아들여지고 있다. 따라서 다중역할 수행자로서 그 역할을 다할 수 있는 사회교육지도자 양성은 시대적·교육과제라 하지 않을 수 없다.

〈표 8-9〉 평생교육사의 등급별 자격요건(평생교육법 시행령 제16조 제2항 관련)

등급	자격기준
평생교육사 1급	평생교육사 2급 자격증을 취득한 후, 교육과학기술부 장관이 정하는 평생교육과 관련된 업무(이하 :관련업무"라 한다)에 5년 이상 종사한 경력이 있는 자로서 진흥원장이 운영하는 평생교육사 1급 승급 과정을 이수한 자
평생교육사 2급	1. 「고등교육법」제29조 및 제30조에 따른 대학원에서 교육과학기술부령으로 정하는 평생교육과 관련된 과목(이하 "관련과목"이라 한다)중 필수과목을 15학점 이상 이수하고 석사 또는 박사학위를 취득한 자. 다만, 「고등교육법」 제2조에 따른 학교(이하 "대학"이라 한다)에서 필수과목을 이수한 경우에는 선택과목으로 필수과목 학점을 대처할 수 있다. 2. 대학, 원격대학 형태의 평생교육시설 또는 사내대학에서 관련과목을 30학점 이상 이수하고 졸업한 자 3. 대학, 원격대학형태의 평생교육시설 또는 사내대학을 졸업한 자로서 다음 각 목의 어느 하나에 해당하는 기관에서 관련과목을 30학점 이상 이수한 자 가. 대학, 원격대학형태의 평생교육시설 또는 사내대학 나. 법 제25조 제1항에 따른 평생교육사 양성기관(이하 "지정양성 기관"이라 한다) 다. 「학점인정 등에 관한 법률」에 따라 평가인정을 받은 학습과정을 운영하는 교육훈련기관 4. 평생교육사 3급 자격증을 보유하고 관련 업무에 3년 이상 종사한 경력이 있는 자로서 진흥원장이나 지정양성기관이 운영하는 평생교육사 2급 승급과정을 이수한 자
평생교육사 3급	1. 대학, 원격대학형태의 평생교육시설 또는 사내대학에서 관련과목을 21학점 이상 이수하고 졸업한 자 2. 대학, 원격대학형태의 평생교육시설 또는 사내대학을 졸업한 자로서 다음 각 목의 어느 하나에 해당하는 기관에서 관련과목을 21학점 이상 이수한 자 가. 대학, 원격대학형태의 평생교육시설 또는 사내대학 나. 지정양성기관 다. 「학점인정 등에 관한 법률」에 따라 평가인정을 받은 학습과정을 운영하는 교육훈련기관 3. 관련 업무에 2년 이상 종사한 경력이 있는 자로서 진흥원장이나 지정양성기관이 운영하는 평생교육사 3급 양성과정을 이수한 자 4. 관련 업무에 1년 이상 종사한 경력이 있는 공무원 및 「초·중등교육법」 제2조 제2호부터 제6호까지 또는 학력인정 평생교육시설의 교원으로서 진흥원장이나 지정양성기관이 운영하는 평생교육사 3급 양성과정을 이수한 자

시대적으로 개인이나 국가에게 새로운 지식과 정보를 전달하고 전수받고 하여 급변하는 국제화·세계화 사회로 발돋움하기 위해서는 계속적인 평생교육활동이 절실히 요청되고 있고, 학교교육만으로는 역부적인 현대

인들의 삶의 질적 개선을 위하여, 국가는 강제성을 띠더라도 날로 늘어가는 평생교육 시설과 기관들이 영리 추구에 몰두하지 않고 학습자의 교육욕구를 충족시켜 줄 수 있는 교육기관으로 자리잡아갈 수 있도록, 사회교육전문요원의 배치를 의무화하도록 하는 법적·제도적 장치를 보완해야 할 것이다. 또한 기존 배치되어 있는 전문요원들에게도 정규학교 교사와 같은 신분보장과 사회·경제적 대우를 받을 수 있도록 해 주어야 한다. 그리고 전문요원들은 스스로의 전문성을 높이기 위한 계속적인 연수나 집회 및 학술활동에 참여하여 학습사회건설을 주도하는 인물이 되어야 할 것이다.

많은 대기업들은 요즘 사내대학, 연수원, 수련원, 교육원 등을 자체 건립·운영하면서 사원들의 정신교육 및 기술교육, 정기교육을 실시하고 있다. 그러나 이러한 각 기업들의 설립목적은 교육이 아니었으나 시대적 요청에 의하여 외적인 교육기관을 건립·운영하면서 평생교육활동도 전개하고 있지만 정작 배치되어야 할 평생교육사를 제대로 고용하지 않고 사내 자체고용자 가운데 일부를 선발·배치하여 교육을 전개하고 있기 때문에 실제로 사회교육활동의 결과상 효과를 극대화시키고 있지 못하다. 이러한 점들을 개선·보완하여, 기업체는 기업체의 목표를 성취하기 위한 방법으로, 개인은 개인의 교육욕구를 성취하는 수단으로 기업체의 사회교육활동을 개선시키려면 평생교육을 위한 전문적 자격을 갖춘 평생교육사의 배치가 우선 이루어져야 하며, 전문요원이 배치되어 그들이 정당한 대우와 신분보장을 받게 될 때 기업도 사회교육의 목표를 달성하고 평생교육의 이념을 충실히 실천하면서 학습사회건설에 이바지하게 될 것이다.

제 9 장

평생교육의 실제

1. 청소년 평생교육

1) 청소년 교육의 필요성

사회변동 과정에서 신·구 문화 교체기에 사회가치 혼란 속에서 청소년들의 정신문화와 이성세계가 흔들리고 있어 그들의 행위결정이 매우 어렵게 되었다. 우리나라의 사회적 상황은 청소년들의 가치·도덕관을 흔들리게 하고, 청소년들이 속한 사회와 조직의 부정, 이에 대한 항거, 정신세계의 갈등으로 말미암아 많은 청소년들이 방황하고 있으며, 이러한 요인이 청소년 각 집단의 성격을 뚜렷하게 규정지음으로써 청소년집단간의 분열 현상까지 나타나고 있다. 게다가 민주정의 사회구현을 행동을 통하여 참여하려는 청소년 운동이 갈수록 고조되면서 과격하고도 급진주의적 양상을 보임으로써 심각한 사회문제로 대두되고 있다.

이러한 정치·사회적 요인과 아울러 나쁜 교육환경 및 잘못된 청소년 교육정책이 청소년 문제 발생의 근본 원인이 되고 있다. 학교교육 인구의 포화 상태와 이에 따른 치열한 직업·진로의 경쟁은 청소년들로 하여금 그들의 미래사회를 의심하게 하고 사회의 모든 면을 절망적인 시각으로 보게 함으로써 각자 사회적 제 역할을 수행하지 못하고 방황하게 하여 사회의 새로운 불안 요소로 확산되고 있다는 것이다.

청소년 문제는 자연발생적이고 해결할 수 없는 것이 아니며, 기성세대와 사회의 잘못에 의한 증세와 원인에서 발생한 것이라고 볼 수 있다. 청소년기는 급격하고 많은 변화를 겪는 만큼 갈등과 실의에 빠지기 쉬울 수 있다. 따라서 어른들은 청소년들이 건전한 환경 속에서 올바로 성장할 수 있도록 가정, 학교, 사회가 삼위일체가 되어 공동의 노력을 기울여야 한다(한국평생교육기구, 1991).

2) 청소년 평생교육의 개념

청소년 평생교육이란 평생교육 체제 속의 통합적 부분으로서, 학교 외의 사회화 과정으로 9세에서 24세의 청소년들을 대상으로 행하여지는 조직적인 교육활동이라고 정의하기도 한다.

흔히 청소년 평생교육은 주로 학교에 다니지 않는 청소년이나 근로 청소년을 대상으로 하는 학교교육의 보완적 역할을 수행하는 교육으로 인식되어 왔지만, 정규학교에 다니는 청소년이라 할지라고 학교외의 사회교육 활동에 참여하는 경우도 이에 포함될 수 있다.

우리나라의 청소년 평생교육을 담당하고 있는 청소년단체들은 주로 정규학교 청소년을 대상으로 하는 평생교육 활동을 많이 하고 있는데, 한국청소년연맹, 해양청소년, 보이스카우트, 걸스카우트, 적십자연맹, 종교기관(교회, 성당 등)의 주일학교 등이 이에 속한다고 할 수 있다. 또한 정규학교를 다니지 않는 청소년들을 위한 개설되는 평생교육에는 직업교육과 일반교양, 성교육, 취미교육 등이 있다(권이종 · 이상오, 2001).

3) 청소년 평생교육의 필요성

사회변동과정에서 나타나는 사회구조 변화의 영역이 대단히 많은데, 특히 뚜렷하게 나타난 영역이 청소년과 관련된 것이다. 이는 그들이 전통적인 가치, 규범, 생활목표를 점점 상실해 가고 새로운 가치, 규범 그리고 생활목표를 선택해야 하는 갈림길에 놓여 있기 때문이다. 우리나라의 사회적 상황은 청소년들의 가치관, 도덕관을 흔들리게 하고, 그들이 속한 사회와 조직의 부정과 이에 대한 항거, 정신세계의 갈등으로 말미암아 많은 청소년들이 방황하고 있다. 이러한 정치적, 사회적 요인과 아울러 나쁜 교육환경 및 잘못된 청소년 교육, 정책이 청소년 문제 발생의 근본 원인이 되고 있다. 학교교육 인구의 포화상태와 이에 따른 치열한 직업, 진로의 경쟁은 청소년들로 하여금 그들의 미래사회를 의심하게 하고 사회의 모든 면은 절망적인 시각으로 보게 함으로써 사회적 제 역할을 수행하지 못하고 방황하게 하여 사회의 새로운 불안요소로 확산되고 있다.

이러한 때에 평생교육은 학생들에게 입시위주의 학교교육과는 다른 해방의 공간으로 작용할 수 있을 것이다. 또한 입시경쟁 구조에서 소외되는 청소년들에게 평생교육을 통한 새로운 희망과 대안을 제시해줄 수도 있는 것이다. 따라서 기존 교육제도를 근본적으로 개혁할 필요성과 함께 새로운 교육체제를 모색하는 과정에서 등장한 평생교육적 차원에서의 평생교육은 학교교육을 보완하는 역할뿐만 아니라, 청소년 교육에 있어서 중요한 역할을 하게 되었다. 청소년들을 건전한 성인으로 교육하는 것이 이전처럼 가정이나 정규교육기관에 국한되는 것이 아니라 점차 전 사회적인 과제로 확산되고 있으며, 각종 청소년 평생교육기관 및 시설이 청소년 교육을 담당하는 종합적인 기능을 수행하게 되었다.

청소년 평생교육의 의의는 다음과 같다.

첫째, 청소년들의 인간성을 회복하여 전인교육을 가능하게 한다. 학교

공부와 대학입시가 그들의 인생 전부를 차지하는 경쟁구조 속에 살아가고 있는 실정에서 청소년 평생교육은 청소년들의 호기심과 열정을 승화시키고 낭만과 감성을 길러줄 수 있는 교육이 될 것이다.

둘째, 학교교육에서 소외된 청소년들에게 보상의 기회를 제공한다. 근로청소년들에게는 건전한 여가선용의 기회도 제공될 수 있고, 직업교육 등을 통하여 입시에서 소외된 청소년들을 포용할 수 있을 것이다.

셋째, 건전한 청소년 문화의 형성에 도움이 된다. 평생교육 프로그램을 통하여 대학입시 중심의 문화, 소비중심의 문화를 지양하고 공동체 의식을 함양한 건전한 청소년 문화를 형성하게 될 것이다(권이종 · 이상오, 2001).

4) 평생교육체제로서의 학교교육

교육의 본래 모습은 학교가 나타나기 이전의 사회에서 찾아볼 때 평생교육의 모습이라고 할 수 있다. 당시의 사회에는 학교가 없었지만 교육이 이루어지지 않은 것은 아니었다. 인간이 정착되어 집단을 이루기 시작하면서 거기에는 "삶의 질 개선"이라는 욕망이 생기기 시작하였으며 이러한 욕망이 교육을 통하여 이루어졌던 것이다.

이러한 교육은 학교라는 교육기관이 나타남에 따라 기능이 달라지기 시작하여 학교가 교육을 전담하는 듯한 양상을 가져오게 되었다. 서울특별시 교육위원회에서는 "중요하고 시급한 것은, 어느 나라에 있어서나 이상적으로 비대해져서 암적 체질로 굳어져 버린 학교교육의 아성에 새로운 바람을 불어넣어 학교가 변화하는 사회의 요구에 능동적으로 적용할 수 있는 새로운 인간을 길러내는 곳이 되도록 학교교육의 기능과 그 교육과정의 양태를 근본적으로 바꾸는 일에서부터 손을 대야 하는 것이다. 이 같은 일은 실로 엄청난 일이며 이 과업의 수행을 위해서는 현직교사 · 교육행정가는 물론 널리 사회의 모든 지도층 인사나 전 국민의 마음가운데 새로운 교육관을 심어주고 긴밀한 협조태세를 구축해야만 할 것이다."(서울특별시 교육위원회, 1981)라고 말하고 있다.

학교교육은 교육을 독점한다는 생각에서 탈피하여 평생교육의 한 체제로서의 위치를 굳혀야 하며 교육 프로그램을 개혁해야 한다. Dave는 평생교육의 체계로서 학교교육의 성격에 대하여 다음과 같이 말하고 있다(Dave, 1973).

- 학교교육체제는 전체 교육체제의 일부이며, 단절되거나 절연된 실재가 아니다. 교육의 한 단계에서 다음 단계로의 이동은 가능한 개방적이고 제한이 없어야 한다.
- 초·중등학교의 교육은 학령 전 교육과 관련되고 그 후의 학습에 직결될 수 있는 보편적, 기초적 교육이 되어야 한다.
- 지식이 확장되고 사회가 복잡해짐에 따라 의무교육 기간을 연장하기보다 기초교육 기간은 필요한 최소한도로 제한하고 생활의 각 단계에서 개인의 다양한 필요에 일치하는 후속학습의 기회가 마련되어야 한다.
- 학교교육은 교육의 종착점이 아니라 전체 학습프로그램의 한 단계에 불과하다. 교육이 학교교육에서 끝난다는 태도는 시정되어야 한다.
- 모든 아동들에게 기초교육을 시키는 단일 모형 대신에 학교교육을 비형식화 하고, 학교교육과 학교 외 교육을 통합하며, 점차 부담스러워지는 교육비를 줄이기 위하여 같은 과업을 수행하는 다양한 모형과 방법들이 개발되어야 한다.

평생교육의 관점에서 보면 학교는 평생교육의 한 하위체제로서 아동 청소년을 교육하며, 그들이 계속적인 자기교육을 수행할 수 있도록 그에 필요한 기본적인 가치, 지식, 능력을 함양하는 데 주안을 두고 실시되어야 한다. 따라서 학교교육의 목표, 내용, 방법과 과정 등도 이러한 성격에 합치되어야 한다. 따라서 학교교육이 평생교육 체제로서 평생교육에 통합될 때 '인간의 삶의 질을 나선형으로 향상'시키는 데 공헌할 수 있음이

분명해졌으며 특히 교육과정 면에서 개혁이 더욱 요청되고 있다.

2. 성인평생교육

1) 성인평생교육의 정의

성인평생교육의 핵심적 의미는 교육대상을 준거로 하여, 성인만을 대상으로 하는 모든 형태의 교육활동을 말한다. 따라서 주된 교육대상은 성인이며, 교육방법은 형식적 · 비형식적 교육 모두를 포함한다. 평생교육의 개념 중 성인기 이후의 계속교육활동이 여기에 포함되며, 성인을 위한 각급 정규학교에서의 성인교육활동도 성인평생교육으로 간주함에 큰 의미를 둔다. 이의 근거로는, 1999년 8월 31일 평생교육의 진흥을 국가의 의무로 규정하고 있는 헌법 및 교육기본법의 규정에 의거, 종전의 사회교육법의 제명을 평생교육법으로 변경 공포한 「평생교육법」 제2조에서, 평생교육이란 "학교교육을 제외한 모든 형태의 조직적인 교육활동"이라는 맥락에서, 성인만을 대상으로 하는 모든 형태의 조직적인 교육활동을 성인평생교육으로 정의하는 것도 무리는 아닐 것이다.

성인교육과 평생교육을 토대로 지칭하는 '성인평생 교육'의 개념을 "모든 형식적 · 비형식적 · 무형식적 교육활동을 통해 체계적이고 조직적인 교육프로그램을 성인들에게 제공하고, 성인들은 이러한 교육프로그램에 참여하여 지식의 축적과 능력을 신장시켜 개인적 성장발달과 사회적 능력을 새롭게 갱신시켜 나가는 성인을 위한 총체적 교육과정"으로 정의하였다.

평생교육이 모든 국민을 대상으로 학습활동을 지원하고 촉진하는 원리라고 볼 때, 그 동안 소외시켜 왔던 성인대상의 학습활동에 대하여 관심을 가져야 하며 사회학적 · 심리학적 · 문화적 측면에서 유아 및 초 · 중등교육연구와는 차별성을 두고 비제도적 생활세계 공간에서 이루어지고 있는 성인들의 평생교육 실천에 관하여 연구해야 할 것이다.

성인평생교육은 사회적·문화적·구조적 측면에서 실존 지향적 측면의 교육활동으로부터 탈피하여, 성인 개개인을 중심으로 실제적이고 실용적인 측면에 관심을 두고 시장성 있는 학문으로 개조되어져야 한다(한숭희, 1997). 단순한 시설, 교·강사, 교재 등에 의존하여 실천되어 오던 성인교육활동이 좀더 넓은 시야를 바탕으로 인간의 생활세계 전체를 학습공간으로 인식하는 의식의 전환이 형성되어야 한다. 아울러 성인 개개인이 그들의 생활세계 안에서 나름대로 삶을 개선시켜 나가고 내면적인 행동의 변화가 나타날 수 있는 다학문적·다학제적 연구를 전제로 성인평생교육은 실천되어져야 한다. 그래서 성인평생교육은 각 사회에서 어른 혹은 성인으로 인정되는 사람들이 그들의 능력을 향상시키고 지식을 풍부하게 해줌은 물론 기술적·전문적 자격을 갱신하거나 전환할 수 있도록 하여 그들 자신과 사회의 필요를 충족시켜 주는 총체적 학습과정이 되어야 한다.

성인평생교육은 이제 개인적 차원의 학습요구 실현을 넘어선 국제사회의 공동언어로 등장하고 있다. 지난 1999년 6월에 개최된 G-8국가 정상회담은 성인교육을 국가간의 갈등과 이익다툼을 넘어선 국제 공동언어로 채택했고, 성인교육의 발전을 위해 G-8국가가 선도적 역할을 수행하기로 했다. 이는 성인교육의 역사상 새로운 자리매김을 하는 일이었다. 21세기 지식기반사회에서 국제적 교류를 위해 그것이 어떠한 형태이든 간에, 지식의 국가간 이동성을 촉진하는 사회의 기초자본으로서 성인교육이 국제공용어로 선언된 의미를 우리 모두와 국가는 새롭게 되새겨 보아야 한다.

2) 성인평생교육과 앤드라고지

노울즈(Knowles, 1970)는 앤드라고지(andragogy)를 "성인의 학습을 원조하는 기술 및 과학"으로 정의하고 있다. 물론 이 앤드라고지를 Knowles가 처음으로 사용한 것은 아니다. 이미 1883년 독일의 교사인 케프

(Kapp)에 의하여 만들어진 것이다(권두승, 1995). 그는 플라톤의 교육 이론을 설명하기 위하여 앤드라고지라는 말을 사용하였다(Nottingham Andragogy Group, 1983). 그러나 헤르바르트는 이를 부인하고 이의를 제기하여 앤드라고지는 거의 1세기 동안 학자들의 입에 오르내리지 않다가 1921년 다시 등장하여 1960년대 프랑스, 유고슬라비아, 폴란드 등지에서 광범위하게 사용되기에 이르렀다. 1960년대 중반 노울즈는 용어를 처음 접하여 1968년 미국에 소개하게 되었고 자신의 저서 『성인교육의 현대적 실천 : 앤드라고지 대 페다고지(*The Modern Practice of Adult Education: Andragogy versus Pedagogy, 1970*)』에서 성인교육의 실천에 있어 중요한 가정을 내렸다. 그는 10년 후 1980년대 개정판을 통하여 『성인교육의 현대적 실천: 페다고지로부터 앤드라고지(*The Modern Practice of Adult Education: From Andragogy to Pedagogy*)』로 소제목을 바꾸면서 앤드라고지는 페다고지의 가정을 포함하고 있다는 의미를 제시하였다.

미국사회에 있어서도 앤드라고지는 그 당시 성인교육계 내외에서 급속도로 유행하게 되었다. 지금 우리사회가 요구하고 있는 성인교육의 핵심은 신 실용주의 앤드라고지로서, 나 홀로 자기 혼자 살아가는 이를 위한 것이 아니라 더불어 살아가기 위함이고, 더불어 배우기 위함이며, 더불어 살기 위해 배우는 공동체를 살아가야 하기 때문에 필요한 것이다.

따라서 사회구성원들의 적극적 만남과 대화 그리고 관계의 확장을 지지하고 지원해야 한다. 이와 같은 맥락에서 성인평생교육은 사회적 두뇌를 위한 열린 공동체 교육으로 집단 존속을 위한 학습능력과 공동체 형성의 능력을 지속적으로 향상시켜 나가는 방향으로 실천되어져야 한다.

3) 성인평생교육의 특성

성인평생교육은 취학전 유아나 학교에 재학중인 아동과 청소년은 포함하지 않고 성인들만을 학습대상자로 한다.

유네스코(UNESCO, 1985)에서도 성인교육이라 함은 정규학교에 다니지 않는 근로청소년 및 성인들의 이익과 그들의 욕구 충족을 위하여 조직적으로 교육 프로그램을 제공하는 교육활동으로서 전통적 학교교육과는 다른 특성을 지닌다고 한다. 따라서 성인평생교육은 성인들만을 위한 교육활동임을 인식하고 성인들의 본질적 특성과 그들의 다양한 경험 그리고 학습동기 유발요인들을 참작하여 실천되어야 하는 비형식적 교육활동의 특성을 갖고 있다.

성인교육에 대한 개념을 바탕으로 성인평생교육의 특성을 제시하면 다음과 같다(한상길, 2003).

(1) 학습참여에 있어서의 자발성

성인평생교육은 학교교육과는 달리 강제성과 의무성이 없는 성인학습자들의 자발적 참여에 의하여 실행되어지는 비형식 또는 무형식적 학습활동이다. 학습목표의 설정, 학습내용 및 방법의 선정, 학습시간의 선택 등에 있어서 학습자의 의견이 적극 반영되어야 한다. 그리고 위로부터나 외부로부터의 어떠한 강요도 받지 않고 학습자 스스로 학습환경을 창출하며 학습참여 여부는 물론 학습의 전 과정을 스스로 자유의사에 따라 결정한다.

(2) 교수-학습 활동체제에 있어서의 다양성

성인평생교육은 성인들을 주된 대상으로 그리고 성인들을 위한 비형식적 교육 활동으로서 성인의 연령, 신분, 거주지, 직업, 지위, 성별 등에 관계없이 누구나 원하면 참여가 가능하다. 교육내용에 있어서도 특정 계층만을 위한 교육활동이 아니기 때문에 다양한 학습대상자들의 교육욕구 충족을 위한 다양한 교육 프로그램의 개발·제공되어지는 뷔페식 커리큘럼 형태에 의한 교육활동이다. 또한 학습방법과 지도자 선택에 있어서도 학습자중심의 다양성이 중시되어져야 한다.

(3) 교육프로그램의 내용과 기대효과의 실제지향성

일반적으로 학교교육내용은 미래지향적 측면에서 표준화된 교과과정 중심으로 제공되지만, 성인평생교육은 그 대상이 성인들이기 때문에 그들의 일상생활, 직업, 여가, 취미 등에 적합한 그리고 성인들의 현실적 문제들을 즉시 해결해 줄 수 있는 다양한 경험과 지식을 원하고 있다. 또한 성인들의 학습참여 동기나 학습목표는 그들의 실제생활에 적용가능한 현실성과 즉시적으로 활용가능한 실용지향적 특성을 지니고 있다.

(4) 자기주도적 학습

학습대상자인 성인들은 스스로 자신의 욕구를 진단하고, 목표를 설정하며, 자원을 선정하고, 학습전략을 구상하며 학습진전도를 평가한다. 이러한 과정에 있어서 다른 사람의 도움을 받거나 통제로부터 독립하려 하고, 학습과정 전체에 있어서 자신이 주도권을 가지며, 학습의 의미이해나 학습목표 결정, 그리고 학습성취도 평가에 있어서 자율적이다. 결과적으로 학습욕구 진단, 학습참여, 학습내용 선정, 학습방법 및 장소의 선택, 학습결과 평가에 있어서 자기주도성이 매우 강하다.

(5) 학습자 중심의 수평적 관계학습

성인평생교육은 교수자와 학습자의 관계가 수직적 주종관계가 아닌 수평적 대등한 관계로서, 교수자는 학습자에게 지식을 주입·전달해 주는 교사 역할이 아니라 학습자들이 스스로 학습해 나갈 수 있도록 학습조력자 및 촉진자로서 역할을 수행하는 것이다. 나아가서는 학습분위기 조성과 학습안내 그리고 학습자 의식의 각성과 고양을 촉진시켜 주면서 상호간에 친구처럼 가까운 무형식적 관계여야 한다. 따라서 교수자는 교사의 입장보다는 학습자원으로서 간주되어야 한다. 그리고 때로는 학습자의 축적된 경험이 학습내용으로 또는 학습자원으로 활용되어질 수 있으므로 학습자가 교수자의 역할도 수행하게 된다. 그러므로 성인평생교육에 있어서 교수자와 학습자의 관계는 상호수평적 관계에서 학습자중심의 교육활동이 이루어져야 한다.

(6) 교육구조 내의 이동과 선택의 융통성

모든 교육제도는 학습자로 하여금 주어진 범위 안에서 종적으로나 횡적으로 움직일 수 있는 여유를 가질 수 있고, 선택의 범위가 넓다. 그리고 개인들은 형식적인 기준에 의해서 방해됨이 없이 그들의 목표를 달성할 수 있는 길이 열려 있다. 특히 성인을 주 대상으로 하는 성인평생교육은 학습자 중심의 교육활동이다. 학습자로서의 성인들은 생활양식이 다양하며 생활구조 역시 복잡하다. 따라서 성인학습자의 입장에서 그들의 주어진 상황이나 환경에 따라 다양한 학습방법, 학습장소, 학습기간, 학습시간 등이 조정·선택 가능한 융통성이 발휘되어야 한다. 그리고 교육내용에 따라서도 적합한 교수자가 선택될 수 있다.

(7) 지역사회 자원을 활용하는 학습

성인들은 그들이 거주하는 지역의 다양한 교육시설이나 기관을 활용하여 학습할 수 있다. 적은 경비와 시간을 활용하여 그들이 원하는 학습기관이나 시설을 선택하여 학습할 수 있도록 지역사회 내의 다양한 물적 자원들을 활용할 수 있는 제도와 정책이 요구되는 것도 하나의 성인평생교육의 특성이라 할 수 있다.

4) 성인평생교육의 목적

성인평생교육의 주된 목적은 학습자 개개인이 자율적이고 창조적이며 책임감있고 생산적인 성숙한 시민으로 성장할 수 있도록 도와주는 것이다. 그리고 사회적으로는 개인의 삶을 충족시켜 줄 수 있도록 계속적인 기회를 마련해 주면서 사회질서에 공헌하려는 성인들을 돕고 성장·발달시켜 주는 학습활동이다. Bergevin이 제시한 성인평생교육의 목적을 보면 다음과 같다.

- 학습자 인생의 의미와 행복 추구에 만족하도록 도와주는 것
- 학습자 스스로 재능과 한계 그리고 타인과의 관계를 이해하도록 돕는 것
- 평생학습의 중요성을 깨닫고 이해하도록 돕는 것
- 정신적 · 물질적 · 직업적으로 성숙해 가는 과정을 도와줄 수 있는 상황과 기회를 제공해 주는 것
- 문맹 퇴치, 직업 훈련 및 건강 측정과 같은 생존을 위한 교육을 어느 곳에서나 제공해 주는 일이라고 한다(Bergevin, 1967).

유네스코 제 4차 회의(1985, 파리)에서 제시된 목적은 각자가 속하는 사회가 정한 기준에 따라 성인으로 간주되는 국민들로 하여금 첫째, 개개인의 능력을 개발하게 하고, 둘째, 기존 지식을 더욱 풍부하게 만들며, 셋째, 이미 획득된 기술과 전문직업 자격을 새로운 상황 아래서도 더욱 쓸모있게 갱신하고, 넷째, 지금까지의 태도나 행동양식을 바꾸게 하며, 다섯째, 각 개인의 보다 완숙한 인성발달을 촉진하는 동시에, 여섯째, 국민 한 사람 한 사람이 보다 균형잡힌 사회, 경제, 문화적 발전과업에 참여할 수 있도록 돕는데 있다. 그리고 세계적인 석학 12명의 위원으로 구성된 〈유네스코 21세기 세계교육위원회〉에서는 21세기를 전망하며, 21세기 지식정보화 사회에 부응하여 교육이 추구해 나가야 할 네 가지 기둥인 "알기 위한 학습(learning to know), 행동하기 위한 학습(learning to do), 함께 살기 위한 학습(learning to live together), 존재를 위한 학습(learn to be)"을 평생을 통한 학습의 개념으로 상정하고 있다(UNESCO, Final Report, 1997). 이것은 전통적인 학교교육과 성인계속교육 간의 구분을 넘어서는 것이다. 또한 모든 학습은 자신의 잠재력을 실현하고 배움의 기회를 누릴 수 있는 학습사회와 연관되어 있음을 의미한다.

허친스(Hutchins, 1968)는 학습사회를 단순히 교육기회가 모든 성인에게 열려져 있는 사회만이 아니고 학습 · 자아실현 · 인간됨을 목표로 하여 모든 제도가 그 목적을 실현하기 위해 가치의 전환에 성공한 사회, 전 사

회 구성원이 자기의 능력을 최고 한도까지 발달시키는 것을 목표로 하는 사회이다. 그래서 교육의 목적을 직업만을 위해서가 아니라 인간적으로 되는 것에 두도록 가치가 전환되는 것을 의미한다.

OECD(1976)에서는 성인교육의 목적을 개인의 자질향상을 위한 개인적 차원의 자기만족과 사회적 관계의 증진을 위한 개인적 측면의 목적과 사회적 활동의 촉진 및 참여를 위한 사회적 차원의 목적달성을 위하여 성인교육활동이 전개되어져야 한다고 보고하였다.

성인교육의 목적을 다양한 측면에서 넓게 진술해 보면, 훌륭한 인간관계의 회복과 생활조건의 개선을 비롯하여 개성의 재확인, 사회자원의 효과적인 이용, 다원사회의 육성, 변화를 위한 교육 등으로 볼 수 있는데, 이러한 교육목적들은 그 사회의 고유한 사회성격과 철학이 반영된 것이다.

그러므로 성인평생교육의 제 목적을 구체적으로 세분화시켜 정리해 보면 첫째, 성숙된 민주시민으로 성장할 수 있도록 도와주는 것이다. 둘째, 삶을 질적으로 개선시켜 주는 데 기여한다. 셋째, 인간성 회복과 인간관계를 향상시켜 준다. 넷째, 지적·정신적·문화적·정치적·직업적으로 발전할 수 있는 조건과 계기를 마련해 준다. 다섯째, 개인적·사회적·국가적 차원의 활동 촉진 및 참여 정신의 배양이다. 여섯째, 국가적·국제적 차원의 경제·사회 및 문화적 평등의 실천에 있다. 마지막으로는 지식학습, 행동학습, 공동체 삶의 학습, 존재를 위한 학습을 통하여 개개인들이 급변하는 세계사회에 능동적으로 대처해 나갈 수 있는 능력을 고양시켜 주는 데 목적이 있다.

제 10 장

노인평생교육

1. 노인평생교육의 개념

피터슨(Peterson)은 노인교육의 개념을 "노인과 노인이 되는 사람들을 위한, 그리고 그들에 대한 교육적인 노력의 연구 및 실천"이라고 정의하였다. 또한 Peterson은 노인교육에는 노인을 위해 고안된 교육적 프로그램뿐만 아니라, 일반대중의 노인에 대한 편견을 바로잡아 주는 교육적인 노력, 그리고 현재 일을 하고 있거나 전문적 위치에서 노인들과 함께 일을 하고자 하는 사람들을 위한 프로그램까지 포함되는 것으로 보고 있다.

김종서는 노인교육의 개념을 다음의 세 가지로 구분하고 있다. 첫째, 노인을 위하여 노인 아닌 사람들이 무엇을 할 것인지에 관한 교육이며, 둘째, 노인 이전의 사람들에게 실시하는 노년기에 대비하는 준비교육이며, 끝으로 노인들 자신을 위한 교육이다. 일반적으로 노인교육은 노인들의 끊임없는 자기탐구, 자기개발, 자기실현을 하기 위한 공식적, 비공식적인 학습의 유형 및 활동이다. 보다 구체적으로 노인교육은 공식적 · 비공식적인 방법으로 노인들의 지적 감퇴를 방지하고 기존 지식의 양 및 새로운 지식이 양을 늘리기 위해 짜여진 실천가능한 교육적 중재 전략이나 활동을 의미한다. 또한 노인교육은 세대간 혹은 같은 세대 내에서의 지식의 격차를 줄이기 위한 기회를 제공함과 동시에 노인들로 하여금 급격한 사회변동 상황에 적응하도록 도와준다.

한준상은 노인교육을 평생교육의 주요 영역이라고 하였는데, 이는 다음과 같은 평생교육의 이념과 관련된다. 평생교육으로서 노인 교육의 개념이 세상에 퍼지기 시작한 것은 1965년 12월 UNESCO의 〈성인교육발전을 위한 국제위원회(International Committee or the Adveance of Adult Education)〉에서 계속교육 개념에 관해 Paul Langrand이 제시한 「평생교육의 원리」를 받아들인 데서 비롯된다. Paul Langrand은 교육은 한 개인이 영아기로부터 노년기에 이르기까지 계속되는 것이며, 그렇기 때문에 노년기 교육은 통합적인 조직을 요구한다는 점에서 인간의 전체적 교육과정에 생기를 주는 원리라고 주장하였다. 그리고 평생교육에서의 통합은 개인의 일생 과정을 통하는 면에서는 수직적으로, 그리고 개인생활과 사회생활의 여러 국면을 포괄하는 면에서는 수평적으로 이루어져야 한다고 말하고 있다.

노인교육은 노년기의 자아실현을 통한 내 외적 상황변화에 대한 적응능력을 발전시키기기 위한 교육활동이며, 이는 인생주기(life-cycle)를 바탕으로 한 평생교육의 입장에서, 다른 연령층의 교육활동과 동등한 비중으로 기회가 제공되어야 한다는 것을 의미한다(권이종 · 이상오, 2001).

2. 노인문제의 대두

노인문제는 노인이 살고 있는 사회환경과 생활태도에 따라 다양하게 나타날 수 있지만, 일반적으로 상실(傷失)이라는 개념과 연계하여 설명할 수 있다. 노인이 되면 누구나 경험하는 심신 쇠약은 노인을 생활의 여러 측면에서 의존하도록 만들며 심신기능의 쇠퇴는 노동능력을 감퇴시킴으로 노인을 직업일선에서 물러나게 하여 후퇴하게 되면 소득상실 뿐만 아니라, 역할과 지위도 상실되어 사회 심리적으로 소외되고 고립되는 상태에 놓이게 된다. 이것이 곧 노인문제가 되는 것이다(김만두·한혜경, 1993).

현대 사회에서 노인문제가 사회문제로서 주목을 받게 된 데에는 다음과 같은 세 가지 요인이 있다.

첫째, 사회구조의 변화에 의한 노인의 지위와 역할변화, 그리고 그에 따르는 심리적인 갈등이다. 해방과 6·25사변으로 인한 혼란과 폐허를 거쳐 1960년대부터 시작된 산업화는 한국사회 노인의 지위역할을 변화시켰으며 심리적 불안과 갈등에 결정적인 영향을 주었다. 즉 생산체계의 합리화로 급속하게 변화하는 산업사회 속에서 생산성, 능률성, 효율성을 강조하는 업적주의와 능률지상주의의 속성은 노인들이 수행하여야 하는 역할을 위축시키고 있다.

둘째, 인구구조의 변화, 즉 전체인구에 비해 상대적으로 많아져 가는 노령인구에 의해서 노인문제가 발생한다. 한국사회의 인구구조는 최근 급속하게 고령화되어 가고 있는데, 그 현상은 다음 〈표 10-1〉에서 나타나고 있다.

이와 같이 노령화 현상은 가족계획으로 인한 출생률의 감소, 의술과 의약의 발달, 공중위생과 환경위생의 개선, 스포츠와 건전한 오락의 보급, 생활수준 향상과 생활조건의 향상 등으로 인한 사망률의 감소에 따른 것이다.

셋째, 산업화에 따른 가족제도의 변화, 즉 핵가족화도 하나의 원인이 된다. 핵가족 형태는 현대인들에게 점차 이상적인 가족 형태로 받아들여지고 있으며 증가하고 있다. 산업화에 따른 가족구조형태의 변화에 따라, 자녀 가족과 분리된 노인들의 가정생활은 자연히 경제적인 어려움과 함께 인간관계의 단편화(fragmentation of human relation) 현상에서 오는 고독과 소외라는 문제를 낳게 된다.

〈표 10-1〉 한국의 노인인구비율 및 노령화지수

유목 / 연도	총인구	노인인구	노인인구비율(%)	노령화지수(%)
1970	31,435	1,705	5.4	12.9
1975	34,681	1,958	5.6	14.7
1980	37,418	2,316	6.2	15.4
1985	41,050	2,826	6.9	19.1
1990	45,259	3,290	7.3	20.2
1995	47,758	3,918	8.2	23.2
2000	50,360	4,639	9.2	27.4
2005	52,753	5,176	9.8	30.7
2015	55,177	5,761	10.4	33.5
2030	62,424	10,376	16.6	48.5

3. 노인교육의 필요성

Mc-Clusky(1971)는 노인교육의 필요성을 다음의 세 가지로 주장하고 있다. 첫째, 사회적 육체적 건강 외에 심리적 건강을 위해서 젊은 사람보다 훨씬 더 노력해야 하고, 둘째, 자신이 소속된 사회에서 남에게 영향을 미칠 수 있는 능력을 계속해서 가지고 있는 것이 중요하다는 것이며, 셋째, 무엇에든지 공헌을 해야겠다는 필요성이다.

변순옥(1986)은 노인교육의 필요성을 다음과 같이 정리했다. 첫째, 노인교육은 신체적, 생리적, 성격적, 지적 변화 및 생활습성의 변화에 대한 적응능력을 발전시킴으로써 현대사회로부터 소외되지 않고 동참할 수 있도록 한다. 둘째, 노후의 여가를 선용하고 경제적 자립을 할 수 있는 기술 및 직업교육을 통하여 노인에게 생존에 대한 존재가치를 높여주고 역할상실을 방지한다. 셋째, 새로운 지식의 습득과 사회의 변동에 대한 이해를 통하여 세대 간의 이질감을 해소한다. 넷째, 계속적인 교육을 통하여 정치, 경제, 사회, 문화, 건강관리 등에 대한 새로운 지식을 습득함으로써 사회변동에 대한 적응력을 향상시킨다.

권이종은 노인교육의 필요성을 다음과 같이 종합하였다.

첫째, 사회변화에 따른 적응과제로서의 노인교육이다. 즉 현대사회의 급격한 변동에 따른 적응과제로서의 노인교육이다. 즉 현대사회의 급격한 변동에 따른 산업구조의 변화, 가치갈등 인간소외, 기술의 변화 등에 대해 적응, 대처할 수 있는 능력을 길러준다. 도시화, 거주지 이동, 지리적 이동의 확대로 인한 새로운 환경에의 적응, 새로운 문화와 생활방식의 습득도 그 예가 된다.

둘째, 평생교육적 차원에서의 노인교육으로, 즉 모든 국민을 위한 교육기회의 불균등 현상 해소기제로서의 노인교육이다. 그간 제도권의 학교교육에 밀려 교육적으로 소외되어 왔던 노인들의 교육적 욕구를 충족시키고 노인교육의 활성화를 위해 학습동기 부여, 교육참여 저해요인 제거, 새로운 교육방법 적용 등의 노력이 필요하다.

셋째, 고령화 사회의 도래에 따른 대비책으로서의 노인교육이다. 식생활과 생활환경의 개선, 의료기술과 제도의 발달로 인해 인간수명이 연장됨으로써 65세 이상의 노인인구가 급속히 늘어나는 고령화 사회가 도래하고 있다.

이러한 제반 노인문제 해결로서의 노인교육 또한 노인교육의 필요성을 위한 중요 근거가 된다(권이종 · 이상오, 2001).

4. 노인교육의 현황

노인교육의 이론이 학계에서 주목을 끌기 시작한 것은 1965년 유네스코(UNESCO) 「성인교육추진국제위원회(International Committee for the Advancement of Adult Education)」이 Paul Lengrand의 평생교육이념 – 교육의 전과정을 통한 생활화, 개인의 전 생애를 통한 계속적 교육, 교육의 통합적 연결조직의 필요, 생의 전 기간을 통한 수직적 통합과 개인과 사회생활의 모든 국면을 포함한 수평적 통합 등 – 을 받아들인데서부터 시작되었다.

랭그랑의 제안은 1970년 유네스코의 교육사업 기본 정책으로 채택되었다. 1970년의「국제교육의 해」에 평생교육이 그 주제로 표방되는 한편, 랭그랑의 「평생교육개론」이 유네스코를 통해 발간됨으로써 평생교육으로서의 노인교육의 이념이 전 세계에 보급되었다.

1972년 일본 동경에서 개최되었던 유네스코 주최 제3차 「세계성인교육회의」에서는 평생교육의 개념과 원리를 채택하였고, 각국 정부로 하여금 교육정책을 수립하는 과정에서 평생교육의 원리를 채택하도록 강조하였다. 그 후 유네스코는 1982년을 "세계 노년의 해"로 정하고, 같은 해 7월 29일부터 8월 5일까지 오스트리아 비엔나에서 개최된 "노년을 위한 세계회의(World Assembly on Aging)"에서 노인 교육의 중요성을 강조하였다.

우리나라에서는 1973년 8월 유네스코 한국위원회가 「평생교육발전을 위한 전국 세미나」를 개최하여 평생교육의 이념과 전략을 토의하였고, 이와 관련된 건의사항을 채택하였다. 그 후 평생교육, 노인교육에 대한 세계적인 움직임과 때를 같이하여, 우리나라는 1980년 10월 헌법 제29조 제5항에 「국가는 평생교육을 진흥해야 한다」고 명문화했다. 이와 같은 헌법 정신을 구현하기 위하여 정부는 1982년 12월 국회에서 "사회 교육법"을 통과시켰다. 따라서 한국에서의 노인교육은 사회교육법에 바탕을 두고 보호 또는 발전되어 나갈 전망이다. 한국에서 노인학교가 처음 문을 연 것은 1972년 10월 종로 태화관에 자리 잡은 서울사회교육원이 개설한 노후생활 강조였다. 서울회교육원을 선두로 1973년 11월에는 서울 명도 가톨릭 여학생회관내에 「덕명의숙」이라는 명칭의 노인학교가 설립되었다. 1974년에는 서울 서대문구 문화촌에 「인왕노인학교」가 설립되었으며, 뒤이어 전국 각지에서 노인학교 설립의 붐이 일어나 오늘에 이르고 있다.

대체로 한국의 노인학교 설립운동은 한국성인교육회, 대한노인회, 적십자장년봉사회, YMCA, YWCA, 한국부인회, 청년회의소, 일부 중 고등학교와 대학부설, 그 밖에 지역 사회 독지가들에 의해서 주도되고 있다. 최근에 와서는 각 교회와 불교계 단체 등에서도 노인학교 설립운동에 가담함으로써 노인학교 설립이 점차 확산되고 있다.

현재 한국에 설립되어 있는 노인학교 설립이 점차 확산되고 있다. 현재 한국에 설립되어 있는 노인학교들의 설립목적을 보면 주로 노인 보호 또는 노년개발에 목적을 두고 있다. 그러나 각기 자기단체의 세력 확장이나 선전 또는 선교를 부수적인 목적으로 하고 있는 경우도 있다. 실제로 운영단체별로 살펴보면 한국성인교육회, 대한노인회, 대한삼락회 등과 같은 노인단체가 운영하는 학교는 각기 자기단체의 세력 확장과 노인학생회원의 교양향상에 그 목적으로 두고 있다. 한국청년회의소, 한국부인회, YMCA, YWCA, 적십자장년봉사회 등과 같은 사회봉사단체에서 운영하는 학교는 교육에 중점을 두기보다는 소외당하는 노인계층을 경로 또는 위로하자는 데 목적이 있다. 또 기독교, 불교, 가톨릭과 같은 종교계의 학교는 경로와 선교의 이중 목적을 가지고 있다. 최근에는 일부 정치에 뜻을 두고 있는 인사들이 학교를 설립하고 경로와 신앙선전을 위주로 하는 곳도 있으며, 개인이 운영하는 학교는 경로와 자선을 목적으로 하거나 학교운영 자체를 하나의 직업으로 삼고 있는 경우도 있다.

제 11 장

다문화 사회와 교육

1. 다문화 교육의 개념

오늘날 국제화, 개방화되면서 인적 교류가 빈번하게 이루어지고 있다. 이제 이러한 현상은 단순 왕래차원을 넘어서서 국가 간 경계를 뛰어넘어 다른 나라에 일시적으로나 장기적으로 머무는 빈도가 급격히 증가하게 되었다. 즉, 일시적인 여행, 자녀교육이나 직장생활 등의 일뿐만 아니라 국제결혼과 이주 등으로 정착하는 경향이 증대하고 있는 것이다.

한 국가 안에서 다양한 사람들이 생활하게 되면 다양한 생활방식에 접하게 된다. 이 과정에서 사람들은 반드시 다른 나라의 생활, 행동양식, 가치 및 규범 등과 접하지 않을 수 없었다. 따라서 그 사회에 적응하기 위해서는 그 사회의 행동양식이나 삶의 유형을 배우지 않으면 안 될 것이다. 다시 말하면, 그 사회의 문화를 학습해야 하는 것이다.

이것은 개인입장에서 보면 문화학습의 필요성을 제기하는 것이고, 국가 차원에서는 다양한 문화적 배경을 지닌 많은 사람들에게 자기 문화를 가르쳐야 할 필요성도 제기된다. 즉, 많은 다른 나라 사람들이 행복하고 자신의 삶의 질을 향상할 수 있도록 하기 위해서 체계화된 다문화교육이 필요하다.

다문화사회란 다양한 삶의 가치들이 존중되고 모든 사회구성원이 각자의 문화적, 사회적 배경에 의해 차별받지 않는 사회에 대한 지향이 강하게 담겨 있다고 볼 수 있을 것이다. 이러한 관점에서 보면 다문화교육이란 이러한 사회를 구현하기 위한 교육적 노력이란 정의가 도출될 수 있을 것이다. 따라서 다문화교육은 민족이나 인종의 개념을 넘어 평등을 향한 교육철학이며, 이를 실현하기 위한 교육방법이라고 넓게 해석할 수 있지만 서구에서 사용되는 다문화교육의 개념과 용어 등은 조금씩 다르다(이민경, 2008).

먼저, 프랑스에서 다문화교육은 문화적 다양성이 존재하는 현실적 상황에 대한 체계적인 이해와 이러한 사회를 살아가기 위한 태도에 대한 오랜 학습으로 정의된다. 우리나라에서 일반적으로 사용되는 다문화(multicultural)라는 용어 대신 프랑스에서는 'Education interculturelle'이 일반적이다.

북미의 경우는 다양한 용어들이 혼재되어 있으나 가장 일반적인 용어는 multicultural education이며, 다원적 사회에 대한 인식을 교육시스템에 전이하는 것에 초점을 맞추며 잰더, 인종, 종교 등의 배경에 상관없이 그들에게 적절하고 공평한 교육의 기회를 제공하기 위한 교육적 노력을 의미한다.

서구에서의 다문화교육은 인간이 살아가며 주변 환경과 관계를 맺는 과정에서 기본적으로 갖추어야 할 태도를 기르는 것이라고 할 수 있다. 또한 다문화교육은 서로 다른 문화와 그룹에 속해 있는 사람들의 서로의 차이점을 인정하고 가치를 존중하며 의사소통해 나갈 수 있도록 타인에 대해 개방적, 비판적, 반편견적인 태도를 지니도록 하는 교육을 포함한다.

모경환(2008) 등은 다양한 정의에서 나타나는 공통점은 유색인종 학생들을 위해 학교교육을 변화시키는 개혁이라는 것이다. 다문화교육이란 다양한 사회계층, 인종, 민족, 성 배경을 지닌 모든 학생이 평등한 교육기회를 앞으로 경험하도록 교육과정과 교육제도를 개선할 것을 목표로 하는 교육개혁운동으로서 다문화교육은 다음의 세 가지 주요 요소로 구성되어 있다.

첫째, 모든 학생에게 동등한 교육기회를 창출할 것을 목적으로 하는 교육개혁운동이다.

둘째, 미국 민주주의의 이상인 평등, 정의, 인권을 실현 할 것을 목적으로 하는 이데올로기이다.

셋째, 민주적 이상과 학교 및 사회의 실제간의 불일치가 언제나 존재할 것이므로, 부단히 이루어지는 개혁의 과정이다.

다문화교육은 교육제도가 다양한 집단의 요구에 부응하여 다양한 코스, 프로그램 및 실제가 출현하였다. 결과적으로 교육자들은 다문화교육이란 말을 교육평등, 여성, 인종집단, 소수집단의 언어, 낮은 수입집단 및 장애인들과 관련된 다양한 프로그램과 실제들을 나타내는 것으로 사용하였다.

매닝과 바루쓰(Manning & Baruth, 1996)는 다문화교육은 학습자들이 문화적, 인종적, 사회계급적, 종교적 그리고 젠더의 차이를 인식하여 수용하며 이해하도록 가르치는 것이라고 하였다. 즉, 다문화교육은 책임감 및 정의, 평등 및 민주주의에 대한 민주적 이상을 향하여 활동하도록 학습자들에게 가르치는 것이다.

이상에서 언급된 바와 같이, 다문화교육이란 다양한 인종, 민족, 문화, 종교, 사회계급 등에 관계없이 그들이 동등한 교육기회를 갖도록 교육내용 및 교육제도 등의 개혁을 통해 그들의 삶의 질을 높일 수 있도록 해주는 것으로 볼 수 있다.

2. 다문화 교육의 목적 및 방법

1) 다문화 교육의 목적

다문화교육은 1960년대의 시민권운동으로부터 생겨났다. 1960년대의 시민권운동의 주요 목표는 공공시설, 주택, 고용, 그리고 교육에서의 차별을 배제하려는 것이었다. 시민권운동의 결과는 인종집단—최초의 아프리카계 미국인 그 후 다른 집단—으로서의 교육제도에 상당한 영향을 미쳤으며, 그들의 경험, 역사, 문화 및 관점을 반영하고자 학교와 여타 교육제도와 교육과정을 개혁하도록 요구하였다. 또한 인종집단들은 미국에서 국민의 다양성을 반영하도록 하기 위하여 교과서를 수정하도록 압박하였다(Banks & Banks, 1993).

다문화교육에는 몇 가지 가정이 있는데, 사실, 아동과 청소년의 다문화적 교육의 기초가 되는 철학이다(Manning & Baruth, 1996).

첫째, 문화적 다양성은 사회에서의 요소를 긍정적이고 풍요하게 한다. 왜냐하면, 그것은 개인에게 다른 문화를 경험하게 함으로써 인간으로서 더 성취하게 하기 위한 기회를 증가시키게 한다.

둘째, 다문화교육은 모든 학생들을 위한 것이다. 어떤 사람들은 다문화교육이 단지 소수민족의 어린이와 청소년을 위한 것으로 믿고 있다.

셋째, 교수학습지도는 통문화적 조우(cross-cultural encounter)이다. 모든 교사들과 학생들은 자신의 문화적 배기지– 배경, 가치, 관습, 지각, 및 편견 등을 가지고 있다. 이러한 문화적 측면은 교수–학습상황에 중요한 역할을 수행하며, 행동과 학습에 실질적인 영향을 미칠 수 있다. 사회경제적 지위, 민족성, 젠더 및 언어는 학교에 대한 개인의 태도와 관점 그리고 개인의 실질적인 학업성취에 강력하고 역동적인 영향을 미치게 된다.

넷째, 다문화교육은 하나의 코스나 하나의 교수학습적 접근이라기보다는 전체적인 학교교육과정에 스며들게 된다.

다섯째, 교육체제는 모든 학생들에게 균등하게 잘 제공되지 않았다. 일반적으로 말하면, 사회경제적 지위가 낮은 집단들 그리고 문화적으로 다르거나 영어 이외의 언어를 말하는 소수민족 집단의 학생들은 미국학교체제에서 잘 수행하지 못하였다.

여섯째, 학교는 이주자와 피난민들의 유입과 몇몇 문화적으로 다양한 집단들의 높은 출생률 때문에 문화적 다양성을 계속 경험하고 또 이것이 더 많이 반영될 것이다.

일곱째, 초·중등학교는 적절한 다문화교육을 수행할 책임을 가짐으로써, 문화적 차이를 더 잘 이해하는데 공헌하고 고정관념의 위험성을 보여주고 인종주의, 성차별과 계급주의를 감소시켜야 한다.

이러한 가정하에, 효과적인 다문화교육을 촉진하는데 필요한 몇 가지 원리를 보면 다음과 같다.

첫째, 문화적으로 차이가 있는 학생들은 적절한 교육과정 자료를 요구한다. 이러한 자료들은 자아개념을 제고하고 학급에서의 학습에 대한 관심을 유지하고, 문화적으로 차이가 있는 학생들이 관련될 수 있는 예, 어휘 및 모델들을 제공할 것이다.

둘째, 주요 교육과정의 초점은 분석기술과 비판적 사고를 포함하여야 한다.

셋째, 자료, 활동 및 경험은 학생들이 인종적 차이와 문화적 다양성을 이해하도록 도와주어야 하며 인지적, 정의적 기술을 포함하여야 한다.

이처럼 다문화교육이란 교육제도가 다양한 집단의 요구를 토대로 다양한 프로그램을 제공하는 것이라 볼 수 있다. 그러면 다문화교육은 무엇을 지향하고 있을까? 다문화교육의 목적을 보면 다음과 같다(모경환 외, 2008).

첫째, 개인들로 하여금 다른 문화의 관점을 통해 자신의 문화를 바라보게 함으로써 자기이해를 증진시키는 것이다. 다문화교육은 이해와 지식을 통해 존경심이 나올 수 있다고 가정한다.

둘째, 학생들에게 문화적 · 민족적 · 언어적 대안들(alternatives)을 가르치는 것이다. 지금까지 미국과 서구 국가들의 학교 교육과정에서는 권력과 영향력을 소유하고 있는 주류 집단의 역사와 문화에 초점을 맞추어 왔다.

셋째, 모든 학생이 자문화, 주류문화, 그리고 타문화가 공존하는 다문화 사회에서 요구되는 지식과 기능, 태도를 습득하도록 하는데 있다.

넷째, 소수민족집단이 그들의 인종적, 신체적, 문화적 특성 때문에 겪는 고통과 차별을 감소시키는데 있다. 필리핀계 미국인, 멕시코계 미국인, 중국계 미국인은 학교와 주류사회에 동화되어 성공하기 위해 의도적으로 자신들의 민족적 유산과 정체감, 그리고 가족마저 부인하는 경우가 있다.

다섯째, 학생들이 전 지구적(global)이고 테크놀로지 사회에서 필요한 읽기, 쓰기, 그리고 수리적 능력을 습득하도록 돕는 것이다. 다원주의 사회에서 교육은 학생들이 자신의 가정과 지역사회의 문화를 긍정하고 이해할 수 있도록 도와주어야 한다. 또한 교육은 학생들이 자신의 문화적 한계로부터 벗어날 수 있도록 도와주어야 한다. 공공선을 구현하는 시민 공동체의 창조와 유지를 위해, 민주사회에서 교육은 사회를 더 공평하고 정의롭게 만드는 시민행동(civic action)에 참여할 수 있는 지식, 태도, 기능을 습득하도록 도와야 한다.

여섯째, 학생들이 자신이 속한 문화공동체, 국가적 시민공동체, 지역문화, 그리고 전 지구적 공동체에서 제구실을 하는데 필요한 지식, 태도, 기능을 다양한 인종, 문화, 언어, 종교집단의 학생들이 습득하도록 도와주는 것이다. 즉, 효과적인 시민성교육이란 다양한 문화적 배경의 학생들이 자신의 문화공동체와 국가, 지역, 나아가 세계공동체의 시민으로 살아갈 수 갈수 있는 지식과 기술, 가치를 가르치는 것이다. 이러한 교육이야말로 진정한 평등과 정의를 지향하는 세계 시민적 관점과 가치를 학생들에게 가르칠 수 있다.

다문화사회에서 청소년이 직면하게 될 문화적 공동체로서의 삶을 위해 니토(Nieto, 1992)는 교육의 7가지 원칙을 제시하였다. 이러한 원칙들은 다문화교육에 대한 잠정적인 방향과 목표로서 사용될 수 있으며, 동시에 방법론으로서 사용될 수 있다(정하성 외, 2007).

① 반 인종교육편견 교육
② 기초교육
③ 모든 학생에게 중요한 교육
④ 영향력있는 교육
⑤ 사회적 공평과 평등의 발달을 촉진시키는 사회정의적 교육
⑥ 태도와 가치를 경험하고 명료화하는 하나의 과정
⑦ 비판적인 교육

2) 다문화교육의 방법

기본적으로 다문화교육은 문화에 대한 이해와 다양성과 평등의 수용, 편견이나 고정관념의 극복, 정체성형성 및 협동의 능력에 관한 수용이 주된 과제가 되어야 한다. 다문화교육방법으로서는 대상을 배척하기보다는 가까워지려는 친밀감을 느낄 수 있도록 해야 한다. 또 민족과 인종을 넘어선 학생간의 상호작용을 할 수 있도록 협동적 학습방법 등을 사용한다. 상호학습훈련은 1983년에 발표한 구디쿤스트와 해머(Gudykunst & Hammer)의 Handbook of Intercultural Training의해서 시작되었는데, 이와 같은 상호문화학습 원리에 기초를 두고 있는 것이 상호학습 훈련이다. 상호학습훈련은 문화보편적인 것과 특별성에 따른 훈련과정으로 분류되는데 이를 보면 다음과 같다(정하성 외, 2007 재인용).

① 문화에 대한 보편적인 정보훈련

- 문화보편적인 동화
- 상호문화 의사서통이론에 대한 세미나, 문화인류학, 비교문화심리학(비디오)

② 특수문화정보훈련

- 특수문화 동화
- 외국어수업
- 문화특수적 역사, 일상사, 가치변동에 대한 세미나
- 사례연구(case study)

③ 문화보편적인 상호훈련

- 다문화워크숍
- 시뮬레이션, 상호문화에 대한 민감성 증가를 위한 역할극
- 자신이 평가하는 설문지

④ 문화구체적인 훈련

- 두 개 문화 의사소통워크숍
- 한 개 문화에 제한된 시뮬레이션
- 민감성훈련

한편 씨펠트(Seefeldt, 2005)는 다문화교육에 있어 무엇보다도 교사의 태도가 핵심적인 역할을 한다고 언급하면서, 다양성의 가치에 대한 추상적인 시도보다 훨씬 중요한 것은 교사가 자신과 타인에 대한 감정, 지식, 그리고 태도에 대해 점검하는 것이라고 하였다. 다문화교육에서 교사의 역할을 탐구자이며, 학습자로 본 켄달(Kendall, 1996)은 교사는 사회의 중요성에 대한 활동을 전개할 때 새로운 관점으로 아동에게서 발생하도록 해야 한다고 하였다. 이를 위한 교사의 역할을 다음과 같이 제시하였다(최일선 등, 2008 재인용).

첫째, 교사는 아동을 위한 모델이므로 모델로서 교사는 모든 사람들을 존중하고 배려해야 하는 것을 보여주어야 한다.

둘째, 교사는 아동들이 자신의 잠재력을 발달시켜 나갈 수 있도록 경험을 제공해야 한다.

셋째, 교사는 아동들이 탐색을 하고 소극적인 학습보다는 적극적인 학습자가 될 수 있도록 교사는 격려해야 한다.

넷째, 아동의 학습에 적극적으로 참여해야 한다.

다섯째, 교사는 의식적이던 무의식적이던 아동에게 자신의 가치와 태도를 전달해야 한다. 결과적으로 교사들에게 정확하고 편견 없는 정보를 제공하는 것은 성공적인 다문화교육의 핵심적인 요소기 됨을 주지해야 한다.

이러한 접근은 다문화교육을 함에 있어 일선 학교의 교사에게만 적용되는 것은 아닐 것이다. 즉, 그 대상이 누구이던지, 교육장소가 어디이던지 간에 모두 적용될 수 있지만 특히 감수성이 예민한 아동과 청소년들에게 시사하는 바가 크다. 뿐만 아니라 정규교육활동 외 평생교육에서도 교육 지도자라면 깊이 새겨야 할 부분으로 생각된다.

이러한 다양성은 국가의 자산을 풍부하게 하고, 시민들이 개인적 · 공적 문제를 인식하고 해결하는 방식을 증가시켜 준다고 가정한다. 아울러 다양성은 모든 시민들에게 타문화를 체험할 수 있는 풍부한 기회를 제공해서 개인의 자아실현을 도와준다고 믿는다. 개인들이 다양한 문화에 참여할 기회를 가질 때 비로소 그들은 인간의 총체적 경험으로부터 더 많은 것을 배울 수 있다(모경환, 2008).

3. 우리나라 다문화 가정현황 및 다문화 교육

1) 우리나라 다문화 가정현황

다문화가정의 개념을 범주화하면 다음과 같이 크게 세 집단을 나눌 수 있다(서혁, 2007).

① 국제결혼 가정 및 그 자녀

- 한국인 남성과 외국인 여성의 결혼으로 이루어진 가정 및 자녀
- 한국인 여성과 외국인 남성의 결혼으로 이루어진 가정 및 자녀

② 외국인 근로자 가정 및 자녀

- 외국인 근로자인 남성과 여성이 한국에서 결혼하여 이루어진 가정 및 그 자녀
- 외국인 남성과 여성이 그들의 자국에서 결혼 후 한국에 이주한 가정 및 자녀
- 외국인 근로자로서 결혼하지 않고 단독으로 또는 동료와 함께 생활하는 가정

③ 새터민 가정 및 그 자녀

- 탈북자출신의 남성과 여성의 결합으로 이루어진 가정 및 그 자녀가 한국에 입국한 경우
- 탈북자출신의 남성 및 여성이 한국에 입국 후 한국의 여성 또는 남성과 결합하여 이룬 가정 및 그 자녀
- 탈북자출신으로서 결혼하지 않고 단독으로 또는 동료와 함께 생활하는 가정

위와 같이 다문화가정의 개념은 다양한 영역이 포함되겠지만 이 부분에서는 주로 국제결혼 가정 및 그 자녀에 국한하여 살펴보기로 한다.

교육과학기술부(2006)에서 제시한 국제결혼가정 자녀란 한국인과 결혼한 외국인 배우자(이하 결혼이민자) 사이에서 출생한 아동으로, 국적법 제2조 제1항에 따라 출생과 동시에 한국 국민이 되므로 헌법 제31조에 의한 교육권을 보장받는다는 것이다. 최근 언론 및 시민단체에서 동남아 지역의 여성 결혼이민자 자녀를 KOSIAN(KOREAN+ASIAN)으로 부르고 있으나, 이들에게 별도 명칭을 부여하는 것은 낙인(stigma)효과를 가져올 수 있으므로 가치중립적 용어인 "국제결혼가정 자녀(또는 결혼이민자 자녀)"로 부르는 것이 타당하다고 한다.

국제결혼가정현황을 보면 다음 〈표 11-1〉과 같다.

2005년 우리나라의 국제결혼 건수는 43,121건으로, 전체 결혼신고건수

의 13.6%가 국제결혼이다.

〈표 11-1〉 우리나라 국제결혼 건수

구분	총 결혼건수	국제결혼	외국인 아내	외국인 남편
인원(명)	316,375	43,121	31,180	11,941
비율(%)	100	13.6	9.9	3.7

자료: 교육인적자원부(2006)

국제결혼 비율 추이를 보면, 1990년 1.2%에서 2000년 3.7%, 2004년 11.4% 그리고 2005년 13.6%로 증가하였다. 특히, 농어촌 지역을 중심으로 외국여성과 한국 남성 결혼비율이 급증하고 있다. 농어촌 지역은 전체 결혼의 35.9%가 외국인 여성과의 국제결혼이다(농촌 총각 3명 중 1명은 국제결혼: '06.3.통계청), 국적별로는 한국계중국인(조선족)이 47.5%, 중국 17.3%, 일본 10.6%, 필리핀 8.2%, 베트남 7.0%의 순이었다.

현재 초 · 중 · 고 재학중인 국제결혼가정 자녀수는 총 7,998명으로서 이 중 초등학생이 85%로 대부분을 차지하고 있다(중 11.6%, 고 3.5%). 보건복지부 조사결과 여성 결혼이민자 자녀 중 3세 이하 비중이 27%, 4~5세가 16.4%로 나타나 향후 학교에 입학하는 국제결혼가정 자녀수는 더욱 증가할 것으로 보인다(교육인적자원부, 2006).

국제결혼가정 자녀 중 어머니가 외국인인 경우가 전체의 83.7%(6,695명)로 거의 대부분을 차지하며, 지역별로는 경기도가 1,852명으로 가장 많고, 서울 12.2%, 전남 11.8%, 전북 9.15, 경북 6.0%의 순으로 나타났다. 이를 보면 다음 〈그림 11-1〉과 같다.

2006년 7월 현재 국내 체류 외국인 수는 약 86만 5천여 명으로 부천시 인구정도에 해당한다. 여기에는 외국인 노동자가 약 40여만 명, 취학 대상 연령의 외국인 자녀들이 약 2만 여명, 국제결혼에 의한 이주 여성이 약 6만 2천여 명, 그 밖에 상사 주재원, 유학생, 외교관 등이 포함된다(서혁, 2007). 한 연구(설동훈, 2006)에서는 3년 후 국내 체류 외국인 수는 약 120만 명에 달할 것으로 예상한다. 또한 현재 국제결혼 건수만도 4만 3천 건으로 국내 총 결혼 건수의 약 14%에 해당한다는 점을 근거로 우리나라가 이미 다민족 · 다문화사회에 진입하고 있음을 밝히고 있다(서혁, 2007 재인용).

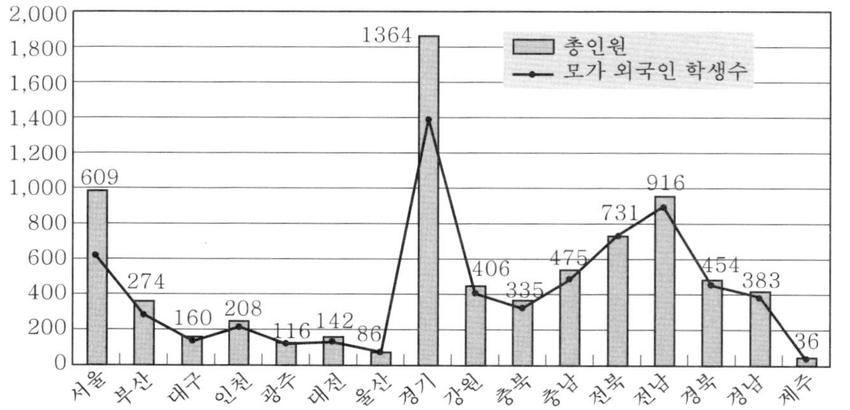

자료 : 교육인적자원부(2006. 5), 다문화가정자녀 교육지원대책.

〈그림 11-1〉 국제결혼가정 자녀(재학생) 지역별 현황

2) 우리나라의 다문화 가정 자녀의 교육

'한국사회에서 다문화 가정 아동의 초등학교 적응에 관한 연구'(박준성 외, 2008)에 의하면, 코시안 아동의 한국사회에 대한 인식을 알아보기 위하여 총 네 가지 질문을 하였다. 태어난 한국에 대하여 그리고 어머니의 나라에 대해 물어 보았다.

첫째, 자신이 어느 나라의 사람이라고 생각하는가에 대한 질문에서 한국인 10%, 외국인 50%, 한국인이자 외국인 40%로 응답하였다. 둘째, 주변의 사람이 나를 어느 나라 사람으로 생각하는가에 대한 질문에서 한국인 20%, 외국인 50%, 한국인이자 외국인 30%로 응답하였다. 셋째, 어머니에 대한 나라에 대해서는 어머니에 나라에 대해 자랑한 적이 있는가에 대한 질문에 없다 50%, 음식 10%, 기타와 무응답에 40%였다. 넷째, 수업시간에 어머니 나라에 대해 나오면 어떠한가에 대한 질문에서 관심 없다

20%, 관심 있다 20%, 관심 있지만 배우고 싶지 않다 20%, 더 배우고 싶다 10%, 기타와 무응답 30%였다.

학교따돌림에 관한 연구에서, 첫째, 학교따돌림에서 통합교육을 하지 않는 일반아동이 더 따돌림의 경험의 정도가 높았다.

둘째, 혼혈에 대한 인식은 다문화통합교육을 하는 한국 아동이 전체적으로 개방성을 갖고 있었다. 이는 다문화가정의 아동에 대한 편견과 차별에서 벗어날 수 있는 논의점을 새롭게 시사한 것이다. 그럼에도 불구하고 아직까지 통합교육의 한계점이 있다. 낙후된 교사의 인식과 부정적인 어머니의 나라에 대한 교육 등이 코시안 아동들이 학교적응을 하는데 많은 어려움을 가져다주고 있다.

또한, 코시안 아동들의 한국사회에 대한 인식을 살펴보면, 그들에게 여러 가지 혼란스러운 인식을 하게 경험을 하고 있다. 이는 이들을 어떻게 통합과 동화를 할 것인가를 논의해야 하는 과제를 남겨둔다. 따라서 한국사회도 현재의 단일민족의 국가관으로 인한 편견과 차별에서 벗어나 새로운 다문화적 국가관과 가치관을 정립해야 할 것이다.

한편 교육인적자원부(2006)에서 제시한 여성결혼이민자 자녀의 교육에 대해 살펴보기로 한다.

첫째, 여성이민자 자녀의 경우 유아기에 한국어가 미숙한 외국인 어머니와 함께 생활하므로 언어발달이 지체되어 있다.

둘째, 언어발달 지체 및 문화 부적응으로 인해 학교수업에 대한 이해도가 낮으며, 지나치게 소극적이거나 반대로 폭력성 또는 과잉행동장애(ADHD)를 보이는 등 정서장애도 나타났다.

셋째, 국제결혼가정 자녀의 17.6%가 집단따돌림을 경험하였으며, 따돌림이유는 '엄마가 외국인이어서'가 34.1%로 가장 높고, 의사소통이 잘 안되어서 20.7%(복지부, '05). 우리나라 초등학생의 집단따돌림 경험 비율도 13.4%(한국교육개발원, '05)로 나타나 가장 큰 따돌림 이유는 잘난척'(24.9%)으로 국제결혼 자녀와 차이를 보이고 있다.

넷째, 현재 초등학교에 재학중인 국제결혼가정 자녀들(87%)이 중·고교 진학연령대로 진입할 경우 정서적으로 민감한 학생들이 편견과 차별을 견디지 못하고 학교를 포기하는 사례가 늘어나 사회문제가 될 우려되고 있다.

따라서 교육인적자원부(2006)는 국제결혼가정 자녀와 외국인 근로자 자녀 등을 대상으로 다음과 같은 대책을 수립하고 있다. 추진배경 및 목적을 보면, 우리 사회의 다양한 구성원의 인권보호 및 사회통합필요, 다문화가정 자녀들의 교육소외 방지 대책 마련, 다문화가정 구성원의 인적자원개발 방안 모색 등이다. 이를 위해 제시한 과제를 보면 다음과 같다.

먼저 교육인적자원부(2006)에서는 정책비전: 문화 민주적 통합(cultural democratic integration)으로, 한국을 문화적 용해의 장(cultural melting pot)으로 전환한다는 취지 아래 다음과 같은 몇 가지 과제를 제시하였다. 이를 몇 가지로 요약하면 다음과 같다.

① 다문화가정을 위한 부처간 협력체제 구축

② 지역사회의 다문화가정 지원 협력체제 구축 지원

- 지자체, 교육청, NGO, 대학, 언론, 기업 등 지역사회 내 유관기관이 협력추진하는 다문화 가정 지원 프로그램에 대해 재정지원
- 지자체의 다문화가정 지원 우수사례 발굴·확산

③ 학교의 다문화가정 자녀 지원 기능

④ 다문화가정 자녀 교육을 위한 교사역량 강화

- 다문화주의 및 소수자 배려를 위한 교원연수 강화(교원자격 연수, 직무연수시 다문화이해 교육, 학습부진아 특별교육, 집단따돌림 예방교육 등 교양과목에 최소 2시간 이상을 포함하도록 권장
- 교사 대상 한국어 및 한국문화 연수 활성화
- 한국어 교육 능력을 가진 교사에 대한 인센티브 제공

⑤ 교육과정 및 교과서에 다문화 교육요소 반영

- 현행 교과서에 포함되어 있는 민족적·문화적 배타성 완화
- 차기 교육과정 개정시 다문화·다인종 교육요소 반영(다문화주의 관점을 학습할 수 있는 사회, 도덕, 국어 등)

⑥ 대학생 멘토링 사업을 다문화가정 자녀에 확대

- 대학생 멘토링 대상자로 다문화 가정 자녀 우선 선정(유·초등교육 및 외국어 전공 대학생, 외국인 유학생을 멘토로 활용)
- 농·어촌지역 멘토링을 위해 자원봉사자 적극 활용(지역내 자원봉사자를 교육청에 등록하여 활동하도록 하고 실경비를 지원함으로써 사회적 일자리 창출효과 동시 거양): 일본은 의무교육기관의 외국인 자녀를 위하여 강사채용 순회지도

4. 다문화 사회와 평생교육

앞에서 언급된 바와 같이, 이제 우리사회도 서서히 다문화사회로 진입하고 있다. 따라서 다문화사회에 대비한 학교교육뿐만 아니라 평생교육차원에서도 대책을 마련하여야 할 것이다. 다문화사회에 대비한 평생교육은 방과후 학교 그리고 학교와 지역사회협력 측면에서 접근하고자 한다.

실제로 평생교육법 제29조(학교의 평생교육)에는 학교도 평생교육 실현에 노력해야 함을 언급하고 있다. 이를 보면 다음과 같다.

① 초·중등교육법 및 고등교육법에 따른 각급학교의 장은 평생교육을 실시함에 있어서 평생교육의 이념에 따라 교육과정과 방법을 수요자 관점으로 개발·시행하도록 하며, 학교를 중심으로 공동체 및 지역문화개발에 노력하여야 한다.

② 각급학교의 장은 해당학교의 교육여건을 고려하여 학생·학부모와 지역 주민의 요구에 부합하는 평생교육을 직접 실시하거나 지방자치단체 또는 민간에 위탁하여 실시할 수 있다. 다만 영리를 목적으로 하는 법인 및 단체는 제외한다.

③ 제 2항에 따른 학교의 평생교육을 실시하기 위하여 각급학교의 교실·도서관·체육관, 그 밖의 시설을 활용하여야 한다.

방과후 교육활동은 1995. 5. 31 '신교육체제 수립을 위한 교육개혁' 과제의 하나로 채택되어 국가정책화됨으로써 본격화되었다. 이후 방과후 교육활동은 1999년부터 '특기, 적성 교육활동'으로 명칭이 변경되었고, 학생들의 특기, 적성계발을 주된 내용으로 하였다. 이러한 특기, 적성 중심의 방과후 교육활동이 2004년 수준별 보충수업과 저학년 아동을 위한 보육교실의 운영을 포함한 '방과후학교' 모델로 재탄생하였다. 현재 방과후 학교는 전체 학교의 98.2%에서 운영되고 있으며, 모든 학생의 43%가 한 강좌이상 참여하고 있는 것으로 조사되어, 이제 정규 교육과정과 다른 또 하나의 교육활동으로 자리매김하고 있다. 방과후 학교운영을 통하여 달성하고자 하는 정책목표를 보면 다음과 같다(배상훈, 2006).

첫째, 방과후 학교는 정규학교 교육과정의 보완기능을 한다.

둘째, 방과후 학교는 학교를 지역사회의 구심점으로 되살리는 역할을 한다.

셋째, 방과후 학교는 교육안전망의 구축을 통한 교육복지의 실현에 실질적으로 기여하는 정부 프로젝트이다. 이를 보면 먼저, 지역적으로 농, 산, 어촌지역의 방과후 학교 지원사업이 대표적이다. 흔히 이러한 지역은 보편적 교육서비스를 위한 인적·물적 자원이 부족하고 이는 곧 학생 간 학력격차로 이어질 수 있음을 볼 때, 이 사업은 지역 간 교육격차의 해소에 크게 기여할 것으로 기대된다.

마지막으로, 방과후 학교는 사교육비경감에 크게 기여하는 정책이다. 다양하고 저렴하며 질이 높은 강좌를 학생의 수요에 따라 개설함으로써 학교 박의 교육수요를 학교 안으로 되돌리는 정책이다.

김홍원(2006)에 의하면, 방과후 학교는 프로그램 편성, 지도강사 섭외, 수강료 접수, 강사료 지급, 학생출결관리, 방과후 학교재정 회계업무, 지역사회와의 협력관계 구축, 수요자 만족도 조사, 학부모에 대한 정보제공, 민원처리 등 많은 업무가 수반된다. 학교에서 방과후 학교 업무를 담당하는 교사들은 방과후 학교의 필요성과 성과는 인정하나, 업무부담 때문에 계속적으로 이 일을 맡지 않으려고 한다. 방과후 학교를 전담하여 지속적으로 맡으려는 교사가 없으면, 방과후학교가 활성화되기 어렵다. 방과후 학교에 대한 교원들의 참여동기를 제고할 수 있는 방안은 다음과 같다.

첫째, 평생교육사, 사회복지사와 같이 방과후 학교 업무를 전담하거나 방과후 학교 행정업무를 지원할 수 있는 행정업무 지원 인력을 배치한다.

둘째, 방과후 학교 전담부서를 설치한다. 현재 많은 학교에서는 정규교육과정상의 특별활동업무를 관장하는 특별활동부장이 방과후 학교업무를 담당하고 있으며, 이런 경우 방과후 학교업무는 기존의 업무 이외에 부가적인 업무로 인식되기 쉽다. 방과후 학교는 정규교육과정 이후의 업무이므로 '방과후 학교부'와 같은 신설부서를 조직하는 것이 바람직하다. 방과후 학교가 부가된 업무로 인식되는 경우, 별도의 인센티브를 요구하게 된다. 학교의 정규조직으로 만들어서 일을 하는 경우, 별도의 인센티브 제공 부담에서 벗어날 수 있으며, 담당교사는 방과후 학교업무를 부가적인 것이 아니라 자신이 학교에서 전적으로 맡아야 하는 것으로 생각하게 된다.

셋째, 방과후 학교에 대한 학교장의 리더십을 제고한다. 학교장의 이해, 관심, 열정, 경영능력은 방과후 학교의 성공과 지속성에 가장 많은 영향을 미친다. 방과후 학교에 대한 학교장 연수를 강화하고, 방과후 학교운영을 우수하게 한 교장과 학교에 대해서는 보상을 해준다.

넷째, 방과후 학교를 위해 교실을 빌려주는 교사들이 업무를 수행할 수 있는 적절한 시설과 공간을 마련해 준다.

한편, 양병찬(2007)은 지역학습공동체로서의 방과후 학교에 대해 다음과 같이 제시하였다.

첫째, 방과후 학교는 학교와 지역사회의 연계를 통해 '교육복지의 실현', '사교육비 경감', '학교의 지역사회화'를 목적으로 함. 이제는 학교가 지고 있는 무거운 짐을 가정과 지역사회가 함께 나누어져야 할 때가 되었다.

둘째, 최근 학부모를 중심으로 학교 시설을 이용한 평생교육 참여율이 높아지면서 지역사회와 학교가 교신할 수 있는 가능성을 보이고 있다. 학교 평생교육에 참여하는 부모들은 학교 및 교육 전반에 걸친 관심이 높은 경향을 가지며 학교를 지지하고 학부모로서의 적극적인 역할을 하고 있다.

셋째, 이러한 때에 방과후 학교가 지역 주민들에게 평생학습의 기회를 제공하고, 지역의 교육적 자원을 학생들에게 제공하는 역할을 한다면, 지역의 교육력이 학교를 통해 연결됨으로써 지역과 학교가 하나의 지역학습공동체로 결성되어 갈 수 있는 희망을 제시할 것이다.

따라서 이제 학교는 비효율적인 관료형으로부터 벗어나 지역과 함께 가는 혁신과 책무성의 유연한 네트워크형 교육체제로 변화해야 할 것이다. 이를 통해 인간의 삶과 배움의 장(場)인 가정-학교-지역사회가 서로 유기적인 관계를 가지며 본연의 '교육력'을 회복하여 지역사회 자체가 학습공동체로 재생할 수 있을 것이다. 이를 위해 다음 세 가지를 제시하였다(양병찬, 2007).

첫째, 방과후 학교 사업의 핵심은 지역 내의 협력적 네트워크를 통한 지역교육공동체 형성된다. 우선 교육청과 지방자치단체와의 협력을 비롯하여, 학교와 지역의 기관간의 네트워크, 학교와 학부모와의 연계·협력 체제 등 지역과 학교와의 유기적인 협력 체제가 중요하다. 인적 자원과 물적 자원의 원활한 네트워크야말로 지역교육공동체 형성의 근간이기 때문이다.

둘째, 관련 사업들(방과후 학교, 학교평생교육, 학교복합화, 학교도서관, 교육복지사업, 평생학습도시 사업 등)의 유기적인 연계 사업화를 통해서 사업의 종합화가 요청된다.

셋째, 방과후 학교 사업의 활성화를 위한 운영인력의 전문화가 필수적이다. 방과후 학교 담당 교사 및 연구직, 장학직의 방과후 학교에 대한 전문성을 제고함으로써 사업의 전문성을 확보하여야 할 것이며, 지역 네트워킹에 관한 실무능력이 구비된 방과후 학교 전담인력(평생교육사)을 활용함으로써 사업의 효율성과 전문화를 높여야 할 것이다.

이상의 고찰을 통해서 다문화사회에 대비한 평생교육의 방향 및 과제를 정리해 보면 다음과 같다. 먼저 최근 급증하고 있는 국제결혼가정의 여성을 들 수 있고, 다음으로 그들의 자녀들에 대해 생각해 볼 수 있다.

첫째, 국제결혼가정의 증가로 특히 여성들의 국내 정착이 늘고 있다. 따라서 이들의 한국사회의 적응을 지원하기 위한 방안이 강구되어야 한다. 그러나 현실적으로 이들을 정규학교에서 다시 학습하도록 하는 데는 여러 가지 어려움이 따를 수 있다. 따라서 이들을 평생교육기관 또는 학교 내 평생교육프로그램을 통하여 교양, 문화, 국어 등의 교육을 실시할 수 있을 것이다.

둘째, 국제결혼가정의 자녀교육을 생각해 볼 수 있다. 앞에서도 언급된 바와 같이, 국제결혼가정의 자녀들이 학교적응에 다소 어려움이 뒤따를 수 있다. 왜냐하면 가정에서 특히, 어머니의 언어문제 및 문화차이 등으로 자녀와의 의사소통 및 자녀의 생활습관형성 등에 대한 충분한 지원이 어려울 수도 있다. 이를 위해서, 이들 자녀들의 정규학교 교육을 뒷받침하기 위한 방과후 학교 활용 등의 평생교육프로그램을 통한 지원책이 요청된다.

셋째, 국제결혼가정을 지원하기 위해서는 학교와 지역사회의 협력체제가 구축되어야 한다. 특히, 지역사회의 유관기관들은 우리 주민들의 삶의 질 향상에 앞장선다는 인식하에 지역사회의 인적·물적 자원을 확보·활용할 수 있도록 힘써야 할 것이다.

실제로 미국의 「The No Child Left Behind Act」의 예를 들어 보자. 이 법안은 백인학생과 유색인종학생간의 학력격차 해소목적으로 하고 있으며 다양한 인종, 민족, 언어집단별 학생들의 학업성취수준에 대하여 주정부와 교육국에 직접적인 책임을 부과하고 있다. 이에 따라 각 주들은 읽기와 수학과목의 성취기준을 마련하고 매년 3학년에서 8학년까지의 학생들을 대상으로 시험을 치러야 한다. 이후 과학이 평가과목에 추가되었고, 평가결과는 소득, 인종, 민족, 장애 여부, 출신국가, 영어숙달도 등의 변수에 따라 분석·관리된다(모경환 외, 2008).

우리도 이제 외국인 어머니, 외국인 어머니에 의한 가정 등의 인식을 버리고 이들 모두가 우리사회의 공동체라는 인식하에 이들에 대한 체계적인 삶의 질 향상을 위한 정책을 강구하여야 한다.

제12장

인적자원개발

1. 인적자원개발의 개념

인적자원개발에 대한 개념은 역사와 깊이에 비하여 비교적 최근에 그 정의가 이루어졌다고 볼 수 있다. 인적자원개발이란 조직의 효과성을 증진시키기 위한 역동적이며 발전적인 실천 활동이라고 정의할 수 있을 것이다. 다음은 학자들에 의해 정의된 인적자원개발의 다양한 정의들이다.

인적자원개발은 행동변화를 위해 설계되고 특정 시간 동안에 실시되는 일련의 조직화된 활동이다[HRD is a series of organized activities conducted within a specific time and designed to produce behavioral change(Nadler, 1970)]

인적자원개발은 조직목적과 개인목적을 동시에 성취하는데 초점을 두면서 개인들의 직무관련능력을 체계적으로 확장시키는 것이다[HRD is a systematic expansion of people's work-related abilities, focused on the attainment of both organizational and personal goals(Jones, 1981)]

훈련 및 개발은 기획된 학습을 통하여 현재 또는 미래의 직무수행을 할 수 있도록 개인의 핵심역량을 파악하고 평가하며 개발할 수 있도록 돕는 활동이다[Training and development is identifying, assessing and - through planned learning - helping develop the key competency which enable individuals to perform current or future job(McLagan, 1983)]

인적자원개발은 조직의 인적 잠재성을 확장시키기 위한 포괄적 학습시스템으로 조직의 생존을 위해 핵심적인 다양한 학습 경험과 현직에서의 경험을 모두 포함하는 체제이다[HRD is comprehensive learning system for the release of the organization's human potential - a system that include both vicarious (classroom, mediated, simulated) learning experience and experiential, on-the-job experiences that are keyed to the organization's reason for survival(Nadler & Wiggs, 1986)]

인적자원개발은 개인의 발달과 조직의 생산성 및 이익에 긍정적 영향을 미치는 직·간접적이고 교수적 또는 개인적 프로그램 및 활동으로 구성된다[HRD consists of programs and activities, direct and indirect, instructional and/or individual that positively affect the development of the individual and productivity and profit of the organization(Smith, 1988)]

인적자원개발은 개인과 조직의 효과성을 증진하기 위한 훈련 및 개발, 경력 개발, 조직개발의 통합적 사용이다[HRD is the integrated use of training and development, career development and organizational development to improve individual and organizational effectiveness(McLagan, 1989)]

인적자원개발은 조직의 개인, 집단, 조직 수준에서 장기간이고 직무와 관련된 학습능력을 고양하기 위한 연구와 실천분야이다. 즉 인적자원개발은 훈련, 경력개발, 조직개발을 포함한다[HRD is the field of study and practice responsible for the fostering of a long-term, work-related learning capacity at the individual, group and organizational level of organizations. As such, it includes - but is not limited to - training, career development and organizational development(Watkins, 1989)]

인적자원개발은 직무, 개인, 조직을 향상시키길 목적으로 성과향상과 개인성장을 위해 조직에서 실행되는 조직화된 학습활동이다[HRD is organized learning activities arranged within an organization to improve performance and/or personal growth for purpose of improving the job, the individual and/or the organization(Gilley & Eggland, 1989)]

인적자원개발은 성과향상과 개인성장의 가능성을 실현시키기 위해서 일정 기간 동안 고용주에 의해서 제공되는 조직화된 학습경험이다[HRD is a organized learning experience provided by employer within a specified period of time to bring about the possibility of performance improvement and/or personal growth(Nadler & Nadler, 1989)]

인적자원개발은 조직의 목적과 개인의 목적을 동시에 달성하기 위해 훈련, 교육, 개발, 리더십을 통하여 종업원들의 생산성과 성과를 체계적으로 향상시키고 조직의 인적자원개발과 향상을 위한 최적의 방법을 결정하는 과정이다[HRD is the process of determining the optimum methods of developing and improving the human resource of an organization and the systemic improvement of the performance and productivity of employees through training, education and development, and leadership for the mutual attainment of organizational and personal goals(Smith, 1990)]

개인개발, 경력개발, 조직개발의 통합체로서 인적자원개발은 조직구성원이 조직의 목적을 달성하기 위해서 일을 함으로써 생산성을 극대화하고 최상의 품질을 유지하고, 조직구성원들의 기회와 만족을 성취하기 위한 역할을 수행한다[Human resource development as the integration of individual development, career development, and organization development roles to achieve maximum productivity, quality, opportunity, and fulfillment for organization member as they work to accomplish the goals of the organization(Pace, Smith, & Mills, 1991)]

인적자원개발은 인간과 조직의 성장과 효과성을 최적화하기 위해 학습에 기반을 둔 조치의 개발과 적용을 통해서 개인, 집단, 조직의 학습능력을 향상시키는 연구와 실천이다[HRD is the study and practice of increasing the learning capacity of individuals, groups, collectives, and organizations through the development and application of learning-based interventions for the purpose of optimizing human and organizational growth and effectiveness(Chalofsky, 1992)]

훈련, 경력개발, 조직개발의 통합으로서 인적자원개발은 학습조직의 실현을 위해서 필요한 이론적 통합을 제공하지만, 또한 조직 전체에 걸쳐 전략적으로 활동하는 위치를 갖는다[HRD as a combination of training, career development, and organizational development offers the theoretical integration need to envision a learning organization, but it must also be positioned to act strategically throughout the organization(Marsick & Watkins, 1994)]

인적자원개발은 성과향상을 위한 조직개발과 개인훈련 및 개발을 통해서 인적자원의 전문성을 개발하고 발전시키는 과정이다[HRD is a process for development and unleashing human expertise through organizational development and personnel training and development for the purpose of improving performance(Swanson & Holton, 2001)]

인적자원개발은 조직구성원에게 현재 또는 미래의 직무요구에 필요한 기술을 학습할 수 있는 기회를 제공하도록 설계된 체계적이고 사전에 계획된 일련의 활동으로 정의될 수 있다[HRD can be defined as a set of systematic and planned activities designed by an organization to provide its members with the opportunities to learn necessary skills to meet current and future job demands(DeSimone, Werner, & Harris, 2002)]

이와 같이 학자들은 인적자원개발에 대하여 저마다 다르게 정의하고 있다. 인적자원개발의 목표는 학자들마다 다르게 정의하고 있지만, 다양한 인적자원개발의 목표를 몇 가지로 요약하면, 조직 및 개인 목표 달성, 현재 및 미래 직무수행, 잠재성 개발, 학습, 행동 변화, 조직 성과 등으로 열거할 수 있을 것이다.

인적자원개발은 끊임없이 변화하고 발전하는 학문이다. 특히 인적자원개발의 간학문적 특성과 새로운 분야로서 갖는 능동성은 인적자원개발의 학문적 발전을 더욱 다양한 방향과 양상으로 발전시키고 있다. 지금까지 인적자원개발의 개념에 대한 분석을 통해 인적자원개발의 목표로서는 조직목표와 개인목표가 도출되었고, 학습차원을 강조하는 인적자원개발 목표도 분석되었다. 그리고 이런 목표들 속에서 전략적 인적자원개발과 조직차원에서 학습을 강조하는 인적자원개발의 특성이 추가 또는 진행되고 있다. 따라서 인적자원개발의 개념에 조직목표, 개인목표, 학습의 강화라는 목표가 포함되어야 할 것이다. 또한 인적자원개발 분야는 조직이나 개인차원을 넘어서서 지역사회와 국가 차원까지 그 적용범위가 확대되고 있다. 따라서 인적자원개발의 정의에 국가와 지역사회 차원의 목표와 요소가 포함될 필요가 있다.

조직목표는 조직의 성과를 향상시키는 것을 목표로 하고, 개인의 목표는 개인성장과 개발을 목표로 한다. 학습차원에서는 학습능력의 향상과 학습조직의 실현이 목표가 된다. 지역인적자원개발(Regional Human Resource Development: RHRD)은 지역사회 차원의 개발과 발전을 목적으로 한다. 이를 위해서 지역인적자원개발의 파트너십을 구성하려고 노력한다. 파트너십에는 정부단체, 학교, 기업, 시민단체 등 관련 지역사회단체의 대표가 참여하여 지역사회의 인적자원개발을 위한 의사결정 및 감시활동, 재정확보 및 지원 등의 활동을 수행한다. 국가인적자원개발(National Human Resource Develoment: NHRD)은 국가의 거시적 차원에서 인적자원을 개발하고 이를 통해 국가의 발전과 국민복지 향상의 달성을 목표로 한다. 또한 인적자원개발의 요소는 전통적 틀인 개인개발, 조직개발, 경력개발의 틀과 학습능력의 강화라는 학습중심적 틀이 기존의 요소이다. 여기에 지역사회와 국가 차원의 인적자원개발의 요소인 지역사회, 시민단체, 정부 차원의 인적자원 개발 풍토 조성, 인프라구축이 추가되어야 한다.

따라서 인적자원개발은 학습이 중심이 되는 개인개발, 경력개발, 조직개발, 지역사회 및 국가 차원의 인적자원개발 풍토 조성 및 인프라구축을 통해 개인의 성장과 개발, 조직의 성과향상, 지역사회의 개발과 발전, 국가의 발전과 국민복지의 향상을 달성하기 위한 조직화된 활동 또는 시스템이라고 정의할 수 있다.

2. 인적자원개발의 구성요소

전통적으로 인적자원개발의 요소로서 인정되는 것은 훈련 및 개발, 경력개발, 조직개발이다. 훈련 및 개발은 개인개발이라는 용어로 혼용되어 사용되기도 한다. 훈련 및 개발은 조직원의 개개인 차원에서 능력을 향상시키기 위한 노력이다. 조직개발은 조직의 시스템, 운영방식, 직무수행과정 등의 변화를 통해 인적자원개발의 목표를 달성하려는 노력이다. 경력개발은 조직의 성과향상 요구와 개인의 성장 요구를 동시에 충족시켜 양측의 목표를 동시에 달성하려는 노력이다. 이 세 가지 인적자원개발의 요소는 McLagan(1989)이 제시한 이후 인적자원개발 분야에서는 인적자원개발의 활동 또는 요소를 구분하는 가장 보편적인 분석틀로 사용되고 있다.

1) 개인개발

(1) 개인개발의 개념

인적자원개발분야에서 가장 기초적인 분야이고 많은 활동이 전개되는 영역이 바로 개인개발(Individual development)영역이다. 개인개발은 훈련 및 개발(training and development)과 자주 혼용되어 사용된다. 처음 인적자원개발의 시작이 훈련 및 개발이라는 용어로 시작되었는데 훈련 및 개발의 내용이 조직에 속해 있는 개인의 능력을 향상시키는 데 목적을 두고 있었다는 점에서 개인개발과 훈련 및 개발의 개념이 혼용해서 사용할 수 있다. 일반적으로 기업교육에 있어서 개인개발보다 훈련 및 개발이라는 용어가 더 많이 사용되었는데 이는 조직이 개인의 역량개발의 측면을 훈련으로 생각하였기 때문이다. 훈련은 개발에 비해 비교적 단기간이고 새로운 직무를 수행하는데 필요한 지식, 기술, 태도를 연마시키는 데 중점을 두고 있고, 개발은 현재의 직무를 수행하는 데 필요한 요건보다는 장기적이고 미래 지향적인 관점에서 개인들의 지식과 전문성을 향상시키는 데 중점을 두고 있다고 할 수 있다(Swanson & Holton, 2001).

훈련 및 개발활동에 대한 관점은 어느 한 가지로만 존재하기보다는 여러 관점들이 동시에 존재한다. 훈련 및 개발에 대한 관점 중에서 대표적인 것은 Swanson(1994)의 수행분류(taxanomy of performance)이다. 이 관점은 조직에 요구하는 수행을 5단계로 구분하고 이와 관련하여 훈련 및 개발의 역할에 대하여 논의하였다. 조직에서 수행은 이해(understand), 운영(operate), 문제해결(troublshoot), 향상(improve), 발명(invent)의 5개로 구분된다. 이해는 기존의 방법, 과정, 시설이나 시스템의 언어, 소리,

형태, 상징들을 이해하는 것이다. 운영은 기존의 방법, 과정, 시설, 시스템을 통제하고 관리하는 것이다. 문제해결은 기존의 방법, 과정, 시설, 시스템에서 문제의 원인을 제거하는 것이다. 향상은 기존의 방법, 과정, 시설, 시스템을 보다 나은 상태로 발전시키는 것이다. 발명은 연구나 실험을 통해 새로운 방법, 과정, 시설, 시스템을 생산하는 것이다. 이 5가지의 수행 가운데 이해, 운영, 문제해결은 시스템을 유지하는 기능을 수행하고 향상과 발명은 시스템을 변화시키는 기능을 수행한다. 즉, 이해, 운영, 문제해결은 시스템 유지 수행 범주에 해당하고 향상과 발명은 시스템 변화 수행 범주에 해당된다.

시스템 유지 수행 범주라는 것은 해당수행이 시스템의 기능을 유지하고 현재의 수준을 지속시키는데 기여하는 활동을 포함한다. 따라서 현상유지의 차원에 머물러 있고 현재의 능력을 개발하는 활동이 이러한 수행을 도와주는 인적자원개발 활동이 된다. 반면에 시스템변화 수행 범주는 해당수행이 시스템의 기능이나 구조를 변화시키고 새로운 기능이나 구조를 탄생시켜 운영하는 수행들을 포함한다. 새로운 비전을 설정하고 이에 따라 조직을 개편한다든지, 새로운 상품을 고안하고 이를 생산하는 시스템을 갖추는 활동은 이 범주에 해당된다. 새로운 시스템의 개발을 위한 교육프로그램을 제공함으로써 시스템 변화 수행범주의 활동을 지원할 수 있다. 스완슨(Swanson, 1994)의 수행범주를 도식화하면 아래의 〈그림 12-1〉과 같다.

개인개발은 훈련 및 개발에서 발전된 것으로 파악되기도 한다. 훈련 및 개발이 개인의 직무수행능력을 향상시키는 조직적인 학습활동이라면 개인개발은 개인의 직무수행능력뿐만 아니라 직접적으로 직무에 관련이 되어 있지 않더라도 개인의 능력을 향상시키는 부분을 포괄하고 있다. 대학에서의 교양교육과 유사하게 조직 차원에서도 조직원들을 대상으로 직무와는 직접 관련은 없지만 실시하고 있는 개인개발 교육프로그램이 존재한다. 예를 들면, 성희롱이나 성폭력에 대한 교육이 해외의 경우 많이 실시되고 있다(DeSimon, Werner & Harris, 2002). 또한 고용주가 제공하는 형태가 아니라 조직원이 스스로 필요에 의해서 학습하는 형태 중에서도 직무와 직접적으로 관련이 없는 개인개발 사례가 존재한다. 예를 들면, 동호회 활동을 통한 학습, 어학 강좌 수강 등이다. 따라서 인적자원개발의 개인개발은 조직차원에서 조차도 직무기술이외의 오락, 취미, 개인적 성장을 위한 학습을 개념적으로 내포하고 있다. 그러나 현실적으로 나타나고 있는 현상에 대해 아직은 의견이 분분하고 있다. 오락이나 취미와 같은 활동을 교육의 일부분으로 포함시키는 것에 대해서 반감을 표시하는 입장과 'edutainment'라는 신조어까지 만들면서 두 영역간의 통합현상에 긍정적인 의견을 피력하는 입장이 그것이다. 그러나 현실적으로 보여지고 있는 발전방향은 두 영역 즉, 오락부문과 교육부문이 서로 통합되어 새로운 분야를 개척하고 있으며, 인적자원개발의 영역이 가정, 지역사회, 국가로 확대·적용되면서 두 분야간의 통합되는 접점이 점점 늘어나는 방향으로 진행되고 있다.

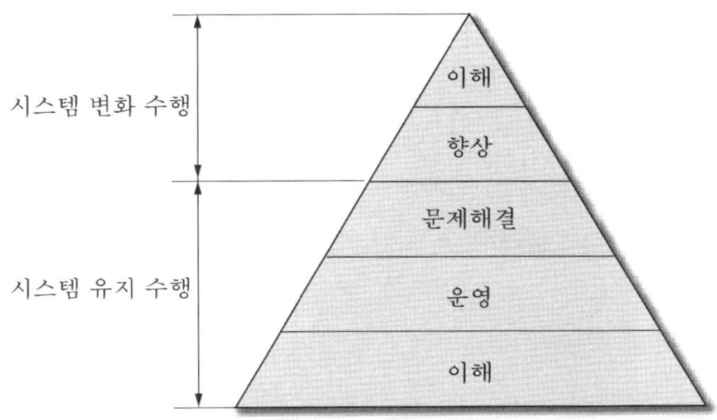

〈그림 12-1〉 Swanson의 수행범주

(2) 개인개발 내용

개인개발은 개인의 직무수행향상과 개인적 성장을 도모해야 한다는 목적으로 인하여 매우 다양한 차원의 내용을 개발내용으로 포함하고 있다.

① 기초기술 및 문해교육 프로그램

한국의 경우에는 기초학력의 수준이 매우 높아서 조직차원에서 별도로 조직원들에게 기초적인 기술이나 문해교육을 실시하지는 않는다. 그러나 외국의 경우 문맹률이 높고 그 외에 기초기술이 부족한 채로 사회에 배출되는 인력이 적지 않기 때문에 조직차원에서 기초기술과 문해교육 프로그램을 운영한다.

기초기술역량에 해당하는 기술로는 읽기(reading), 쓰기(writing), 컴퓨터 활용기술(computer skill)의 세 가지가 해당한다. 미교육부(U.S. Department of Education)에 의하면 미국에 거주하고 있는 성인 1억 9천 1백 만 명의 성인 가운데 절반가량이 기초기술에서 기능적 문맹자로 분류될 수 있는 것으로 보고하였다(Tyler, 1996).

미국의 경우 1,000명 이상의 종업원을 둔 조직들의 절반이상이 기초기술 교육프로그램을 운영하고 있다(Industry Report, 1996). 모토롤라(Motorola), 포드(Ford), 제록스(Xerox), 폴라로이드(Polaroid), 코닥(Kodark)과 같은 기업들도 이미 포괄적 기초 기술 프로그램을 실시하고 있다(Berger, 1983).

조직마다 다양한 유형의 기초기술 및 문해교육 프로그램을 운영하고 있으나 두 가지의 공통적인 특징이 존재한다. 첫째는 적성검사(aptitude test)의 실시이고, 둘째는 소집단 및 일 대 일 교수방법의 활용이다. 적성검사는 개개인의 현재 능력수준을 평가할 수 있는 방법으로 그 중요성이 강조되고 있으며, 조직원의 특정 교육훈련 프로그램에 참여하기 전이나 특정 직무에 배치되기 전에 검사를 실시하여 대상자들의 학습능력을 평가하고자 하는데 활용되고 있다. 적성검사를 통해서 수집된 자료는 효과적인 교수방법을 선택하고 학습목표에 대해서 교수자가 인식하고 초점을 둘 수 있도록 학습계획을 수립하는데 활용된다. 소집단 및 일대일 교수방법은 학습내용 가운데 결핍된 부분에 대한 처방교육을 실시하는데 정보를 제공해 주며 훈련참여자에게 피드백을 제공하기 위해 활용된다(DeSimon, Werner, Harris, 2002).

현재는 많은 기업들이 인트라넷이나 시디롬(CD-ROM)의 형태로 기초기술 및 문해교육 프로그램을 실시하고 있다(DeSimon, Werner, Harris, 2002). 특히 이런 정보통신기술과 컴퓨터 기술을 활용한 기초기술과 문해

교육 프로그램은 학습자가 자신의 학습속도에 맞춰서 학습을 진행하고, 시간이나 공간상의 이유로 학습에 결손이 발생하는 것을 방지할 수 있는 방법으로 각광받고 있다.

기초기술 및 문해교육 프로그램에서 문제가 되는 사항은 경영층의 지원을 확보하는데 있다. 최근에는 문해능력이나 기초기술능력이 어느 정도 구비된 인력을 선발하고 있기 때문에 기초기술 및 문해교육 프로그램의 필요성에 대한 인식이 약화되고 있기 때문이다. 그러나 사회가 빠르게 변화함으로써 조직원에게 요구되는 기초기술 및 문해교육의 내용 역시 변화하고 있다. 읽기와 쓰기뿐만 아니라 컴퓨터 활용능력이 추가된 것이 이를 증명한다. 따라서 기초기술 및 문해교육 프로그램의 내용을 보다 광범위하게 정의하고 사회의 변화에 의해서 기초적이고 기본적인 사항으로 인식되는 부문에 대한 조직원의 능력평가를 실시하는 것이 필요하다. 그러나 이러한 능력평가를 기반으로 기초기술 및 문해교육 프로그램을 개발·운영하는 것이 필요하다. 또한 기초기술 및 문해교육에서 간과하지 않아야 할 사항은 선발과정에서 충분한 검증과정을 통해 기초기술 및 문해능력을 보유하고 있는 것으로 판단할지라도 기존의 조직원들은 이런 선발방법에 의해서 채용되지 않았다는 점이다. 따라서 기존의 조직원들을 대상으로 기초기술 및 문해교육의 필요성이 존재할 수 있다는 점을 염두해야 할 것이다.

② 기술훈련 프로그램

기술훈련 프로그램은 개인개발의 프로그램 내용 가운데 가장 광범위하게 적용되는 개념이다. 앞서 설명한 기초기술 및 문해교육 프로그램도 기술 훈련 프로그램의 일부분으로 포함될 수 있으며, 대인관계기술, 전문성개발 등의 영역도 기술 훈련 프로그램의 영역에 포함될 수 있다. 여기서는 도제 훈련(apprenticeship training), 컴퓨터 훈련(computer training), 기술 및 지식 훈련(technical skill/knowledge training), 안전 훈련(safety training), 품질 훈련(quality training)의 다섯 가지를 살펴보겠다.-

a) 도제 훈련

도제 훈련 시스템은 중세시대부터 개인의 지식을 일을 통하여 전수하는 방식으로 시작되었다. 중세시대의 도제훈련의 목적은 당시의 상공업전문가들의 조합인 길드(Guild) 체제를 유지하는데 있었다. 즉, 길드에서 생산되는 제품들의 품질을 유지하고 생산기술을 외부에 노출시키지 않도록 하기 위한 특수훈련 방법이었다. 현재는 도제훈련 프로그램의 초점이 지속적으로 변화하는 직무수행 요건을 충족시키기 위해서 필요한 기술을 직원에게 제공하는데 있다. 즉, 변화의 속도가 빠를수록 그만큼 신속하게 요구되는 기술적 요구사항들을 직원들에게 적합한 시기에 제공하기 위한 노력의 일환으로 도제훈련 프로그램이 활용되고 있다.

도제훈련 프로그램은 직원, 노동조합, 학교, 정부기관의 유기적인 파트너십을 요구한다. 1988년에는 미국에서 800개 이상의 도제훈련 프로그램이 실시되었고, 335,508명이 도제로서 훈련프로그램에 참여하였다(Carnevale & Johnson, 1989). 직무현장교육(On-the-job Training)형태의 교육뿐만 아니라 지역의 기술·직업학교 및 대학에서도 교실훈련의 형태로 실시되었다. 미국의 도제시스템은 미국노동부(U.S. Department of Labor)의 도제 및 훈련 사무국(Bureau of Apprenticeship and Training; BAT)에 의해서 관리하고, 21개 주에서 도제훈련 사무국의 권한을 주차원의 도제위원회에 위임하고 있다. 다른 주의 경우에는 도제 및 훈련 사무국이 일정한 표준과 서비스를 제공하고 있다(DeSimon, Werner, & Harris, 2002).

b) 컴퓨터 기술훈련

컴퓨터 기술훈련은 최근에 가장 각광받으며 광범위하게 실시되고 있는 훈련프로그램이다. 이는 컴퓨터 기술훈련 프로그램에 대한 훈련예산의 배정비율이나 컴퓨터 기술훈련을 실시하는 기업의 비율을 통해서 알 수 있다. 미국노동통계청(The Bureau of Labor Statistics)의 조사에 의하면 1995년에 종업원이 50명 이상인 회사들의 경우 조사대상 회사의 54.3%가 컴퓨터 기술훈련을 실시하고 있으며, 훈련 프로그램의 내용으로는 프로그래밍

(programing), 소프트웨어(software) 사용, 컴퓨터 운영과정(procedure) 등이었다(Bureau of Labor Statistics, 1997).

컴퓨터 기술훈련 프로그램은 두 가지 종류로 구분할 수 있는데, 하나는 기초적인 컴퓨터 기술을 소개하고 컴퓨터를 사용하는데 있어 가질 수 있는 두려움을 제거하는 등의 내용을 포함하는 기초 컴퓨터 기술훈련 프로그램이다. 다른 하나는 상위의 컴퓨터 활용기술을 배양하기 위하여 종업원에게 컴퓨터 기술을 제공하는 응용 컴퓨터 기술훈련 프로그램이다.

c) 기술 및 지식 재훈련

조직에서 생산을 위한 새로운 기술을 도입한다든지 또는 보다 효율적인 조직운영을 위한 새로운 운영기법을 도입할 경우, 새로 도입되는 기술이 적용되고 또한 그 기술을 사용해야 하는 직원에게는 또 다른 유형의 훈련 프로그램이 제공된다. 즉, 관련 분야의 직원들이 가지고 있는 지식과 기술을 새롭게 향상시켜서 새로운 기술이나 운영기법을 사용할 수 있도록 최신화해야 한다. 이런 차원에서 제공되는 훈련 프로그램을 기술 및 지식 재훈련 프로그램이라고 한다.

기술 및 지식 재훈련 프로그램의 경우, 두 개의 유형으로 구분할 수 있다. 하나는 직무제한 기술 및 지식 재훈련 프로그램이다. 직무제한 기술 및 지식 재훈련 프로그램은 특정 직무, 과정, 장비에만 관련된 기술과 지식을 훈련시키는 것이다. 다른 하나는 일반 기술 및 지식 재훈련 프로그램으로 특정 직무에만 제한되어 사용되는 기술이 아니라 조직 전반에 걸쳐 활용되는 기술과 지식을 훈련시키는 프로그램이다.

기술 및 지식 재훈련 프로그램은 거의 대부분의 훈련 프로그램이 해당된다고 할 수 있는 영역이다. 경우에 따라서 기초 기술훈련과 유사할 수도 있으며, 컴퓨터 기술 영역도 포함할 수 있다. 즉, 기술 및 지식 재훈련 프로그램은 훈련의 내용에 따른 구분이라기보다 훈련 프로그램의 용도에 따른 구분이라고 할 수 있다.

d) 안전 훈련

안전 훈련 프로그램에 대한 필요를 촉발시키게 된 계기는 1970년에 직업안전 및 건강법(Occupational Safety and Health Act: OSHA)의 제정이다. 이 법안이 제정됨으로써 미국에서는 매년 직업안전과 건강을 위해 400억 달러의 재정이 훈련 프로그램에 투입되었다(Hilyer, Leviton, Overman & Mukherjee, 2000). 직업안전 및 건강법에 의해 미국에서는 직업안전 및 건강관리국(Occupational Safety and Health Administration)이 설치되고 이 관리국에서 직원의 안전과 건강을 위해서 안전표준의 설정, 안전 감독의 실시, 안전표준을 준수하는 기업에 대한 안전재정 지원, 안전표준을 준수하지 않는 기업 명단 공개의 4가지 사항을 제시하였다.

안전훈련 프로그램은 교실과 현장에서 동시에 실시되어야 한다. 교실에서 실시되는 안전 훈련은 안전 규제, 사고보고 과정, 기타 유용한 정보에 초점을 두고 실시된다. 또한 교실에서 실시되는 안전 훈련 프로그램은 교수자를 활용하거나, 비디오와 같은 시청각 매체를 활용하기도 하며, 컴퓨터를 활용한 쌍방향 의사소통 유형의 교수방식을 사용하기도 한다. 실제로 안전훈련 프로그램의 효과를 교수방법에 따라 비교한 연구의 경우 컴퓨터 활용교수가 전통적인 교수자 활용 교수법에 비하여 동등하거나 더 우월한 성취를 보이는 것으로 보고되었다(DeSimon, Werner & Harris, 2002).

e) 품질관리 훈련

1980년대 초반 이후 조직은 조직의 생산성과 품질을 향상시키기 위한 방법으로 데밍(Deming) 방법의 가치를 인정하고 적극 활용하고 있다. Deming의 이론은 일본을 선두로 미국을 포함한 여타 지역에서 품질 향상을 위한 노력의 기반을 제공하고 있다. Deming의 이론을 초석으로 발전된 경영기법 가운데 하나가 전사적 품질관리 또는 총체적 질 관리(Total Quality Management: TQM)기법이다. 전사적 품질관리의 기본 개념은 기업의 모든 직원이 조직의 생산품이나 서비스의 품질 향상을 위해서 지속적으로 노력을 기울이고 세세한 부분에서부터 개선을 해 나가는 방법이다.

품질 관리 훈련 프로그램의 시행에 있어서 가장 중요한 사항은 경영층이 품질의 개념이 어떤 것인지에 대해서 동의하는 것과 품질을 측정하는 방법에 동의하는 것이다. 따라서 품질 관리 훈련 프로그램을 시행하기 위해서는 인적자원개발 부서에서 이런 품질에 관련된 두 가지 사항, 즉 품질의 개념과 품질의 측정방법에 대한 인식을 공유할 수 있도록 사전에 조치를 취하는 것이 중요하다.

③ 대인관계기술 프로그램

많은 조직들이 조직의 운영방식을 위계적 시스템과 운영지침에서 팀제로 전환하였다. 또한 조직의 탄력성을 강화하고 변화에 능동적으로 대처하기 위하여 조직의 구조는 수평적 조직(flat structure)으로 변화시키고 있다. 이런 조직의 시스템, 구조, 운영에서의 변화는 조직 구성원들 간의 원활한 의사소통을 전제로 하거나 의사소통을 활성화하기 위한 조치들이다. 따라서 조직구성원들 간의 의사소통은 조직운영에 있어서 중요한 화두로 등장하였고, 이에 대한 인적자원개발 차원에서의 대처 또한 활발하게 진행되었다. 타인과의 관계에서 필요한 기술로는 의사소통기술, 고객관계기술, 판매기술, 팀웍 등이 포함되었고 이를 통칭하여 대인관계기술(interpersonal skill)이라고 한다.

a) 판매훈련

대인관계기술 훈련에 포함되어 적극적으로 실시되고 있는 훈련 프로그램으로는 판매훈련(salse training), 고객관계/서비스 훈련(customer relation/service training), 팀 훈련(team building training) 등이다. 특히 판매훈련은 전통적인 판매훈련방식에서 신뢰구축, 고객문제해결, 상품과 서비스의 선택권 제공과 같은 차원의 접근방법으로 전환되고 있다. 이런 새로운 접근방법은 고객에 대한 충성 또는 성심성의를 다하는 태도와 고객과의 지속적이고 장기적인 관계를 구축하는 것에 초점을 두는 자문 또는 상담형 판매방법이다. 이런 새로운 판매전략에 적응하기 위한 최적의 방법으로 판매훈련을 적극 활용한다.

b) 고객관계/서비스 훈련

고객관계/서비스 훈련(customer relation/service training)은 품질향상에

대한 요구가 증가하면서 조직에서 더욱 관심을 갖은 영역이다. 어떤 직무든 상관없이 고객 서비스는 기업이 성장하기 위한 필수적인 요소로 인식되고 있으며 특히 인적자원이 보유하고 있는 기술이 고객서비스의 질을 결정하는 기본적인 요소로 인정되고 있다. 고객 서비스 기술에는 대인관계, 문제해결, 리더십, 팀웍 등이 포함되고, 이런 기술을 소유한 인적자원은 고객과 효과적인 의사소통과 긍정적인 태도를 유지함으로써 고객이 직면한 문제에 집중하여 문제해결책을 제시할 수 있을 것으로 기대된다. 대인관계기술은 기술차원뿐만 아니라 태도차원에서 타인과 관계형성에 대한 종업원의 능력향상을 도와줄 수 있다.

c) **팀 훈련**

대인관계기술과 관련된 영역으로서 팀 훈련(team training)이 있다. 창의적 사고, 빠른 의사소통과 의사결정, 효과적이고 효율적인 인적자원의 배치 및 활용, 지식의 창출과 공유의 활성화 등 다양한 차원의 장점을 제공할 수 있는 제도로서 그 활용이 더욱 증가하고 있는 팀제는 이미 많은 조직에서 활용하고 있는 시스템이다. 또한 팀은 조직에서 가장 기초적이고 기본적인 단위이다. 개인과 개인간의 관계가 가장 빈번하게 그리고 밀도 있게 발생하는 장소가 팀이다. 따라서 팀 기반 구조(team-based structure)에서는 팀원들간의 신속하고 유연하게 관계가 형성되고 재편될 수 있어야 한다.

팀과 관련되어 기본적인 기술은 과업기술(task skill)과 과정기술(process skill) 두 가지이다. 과업기술은 팀에 할당된 직무를 수행하기 위해서 필요한 기술이다. 일반적으로 조직구성원들은 자신의 직무를 수행하는데 필요한 기술과 지식을 보유하고 있다. 따라서 팀이라는 집단상황에 적용된 직무관련 기술을 익히는 것이 팀 관련 과업기술(team-related task skill)의 목적이 될 것이다. 과정기술은 팀웍에 있어서 기본적인 사항인 팀내 상호관계를 유지하고 팀으로서 함께 일해야 하는 상황에서 보유해야 하는 기술이다. 대인관계기술은 이런 과정기술과 밀접한 관계가 있는 기술이다. 특히 의사소통, 협상, 갈등해결 등의 대인관계기술의 하위기술들이 과정기술에서 핵심적인 요소라고 할 수 있다.

④ 전문성 개발 프로그램

전문성(profession)은 지식사회에 있어 개인의 생존과 밀접하게 결부되는 개념이다. 기업을 포함한 많은 조직에서 전문성을 보유한 인적자원을 확보하거나 개발하는데 노력을 경주하는 것이 그런 이유 때문이다. 전문성은 하나의 직업영역으로 훈련과 경험을 통해 획득한 지식과 기술을 자신의 직무에 활용하는 사람의 특성이며, 서비스 지향적인 특성, 독특한 윤리, 강한 권한과 명성 등을 특징으로 한다(Sharma, 1997).

전문성을 갖춘 인재를 확보하는 것은 조직의 미래에 대한 투자이다. 따라서 조직에서는 전문성을 갖춘 인재를 확보하기 위해서 자체 인력을 전문인력으로 개발하거나 외부의 전문인력을 채용한다. 특히 인적자원개발 분야에서는 조직내의 종업원에 대한 전문성 개발에 초점을 맞춘 조치를 취하게 된다. 특히 지속적인 학습 기회를 제공하고 이를 위해 대학과의 연계를 통해서 비용효율적으로 학습기회를 조직원에게 제공하려고 한다.

2) 조직개발

(1) 조직개발의 개념

조직개발은 조직이 변화를 발생시키고 관리할 수 있도록 하는 최고의 방법으로 인적자원개발의 하위구성요소 가운데 하나이다(DeSimon, Werner & Harris, 2002). 과거에는 구조적 변화에만 치우쳐서 조직변화를 다루었던 경영학적·시스템적 관점에 경도되었던 것이 조직개발의 의미였다. 그러나 조직이 변화를 발생시키고 관리하는 최상의 방법이 구조적 해결책만을 의미하지 않았다. 다시 말해 조직개발은 하드웨어 뿐만 아니라 소프트웨어와 휴먼웨어까지도 중요한 부분으로 포함하는 개념이 되었다.

조직개발의 개념에 대하여는 학자마다 다양한 의견을 제시하는 이유는 조직개발의 영역이 광범위하고, 복잡하기 때문이다. 조직개발에 대해서 일반적으로 합의된 정의는 존재하지 않는다. 그러나 복잡한 구조를 갖는 기업에서는 구성원들의 다양한 능력이 그 기업에 최대의 이익을 가져다 줄 수 있도록 조직화되어 있으며, 이와 같은 요구를 충족시키기 위하여 구성원 및 구조와 과정의 유효성을 향상시킬 수 있도록 조직을 계획적으로 변화시키는 것을 조직개발이라고 한다(안율종, 1997). 이러한 개념은 조직개발의 가장 일반적인 목적을 제시하는 것이다. 즉, 조직개발은 조직을 유지하고 발전시키기 위해서 조직의 목적에 따라 조직의 개발하는 과정으로 이해할 수 있다. 이러한 목적 중심의 조직개발 관점은 조직개발의 효과성에 초점을 둔다. 그러나 이러한 정의는 조직개발의 여러 측면 가운데 한 가지 측면만을 강조하고 있다는 점에서 한계를 갖는다.

그 밖에 조직개발에 대한 학자의 다양한 정의가 존재한다. 조직개발에 대한 개념을 살펴보면 다음과 같다.

조직개발이란 일종의 변화에 대응하는 것, 즉 조직이 새로운 기술, 새로운 시장 및 도전에 보다 잘 적응할 수 있도록 조직구성원의 신념, 태도, 가치관 및 조직 구조를 변형시키고자 의도하는 일종의 복합적인 교육전략이다(Bennis, 1969).

조직개발이란 조직을 능률, 효율성, 건전도를 기준으로 측정했을 때 적당한 업적 수준을 달성·유지할 수 있도록 조직능력을 개발시키기 위한 의식적이고 계획된 과정이다(McGill, 1977).

조직개발이란 행동연구를 포함한 행동과학의 이론 및 기법을 응용하여 효과적이고 협력적인 조직풍토 관리에 역점을 두면서, 조직내의 문제를 해결하고 과정을 개선하기 위한 장기적인 노력이다(French & Bell, 1990).

조직개발이나 행동과학의 지식을 이용하여 조직의 과정에서 계획된 매개활동을 통하여 조직의 효율성과 건전성을 증가시키기 위한 계획적이고 전체적인 노력이며 최고경영층으로부터 관리되는 노력이다(Beckhard, 1969).

조직개발이란 조직의 발전을 촉진하거나 저해하는 조직구성원의 행동유형을 파악하고 변화시키는 것이다(Burke, 1992).

이와 같은 개념들을 정의해 볼 때, 조직개발은 조직의 변화와 개인들의 복지를 목적으로 조직문화, 구조, 운영 등의 변화를 계획적으로 실시하는 행위를 의미한다. 또한 그 초점이 개인보다 조직에 주어진다는 점에서 특징적이라고 할 수 있다. 그러나 조직변화의 핵심에 개인의 행동변화가 전제된다는 점은 인적자원 개발의 다른 영역과 공통되는 모습이라고 할 수 있다.

(2) 조직개발의 특징

조직개발에 대한 다양한 개념과 논의를 기반으로 조직개발의 특징을 추출할 수 있다. 이러한 조직개발의 특징은 다음과 같다.

① 조직개발은 조직 전체의 변화에 초점

조직개발은 조직의 전체 변화 가운데서도 조직의 효율성과 성과의 증대라는 두 가지 사항에 특히 초점을 맞추고 있다. 이는 조직개발이 조직구성원의 행동변화 뿐만 아니라 집단행동, 조직행동, 조직문화 등 다양한 수준의 변화를 포함하고 있다는 것을 의미한다(황안숙, 1999). 조직개발이 조직 전체의 변화에 초점을 두는 것은 또 다른 차원에서는 인적자원개발의 새로운 진행방향을 의미하기도 한다. 인적자원개발의 중요한 전제 가운데 하나는 개인들의 역량, 능력, 지식의 변화가 조직의 생산성, 성과, 문화 등의 변화의 초석이 된다는 점이다(Swanson & Holton, 2001). 이러한 조직과 개인간의 연결고리의 중요한 부분을 담당하는 것이 조직개발이다.

② 조직개발은 장기적으로 계획된 변화 과정

조직개발은 정해진 기간 없이 지속적으로 수행되어야 하는 조직개선 노력이다(황안숙, 1999). 조직문화 하나만 생각하더라도 단기적인 처방으로 조직문화의 변화를 가져올 수 없다. 조직문화는 조직내의 구성원들의 행동방식, 규범, 사고방식 등 거의 모든 비가시적 현상들을 포괄하는 개념이다. 최근에 많은 기업에서 도입하고 있는 경영기법으로 지식경영(Knowledge Management: KM)이 있다. 지식경영은 지식공유, 지식창출, 지식활용을 최대화하기 위해 새롭게 고안·적용되는 조직운영방식이다. 이러한 지식경영의 성공적인 운영을 위해서는 조직문화가 지식경영에 적합하게 변화되어야 한다(Van Buren, 2002). 기존의 위계적 구조의 조직에서는 상호경쟁, 지식독점, 비개방성, 부서이기주의 등의 조직문화가 숨어 있어서 지식공유는 불가능한 편이다. 따라서 지식경영을 위한 시작 단계인 지식공유를 위하여 개방적 의사소통, 지식공유에 대한 인센티브 보상제도 운영, 지식공유 시스템의 효율화 및 시스템 구축 등의 다양한 노력을 해야 할 것이다.

③ 조직개발은 체계적 과정

인적자원개발의 모든 분야 중에 조직개발의 프로그램 개발과정은 개인개발 훈련 프로그램 개발과정과 유사하게 체계성을 가진 논리적 단계들의 연결로 구성되어 있다. 조직개발의 목표설정, 적절한 방안 구축, 결과평가 등의 과정 등이 체계적으로 제시되어 있다. 체계화된 조직개발의 단계들은 학자마다 다양한 형태를 보이고 있다. 대표적으로 베크하드(Beckhard, 1969)의 조직개발 모형에서 조직개발 과정을 진단, 전략계획수립, 교육, 자문 및 훈련, 조직 평가의 다섯 단계로 구분하였다. 그리고 이러한 단계간에는 선형적 선후관계가 존재하는 것으로 상정하였다. 즉, 진단에서 전략계획 수립으로, 전략계획 수립에서 교육으로, 교육에서 자문 및 훈련으로, 자문 및 훈련에서 조직 평가로 진행되는 체계적 과정을 제시하는 것이다.

④ 조직개발은 다양한 행동과학의 이론과 학제간의 지식에 기초하여 형성

조직내의 문제를 검토하고 해석하여 적절한 조치를 취할 수 있기 위해서 다양한 분야의 지식을 활용해야 한다. 조직개발은 사회과학 제분야의 지식을 활용하게 되는 응용행동과학의 발전에 힘을 입고, 변화하여 가는 환경이 전통적이고 관료적인 구조를 탈피하고 보다 융통성 있고 적응성 있는 조직구조와 과정을 요구하게 된 것이다. 이러한 차원에서 조직개발은 심리학과 행동과학의 이론에 많이 의존하고 있다. 특히 20세기 후반 다양한 심리학 및 행동과학의 이론을 기반으로 급성장하였다. 대표적으로

Maslow의 욕구위계설, Rogers의 인본주의 심리학, Argyris의 조직학습론, Alderfer의 ERG 이론, 각종 기대이론 등이다. 또한 조직개발은 조직개발의 필요점을 진단하고 조직개발 처방의 평가를 위해서 행동과학의 기초가 되는 체계적 자료수집방법을 활용한다(황안숙, 1999 재인용).

3) 경력개발

경력개발이라는 개념이 존재하기 이전부터 경력개발활동은 이미 존재했었다. 산업사회 이전부터 인간이 삶의 과정을 통해서 겪게 되는 다양한 일은 모두 경력이라는 용어로 설명·표현되었다. 경력개발의 실제는 매우 다양한 현상들을 포괄한다. 경력개발의 개념 역시 다양한 경력개발의 실제를 반영해야 한다는 점에서 학자마다 다양한 개념을 제시하고 있다.

(1) 경력의 의미

우선 경력개발의 개념을 이해하기 위해서 경력이라는 말의 의미부터 살펴볼 필요가 있다. 아쓰, 홀 및 로렌드(Arthur, Hall & Lawrence, 1989)는 학문분야별로 경력이라는 단어가 어떻게 상이한 의미로 사용되고 있는지 다음과 같이 정리하였다(〈표 12-1〉 참조).

〈표 12-1〉 학문분야별 경력의 개념

학문분야	경력의 개념	의미
심리학	• 직업 • 자아실현의 수단 • 개인 생애구조의 한 요소	• 직업의 특성과 개인의 특성이 서로 일치되는 경우가 최적의 직업을 선택한 경우이고, 이러한 경우에 경력은 조직과 개인의 최적 선택 • 경력을 자아실현의 수단으로 보는 관점은 경력을 개인성장과 완성을 위한 도구로 생각하는 인간주의적 관점에서 출발 • 경력을 개인의 생애구조의 한 요소로 파악하는 관점은 인간의 지속적이고 계속적인 발달과정에 초점을 두는 관점
사회심리학	• 외부 환경의 역할 메시지에 대한 개인의 반응	• 경력은 외부 환경이 제공하는 자극에 대한 반응으로 특히 외부 환경이 제공하는 역할 메시지에 대한 반응이 경력
사회학	• 사회적 역할 수행 • 사회 이동의 수단	• 사회의 존재를 위해서 필요한 기능을 수행하는 것이 경력 • 개인의 다양한 특성을 보여주는 중요한 지표로서 그 사람의 재정적 능력, 학력, 사회적 지위, 성격까지도 파악할 수 있는 정보를 주는 것이 경력
인류학	• 통과지위	• 의식이나 시험을 통과하여 특정 지위를 획득하는 것이 경력. 특히 사회의 유지와 통합을 위해서 필수적인 통과의례를 강조
경제학	• 시장의 원리에 따른 개인의 능력 축적과 발휘	• 시장의 힘에 의해서 개인들은 자신의 직업을 선정하고 이러한 직업의 축적이 경력
정치학	• 자기 이해의 실현	• 경력은 개인들이 자신들의 이익을 추구하는 행위들이 결합되어 나타나는 결과물
역사학	• 역사적 사건의 연계	• 개인의 경력은 다양한 역사적 사건의 결과로 개인사적 측면에서는 개인사의 매우 복잡한 사건들간의 관계에 의해서 결정되는 역사적 사건이 경력
지리학	• 지리적 환경에 대한 대응	• 경력을 지리적 환경에 대한 반응으로 정의

(2) 경력개발의 정의

경력개발 역시 학자들마다 다양한 개념을 제공하고 있다. 경력개발에 대한 정의를 그린하우스(Greenhouse)와 그의 동료들은 경력개발을 인생의 단계와 관련하여 개념정의 한다. 즉, 인간은 인생을 살아가면서 다양한 인생단계를 겪게 되는데 이러한 인생 단계를 거치면서 발전하는 과정을 경력개발이라고 정의한다.

Greenhouse와 그의 동료들은 경력개발을 연구하기 위해서는 인간의 생애를 먼저 이해해야 한다고 주장한다. 경력을 조직이나 가정의 차원에서만 보기보다 인간의 전생애에 걸쳐 이해할 수 있는 시각이 필요하다는 것이다. 또한 그들은 이러한 시각을 갖게 되면 인간의 경력을 예측가능한 단계를 거쳐 발전한다는 것을 알 수 있다고 주장한다(Greenhouse, Callanan & Godshalk, 2000).

김흥국(2000)은 앞서 설명한 Atrhur, Hall 그리고 Lawrence의 경력에 대한 논의와 Hall(1984)의 개발의 개념에 대한 논의를 통합하여 경력개발에 대한 정의를 제시하였다. Hall은 개발의 개념을 시간과 관심의 대상이라는 두 가지의 차원으로 구분하고, 시간은 장기적 시간과 단기적 시간으로 구분한다. 그리고 관심의 대상은 직무와 개인의 차원으로 구분한다. 그는 개발이라는 것의 의미는 단기적인 차원에서는 직무에서의 성과를 목적으로 하고 개인차원에서는 태도의 변화를 가져온다고 주장한다. 또한 장기적인 차원에서는 직무에서의 적응력을 강화시키려 하고, 개인차원에서는 개인의 정체성을 높이는 것을 개발이라고 하였다. 이러한 Hall의 관점은 개발을 직무능력만을 향상시키거나 조직에서 필요한 지식이나 기술을 익히도록 하는 것으로만 미시적인 관점에서 인적자원개발을 바라보는 시각을 확장시켰다. 즉, 개인차원에서는 개인의 정체성을 확고히 하고 조직차원에서는 조직의 적응력을 기르는 활동이 개발활동이며 인적자원개발 활동 역시 이러한 지향성을 가져야 한다는 것이다.

다음은 경력개발에 대한 학자들의 정의를 제시한 것이다.

경력개발은 각각의 단계가 독특한 주제, 내용, 과업으로 특정지어지는 일련의 단계를 통해서 진행되는 개인적이고 지속적인 발전과정이다(Greenhouse, Callana & Godshalk, 2000).

경력개발이란 한 개인이 일생에 걸쳐 관련하여 얻게 되는 경험을 통해 자신의 직무관련 태도, 능력 및 성과를 향상시켜 나가는 과정이라고 정의할 수 있다(김흥국, 2000).

경영학적 관점에서 보면 한 개인이 입사로부터 퇴직에 이르기까지의 경력경로(career path)를 개인과 조직이 함께 계획하고 관리하여 개인 욕구와 조직 목표를 달성해 가는 총체적 과정으로 파악할 수 있다(김흥국, 2000).

경력개발은 한 개인이 인생의 단계를 거치면서 일과 관련되어 겪게 되는 경험으로 개인차원에서는 자아실현, 조직차원에서는 성과향상이라는 두 가지 목표를 달성하기 위한 방법이다(권대봉, 2003).

(3) 경력개발의 특징

경력개발은 개인과 조직 차원에서 중요시되는 이유는 둘 모두의 입장을 반영하고 요구를 충족시킬 수 있는 방법으로 인식되기 때문이다. 이러한 경력개발의 특성과 함께 경력개발을 이해하기 위해서는 경력개발이 갖고 있는 다양한 특징을 이해하는 것이 필요하다.

경력개발은 조직과 개인의 목표를 모두 달성할 수 있는 방법이다. 인적자원개발이 기업경영의 한 영역으로 인식되면서 많은 교육학자들의 비판을 받았다. 이러한 비판 가운데 중복되는 사항은 인적자원개발이 개인의 능력 발전과 이를 통한 자아실현보다는 기업의 이윤목적에 따라 인간을 자원이나 자본으로 간주하는 비인간적 특성을 갖고 있으며 이러한 점 때문에 인간의 존엄성이나 가치를 무시하는 비교육학적 학문이라며 비판하는 것이다.

경력개발은 조직의 구성원들이 조직 성공을 위해 필수적으로 고려해야 할 요소임과 동시에, 조직구성원 개개인이 모두 소중한 인간적 가치를 함유하고 있는 존재임을 공표하는 것이다. 개인들은 경력계획(career planning)을 주체적으로 세울 수 있다. 조직은 이러한 개인들의 경력 계획을 인정하고 여기에 더불어 경력관리(career management)의 역할을 수행한다(Greenhouse, Callanan & Godshalk, 2000). 따라서 경력개발의 주체가운데 하나는 개인이고 다른 하나는 조직이다. 이러한 차원에서 경력개발은 개인과 조직의 공동참여를 중요시하는 과정의 개념이라고 할 수 있다(김흥국, 2000). 즉, 개인과 조직이 원하는 바를 조절하고 연결하는 것이 경력개발인 것이다.

경력개발은 장기적인 접근을 특징으로 한다. 조직개발도 마찬가지겠지만, 경력개발은 특히 장기적인 안목을 필요로 하는 분야이다. 조직개발은 시스템의 변화뿐만 아니라 조직문화의 변화, 개인들의 사고 변화를 가져와야 하기 때문에 장기적인 안목이 필요하다. 경력개발의 경우에는 개인들의 일생의 과정에서 발생하는 것이 경력개발이고 이러한 일생의 과정을 고려해야 한다는 점에서 장기적 안목을 필요로 한다.

최근에는 조직원을 선발할 때부터 조직원의 경력개발에 대한 관심을 기울이고 있다. 어떤 사원의 경력이 그 회사에서 어느 정도까지 진행될 것인가에 대한 예측을 시도하는 것이다. 즉, 한 개인이 다양한 회사에 종사하게 되는 현대사회의 상황에서 조직은 한 개인이 해당 회사에서 종사할 것으로 상정되는 기간을 예측하고, 그 예상 기간동안 조직원이 밟게 되는 경력경로를 조망하여 그에 맞는 경력을 개발하기 위해 노력을 기울이고 있다. 따라서 경력개발은 이미 입사할 때부터 10년, 20년의 미래를 예측하고 이루어지는 장기적인 활동이라 할 수 있다.

경력개발은 개인의 주관적 판단, 태도, 관점을 중시한다. 조직에서 주로 경력 개발이 이루어지고 그에 따라 조직의 입장과 요구가 개인에게 강력한 영향력을 발휘하는 것은 사실이다. 그러나 개인들은 자신의 경력에 대한 최종적인 결정권을 갖고 있다. 특정 경력을 밟을 것인지 아니면 다른 경력으로 진행할 것인지에 대한 결정권은 어디까지나 개인에 독점되어 있다는 것이다. 특히 개인들의 주관적 판단은 이러한 결정에서 가장 중요한 요소로 작용한다. 개인의 삶을 결정하는 것은 바로 그 삶의 주체인 개인들의 몫이다.

경력개발은 조직뿐만 아니라 개인의 삶을 배경으로 하는 개념이다. 조직과 관련되어 경력개발을 설명하였으나 그렇다고 해서 개인 삶 속에서의 경력개발을 무시하는 것이 아니다. 경력개발은 학교를 다니기 이전부터 부모에 의해 이루어진다. 그리고 성인이 되어서도 자신의 개인적인 삶을 실제로 운영해가는 중요한 의미를 갖는다. 경력개발은 개인적으로는 삶의 공간의 변화를 통해서 자아개념을 확대하는 역할을 한다(Super, 1984). 최근에는 초등학교나 그 이전부터 경력 또는 진로에 대한 탐색활동을 통해서 이른 시기에서부터 경력개발 또는 진로개발 활동을 전개하고 있다(Hoemer & Wehrley, 1995). 이러한 노력은 인간의 생애 전체에 걸쳐 경력개발을 적용하려는 경향을 보여주는 것이다. 그리고 경력개발의 이러한 노력은 시간적인 차원에서 경력개발의 영역을 확대할 뿐만 아니라 공간적 차원에서도 그 영역을 확대하고 있다. 학교, 기업, 정부, 평생교육기관 등에서도 경력개발 프로그램을 운영하고 사이버 공간에서도 경력개발 프로그램과 활동이 공급되고 있다. 이렇게 경력개발은 시간과 공간의 범위를 확대하면서 점점 인적자원개발 내에서 관심의 대상이 되고 있다.

경력개발은 다양한 심리학과 행동과학의 이론에 기반한다. 경력개발은 다양한 학문분야에서 제공되는 이론과 연구의 결과를 기반으로 영역을 확장하고 유지하고 있다. 특히 심리학의 분야에서 제공되는 이론을 기저이론으로 수용하고 있다. 특히 생애발달이론, 조직행동이론, 동기와 기대이론, 심리상담 등이 심리학에서 경력개발을 지원하는 이론들이다. 심리학뿐만 아니라 경영학에서도 조직운영, 인적자원관리 등의 이론을 기저이론으로 활용한다. 그 외에도 교육학, 사회학, 지리학, 역사학에서의 다양한 이론과 관점을 수용하여 경력개발에 적용하고 있다.

참고문헌

가영희 외(2008). 『성인학습 및 상담』. 서울 : 교육과학사.
강태중(2000). 지식기반사회를 전망하며 이루어지는 평생교육연구들의 음미: 국제적 동향과 시사. 평생교육학연구. 제6권 제1호. 한국평생교육학회.
경기지역평생교육정보센터(2002). 경기평생교육프로그램.
곽삼근・최윤정(2005). 학술지를 통해 본 한국 평생교육학의 연구동향. 평생교육학연구 11(1). 한국평생교육학회.
교육부(2000). 평생교육백서.
교육인적자원정책위원회(2004).
권두승(1995). 『평생교육론』. 서울: 교육과학사.
권이종(2001). 『현대사회와 평생교육』. 서울: 교육과학사.
권이종・이상오(2001). 『평생교육』. 서울: 교육과학사.
김도수(1994). 『평생교육』. 서울: 양서원.
______(1995). 『사회교육학』. 서울: 교육과학사.
김란수 외(1985). 『평생교육론』. 서울: 문음사.
김병성(1995). 『교육과 사회』. 서울: 학지사.
김신일(1995). "학습권 개념내용과 교육학의 새 연구과제". 서울대학교 교육연구소. 평생교육연구 1(1). 19-32.
김종서 외(2000). 『평생교육개론』. 서울: 교육과학사.
김진화・고영화・성수현(2007). 한국평생교육학의 학문적 동향과 과제: 2000년 이후를 중심으로. 평생교육학연구. 제13권 제4호. 한국평생교육학회.
김흥국(2000). 『경력개발의 이론과 실제』. 서울: 다산출판사.
김홍원(2006). 방과후학교에 대한 교원의 참여동기를 제고한다. 교육개발. 통권 158호. 한국교육개발원.
모경환 외(2008). 『다문화교육 입문』. 서울: 아카데미프레스.
박노열(1987). 『사회교육』. 서울: 형설출판사.
박준성・정태연(2008). 한국사회에서 다문화가정 아동의 초등학교 적응에 관한 연구. 연차학술대회발표논문집. 한국심리학회.
배상훈(2006). 방과후학교의 정책적 의의, 성과 및 향후과제. 교육개발 통권 158호.
서혁(2007). 다문화가정 현황 및 한국어교육 지원방안. 인간연구 No. 12. 가톨릭대학교 인간학연구소. 1-24.

송병순(2000). 『평생교육의 이론과 실제』, 서울: 원미사.

안병환(2006). 『교육심리학』, 서울 : 교육과학사.

안율종(1997). 조직개발에 관한 이론적 연구. 한국상업교육학회지, 147-181.

양병찬(2007). 21세기 평생학습과 방과후학교.

이무근 외(2001). 국제기구의 평생교육 정책동향 및 발전모델 비교분석. 교육인적자원부. 교육정책연구 2001-특-14.

이민경(2008). 한국사회의 다문화 교육 방향성 고찰: 서구 사례를 통한 시사점을 중심으로. 교육사회학연구 제18권 제2호. 한국교육사회학회.

이찬교 · 최정숙 · 조화태(1996). 『교육의 이해』, 한국방송통신대학교출판부.

이화정 외(2003). 『평생교육 프로그램개발의 실제』, 서울 : 학지사.

정우현(1991). 사회교육학 정립에 대한 소고. 한국교육학회 사회교육연구회 편. 『사회교육학서설』. 서울: 교육과학사, 136-153.

정하성 외(2007). 『다문화 청소년이해론』, 서울: 양서원.

최돈민 외(2003). 주요국의 평생교육체제 분석. 한국교육개발원 평생교육센터, 연구자료 RM2003-10.

최운실 외(1995). 『한국사회교육의 과거 · 현재 · 미래 탐구』, 서울: 한국교육개발원.

최일선 외(2008). 『국제결혼 가정 자녀를 위한 교육멘토링』, 교육과학사.

한국평생교육기구(1991). 『평생교육과 청소년교육』, 이화문화사.

한국평생교육진흥원(2007). 한국평생교육 백서.

한상길(2003). 『성인평생교육』, 서울: 양서원

한숭희(1997). "전환기에 선 한국성인교육 연구", 평생교육연구, 3(1), 서울대학교 사범대학 교육연구소.

한숭희(2001). 평생교육연구의 메타인식: 전개와 방향, 김신일 · 한숭희 편. 『평생교육학: 동향과 과제』, 서울: 교육과학사.

황안숙(1999). 『무한경쟁시대의 인적자원개발: 이론과 사례연구』, 서울: 양서원.

현종익 · 이학춘(2002). 『교육학용어사전』, 동남기획.

Arthur, M. B., Hall, D. T. & Lawrence, B. S.(1989). Generating new directions in career theory. *In Handbook of career theory*. Cambridge: cambridge University Press.

Banks, James A. & Banks, Cherry A.(Eds.)(1993). Multicultural Education: Issues and Perspectives. Boston: Allyn and Bacon.

Beckhard, R.(1969). *Organization development: Strategies and model*. Massachusetts: Addison-Wesley Publishing Co.

Bennis, W. G.(1969). *Organization Development: It's nature, origins*, and prospects. massachusetts: Addison Wesley.

Berger, M. A.(1983). In defence of the case method: A reply to Argyris. *Academy of Management Review*, 8, 329-333.

Bergevin, P.(1967). *A Philosophy for Adult Education*, New York: The Seaburg Press.

Brolin, D. E.(1995). *Career Education*. New Jersey: Prentice-Hall. Inc.

Burke, W. W.(1992). *Organization development: A process of learning and changing*(2nd ed.). Reading, Massachusetts: Addison-Wesley Publishing Co.

Carnevale, A. P. & Johnson, J. W.(1988). *Training America: Strategies for the nation*. Alexandria, VA: American Society for Training and Development.

Dave, R. H.(ed.)(1976). *Foundations of Lifelong Education*. Oxford: UNESCO Institute for Education.

DeSimon, R. L., Werner, J. M. & Harris, D. M.(2002). *Human resource development* (3ed). Sea Harbor Drive, Orlando: Harcourt College Publishers.

Faure, E.(ed.)(1972). *Learning to be*. Paris: UNESCO.

French, W. L. & Bell, C. H.(1990). *Organization development*. Englewood Cliffs, NJ: McGraw-Hill.

Greenhouse, J. H., Callanan, G. A. & Godshalk, V. M.(2000). *Career management* (3rd ed.). Fort Worth, Texas: Harcourt College Publishers.

Hall, D. T.(1984). Human resource development and organizational effectiveness. In C. J. Fombrun, N. M. Tichy & M. A. Devanna(Ed.), *Strategic human resource management*. New York: Wiley.

Hiematra, R.(2002). *Lifelong learning*. New York: Hi Tree Press.

Hilyer, B., Leviton, L., Overman, L. & Mukherjee, S.(2000). A union-initiated safety training program leads to improved workplace safety. *Labor Studies Journal*, 24(4), 53-66.

Hoemer, J. L. & Wehrley, J. B.(1995). *Work-based learning: The key to school-to-work transition*. Westerville, Ohio: Glencoe/McGraw-Hill.

Hutchins, R. M.(1976), *The Learning Society*, New York: Fredrick A. Praeger OCED, *Comprehensive Policies for Adult Education*, Paris: OCED Press.

Jarvis, P.(1999). *The Practitioner-Researcher*. San Francisco: Jossey-Bass.

Knolwe, M. S.(1970). *The Modern Practice of Adult Education: Andragogy versus Pedagogy*. New York: Association Press.

Longworth, N.(2003). *Lifelong Learning in action*. London and New York:

Routledge Falmer.

Manning, M. Lee & Baruth, L. G.(1996). *Multicultural Education of Children and Adolescemts*. Boston: Allyn and Bacon.

McLagan, P. A.(1989). Systems model 2000: Matching system theory and future HRD issues. In D. B. Gradous (Ed.). *System Theory Applied to Human Resource Development*. Alexandria, VA: ASTD Press. 61-90.

Merriam, S. B. & Brockett, R. G.(1997). *The Profession and Practice of Adult Education*. San Francisco: Jossey-Bass Publishers.

Skager, R. & Dave, R. H.(1978). Curriculum Evaluation for Lifelong Education.

NCEA.(2004). What is community education? National Community Education Association. *Retrieved September 25*, from http://www.ncea.com

Nottingham Andragogy Group(1983). *Towards a Developmental Theory of Andragogy*, Nottingham, England: University of Mottingam, Dep't of Adult Education.

Swanson, R. A.(1994). *Analysis for improving performance: Tools for diagnosing organizations and documenting workplace expertise*. San Francisco/: Berrett-Koehler.

Swanson, R. A. & Holton, E. F.(2001). *Foundations of human resource development*. San Francisco, CA: Berrett-Koehler Publishers, Inc.

Titmus, C. J.(ed.)(1989). Lifelong Education for Adults. Oxford: Pergamon Press.

Tyler, K.(1996). Tips for structuring workplace literacy programs. *HR Magazine*, 41(10), 112-116.

UNESCO(1985). *The development of Adult Education : Aspects and Trends*. Fourth International Conference on Adult Education, Paris, France.

UNESCO(1997). *International standard classification of education*, ISCED Edition.

Usher, R. & Bryant, I.(1989). *Adult Education as Theory, Practice and Research: The Captive Triangle*. London & New York: Routledge.

Young Pai(1990), *Cultural Foundations of Education*. New York: Macmillan Publishing Company.

부 록

- 평생교육법
- 평생교육법 시행령

평생교육법

제1장 총 칙

제1조(목적) 이 법은 「헌법」과 「교육기본법」에 규정된 평생교육의 진흥에 대한 국가 및 지방자치단체의 책임과 평생교육제도와 그 운영에 관한 기본적인 사항을 정함을 목적으로 한다.

제2조(정의) 이 법에서 사용하는 용어의 정의는 다음과 같다.

1. "평생교육"이란 학교의 정규교육과정을 제외한 학력보완교육, 성인 기초·문자해득교육, 직업능력 향상교육, 인문교양교육, 문화예술교육, 시민참여교육 등을 포함하는 모든 형태의 조직적인 교육활동을 말한다.
2. "평생교육기관"이란 다음 각 목의 어느 하나에 해당하는 시설·법인 또는 단체를 말한다.
   가. 이 법에 따라 인가·등록·신고된 시설·법인 또는 단체
   나. 「학원의 설립·운영 및 과외교습에 관한 법률」에 따른 학원 중 학교교과교습학원을 제외한 평생직업교육을 실시하는 학원
   다. 그 밖에 다른 법령에 따라 평생교육을 주된 목적으로 하는 시설·법인 또는 단체
3. "문자해득교육"이란 일상생활을 영위하는데 필요한 기초능력이 부족하여 가정·사회 및 직업생활에서 불편을 느끼는 자들을 대상으로 문자해득(文字解得) 능력을 갖출 수 있도록 하는 조직화된 교육프로그램을 말한다.

제3조(다른 법률과의 관계) 평생교육에 관하여 다른 법률에 특별한 규정이 있는 경우를 제외하고는 이 법을 적용한다.

제4조(평생교육의 이념) ① 모든 국민은 평생교육의 기회를 균등하게 보장받는다.

② 평생교육은 학습자의 자유로운 참여와 자발적인 학습을 기초로 이루어져야 한다.

③ 평생교육은 정치적·개인적 편견의 선전을 위한 방편으로 이용되어서는 아니 된다.

④ 일정한 평생교육과정을 이수한 자에게는 그에 상응하는 자격 및 학력인정 등 사회적 대우를 부여하여야 한다.

제5조(국가 및 지방자치단체의 임무) ① 국가 및 지방자치단체는 모든 국민에게 평생교육 기회가 부여될 수 있도록 평생교육진흥정책을 수립·추진하여야 한다.

② 국가 및 지방자치단체는 그 소관에 속하는 단체·시설·사업장 등의 설치자에 대하여 평생교육의 실시를 적극 권장하여야 한다.

제6조(교육과정 등) 평생교육의 교육과정·방법·시간 등에 관하여 이 법과 다른 법령에 특

별한 규정이 있는 경우를 제외하고는 평생교육을 실시하는 자가 정하되, 학습자의 필요와 실용성을 존중하여야 한다.

제7조(공공시설의 이용) ① 평생교육을 실시하는 자는 평생교육을 위하여 공공시설을 그 본래의 용도에 지장이 없는 범위 안에서 관련 법령으로 정하는 바에 따라 이용할 수 있다.

② 제1항의 경우 공공시설의 관리자는 특별한 사유가 없는 한 그 이용을 허용하여야 한다.

제8조(학습휴가 및 학습비 지원) 국가·지방자치단체와 공공기관의 장 또는 각종 사업의 경영자는 소속 직원의 평생학습기회를 확대하기 위하여 유급 또는 무급의 학습휴가를 실시하거나 도서비·교육비·연구비 등 학습비를 지원할 수 있다.

제2장 평생교육진흥기본계획 등

제9조(평생교육진흥기본계획의 수립) ① 교육과학기술부장관은 5년마다 평생교육진흥기본계획(이하 "기본계획"이라 한다)을 수립하여야 한다.〈개정 2008.2.29〉

② 기본계획에는 다음 각 호의 사항이 포함되어야 한다.

1. 평생교육진흥의 중·장기 정책목표 및 기본방향에 관한 사항
2. 평생교육의 기반구축 및 활성화에 관한 사항
3. 평생교육진흥을 위한 투자확대 및 소요재원에 관한 사항
4. 평생교육진흥정책에 대한 분석 및 평가에 관한 사항
5. 그 밖에 평생교육진흥을 위하여 필요한 사항

③ 교육과학기술부장관은 기본계획을 관계 중앙행정기관의 장, 특별시장·광역시장·도지사·특별자치도지사(이하 "시·도지사"라 한다), 시·도교육감 및 시장·군수·자치구의 구청장에게 통보하여야 한다.〈개정 2008.2.29〉

제10조(평생교육진흥위원회의 설치) ① 평생교육진흥정책에 관한 주요사항을 심의하기 위하여 교육과학기술부장관 소속으로 평생교육진흥위원회(이하 "진흥위원회"라 한다)를 둔다.〈개정 2008.2.29〉

② 진흥위원회는 다음 각 호의 사항을 심의한다.

1. 기본계획에 관한 사항
2. 평생교육진흥정책의 평가 및 제도개선에 관한 사항
3. 평생교육지원 업무의 협력과 조정에 관한 사항
4. 그 밖에 평생교육진흥정책을 위하여 대통령령으로 정하는 사항

③ 진흥위원회는 위원장을 포함하여 20인 이내의 위원으로 구성한다.

④ 진흥위원회의 위원장은 교육과학기술부장관으로 하고, 위원은 평생교육과 관련된 관계부처 차관, 평생교육과 관련된 전문가 등 평생교육에 관한 전문지식 및 경험이 풍부한 자 중에서 위원장이 위촉한다.〈개정 2008.2.29〉

⑤ 진흥위원회의 구성·운영에 필요한 사항은 대통령령으로 정한다.

제11조(연도별 평생교육진흥시행계획의 수립·시행) 시·도지사는 기본계획에 따라 연도별 평생교육진흥시행계획(이하 "시행계획"이라 한다)을 수립·시행하여야 한다. 이 경우 시·도교육감과 협의하여야 한다.

제12조(시·도평생교육협의회) ① 시행계획의 수립·시행에 필요한 사항을 심의하기 위하여 시·도지사 소속으로 시·도평생교육협의회(이하 "시·도협의회"라 한다)를 둔다.

② 시·도협의회는 의장·부의장을 포함하여 20인 이내의 위원으로 구성한다.

③ 시·도협의회의 의장은 시·도지사로 하고, 부의장은 시·도의 부교육감으로 한다.

④ 시·도협의회 위원은 관계 공무원, 평생교육과 관련된 전문가, 평생교육 관계 기관의 운영자 등 평생교육에 관한 전문지식 및 경험이 풍부한 자 중에서 해당 시·도의 교육감과 협의하여 의장이 위촉한다.

⑤ 시·도협의회의 구성·운영에 필요한 사항은 해당 지방자치단체의 조례로 정한다.

제13조(관계 행정기관의 장 등의 협조) ① 교육과학기술부장관은 기본계획을 수립하기 위하여 필요하다고 인정하는 때에는 관계 행정기관이나 그 밖의 기관 또는 단체의 장에게 관련 자료를 요청할 수 있다.〈개정 2008.2.29〉

② 시·도지사는 시행계획을 수립하기 위하여 필요하다고 인정하는 때에는 관계 행정기관이나 그 밖의 기관 또는 단체의 장에게 관련 자료를 요청할 수 있다.

③ 제1항 및 제2항에 따라 자료를 요청 받은 기관 또는 단체의 장은 특별한 사정이 없는 한 협조하여야 한다.

제14조(시·군·자치구평생교육협의회) ① 시·군 및 자치구에는 지역주민을 위한 평생교육의 실시와 관련되는 사업간 조정 및 유관기관 간 협력 증진을 위하여 시·군·자치구평생교육협의회(이하 "시·군·구협의회"라 한다)를 둔다.

② 시·군·구협의회는 의장 1인과 부의장 1인을 포함하여 12인 이내의 위원으로 구성한다.

③ 시·군·구협의회의 의장은 시장·군수 또는 자치구의 구청장으로 하고, 위원은 시·군·자치구 및 지역교육청의 관계 공무원, 평생교육 전문가, 관할 지역 내 평생교육 관계 기관의 운영자 중에서 의장이 위촉한다.

④ 시·군·구협의회의 구성·운영 등에 필요한 사항은 지방자치단체의 조례로 정한다.

제15조(평생학습도시) ① 국가는 지역사회의 평생교육 활성화를 위하여 시·군 및 자치구를 대상으로 평생학습도시를 지정 및 지원할 수 있다.

② 제1항에 따른 평생학습도시 간의 연계·협력 및 정보교류의 증진을 위하여 전국평생학습도시협의회를 둘 수 있다.

③ 제2항에 따른 전국평생학습도시협의회의 구성·운영에 필요한 사항은 대통령령으로 정한다.

④ 제1항에 따른 평생학습도시의 지정 및 지원에 필요한 사항은 교육과학기술부장관이 정한다.〈개정 2008.2.29〉

제16조(경비보조 및 지원) ① 국가 및 지방자치단체는 이 법과 다른 법령으로 정하는 바에

따라 다음 각 호의 어느 하나에 해당하는 평생교육진흥사업을 실시 또는 지원할 수 있다.

1. 평생교육기관의 설치·운영
2. 제24조에 따른 평생교육사의 양성 및 배치
3. 평생교육프로그램의 개발
4. 그 밖에 국민의 평생교육 참여를 촉진하기 위하여 수행하는 사업 등

② 지방자치단체의 장은 해당 지방자치단체의 조례로 정하는 바에 따라 주민을 위한 평생교육진흥사업을 실시하거나 지원할 수 있다. 이 경우 교육감 또는 지역교육장과 협의하여야 한다.

제17조(지도 및 지원) ① 국가 및 지방자치단체는 평생교육기관의 요청이 있는 때에는 그 기관의 평생교육활동을 지도 또는 지원할 수 있다.

② 국가 및 지방자치단체는 평생교육기관의 요청이 있는 때에는 그 기관에서 평생교육활동에 종사하는 자의 능력향상에 필요한 연수를 실시할 수 있다.

제18조(평생교육 통계조사 등) ① 교육과학기술부장관 및 시·도지사는 평생교육의 실시 및 지원에 관한 현황 등 기초자료를 조사하고 이와 관련된 통계를 공개하여야 한다.〈개정 2008.2.29〉

② 평생교육과 관련된 업무 담당자 및 평생교육기관 운영자 등은 제1항의 조사에 협조하여야 한다.

제 3 장 평생교육진흥원 등

제19조(평생교육진흥원) ① 국가는 평생교육진흥과 관련된 업무를 지원하기 위하여 평생교육진흥원(이하 "진흥원"이라 한다)을 설립한다.

② 진흥원은 법인으로 한다.

③ 진흥원은 주된 사무소의 소재지에서 설립등기를 함으로써 성립한다.

④ 진흥원은 다음 각 호의 업무를 수행한다.

1. 평생교육진흥을 위한 지원 및 조사 업무
2. 진흥위원회가 심의하는 기본계획 수립의 지원
3. 평생교육프로그램 개발의 지원
4. 제24조에 따른 평생교육사를 포함한 평생교육 종사자의 양성·연수
5. 평생교육기관간 연계체제의 구축
6. 제20조에 따른 시·도평생교육진흥원에 대한 지원
7. 평생교육 종합정보시스템 구축·운영
8. 「학점인정 등에 관한 법률」 및 「독학에 의한 학위취득에 관한 법률」에 따른 학점 또는 학력인정에 관한 사항
9. 제23조에 따른 학습계좌의 통합 관리·운영

10. 그 밖에 진흥원의 목적수행을 위하여 필요한 사업

⑤ 진흥원의 정관에는 다음 각 호의 사항을 기재하여야 한다.

1. 목적
2. 명칭
3. 주된 사무소의 소재지
4. 사업에 관한 사항
5. 임원 및 직원에 관한 주요 사항
6. 이사회에 관한 사항
7. 재산 및 회계에 관한 사항
8. 정관의 변경에 관한 사항

⑥ 제5항에 따른 정관의 내용을 변경하고자 하는 때에는 교육과학기술부장관의 인가를 받아야 한다.<개정 2008.2.29>

⑦ 국가는 예산의 범위 내에서 진흥원의 설립·운영에 필요한 경비를 출연할 수 있다.

⑧ 진흥원에 관하여 이 법에서 정하는 것을 제외하고는 「민법」 중 재단법인에 관한 규정을 준용한다.

제20조(시·도평생교육진흥원의 운영) ① 시·도지사는 대통령령으로 정하는 바에 따라 시·도평생교육진흥원을 설치 또는 지정·운영할 수 있다.

② 시·도평생교육진흥원은 다음 각 호의 업무를 수행한다.

1. 해당 지역의 평생교육기회 및 정보의 제공
2. 평생교육 상담
3. 평생교육프로그램 운영
4. 해당 지역의 평생교육기관간 연계체제 구축
5. 그 밖에 평생교육진흥을 위하여 시·도지사가 필요하다고 인정하는 사항

제21조(시·군·구평생학습관 등의 설치·운영 등) ① 시·도교육감은 관할 구역 안의 주민을 대상으로 평생교육프로그램 운영과 평생교육 기회를 제공하기 위하여 평생학습관을 설치 또는 지정·운영하여야 한다.

② 시장·군수·자치구의 구청장은 평생학습관의 설치 또는 재정적 지원 등 해당 지방자치단체의 평생교육을 진흥하기 위하여 필요한 사업을 실시할 수 있다.

③ 제1항 및 제2항에 따른 평생학습관의 설치·운영 등에 필요한 사항은 해당 지방자치단체의 조례로 정한다.

제22조(정보화 관련 평생교육의 진흥) ① 국가 및 지방자치단체는 각급학교·민간단체·기업 등과 연계하여 교육의 정보화와 이와 관련된 평생교육과정의 개발을 위하여 노력하여야 한다.

② 국가 및 지방자치단체는 각급학교·평생교육기관 등이 필요한 인적자원을 활용할 수 있도록 하기 위하여 대통령령으로 정하는 바에 따라 강사에 관한 정보를 수집·제공하는

제도를 운영할 수 있다.

제23조(학습계좌) 국가는 국민의 평생교육을 촉진하고 인적자원의 개발·관리를 위하여 학습계좌(국민의 개인적 학습경험을 종합적으로 집중 관리하는 제도를 말한다)를 도입·운영할 수 있도록 노력하여야 한다.

제 4 장 평생교육사

제24조(평생교육사) ① 교육과학기술부장관은 평생교육 전문인력을 양성하기 위하여 다음 각 호의 어느 하나에 해당하는 자에게 평생교육사의 자격을 부여한다.〈개정 2008.2.29〉

1. 「고등교육법」 제2조에 따른 학교(이하 "대학"이라 한다) 또는 이 법 시행 당시 종전의 제22조제3항에 따른 원격대학형태의 평생교육시설에서 학위과정으로 평생교육과 관련된 과목을 일정한 학점 이상 이수한 자
2. 제25조에 따른 평생교육사 양성기관에서 필요한 과정을 이수한 자
3. 그 밖에 대통령령으로 정하는 자격요건을 갖춘 자

② 평생교육사는 평생교육의 기획·진행·분석·평가 및 교수업무를 수행한다.

③ 제28조제2항 각 호의 어느 하나에 해당하는 자는 평생교육사가 될 수 없다.

④ 평생교육사의 등급, 직무범위, 이수과정, 연수 및 자격증의 교부절차 등에 필요한 사항은 대통령령으로 정한다.

제25조(평생교육사 양성기관) ① 교육과학기술부장관은 평생교육사의 양성과 연수에 필요한 시설·교육과정·교원 등을 고려하여 대통령령으로 정하는 바에 따라 평생교육기관을 평생교육사 양성기관으로 지정할 수 있다.〈개정 2008.2.29〉

② 교육과학기술부장관은 평생교육사의 양성에 관한 업무를 진흥원에 위탁할 수 있다.〈개정 2008.2.29〉

제26조(평생교육사의 배치 및 채용) ① 평생교육기관에는 제24조제1항에 따른 평생교육사를 배치하여야 한다.

② 「유아교육법」, 「초·중등교육법」 및 「고등교육법」에 따른 유치원 및 학교의 장은 평생교육프로그램을 운영함에 있어서 필요한 경우에 평생교육사를 채용할 수 있다.

③ 제20조에 따른 시·도평생교육진흥원 및 제21조에 따른 시·군·구평생학습관에 평생교육사를 배치하여야 한다.

④ 제1항부터 제3항까지의 규정에 따른 평생교육사의 배치대상기관 및 배치기준은 대통령령으로 정한다.

제27조(평생교육사 채용에 대한 경비보조) 국가 및 지방자치단체는 제26조제2항에 따른 평생교육프로그램 운영 및 평생교육사 채용에 사용되는 경비 등을 보조할 수 있다.

제 5 장 평생교육기관

제28조(평생교육기관의 설치자) ① 평생교육기관의 설치자는 다양한 평생교육프로그램을 실시하여 지역사회 주민을 위한 평생교육에 기여하여야 한다.

② 다음 각 호의 어느 하나에 해당하는 자는 평생교육기관의 설치자가 될 수 없다.

1. 금치산자 또는 한정치산자
2. 금고 이상의 실형을 선고받고 그 집행이 종료(집행이 종료된 것으로 보는 경우를 포함한다)되거나 집행이 면제된 날부터 3년이 경과되지 아니한 자
3. 금고 이상의 형의 집행유예를 선고받고 그 유예기간 중에 있는 자
4. 법원의 판결 또는 다른 법률에 따라 자격이 정지 또는 상실된 자
5. 제42조에 따라 인가 또는 등록이 취소되거나 평생교육과정이 폐쇄된 후 3년이 경과되지 아니한 자
6. 임원 중 제1호부터 제5호까지의 어느 하나에 해당하는 자가 있는 법인

③ 제2조제2호가목에 따른 평생교육기관의 설치자는 특별시·광역시·도·특별자치도(이하 "시·도"라 한다)의 조례로 정하는 바에 따라 평생교육시설의 운영과 관련하여 그 시설의 이용자에게 발생한 생명·신체상의 손해를 배상할 것을 내용으로 하는 보험가입 또는 공제사업에의 가입 등 필요한 안전조치를 하여야 한다.

④ 평생교육기관의 설치자는 학습자가 학습을 계속할 수 없는 경우 또는 평생교육기관의 폐쇄 등으로 교습을 계속할 수 없는 경우에는 대통령령으로 정하는 바에 따라 학습자로부터 받은 학습비 등의 반환 등 학습자의 보호를 위하여 필요한 조치를 하여야 한다.

⑤ 제31조제2항에 따른 학력인정 평생교육시설의 설립 주체는 「사립학교법」에 따른 학교법인 또는 「공익법인의 설립·운영에 관한 법률」에 따른 재단법인으로 한다.

제29조(학교의 평생교육) ① 「초·중등교육법」 및 「고등교육법」에 따른 각급학교의 장은 평생교육을 실시함에 있어서 평생교육의 이념에 따라 교육과정과 방법을 수요자 관점으로 개발·시행하도록 하며, 학교를 중심으로 공동체 및 지역문화 개발에 노력하여야 한다.

② 각급학교의 장은 해당 학교의 교육여건을 고려하여 학생·학부모와 지역 주민의 요구에 부합하는 평생교육을 직접 실시하거나 지방자치단체 또는 민간에 위탁하여 실시할 수 있다. 다만, 영리를 목적으로 하는 법인 및 단체는 제외한다.

③ 제2항에 따른 학교의 평생교육을 실시하기 위하여 각급학교의 교실·도서관·체육관, 그 밖의 시설을 활용하여야 한다.

④ 제2항 및 제3항에 따라 학교의 장이 학교를 개방할 경우 개방시간 동안의 해당 시설의 관리·운영에 필요한 사항은 해당 지방자치단체의 조례로 정한다.

제30조(학교 부설 평생교육시설) ① 각급학교의 장은 학생·학부모와 지역 주민을 대상으로 교양의 증진 또는 직업교육을 위한 평생교육시설을 설치·운영할 수 있다. 평생교육시설을

설치하는 경우 각급학교의 장은 관할청에 보고하여야 한다.

② 대학의 장은 대학생 또는 대학생 외의 자를 대상으로 자격취득을 위한 직업교육과정 등 다양한 평생교육과정을 운영할 수 있다.

③ 각급학교의 시설은 다양한 평생교육을 실시하기에 편리한 형태의 구조와 설비를 갖추어야 한다.

第31條(학교형태의 평생교육시설) ① 학교형태의 평생교육시설을 설치·운영하고자 하는 자는 대통령령으로 정하는 시설·설비를 갖추어 교육감에게 등록하여야 한다.

② 교육감은 제1항에 따른 학교형태의 평생교육시설 중 일정 기준 이상의 요건을 갖춘 평생교육시설에 대하여는 이를 고등학교졸업 이하의 학력이 인정되는 시설로 지정할 수 있다.

③ 제2항에 따른 학력인정 평생교육시설에는 「초·중등교육법」 제19조제1항의 교원을 둘 수 있다. 이 경우 교원의 복무·국내연수와 재교육에 관하여는 국·공립학교의 교원에 관한 규정을 준용한다.

④ 「초·중등교육법」 제54조제4항에 따라 전공과를 설치·운영하는 고등기술학교는 교육인적자원부장관의 인가를 받아 전문대학졸업자와 동등한 학력·학위가 인정되는 평생교육시설로 전환·운영할 수 있다. 이 경우 전공대학의 명칭을 사용할 수 있다.

⑤ 제2항에 따른 학력인정 평생교육시설의 지정 기준·절차, 입학자격, 교원자격 등과 제4항에 따른 평생교육시설의 인가 기준·절차, 학사관리 등의 운영 방법 등에 필요한 사항은 대통령령으로 정한다.

⑥ 지방자치단체는 해당 지방자치단체의 조례로 정하는 바에 따라 예산의 범위 내에서 제2항에 따른 학력인정 평생교육시설에 필요한 보조금을 교부하거나 그 밖의 지원을 할 수 있다.

⑦ 제2항에 따른 학력인정 평생교육시설로 지정을 받은 자가 그 시설을 폐쇄하고자 하는 때에는 재학생 처리방안 등 대통령령으로 정하는 사항을 갖추어 관할 교육감의 인가를 받아야 한다.

第32條(사내대학형태의 평생교육시설) ① 대통령령으로 정하는 규모 이상의 사업장의 경영자는 교육과학기술부장관의 인가를 받아 전문대학 또는 대학졸업자와 동등한 학력·학위가 인정되는 평생교육시설을 설치·운영할 수 있다.〈개정 2008.2.29〉

② 제1항에 따른 사내대학형태의 평생교육시설은 해당 사업장에 고용된 종업원을 대상으로 하되, 교육에 필요한 비용은 고용주가 부담함을 원칙으로 한다.

③ 제1항에 따른 사내대학형태의 평생교육시설의 설치기준·학점제 등 운영에 필요한 사항은 대통령령으로 정한다.

④ 제1항에 따른 사내대학형태의 평생교육시설을 폐쇄하고자 하는 경우에는 교육과학기술부장관에게 신고하여야 한다.〈개정 2008.2.29〉

第33條(원격대학형태의 평생교육시설) ① 누구든지 정보통신매체를 이용하여 특정 또는 불특정 다수인에게 원격교육을 실시하거나 다양한 정보를 제공하는 등의 평생교육을 실시할

수 있다.

② 제1항에 따라 불특정 다수인을 대상으로 학습비를 받고 교육을 실시하고자 하는 경우에는 대통령령으로 정하는 바에 따라 교육과학기술부장관에게 신고하여야 한다. 이를 폐쇄하고자 하는 경우에는 그 사실을 교육과학기술부장관에게 통보하여야 한다.〈개정 2008.2.29〉

③ 제1항에 따라 전문대학 또는 대학졸업자와 동등한 학력·학위가 인정되는 원격대학형태의 평생교육시설을 설치하고자 하는 경우에는 대통령령으로 정하는 바에 따라 교육과학기술부장관의 인가를 받아야 한다. 이를 폐쇄하고자 하는 경우에는 교육과학기술부장관에게 신고하여야 한다.〈개정 2008.2.29〉

④ 교육과학기술부장관은 제3항에 따라 인가한 원격대학형태의 평생교육시설에 대하여는 평가를 실시하고 그 결과를 공개하여야 한다.〈개정 2008.2.29〉〈시행일 2008.4.18〉

⑤ 제3항에 따른 원격대학형태의 평생교육시설의 설치기준, 학사관리 등 운영방법과 제4항에 따른 평가에 필요한 사항은 대통령령으로 정한다.〈시행일 2008.4.18〉

⑥ 제28조제2항 각 호의 어느 하나에 해당하는 자는 원격대학형태의 평생교육시설의 설치자가 될 수 없다.

제34조(준용 규정) 제33조제3항에 따른 원격대학형태의 평생교육시설을 설치·운영하는 자와 그 시설에 대하여는 「사립학교법」 제28조·제29조·제31조·제70조를 준용한다.

[시행일 2008.4.18]

제35조(사업장 부설 평생교육시설) ① 대통령령으로 정하는 규모 이상 사업장의 경영자는 해당 사업장의 고객 등을 대상으로 하는 평생교육시설을 설치·운영할 수 있다.

② 제1항에 따른 사업장 부설 평생교육시설을 설치하고자 하는 자는 대통령령으로 정하는 바에 따라 교육감에게 신고하여야 한다. 이를 폐쇄하고자 하는 경우에는 그 사실을 교육감에게 통보하여야 한다.

제36조(시민사회단체 부설 평생교육시설) ① 시민사회단체는 상호 유기적인 협조체제를 구축하고 공공시설 및 민간시설 등 유휴시설을 활용하여 해당 시민사회단체의 목적에 부합하는 평생교육과정을 운영하도록 노력하여야 한다.

② 대통령령으로 정하는 시민사회단체는 일반 시민을 대상으로 하는 평생교육시설을 설치·운영할 수 있다.

③ 제2항에 따른 시민사회단체 부설 평생교육시설을 설치하고자 하는 자는 대통령령으로 정하는 바에 따라 교육감에게 신고하여야 한다. 이를 폐쇄하고자 하는 경우에는 그 사실을 교육감에게 통보하여야 한다.

제37조(언론기관 부설 평생교육시설) ① 신문·방송 등 언론기관을 경영하는 자는 해당 언론매체를 통하여 다양한 평생교육프로그램을 방영하는 등 국민의 평생교육진흥에 기여하여야 한다.

② 대통령령으로 정하는 언론기관을 경영하는 자는 일반 국민을 대상으로 교양의 증진과

능력향상을 위한 평생교육시설을 설치 · 운영할 수 있다.

③ 제2항에 따른 언론기관 부설 평생교육시설을 설치하고자 하는 자는 대통령령으로 정하는 바에 따라 교육감에게 신고하여야 한다. 이를 폐쇄하고자 하는 경우에는 그 사실을 교육감에게 통보하여야 한다.

제38조(지식·인력개발 관련 평생교육시설) ① 국가 및 지방자치단체는 지식정보의 제공과 교육훈련을 통한 인력개발을 주된 내용으로 하는 지식 · 인력개발사업을 진흥 · 육성하여야 한다.

② 제1항에 따른 지식 · 인력개발사업을 경영하는 자 중 대통령령으로 정하는 자는 평생교육시설을 설치 · 운영할 수 있다.

③ 제2항에 따른 지식 · 인력개발사업과 관련하여 평생교육시설을 설치하고자 하는 자는 대통령령으로 정하는 바에 따라 교육감에게 신고하여야 한다. 이를 폐쇄하고자 하는 경우에는 그 사실을 교육감에게 통보하여야 한다.

제 6 장 문자해득교육

제39조(문자해득교육의 실시 등) ① 국가 및 지방자치단체는 성인의 사회생활에 필요한 문자해득능력 등 기초능력을 높이기 위하여 노력하여야 한다.

② 교육감은 대통령령으로 정하는 바에 따라 관할 구역 안에 있는 초 · 중학교에 성인을 위한 문자해득교육 프로그램을 설치 · 운영하거나 지방자치단체 · 법인 등이 운영하는 문자해득교육 프로그램을 지정할 수 있다.

③ 국가 및 지방자치단체는 제2항에 따른 문자해득교육 프로그램을 위하여 대통령령으로 정하는 바에 따라 재정적 지원을 할 수 있다.

제40조(문자해득교육 프로그램의 교육과정 등) 제39조에 따라 설치 또는 지정된 문자해득교육 프로그램을 이수한 자에 대하여는 그에 상응하는 학력을 인정하되, 교육과정 편성 및 학력인정 절차 등에 필요한 사항은 대통령령으로 정한다.

제 7 장 평생학습 결과의 관리·인정

제41조(학점, 학력 등의 인정) ① 이 법에 따라 학력이 인정되는 평생교육과정 외에 이 법 또는 다른 법령의 규정에 따른 평생교육과정을 이수한 자는 「학점인정 등에 관한 법률」로 정하는 바에 따라 학점 또는 학력을 인정받을 수 있다.

② 다음 각 호의 어느 하나에 해당하는 자는 「학점인정 등에 관한 법률」로 정하는 바에 따라 그에 상응하는 학점 또는 학력을 인정받을 수 있다.

1. 각급학교 또는 평생교육시설에서 각종 교양과정 또는 자격취득에 필요한 과정을 이수한 자

2. 산업체 등에서 일정한 교육을 받은 후 사내인정자격을 취득한 자
3. 국가·지방자치단체·각급학교·산업체 또는 민간단체 등이 실시하는 능력측정검사를 통하여 자격을 인정받은 자
4. 「문화재보호법」에 따라 인정된 중요무형문화재보유자와 그 문하생으로서 일정한 전수교육을 받은 자
5. 대통령령으로 정하는 시험에 합격한 자

③ 각급학교 및 평생교육시설의 장은 학습자가 제31조에 따라 국내외의 각급학교·평생교육시설 및 평생교육기관으로부터 취득한 학점·학력 및 학위를 상호 인정할 수 있다.

제8장 보 칙

제42조(행정처분) 교육과학기술부장관 또는 교육감은 평생교육시설의 설치자가 다음 각 호의 어느 하나에 해당하는 경우에는 그 시설의 설치인가 또는 등록을 취소하거나 평생교육과정을 폐쇄할 수 있고, 1년 이내의 기간을 정하여 평생교육과정의 전부 또는 일부에 대한 운영의 정지를 명할 수 있다. 다만, 제1호 및 제4호의 경우에는 그 인가 또는 등록을 취소하여야 한다.〈개정 2008.2.29〉

1. 거짓이나 그 밖의 부정한 방법으로 인가를 받거나 등록 또는 신고한 경우
2. 인가 또는 등록 시의 기준에 미달하게 된 경우
3. 평생교육시설을 부정한 방법으로 관리·운영한 경우
4. 제28조제2항 각 호의 어느 하나의 결격사유에 해당하는 경우

제43조(청문) 교육과학기술부장관 또는 교육감은 제42조에 따라 인가 또는 등록을 취소하고자 하는 경우에는 청문을 실시하여야 한다.〈개정 2008.2.29〉

제44조(권한의 위임) 이 법에 따른 교육과학기술부장관 또는 교육감의 권한은 그 일부를 대통령령으로 정하는 바에 따라 대학기관의 장, 교육감 또는 교육장에게 위임할 수 있다.〈개정 2008.2.29〉

제45조(유사 명칭의 사용 금지) 이 법에 따른 진흥위원회·진흥원·평생교육협의회 및 평생학습관이 아니면 이와 비슷한 명칭을 사용하지 못한다.

제46조(과태료) ① 다음 각 호의 어느 하나에 해당하는 자에게는 500만원 이하의 과태료를 부과한다.

1. 제18조제2항을 위반하여 자료를 제출하지 아니하거나 거짓의 자료를 제출한 자
2. 제32조제4항, 제33조제2항·제3항, 제35조제2항, 제36조제3항, 제37조제3항 및 제38조제3항에 따른 신고를 태만히 한 자
3. 제45조를 위반하여 유사 명칭을 사용한 자

② 제1항에 따른 과태료는 대통령령으로 정하는 바에 따라 관할청이 부과·징수한다.

③ 제2항에 따른 과태료 처분에 불복하는 자는 그 처분을 고지받은 날부터 30일 이내에

관할청에 이의를 제기할 수 있다.

④ 제2항에 따른 과태료 처분을 받은 자가 제3항에 따라 이의를 제기한 때에는 관할청은 지체 없이 관할 법원에 그 사실을 통보하여야 하며, 통보를 받은 관할 법원은 「비송사건절차법」에 따른 과태료 재판을 한다.

⑤ 제3항에 따른 기간에 이의를 제기하지 아니하고 과태료를 내지 아니한 때에는 국세 또는 지방세 체납처분의 예에 따라 징수한다.

부칙 〈제8676호, 2007.12.14〉

제1조(시행일) 이 법은 공포 후 2개월이 경과한 날부터 시행한다. 다만, 제33조제4항·제5항과 제34조는 2008년 4월 18일부터 시행한다.

제2조(시행일에 관한 경과조치) 부칙 제1조 단서에 따라 제33조제5항이 시행되기 전까지는 종전의 제22조제4항을 적용한다.

제3조(학력인정시설에 관한 경과조치) 이 법 시행 전 종전의 제20조제2항에 따라 학력이 인정되는 시설로 지정된 평생교육시설에 대하여는 종전의 규정에 따른다.

제4조(시·도교육감의 평생교육업무에 관한 경과조치) ① 제11조, 제12조, 제13조 및 제18조에도 불구하고 시·도교육감은 「지방교육자치에 관한 법률」 제20조제8호에 따라 시·도교육감이 이 법 시행 전부터 수행하여온 평생교육과 관련된 업무를 계속하여 수행한다.

② 이 법 시행 전 종전의 제14조에 따라 교육인적자원부장관 및 교육감이 지정·운영하던 지역평생교육정보센터의 지정·운영은 종전의 규정에 따른다.

제5조(고등기술학교 전공과를 평생교육시설로 전환하는데 따른 적용례 및 경과조치) ① 제31조제4항은 이 법 시행 당시 「초·중등교육법」 제54조제4항에 따라 전공과를 설치·운영하는 고등기술학교에 한하여 적용한다.

② 제31조제4항에 따라 고등기술학교 전공과 과정이 평생교육시설로 전환되는 경우 해당 과정에 재학 중인 자는 전환되는 평생교육시설에 재학하고 있는 것으로 본다.

제6조(이 법의 시행을 위한 준비행위) 이 법에 따라 평생교육진흥원을 설립하기 위하여 하는 준비행위는 이 법 시행 전에 할 수 있다.

제7조(설립준비) ① 교육인적자원부장관은 평생교육진흥원의 설립에 관한 사무를 관장하게 하기 위하여 설립준비위원회(이하 "위원회"라 한다)를 구성한다.

② 위원회는 설립준비위원장(이하 "위원장"이라 한다)을 포함하여 5인 이내의 설립준비위원(이하 "위원"이라 한다)으로 구성하며, 위원장과 위원은 교육인적자원부장관이 위촉한다.

③ 위원회는 이 법 시행 전까지 정관을 작성하여 교육인적자원부장관의 인가를 받아야 한다.

④ 위원은 제3항에 따라 인가를 받은 때에는 지체 없이 연명(連名)으로 평생교육진흥원의 설립등기를 한 후 평생교육진흥원장에게 사무를 인계하여야 하며, 위원이 이 규정에 따른 사무인계가 끝난 때에는 해촉된 것으로 본다.

⑤ 설립 당시의 평생교육진흥원장은 교육인적자원부장관이 임명한다.

제8조(공무원의 파견) 교육인적자원부장관은 평생교육진흥원장의 요청이 있는 경우에는 그 소속 공무원을 2009년 12월 31일까지 평생교육진흥원에 파견할 수 있다.

제9조(권리·의무의 승계 등) ① 이 법 시행 당시 종전의 제13조제1항 및 제2항에 따른 한국교육개발원 평생교육센터와 관련된 한국교육개발원의 권리·의무는 평생교육진흥원의 설립등기와 동시에 평생교육진흥원이 포괄 승계한다.

② 이 법 시행 당시 「학점인정 등에 관한 법률」 제11조 및 「학점인정 등에 관한 법률 시행령」 제19조에 따른 한국교육개발원 학점은행센터와 관련된 한국교육개발원의 권리·의무는 평생교육진흥원의 설립등기와 동시에 평생교육진흥원이 포괄 승계한다.

③ 이 법 시행 당시 「독학에 의한 학위취득에 관한 법률」 제7조 및 「독학에 의한 학위취득에 관한 법률 시행령」 제4조에 따른 한국방송통신대학교 독학학위검정원과 관련된 한국방송통신대학교의 권리·의무는 평생교육진흥원의 설립등기와 동시에 평생교육진흥원이 포괄 승계한다.

④ 이 법 시행 당시 제1항, 제2항 및 제3항에 따른 한국교육개발원의 평생교육센터, 학점은행센터 및 한국방송통신대학교의 독학학위검정원의 직원이 평생교육진흥원의 직원으로 임용되고자 원하는 때에는 종전의 소속 기관에서 퇴직하고 평생교육진흥원에 신규 임용되어야 한다. 이 경우 원장은 정원의 범위 안에서 이를 우선적으로 임용하여야 한다.

제10조(사회교육시설에 관한 경과조치) 이 법 시행 당시 종전의 「사회교육법」에 따라 설치된 사회교육시설은 이 법에 따라 설치된 평생교육시설로 본다.

제11조(사회교육이수자에 대한 경과조치) 이 법 시행 당시 종전의 「사회교육법」에 따라 사회교육과정을 이수한 자는 이 법에 따른 평생교육과정을 이수한 것으로 본다.

제12조(학력인정에 관한 경과조치) 이 법 시행 당시 종전의 「사회교육법」에 따른 사회교육과정을 이수하여 중학교 또는 고등학교 졸업자와 동등한 학력이 있다고 인정된 자는 각각 이 법에 따른 평생교육과정을 이수하여 해당 학력이 인정된 자로 본다.

제13조(사회교육전문요원에 관한 경과조치) 이 법 시행 당시 종전의 「사회교육법」에 따라 사회교육전문요원의 자격을 취득한 자는 이 법에 따라 평생교육사의 자격을 취득한 것으로 본다.

제14조(처분 등에 관한 일반적 경과조치) 이 법 시행 당시 종전의 규정에 따른 행정기관의 행위나 행정기관에 대한 행위는 그에 해당하는 이 법에 따른 행정기관의 행위나 행정기관에 대한 행위로 본다.

제15조(다른 법률의 개정) ① 독학에 의한 학위취득에 관한 법률 일부를 다음과 같이 개정한다.

제7조 중 "그 소속 기관의 장이나 국립학교(전문대학과 고등학교 이하 각급학교는 제외한다)의 장에게 위임할 수 있다"를 "「평생교육법」에 따라 설립된 평생교육진흥원장에게 위탁할 수 있다"로 한다.

② 유아교육법 일부를 다음과 같이 한다.

별표 2 교사자격기준의 정교사(2급)란 제2호 중 "각종학교를"을 "각종학교와 「평생교육법」 제31조제4항에 따른 전문대학학력인정 평생교육시설을"로 한다.

③ 초·중등교육법 일부를 다음과 같이 한다.

별표 2 교사자격기준의 실기교사란 제1호 중 "卒業한 者"를 "졸업한 자 또는 「평생교육법」 제31조제4항에 따른 전문대학학력인정 평생교육시설의 교사자격 관련과를 졸업한 자"로 한다.

④ 학점인정 등에 관한 법률 일부를 다음과 같이 개정한다.

제7조제2항제3호 중 "제21조 또는 제22조"를 "제32조 또는 제33조"로 한다.

제9조제2항제3호 중 "제21조"를 "제32조"로 하고, 같은 항 제4호 중 "제22조"를 "제33조"로 한다.

제16조(다른 법령과의 관계) 이 법 시행 당시 다른 법령에서 종전의 「평생교육법」을 인용한 경우 이 법 중 그에 해당하는 규정이 있는 때에는 이 법의 해당 규정을 인용한 것으로 본다.

부칙(정부조직법) 〈제8852호, 2008.2.29〉

제1조(시행일) 이 법은 공포한 날부터 시행한다. 다만, 제31조제1항의 개정규정 중 "식품산업진흥"에 관한 부분은 2008년 6월 28일부터 시행하고, 부칙 제6조에 따라 개정되는 법률 중 이 법의 시행 전에 공포되었으나 시행일이 도래하지 아니한 법률을 개정한 부분은 각각 해당 법률의 시행일부터 시행한다.

제2조부터 제5조까지 생략

제6조(다른 법률의 개정) ①부터 ⑽까지 생략

⑽ 평생교육법 일부를 다음과 같이 개정한다.

제9조제1항·제3항, 제10조제1항·제4항, 제13조제1항, 제15조제4항, 제18조제1항, 제19조제6항, 제24조제1항 각 호 외의 부분, 제25조제1항·제2항, 제32조제1항·제4항, 제33조제2항 전단 및 후단, 제33조제3항 전단 및 후단, 제33조제4항, 제42조 각 호 외의 부분 본문, 제43조 및 제44조 중 "교육인적자원부장관"을 각각 "교육과학기술부장관"으로 한다.

⑽부터 ⑺까지 생략

제7조 생략

평생교육법 시행령

대통령령 제16750호 전문개정 2000. 03. 13.
대통령령 제17115호(교육인적자원부와그소속기관직제) 일부개정 2001. 01. 29.
대통령령 제17296호(학원의설립운영에관한법률시행령) 일부개정 2001. 07. 07.
대통령령 제17603호 일부개정 2002. 05. 13.
대통령령 제18153호(뉴스통신진흥에관한법률시행령) 일부개정 2003. 12. 03.
대통령령 제18245호 일부개정 2004. 01. 29.
대통령령 제18312호(전자적민원처리를위한가석방자관리규정등) 일부개정 2004. 03. 17.
대통령령 제20607호 법제명변경 및 전면개정 2008. 02. 14.("평생교육법시행령"에서 변경)
대통령령 제20740호(교육과학기술부와 그 소속기관 직제) 일부개정 2008. 02. 29.
대통령령 제20799호 일부개정 2008. 06. 05.
대통령령 제21087호(행정기관 소속 위원회의 정비를 위한 평생교육법 시행령 등) 일부개정 2008. 10. 20.
대통령령 제21148호(잡지 등 정기간행물의 진흥에 관한 법률 시행령) 일부개정 2008. 12. 03.

제1장 총 칙

제1조 (목적) 이 영은 「평생교육법」에서 위임된 사항과 그 시행에 필요한 사항을 규정함을 목적으로 한다.

제2조 (공공시설의 이용) 평생교육을 실시하는 자는 「평생교육법」(이하 "법"이라 한다) 제7조에 따라 공공시설을 이용할 때에는 공공시설의 관리자에게 그 시설을 관리하는 직원의 지원 및 장비의 이용에 관한 협조를 요청할 수 있다.

제2장 평생교육진흥기본계획 등

제3조 (기본계획 및 연도별 시행계획의 수립·시행) ① 교육과학기술부장관은 법 제9조에 따른 평생교육진흥기본계획을 수립할 때에는 평생교육업무 관련 중앙행정기관의 장의 의견을 들어야 한다. [개정 2008.2.29 대령 제20740호(「교육과학기술부와 그 소속기관 직제」)]

② 교육과학기술부장관은 평생교육진흥기본계획안을 법 제10조에 따른 평생교육진흥위원회(이하 "진흥위원회"라 한다)의 심의를 거쳐 확정한다. [개정 2008.2.29 대령 제20740호(「교육과학기술부와 그 소속기관 직제」)]

③ 특별시장·광역시장·도지사 또는 특별자치도지사(이하 "시·도지사"라 한다)는 법 제11조에 따라 매년 다음 해의 평생교육진흥시행계획을 수립하여 교육과학기술부장관에게 제출하여야 한다. [개정 2008.2.29 대령 제20740호(「교육과학기술부와 그 소속기관 직제」)]

제4조 (진흥위원회의 심의사항) 법 제10조제2항제4호에서 "그 밖에 평생교육진흥정책을 위하여 대통령령으로 정하는 사항"이란 다음 각 호의 어느 하나를 말한다.

1. 평생교육 시설 · 장비 등 평생학습 기반 확충에 관한 사항
2. 학습계좌 운영 및 학습결과의 활용촉진 등 제도개선에 관한 사항
3. 평생학습문화의 조성 및 지원에 관한 사항
4. 그 밖에 진흥위원회의 위원장이 필요하다고 판단하여 진흥위원회에 심의를 요구한 사항

제5조 (진흥위원회의 구성·운영) ① 진흥위원회의 위원은 기획재정부차관 · 국방부차관 · 행정안전부차관, 문화체육관광부차관, 농림수산식품부차관, 지식경제부차관, 보건복지가족부차관 · 환경부차관 · 노동부차관 · 여성부차관 및 법 제19조제1항에 따른 평생교육진흥원(이하 "진흥원"이라 한다)의 원장 등 당연직 위원과 평생교육에 관한 학식과 경험이 풍부한 자 중에서 교육과학기술부장관이 위촉하는 자가 된다. [개정 2008.2.29 대령 제20740호(「교육과학기술부와 그 소속기관 직제」)]

② 진흥위원회 위원의 임기는 당연직 위원의 경우 그 직(職)에 재직하는 동안으로 하고, 그 밖에 위촉된 위원의 임기는 2년으로 하되, 연임할 수 있다.

③ 위원장은 진흥위원회의 업무를 총괄하며 진흥위원회를 대표한다.

④ 위원장이 부득이한 사유로 직무를 수행할 수 없을 때에는 위원장이 미리 지명한 위원으로 하여금 그 직무를 대행하게 할 수 있다.

⑤ 진흥위원회의 회의는 위원장이 소집하고, 재적위원 과반수의 출석으로 개의하며, 출석위원 과반수의 찬성으로 의결한다.

⑥ 진흥위원회의 회의를 소집하려면 회의 일시 · 장소 및 안건을 회의 개최 7일 전까지 각 위원에게 서면으로 통지하여야 한다. 다만, 긴급히 소집하여야 하거나 부득이한 사유가 있을 경우에는 그러하지 아니하다.

⑦ 위원장은 필요하다고 인정하는 경우에는 관계 중앙행정기관의 공무원으로 하여금 소관 사무와 관련하여 진흥위원회에 출석하여 의견을 진술하게 할 수 있다.

⑧ 진흥위원회의 심의를 효율적으로 지원하기 위하여 진흥위원회에 평생교육실무조정위원회를 두되, 그 구성 및 운영은 교육과학기술부령으로 정한다. [개정 2008.2.29 대령 제20740호(「교육과학기술부와 그 소속기관 직제」)]

제6조 (진흥위원회의 간사 및 수당 등) ① 진흥위원회의 사무를 처리하기 위하여 간사 1명을 두되, 교육과학기술부 소속 공무원 중에서 위원장이 임명한다. [개정 2008.2.29 대령 제20740호(「교육과학기술부와 그 소속기관 직제」)]

② 진흥위원회에 출석한 위원에게는 예산의 범위에서 수당과 여비를 지급할 수 있다. 다만, 공무원인 위원이 소관 업무와 직접 관련되어 출석한 경우에는 그러하지 아니한다.

제7조 (전국평생학습도시협의회) ① 법 제15조제2항에 따른 전국평생학습도시협의회(이하 "도시협의회"라 한다)는 교육과학기술부장관이 평생학습도시로 지정한 시 · 군 · 자치구의 장 및 교육장으로 구성한다. [개정 2008.2.29 대령 제20740호(「교육과학기술부와 그 소속기관 직제」)]

② 국가 및 지방자치단체는 도시협의회의 운영 및 활동에 필요한 인력 및 경비를 지원할 수 있다.

제 3 장 평생교육진흥원 등

제 8 조 (출연금의 요구 및 지급) ① 진흥원은 법 제19조제7항에 따라 정부의 출연금을 받으려면 다음 각 호의 서류를 매년 4월 30일까지 교육과학기술부장관에게 제출하여야 한다. [개정 2008.2.29 대령 제20740호(「교육과학기술부와 그 소속기관 직제」)]

1. 다음 해의 사업비 · 운영비 및 시설비별 출연금요구서
2. 다음 해의 사업계획서
3. 그 밖에 출연금의 요구내용을 설명할 수 있는 자료

② 교육과학기술부장관은 출연금이 확정되면 진흥원에 통지하여야 한다. [개정 2008.2.29 대령 제20740호(「교육과학기술부와 그 소속기관 직제」)]

③ 진흥원은 제2항에 따른 출연금을 받으려면 출연금지급신청서에 분기별 사업계획서 및 예산집행계획서를 첨부하여 교육과학기술부장관에게 제출하여야 한다. [개정 2008.2.29 대령 제20740호(「교육과학기술부와 그 소속기관 직제」)]

제 9 조 (출연금의 관리) 진흥원은 출연금을 받으면 사업비 · 운영비 및 시설비별로 각각 별도의 계정을 설정하여 관리하여야 한다.

제10조 (결산서의 제출) 진흥원은 매 회계연도의 사업실적과 공인회계사 또는 회계법인의 감사를 받은 결산서를 다음 해 3월 31일까지 교육과학기술부장관에게 제출하여야 한다. [개정 2008.2.29 대령 제20740호(「교육과학기술부와 그 소속기관 직제」)]

제11조 (잉여금의 처리) 진흥원은 매 회계연도 결산상의 잉여금이 있을 때에는 이월손실금의 보전에 우선 충당하고 그 나머지는 다음 해의 세입에 이입하거나 진흥원 정관상 기본재산의 적립금으로 적립하여야 한다.

제12조 (시·도평생교육진흥원의 운영 등) ① 법 제20조제1항에 따라 시 · 도지사가 시 · 도평생교육진흥원(이하 "시 · 도진흥원"이라 한다)을 설치하거나 지정하려는 경우에는 시 · 도교육감과 협의하여야 한다.

② 시 · 도진흥원은 법 제20조제2항의 업무를 수행하는 데 필요한 조직과 시설을 갖추어야 하되, 그 운영에 필요한 조직과 시설, 지정절차 등에 필요한 사항은 그 지방자치단체의 조례로 정한다.

제13조 (전문인력정보은행제의 운영) ① 교육과학기술부장관 및 지방자치단체의 장은 법 제22조제2항에 따라 강사에 관한 정보를 수집하여 제공 · 관리하는 제도(이하 "전문인력정보은행제"라 한다)를 운영할 수 있다. [개정 2008.2.29 대령 제20740호(「교육과학기술부와 그 소속기관 직제」)]

② 제1항에 따른 정보의 수집, 제공 및 관리는 본인의 동의가 있는 경우에만 할 수 있다.

③ 교육과학기술부장관 및 지방자치단체의 장은 전문인력정보은행제의 운영업무를 진흥원 및 시·도진흥원에 위탁할 수 있다. [개정 2008.2.29 대령 제20740호(「교육과학기술부와 그 소속기관 직제」)]

④ 제1항에 따른 정보의 범위 등에 필요한 사항은 교육과학기술부령으로 정한다. [개정 2008.2.29 대령 제20740호(「교육과학기술부와 그 소속기관 직제」)]

제14조 (학습계좌의 운영) ① 교육과학기술부장관은 법 제23조에 따른 학습계좌를 운영할 수 있다. [개정 2008.2.29 대령 제20740호(「교육과학기술부와 그 소속기관 직제」)]

② 제1항에 따른 학습계좌의 개설은 본인이 신청한 경우에만 할 수 있다.

③ 제1항에 따른 학습계좌에 수록된 정보를 열람하거나 증명서를 발급받으려는 자는 교육과학기술부장관에게 신청할 수 있다. 이 경우 정보의 열람 또는 발급 신청은 본인 또는 본인의 위임을 받은 자만 할 수 있다. [개정 2008.2.29 대령 제20740호(「교육과학기술부와 그 소속기관 직제」)]

④ 교육과학기술부장관은 학습계좌의 운영업무를 진흥원에 위탁할 수 있다. [개정 2008.2.29 대령 제20740호(「교육과학기술부와 그 소속기관 직제」)]

⑤ 제1항에 따른 학습계좌에 수록되는 정보의 범위 등에 필요한 사항은 교육과학기술부령으로 정한다. [개정 2008.2.29 대령 제20740호(「교육과학기술부와 그 소속기관 직제」)]

제 4 장 평생교육사

제15조 (평생교육사의 그 밖의 자격요건) 법 제24조제1항제3호에서 "그 밖에 대통령령으로 정하는 자격요건을 갖춘 자"란 다음 각 호의 어느 하나에 해당하는 자를 말한다.

1. 법 제32조에 따른 사내대학형태의 평생교육시설에서 평생교육과 관련된 과목을 별표 1에 따른 일정 학점 이상 이수한 자
2. 진흥원에서 평생교육사 양성에 필요한 과정을 이수한 자
3. 「학점인정 등에 관한 법률」 제3조제1항에 따라 평가인정을 받은 학습과정에서 평생교육과 관련된 과목을 별표 1에 따른 일정 학점 이상 이수한 자

제16조 (평생교육사의 등급 등) ① 법 제24조제4항에 따른 평생교육사의 등급은 1급부터 3급까지로 구분한다.

② 제1항에 따른 평생교육사의 등급별 자격요건은 별표 1과 같다.

제17조 (직무범위) 법 제24조제4항에 따라 평생교육사는 평생교육 진흥을 위하여 다음 각 호에 해당하는 직무를 수행한다.

1. 평생교육 프로그램의 요구분석·개발·운영·평가·컨설팅
2. 학습자에 대한 학습정보 제공, 생애능력개발 상담·교수
3. 그 밖에 평생교육 진흥 관련 사업계획 등 관련 업무

제18조 (이수과정) ① 법 제24조제4항에 따른 이수과정은 양성과정과 승급과정으로 구분한다.

② 교육과학기술부장관은 제1항에 따른 양성과정과 승급과정의 운영을 진흥원 또는 법 제25조제1항에 따라 지정된 양성기관에 위탁할 수 있다. [개정 2008.2.29 대령 제20740호(「교육과학기술부와 그 소속기관 직제」)]

제19조 (연수) ① 법 제24조제4항에 따른 평생교육사에 대한 연수는 진흥원장 및 시·도진흥원장(이하 "연수실시기관의 장"이라 한다)이 실시할 수 있다. 다만, 연수실시기관의 장이 필요하다고 인정하는 경우에는 평생교육 관련 전문기관에 위탁할 수 있다.

② 국가 및 지방자치단체는 제1항에 따른 평생교육사의 연수에 필요한 경비의 일부를 연수실시기관의 장에게 지원할 수 있다.

제20조 (평생교육사의 자격증 교부절차 등) ① 법 제24조제4항에 따른 평생교육사의 자격증을 발급받으려는 자는 평생교육사 자격증 발급신청서에 교육과학기술부령으로 정하는 서류를 첨부하여 교육과학기술부장관에게 제출하여야 한다. [개정 2008.2.29 대령 제20740호(「교육과학기술부와 그 소속기관 직제」)]

② 평생교육사 자격증의 분실·훼손 또는 기재사항 변경 등으로 인하여 평생교육사 자격증을 재발급받으려는 자는 평생교육사 자격증 재발급신청서에 교육과학기술부령으로 정하는 서류를 첨부하여 교육과학기술부장관에게 제출하여야 한다. [개정 2008.2.29 대령 제20740호(「교육과학기술부와 그 소속기관 직제」)]

제21조 (평생교육사 양성기관의 지정) ① 법 제25조에 따른 평생교육사 양성기관으로 지정받을 수 있는 평생교육기관은 다음 각 호의 어느 하나와 같다.

1. 법 제30조제2항에 따른 대학 부설 평생교육원
2. 「공무원교육훈련법」에 따른 공무원교육훈련기관
3. 「교육공무원법」에 따른 연수기관
4. 특별법 또는 정부출연으로 설립된 연수 및 교육훈련기관

② 법 제25조에 따라 평생교육사 양성기관으로 지정받으려는 자는 다음 각 호의 사항을 기재한 평생교육사 양성기관 지정신청서에 교육과학기술부령으로 정하는 서류를 첨부하여 교육과학기술부장관에게 제출하여야 한다. [개정 2008.2.29 대령 제20740호(「교육과학기술부와 그 소속기관 직제」)]

1. 명칭
2. 목적
3. 위치
4. 대표자의 성명·주소
5. 개설예정일

③ 교육과학기술부장관은 제2항에 따라 지정신청을 받으면 지정대상기관의 시설, 인력, 교육과정 및 위치 등을 고려하여 지정 여부를 결정하고, 평생교육사 양성기관으로 지정하는 경우에는 교육과학기술부령으로 정하는 지정서를 신청인에게 교부하여야 한다. [개정 2008.2.29 대령 제20740호(「교육과학기술부와 그 소속기관 직제」)]

第22조 (평생교육사의 배치대상기관 및 배치기준) 법 제26조제4항에 따른 평생교육사의 배치대상기관 및 배치기준은 별표 2와 같다.

제 5 장 평생교육기관

第23조 (학습비의 반환 등) ① 법 제28조제4항에 따른 학습비 등의 반환사유는 다음 각 호와 같다.

1. 법 제42조에 따라 평생교육시설의 설치인가 또는 등록이 취소되거나 평생교육과정이 폐쇄되거나 운영정지된 경우
2. 평생교육기관의 설치 · 운영자가 교습을 할 수 없게 된 경우
3. 학습자가 본인의 의사로 학습을 포기한 경우

② 제1항에 따른 반환사유가 발생한 경우에는 별표 3의 반환기준에 따라 학습비 등을 반환사유가 발생한 날부터 5일 이내에 반환하여야 한다.

第24조 (학교 부설 평생교육시설의 설치보고) 법 제30조제1항에 따라 학교 부설 평생교육시설을 설치한 각급 학교의 장은 교육과학기술부령으로 정하는 보고서에 운영규칙을 첨부하여 관할청에 보고하여야 한다. 보고사항을 변경하는 경우에도 또한 같다. [개정 2008.2.29 대령 제20740호(「교육과학기술부와 그 소속기관 직제」)]

第25조 (학교형태의 평생교육시설의 시설·설비) ① 법 제31조제1항에서 "대통령령으로 정하는 시설 · 설비"란 다음 각 호의 시설 · 설비를 말한다.

1. 학습 시설 · 설비
2. 자료실
3. 관리실

② 제1항에 따른 시설 · 설비의 세부기준은 교육과학기술부령으로 정한다. [개정 2008.2.29 대령 제20740호(「교육과학기술부와 그 소속기관 직제」)]

第26조 (학교형태의 평생교육시설의 등록) ① 법 제31조제1항에 따라 학교형태의 평생교육시설을 설치 · 운영하려는 자는 다음 각 호의 사항을 기재한 등록신청서에 운영규칙 및 교육과학기술부령으로 정하는 서류를 첨부하여 교육감에게 제출하여야 한다. [개정 2008.2.29 대령 제20740호(「교육과학기술부와 그 소속기관 직제」)]

1. 명칭
2. 목적
3. 위치
4. 교육과정 편성
5. 학습비를 포함한 경비와 시설의 유지방법
6. 시설 · 설비의 설치내역
7. 개설예정일

② 제1항의 운영규칙에는 다음 각 호의 사항을 기재하여야 한다.
1. 명칭, 목적 및 위치
2. 교육과정 및 정원
3. 입학·퇴학 및 수료와 상벌
4. 과정수료의 인정
5. 교육기간 및 휴강
6. 학습비
7. 그 밖에 운영에 필요한 사항

③ 교육감은 제1항에 따른 등록신청서를 받았을 때에는 이를 검토하여 등록요건에 해당하면 교육과학기술부령으로 정하는 등록증을 신청인에게 교부하여야 한다. [개정 2008.2.29 대령 제20740호(「교육과학기술부와 그 소속기관 직제」)]

제27조 (학력인정시설의 지정기준) ① 법 제31조제2항 및 제5항에 따른 학력인정시설의 지정기준은 제2항부터 제6항까지의 규정에서 정한 경우를 제외하고는 다음 각 호의 사항이 각각 초등학교, 중학교 또는 고등학교에 준하는 각종학교의 설립·운영 기준과 같은 수준 이상이 되는 것으로 한다.
1. 수업연한·학기·수업일수 및 수업시간
2. 교육과정
3. 학생정원·학급수 및 학급편성
4. 입학자격
5. 교원자격·정원
6. 수료·졸업
7. 시설·설비
8. 교과서·교재
9. 재무·회계 규칙

② 제1항제1호의 학기는 관할청의 승인을 받아 매 학년도를 3학기로 나누어 운영할 수 있다. 이 경우 수업연한은 초등학교과정은 2년, 중학교 및 고등학교과정은 1년의 범위에서 단축할 수 있도록 하되, 단축된 고등학교과정에 입학할 수 있는 자는 제3항의 입학자격을 갖춘 자 중에서 다음 각 호의 어느 하나에 해당하는 자로 한다.
1. 만 16세를 넘은 자
2. 고등학교 입학 후 퇴학 등의 사유로 학업을 중단한 자
3. 산업체에 근무하는 청소년

③ 제1항제4호의 입학자격 중 초등학교과정인 경우에는 초등교육을 받지 못하고 「초·중등교육법」 제13조제1항에 따른 취학연령을 넘은 자로 하고, 중학교과정인 경우에는 「초·중등교육법」 제43조제1항에 따른 중학교 입학자격이 있는 자로서 「초·중등교육법」 제13조제3항에 따른 취학연령을 넘은 자로 하며, 고등학교과정인 경우에는 「초·중등교육법」

제47조제1항에 따른 고등학교 입학자격이 있는 자로 한다.

④ 제1항제5호의 교원 중 교감은 두지 아니할 수 있으며, 초등학교과정을 운영하는 경우에는 교장 및 교감 외에 학급마다 교원 1명을 두되, 6학급 미만인 경우에는 교장 및 교감이 학급을 담당할 수 있고, 12학급 미만인 경우에는 교감이 학급을 담당할 수 있다.

⑤ 제1항제7호의 시설·설비 중 체육장의 기준면적은 350제곱미터 이상으로 하되, 이에 상응하는 규모의 옥내 체육장으로 갈음할 수 있다. 다만, 「고등학교 이하 각급 학교 설립·운영 규정」 제5조제3항제1호 또는 제2호에 해당하는 경우에는 체육장을 두지 아니할 수 있다.

⑥ 초등학교과정 및 중학교과정, 중학교과정 및 고등학교과정, 초등학교과정·중학교과정 및 고등학교과정을 병설하여 운영하는 학력인정시설의 경우에는 다음 각 호의 기준에 따를 수 있다.

1. 시설·설비 기준(교구 및 도서에 관한 기준은 제외한다)은 병설되는 학교 중 각급 학교별에 준하는 각종학교의 설립·운영 기준에 따르되, 체육장, 관리실 및 특별교실 등은 병용할 수 있다.
2. 교구 및 도서는 「고등학교 이하 각급 학교의 설립·운영 규정」 제8조에 따라 학과 및 교과별로 갖추되, 학습 또는 수업에 지장이 없는 범위에서 병용할 수 있다.
3. 교장은 1명이 겸임할 수 있으며, 교원은 수업에 지장을 주지 아니하는 범위에서 중학교과정과 고등학교과정에서만 서로 겸임할 수 있다.

제28조 (학력인정시설의 지정신청 등) ① 법 제31조제2항 및 제5항에 따라 학력인정시설로 지정받으려는 자는 다음 각 호의 사항을 기재한 학력인정시설 지정신청서에 교육과학기술부령으로 정하는 서류를 첨부하여 교육감에게 제출하여야 한다. [개정 2008.2.29 대령 제20740호(「교육과학기술부와 그 소속기관 직제」)]

1. 명칭
2. 목적
3. 위치
4. 과정별 학급수, 정원 및 학습비
5. 교육과정 편성
6. 교원의 정수
7. 필요한 경비의 조달계획
8. 시설현황 및 시설확충계획
9. 교구와 그 밖의 설비현황 및 설비확충계획
10. 개설예정일

② 교육감은 제1항에 따른 지정신청을 받으면 지정기준과 정규학교 학생 수급전망 등 지역의 교육여건을 종합적으로 검토하여 지정 여부를 결정한 후 교육과학기술부령으로 정하는 지정서를 신청인에게 교부할 수 있다. [개정 2008.2.29 대령 제20740호(「교육과학기술

부와 그 소속기관 직제」)]

제29조 (학력인정시설의 폐쇄인가) ① 법 제31조제7항에 따라 학력인정시설로 지정받은 자가 그 시설을 폐쇄하려는 경우에는 그 사유, 폐쇄연월일, 재학생 처리방안 및 남은 업무와 재산의 처리방법 등을 기재한 서류를 관할 교육감에게 제출하고 인가를 받아야 한다.

② 제1항에 따라 폐쇄된 학력인정시설의 학적부관리에 관하여는 교육감이 정하는 바에 따른다.

제30조 (전문대학 학력인정 평생교육시설의 인가기준) 법 제31조제4항 및 제5항에 따른 전문대학 학력인정 평생교육시설로 인가를 받을 수 있는 자의 기준은 다음 각 호와 같다.

1. 학교법인일 것
2. 제40조에 따른 교사(교사)를 확보할 것
3. 「대학설립·운영 규정」 제5조 및 같은 규정 별표 4에 따른 교지(교지)를 확보할 것. 이 경우 교사기준면적에 관한 사항은 이 영 별표 6의 학생 1명당 교사기준면적을 적용한다.
4. 제41조에 따른 교원을 확보할 것(법정교원정원의 2분의 1의 범위에서 겸임교원을 둘 수 있다). 다만, 설치인가 시 법정교원정원의 2분의 1 이상의 교원을 확보하고 나머지 교원은 전환개교 후 1년 이내에 확보하여야 한다.
5. 다음 각 목의 구분에 따른 수익용 기본재산을 확보할 것
   가. 학생정원 1000명 이상: 100억원 이상
   나. 학생정원 500명 이상 1000명 미만: 70억원 이상
   다. 학생정원 500명 미만: 40억원 이상

제31조 (전문대학 학력인정 평생교육시설의 설치인가) ① 법 제31조제4항 및 제5항에 따라 전문대학 학력인정 평생교육시설의 설치인가를 받으려는 자는 다음 각 호의 사항을 기재한 전문대학 학력인정 평생교육시설 설치계획서에 교육과학기술부령으로 정하는 서류를 첨부하여 교육과학기술부장관에게 제출하여야 한다. 다음 각 호의 사항을 변경하려는 경우에도 또한 같다. [개정 2008.2.29 제20740호(「교육과학기술부와 그 소속기관 직제」)]

1. 명칭
2. 목적
3. 설치자
4. 위치
5. 학칙
6. 향후 2년간의 재정운영계획
7. 향후 2년간 교육·연구용 시설 및 설비 확보계획
8. 실습이 필요한 경우에는 실습 시설 및 설비 확보계획
9. 교원확보계획
10. 전환개교 예정일

② 제1항제1호의 명칭에는 해당 학교의 설립목적 및 전공분야의 특성을 나타낼 수 있는

용어가 포함되어야 한다.

③ 학칙의 기재에 관하여는 「고등교육법 시행령」 제4조제1항을 준용한다.

④ 교육과학기술부장관은 제1항에 따른 전문대학 학력인정 평생교육시설 설치계획서 등을 받은 경우에는 제36조제4항부터 제8항까지의 절차를 준용하여 처리하되, 그 신청 및 처리기한은 제외한다. [개정 2008.2.29 제20740호(「교육과학기술부와 그 소속기관 직제」), 2008.10.20 제21087호(행정기관 소속 위원회의 정비를 위한 평생교육법 시행령 등)]

제32조 (전문대학 학력인정 평생교육시설의 폐쇄인가) ① 법 제31조제7항에 따라 전문대학 학력인정 평생교육시설을 폐쇄하려는 자는 다음 각 호의 사항이 기재된 서류를 갖추어 교육과학기술부장관의 인가를 받아야 한다. [개정 2008.2.29 대령 제20740호(「교육과학기술부와 그 소속기관 직제」)]

1. 폐쇄사유
2. 폐쇄연월일
3. 학생 및 학적부의 처리방법

② 제1항에 따라 폐쇄된 전문대학 학력인정 평생교육시설의 학적부 관리에 관하여는 교육과학기술부장관이 정하는 바에 따른다. [개정 2008.2.29 대령 제20740호(「교육과학기술부와 그 소속기관 직제」)]

제33조 (전문대학 학력인정 평생교육시설의 학점제 등 운영 방법) 전문대학 학력인정 평생교육시설의 학칙개정, 학년도, 학기 및 교육과정 등에 대하여는 제42조부터 제44조까지의 규정을 준용하고, 수업료 및 재무회계는 제61조 및 제63조를 준용한다.

제34조 (다른 법령의 준용) 전문대학 학력인정 평생교육시설의 설치·운영에 대하여 이 영에서 정한 사항 외에는 「고등교육법」의 전문대학에 관한 규정을 준용한다.

제35조 (사업장의 범위) 법 제32조제1항에서 "대통령령으로 정하는 규모 이상의 사업장"이란 종업원이 200명 이상으로서 「상법」 또는 특별법에 따라 설립된 법인인 사업장을 말한다.

제36조 (사내대학의 설치인가) ① 법 제32조제1항에 따라 사내대학형태의 평생교육시설(이하 "사내대학"이라 한다)을 설치·운영하려는 자는 다음 각 호의 사항을 기재한 사내대학 설치계획서에 교육과학기술부령으로 정하는 서류를 첨부하여 매년 3월 31일까지 교육과학기술부장관에게 제출하여야 한다. [개정 2008.2.29 제20740호(「교육과학기술부와 그 소속기관 직제」)]

1. 명칭
2. 목적
3. 설치자
4. 위치
5. 운영규정(이하 이 조부터 제46조까지의 규정에서 "학칙"이라 한다)
6. 향후 4년간(2년제 학사학위과정을 운영하거나 전문대학 졸업자와 같은 수준의 학력·학위가 인정되는 사내대학의 경우에는 2년간)의 재정운영계획

7. 향후 4년간(2년제 학사학위과정을 운영하거나 전문대학졸업자와 같은 수준의 학력·학위가 인정되는 사내대학의 경우에는 2년간)의 교육·연구용 시설 및 설비 확보계획
8. 실습이 필요한 경우에는 실습 시설 및 설비 확보계획
9. 교원 확보계획
10. 개교예정일

② 제1항제1호의 명칭에는 사내대학임을 나타내는 용어가 포함되어야 한다.

③ 학칙의 기재에 관하여는 「고등교육법 시행령」 제4조제1항을 준용한다.

④ 교육과학기술부장관은 제1항에 따른 사내대학 설치계획서 등을 제출받은 경우에는 전문가의 의견수렴을 거쳐 그 신청에 대한 승인 여부를 결정하고, 그 결과를 신청일부터 3개월 이내에 신청인에게 통보하여야 한다. 다만, 해당 인가에 관하여 관계 부처의 협의가 필요한 경우에는 그 신청일부터 6개월 이내에 이를 통보할 수 있다. [개정 2008.2.29 제20740호(「교육과학기술부와 그 소속기관 직제」), 2008.10.20 제21087호(행정기관 소속 위원회의 정비를 위한 평생교육법 시행령 등)]

⑤ 제4항에 따른 승인 통보를 받은 신청인은 사내대학 설치계획서에 따른 시설·설비를 갖추어 개교예정일 6개월 전까지 사내대학 설치인가 신청서를 교육과학기술부장관에게 제출하여야 한다. [개정 2008.2.29 제20740호(「교육과학기술부와 그 소속기관 직제」)]

⑥ 교육과학기술부장관은 제5항에 따른 인가신청을 받은 경우에는 이를 검토하여 인가 여부를 결정하고, 그 결과를 개교예정일 4개월 전까지 신청인에게 통보하여야 한다. [개정 2008.2.29 제20740호(「교육과학기술부와 그 소속기관 직제」)]

⑦ 제4항에 따른 계획승인 통보를 받은 신청인이 제5항에 따른 기한까지 사내대학 설치인가 신청서를 제출할 수 없는 경우에는 그 사유를 증명할 수 있는 자료를 첨부하여 그 기한까지 사내대학 설치인가 연기신청서를 교육과학기술부장관에게 제출하여야 한다. 이 경우 사내대학 설치인가 신청서의 제출을 연기할 수 있는 기간은 3년을 넘지 못한다. [개정 2008.2.29 제20740호(「교육과학기술부와 그 소속기관 직제」)]

⑧ 교육과학기술부장관은 부득이한 사유가 있다고 인정하는 경우에는 제1항 및 제4항부터 제6항까지의 기간을 3개월의 범위에서 조정할 수 있다. [개정 2008.2.29 제20740호(「교육과학기술부와 그 소속기관 직제」)]

제37조 삭제 [2008.10.20 제21087호(행정기관 소속 위원회의 정비를 위한 평생교육법 시행령 등)]

제38조 (사내대학 운영경비의 부담범위) 법 제32조제2항에 따라 고용주가 부담하는 교육에 필요한 비용은 사내대학 운영을 위한 인건비, 시설·설비비, 실험실습비, 일반관리비 및 그 부대경비로 한다.

제39조 (사내대학의 설치기준) ① 법 제32조제3항에 따른 사내대학의 설치기준은 다음 각 호와 같다.

1. 제40조에 따른 교사를 확보할 것

2. 제41조에 따른 교원정원의 2분의 1 이상의 교원을 확보하되, 나머지 교원은 개교 후 1년 이내에 확보할 것

② 사내대학의 학생정원을 증원하는 경우에는 증원분을 포함한 전체 학생정원에 대하여 이 영에 따른 기준을 갖추어야 한다.

③ 제1항에 따른 교사와 교원을 산정할 때 기준이 되는 사내대학의 학생정원을 계열별로 분류하는 경우 그 계열별 구분은 별표 4와 같다.

제40조 (사내대학의 교사) ① 사내대학은 교육과 연구활동에 적합한 장소에 별표 5의 구분에 따른 교사를 확보하여야 하되, 이는 설치자의 소유이어야 한다.

② 제1항에 따라 확보하여야 할 교사의 면적은 별표 6에 따른 학생 1명당 교사기준면적에 편제완성연도를 기준으로 한 계열별 학생정원을 곱하여 합산한 면적의 2분의 1 이상으로 한다. 이 경우 계열별 학생정원을 합한 학생정원이 50명(제44조제1항에 따른 전문학사 학위과정과 학사학위과정에 대하여 각각 적용한다. 이하 같다) 미만인 경우에는 그 정원을 50명으로 보되, 계열별로 학생정원을 환산하는 방법은 교육과학기술부령으로 정한다. [개정 2008.2.29 대령 제20740호(「교육과학기술부와 그 소속기관 직제」)]

③ 교육과학기술부령으로 정하는 원격교육시설을 갖춘 경우에는 제2항에 따른 교사면적을 2분의 1까지 감축할 수 있다. [개정 2008.2.29 대령 제20740호(「교육과학기술부와 그 소속기관 직제」)]

제41조 (사내대학의 교원) ① 사내대학은 편제완성연도를 기준으로 한 계열별 학생정원을 별표 7에 따른 교원 1명당 학생수로 나눈 수의 교원을 확보하여야 한다. 이 경우 계열별 학생정원을 합한 학생정원이 50명 미만인 경우에는 그 정원을 50명으로 보되, 계열별로 학생정원을 환산하는 방법은 교육과학기술부령으로 정한다. [개정 2008.2.29 대령 제20740호(「교육과학기술부와 그 소속기관 직제」)]

② 제1항에 따른 교원은 「교수자격기준 등에 관한 규정」 별표에 따른 자격기준에 해당하는 자로서 다음 각 호의 어느 하나에 해당하는 자를 겸임시킬 수 있다. 이 경우 겸임되는 자(이하 "겸임교원"이라 한다)를 산정하는 기준은 교육과학기술부령으로 정한다. [개정 2008.2.29 대령 제20740호(「교육과학기술부와 그 소속기관 직제」)]

1. 「고등교육법」 제14조제1항 및 제2항에 따른 교원
2. 국공립연구소 및 민간연구소의 연구원
3. 사업장의 임직원

제42조 (사내대학 학칙의 개정) ① 사내대학의 장이 학칙을 개정하려는 경우에는 학칙으로 정하는 바에 따라 개정안의 사전공고, 심의 및 공포의 절차를 거쳐야 한다.

② 사내대학의 장은 학칙을 개정하면 지체 없이 교육과학기술부장관에게 보고하여야 한다. [개정 2008.2.29 대령 제20740호(「교육과학기술부와 그 소속기관 직제」)]

③ 교육과학기술부장관은 제2항에 따라 보고된 학칙 중 법령을 위반하는 사항이 있다고 인정되면 그 시정을 요구할 수 있다. [개정 2008.2.29 대령 제20740호(「교육과학기술부와

그 소속기관 직제」)]

제43조 (사내대학의 학년도·학기 등) ① 사내대학의 학년도는 3월 1일부터 다음 해 2월 말일까지로 한다.

② 사내대학의 수업연한은 제44조제1항에 따른 전문학사학위과정의 경우에는 2년 이상으로 하고, 학사학위과정의 경우에는 2년 또는 4년 이상으로 한다. 다만, 학사학위과정(2년제 학사학위과정은 제외한다)의 경우 학칙으로 정하는 학점 이상을 취득한 자에 대하여는 1년의 범위에서 수업연한을 단축할 수 있다.

③ 사내대학의 학기는 매 학년도 2학기 또는 3학기로 하며, 매 학기의 수업일수는 15주 이상으로 한다.

④ 사내대학은 매 학기 취득기준학점의 2분의 1을 넘지 아니하는 범위에서 계절제수업을 운영할 수 있다.

⑤ 사내대학의 수업일수 감축, 휴업일, 학점당 이수시간 및 학생의 전공이수 등에 관하여는 「고등교육법 시행령」 제11조제2항, 제12조, 제14조 및 제19조를 준용한다.

제44조 (사내대학의 교육과정운영 등) ① 사내대학에는 전문학사학위과정 또는 학사학위과정을 운영하되, 전문학사학위과정과 학사학위과정을 병설하여 둘 수 있다.

② 사내대학은 학칙으로 정하는 바에 따라 교육과정을 운영하며, 교과의 이수는 평점 및 학점제 등을 따를 수 있다.

③ 사내대학은 「고등교육법」 제2조에 따른 학교, 다른 사내대학 또는 제50조에 따른 원격대학 형태의 평생교육시설에서 취득한 학점과 「학점인정 등에 관한 법률」에 따른 평가인정과목을 이수하고 취득한 학점을 졸업에 필요한 학점의 2분의 1의 범위에서 해당 사내대학의 학점으로 인정할 수 있다. [개정 2008.6.5]

④ 사내대학은 학칙으로 정하는 바에 따라 학생 외의 자를 대상으로 하는 공개강좌를 둘 수 있다.

⑤ 사내대학은 제45조제1항에 따른 입학자격이 있는 자에게 시간제로 등록하여 해당 사내대학의 수업을 받게 할 수 있다. 이 경우 선발방법은 학칙으로 정하되, 시간제로 등록한 자가 신청할 수 있는 학점은 매 학기 취득기준학점의 2분의 1을 넘을 수 없다.

제45조 (사내대학의 입학·편입학 등) ① 사내대학에 입학할 수 있는 자는 고등학교를 졸업한 자 또는 법령에 따라 이와 같은 수준 이상의 학력이 있다고 인정된 자로서 6개월 이상 해당 사업장에 근무하고 있는 자로 한다. 다만, 2년제 학사학위과정의 경우에는 전문대학을 졸업한 자 또는 법령에 따라 이와 같은 수준 이상의 학력이 있다고 인정된 자로서 6개월 이상 해당 사업장에서 근무하고 있는 자로 한다.

② 사내대학의 학생정원, 입학 및 편입학에 관하여는 「고등교육법 시행령」 제28조제1항부터 제3항까지 및 제29조제1항을 준용한다.

제46조 (사내대학의 학위수여) 사내대학의 장은 학칙으로 정한 전문학사학위과정을 이수한 자에게는 전문학사학위를 수여하고, 학사학위과정을 이수한 자에게는 학사학위를 수여한

다. 이 경우 학위의 종류 및 수여에 필요한 사항은 학칙으로 정한다.

제47조 (사내대학의 폐쇄신고) ① 법 제32조제4항에 따라 사내대학을 폐쇄하려는 자는 다음 각 호의 사항이 기재된 서류를 갖추어 폐쇄예정일 30일 전까지 교육과학기술부장관에게 신고하여야 한다. [개정 2008.2.29 대령 제20740호(「교육과학기술부와 그 소속기관 직제」)]

1. 폐쇄사유
2. 폐쇄연월일
3. 학생 및 학적부의 처리방법

② 제1항에 따라 폐쇄된 사내대학의 학적부 관리에 관하여는 교육과학기술부장관이 정하는 바에 따른다. [개정 2008.2.29 대령 제20740호(「교육과학기술부와 그 소속기관 직제」)]

제48조 (원격교육 형태의 평생교육시설의 신고대상) 법 제33조제2항 전단에 따라 교육과학기술부장관에게 신고하여야 하는 원격교육 형태의 평생교육시설(이하 "원격평생교육시설"이라 한다)은 학습비를 받고 10명 이상의 불특정 학습자에게 30시간 이상의 교습과정에 따라 화상강의 또는 인터넷강의 등을 통하여 지식·기술·기능 및 예능에 관한 교육을 하는 시설로 한다. [개정 2008.2.29 대령 제20740호(「교육과학기술부와 그 소속기관 직제」)]

제49조 (원격평생교육시설의 신고절차 등) ① 원격평생교육시설을 운영하려는 자는 다음 각 호의 사항을 기재한 신고서에 운영규칙 및 교육과학기술부령으로 정하는 서류를 첨부하여 교육과학기술부장관에게 제출하여야 한다. [개정 2008.2.29 대령 제20740호(「교육과학기술부와 그 소속기관 직제」)]

1. 명칭
2. 목적
3. 설치자
4. 위치
5. 시설·설비
6. 개설예정일

② 제1항의 운영규칙에는 다음 각 호의 사항을 기재하여야 한다.

1. 명칭, 목적 및 위치
2. 교육과정·정원
3. 입학·퇴학 및 수료와 상벌
4. 교육기간·휴강
5. 학습비
6. 그 밖에 시설의 운영에 필요한 사항

③ 교육과학기술부장관은 제1항에 따른 신고가 있는 경우에는 이를 검토하여 요건에 해당하면 교육과학기술부령으로 정하는 신고증을 교부하여야 한다. [개정 2008.2.29 대령 제20740호(「교육과학기술부와 그 소속기관 직제」)]

④ 원격평생교육시설 설치자의 지위를 승계하는 자는 교육과학기술부령으로 정하는 서류

를 갖추어 교육과학기술부장관에게 신고하여야 한다. [개정 2008.2.29 대령 제20740호(「교육과학기술부와 그 소속기관 직제」)]

⑤ 법 제33조제2항 후단에 따라 원격평생교육시설을 폐쇄하려는 자는 그 사유, 폐쇄연월일 및 남은 업무의 처리방법 등을 기재한 서류를 갖추어 폐쇄예정일 30일 전까지 교육과학기술부장관에게 통보하여야 한다. [개정 2008.2.29 대령 제20740호(「교육과학기술부와 그 소속기관 직제」)]

제50조 (원격대학 형태의 평생교육시설의 설치자) 법 제33조제3항에 따른 원격대학 형태의 평생교육시설의 설치인가를 받을 수 있는 자는 다음 각 호의 어느 하나에 해당하는 자로 한다. [개정 2008.6.5]

1. 지방자치단체
2. 학교법인
3. 「민법」 제32조에 따른 재단법인 또는 특별법에 따라 설립된 비영리법인

제51조 (원격대학 형태의 평생교육시설의 설치인가) ① 법 제33조제3항에 따라 원격대학 형태의 평생교육시설의 설치인가를 받으려는 자는 다음 각 호의 사항을 기재한 원격대학 형태의 평생교육시설 설치계획서에 교육과학기술부령으로 정하는 서류를 첨부하여 매년 3월 31일까지 교육과학기술부장관에게 제출하여야 한다. [개정 2008.2.29 제20740호(교육과학기술부와 그소속기관직제), 2008.6.5]

1. 명칭
2. 목적
3. 설치자
4. 위치
5. 학칙
6. 향후 4년간(전문대학졸업자와 같은 수준의 학력학위가 인정되는 원격대학형태의 평생교육시설의 경우에는 2년간)의 재정운영계획
7. 향후 4년간(전문대학졸업자와 같은 수준의 학력학위가 인정되는 원격대학형태의 평생교육시설의 경우에는 2년간)의 교육연구용시설 설비확보계획
8. 실습이 필요한 경우에는 실습시설 설비확보계획
9. 교원확보계획
10. 학사운영에 관한 계획
11. 원격교육프로그램운영 및 품질관리계획
12. 개교예정일

② 제1항제 1호의 명칭에는 "원격", "사이버" 또는 "가상" 등 원격대학임을 나타내는 용어가 포함되어야 한다.

③ 학칙의 기재사항에 관하여는 고등교육법시행령 제4조제1항을 준용한다.

④ 교육과학기술부장관은 제1항에 따라 원격대학 형태의 평생교육시설 설치계획서 등을

받으면 제36조제4항부터 제8항까지의 절차를 준용하여 처리한다. 이 경우 "사립대학"은 "원격대학 형태의 평생교육시설"로 본다. [개정 2008.2.29 제20740호(교육과학기술부와 그 소속기관 직제), 2008.6.5, 2008.10.20 제21087호(행정기관 소속 위원회의 정비를 위한 평생교육법 시행령 등)]

[본조제목개정 2008.6.5]

제52조 (원격대학 형태의 평생교육시설의 폐쇄신고) ① 법 제33조제3항 후단에 따라 원격대학 형태의 평생교육시설을 폐쇄하려는 자는 다음 각 호의 사항이 기재된 서류를 갖추어 폐쇄예정일 30일 전까지 교육과학기술부장관에게 신고하여야 한다. [개정 2008.2.29 제20740호(「교육과학기술부와 그 소속기관 직제」), 2008.6.5]

1. 폐쇄사유
2. 폐쇄연월일
3. 학생 및 학적부의 처리방법

② 제1항에 따라 폐쇄된 원격대학 형태의 평생교육시설의 학적부 관리에 관하여는 교육과학기술부장관이 정하는 바에 따른다. [개정 2008.2.29 제20740호(「교육과학기술부와 그 소속기관 직제」), 2008.6.5]

[본조제목개정 2008.6.5]

제53조 (원격대학 형태의 평생교육시설의 설치기준) 법 제33조제5항에 따른 원격대학 형태의 평생교육시설의 설치기준은 다음 각 호와 같다. [개정 2008.6.5]

1. 제54조에 따른 교사 및 설비를 확보할 것
2. 제55조에 따른 교원을 확보할 것
3. 제56조에 따른 수익용 기본재산을 확보할 것

[본조제목개정 2008.6.5]

제54조 (원격대학 형태의 평생교육시설의 교사설비) ① 원격대학 형태의 평생교육시설은 별표8')">별표 8의 구분에 따른 교사를 확보하여야 하되, 이는 설치자의 소유이어야 한다. 다만, 「고등교육법」 제2조에 따른 학교의 설립경영자가 타인과 공동으로 제50조제2호 또는 제3호의 법인을 설립하여 원격대학 형태의 평생교육시설을 설치하는 경우에는 그 학교의 교사로 이를 대신할 수 있다. [개정 2008.6.5]

② 원격대학 형태의 평생교육시설은 각종 서버, 통신장비 및 매체제작장비 등 원격교육에 필요한 설비를 확보하여야 한다. 이 경우 원격교육설비의 세부기준은 교육과학기술부장관이 정한다. [개정 2008.2.29 제20740호(「교육과학기술부와 그 소속기관 직제」), 2008.6.5]

[본조제목개정 2008.6.5]

제55조 (원격대학 형태의 평생교육시설의 조직 및 교원 등) ① 원격대학 형태의 평생교육시설에는 학과 또는 학부를 두고, 교원은 학과 또는 학부에 소속되는 것을 원칙으로 한다. [개정 2008.6.5]

② 원격대학 형태의 평생교육시설에는 전임교원 및 조교를 각각 학과 또는 학부에 두는

전공별로 1명 이상 두어야 하며, 원활한 수업에 필요한 겸임교원 및 시간강사 등을 확보하여야 한다. [개정 2008.6.5]

③ 교원 및 조교의 자격기준에 관하여는 「교수자격기준 등에 관한 규정」을 준용한다.

④ 원격대학 형태의 평생교육시설의 교원 임면권자는 교원을 임면한 경우에는 임면한 날부터 7일 이내에 그 사실을 교육과학기술부장관에게 보고하여야 한다. [개정 2008.6.5]

[본조제목개정 2008.6.5]

제56조 (원격대학 형태의 평생교육시설의 수익용 기본재산) ① 제50조제1호의 지방자치단체를 제외한 원격대학 형태의 평생교육시설의 설치자는 연간 학교회계 운영수익 총액에 해당하는 가액의 수익용 기본재산을 확보하여야 하며, 이에 필요한 사항은 「사이버대학 설립 운영 규정」 제7조제2항부터 제4항까지의 규정을 준용한다. [개정 2008.6.5]

② 원격대학 형태의 평생교육시설의 설치자는 매년 연간 학교회계 운영수익 총액(편제완성연도 이전의 경우에는 해당 학년도의 연간 학교회계 운영수익 총액으로 한다)에 해당하는 가액을 보험금으로 하는 보증보험에 가입함으로써 제1항에 따른 수익용 기본재산의 확보를 갈음할 수 있다. [개정 2008.6.5]

[본조제목개정 2008.6.5]

제57조 (원격대학 형태의 평생교육시설의 학년도, 학기 및 교육과정 등) ① 원격대학 형태의 평생교육시설의 학칙 개정, 학년도, 학기 및 교육과정 등에 관하여는 제42조제43조 및 제44조제1항부터 제4항까지의 규정을 준용하되, 제43조제2항 본문 중 "2년 또는 4년 이상"은 "4년 이상"으로 본다. [개정 2008.6.5]

② 원격대학 형태의 평생교육시설의 시간제등록생은 고등학교를 졸업한 자 또는 법령에 의하여 이와 동등 이상의 학력이 있다고 인정한 자 중에서 선발할 수 있으며, 그 등록인원은 해당 원격대학 형태의 평생교육시설의 편제정원에 해당하는 인원수 이내에서 학칙으로 정한다. 이 경우 시간제로 등록한 자가 신청할 수 있는 학점은 매 학기 취득기준학점의 2분의 1을 넘을 수 없다. [신설 2008.6.5]

[본조제목개정 2008.6.5]

제58조 (원격대학 형태의 평생교육시설의 수업 등) ① 원격대학 형태의 평생교육시설의 수업은 화상강의 및 인터넷강의 등의 방법으로 하되, 원격수업을 보조하여 출석수업을 할 수 있다. 이 경우 수업 운영에 필요한 사항은 학칙으로 정한다. [개정 2008.6.5]

② 원격대학 형태의 평생교육시설의 학생의 학업성취도 평가는 통신에 의하여 하되, 출석평가를 병행할 수 있다. 이 경우 평가방법에 필요한 사항은 학칙으로 정한다. [개정 2008.6.5]

[본조제목개정 2008.6.5]

제59조 (원격대학 형태의 평생교육시설의 입학·편입학 등) ① 원격대학 형태의 평생교육시설에 입학할 수 있는 자는 고등학교를 졸업한 자나 법령에 따라 이와 같은 수준 이상의 학력이 있다고 인정된 자로 한다. [개정 2008.6.5]

② 원격대학 형태의 평생교육시설의 학생은 제1항에 따른 자격이 있는 자 중에서 선발하되, 선발의 방법 및 절차 등에 관한 사항은 학칙으로 정한다. [개정 2008.6.5]

③ 원격대학 형태의 평생교육시설의 학생정원, 입학 및 편입학에 관하여는 「고등교육법 시행령」 제28조제1항부터 제3항까지 및 제29조제1항을 준용한다. 다만, 「장애인 등에 대한 특수교육법」 제15조에 따른 특수교육대상자는 모집인원에 제한을 두지 아니하며 그 정원은 따로 있는 것으로 본다. [개정 2008.6.5]

④ 제62조에 따른 산업체 위탁생의 입학 및 편입학의 경우에는 제3항에도 불구하고 학칙으로 정하는 모집단위별 입학정원의 100분의 20을 넘지 아니하는 범위에서 그 정원이 따로 있는 것으로 본다.

제60조 (원격대학 형태의 평생교육시설의 학위수여) 원격대학 형태의 평생교육시설의 학위수여에 관하여는 제46조를 준용하되, 학위를 받기 위하여는 다음 각 호의 구분에 따른 학점을 취득하여야 한다. [개정 2008.6.5]

1. 전문학사학위과정: 80학점 이상
2. 학사학위과정: 140학점 이상

제61조 (수업료 등) ① 원격대학의 설치자는 학칙으로 정하는 바에 따라 입학금, 수업료, 그 밖의 납부금을 받을 수 있다.

② 입학금, 수업료, 그 밖의 납부금의 징수 및 반환 등에 필요한 사항은 교육과학기술부령으로 정한다. [개정 2008.2.29 대령 제20740호(「교육과학기술부와 그 소속기관 직제」)]

제62조 (산업체 위탁교육) ① 원격대학은 산업체(산업체를 구성원으로 하는 단체를 포함한다)로부터 위탁받아 교육을 할 수 있다.

② 위탁교육에 관하여는 「고등교육법 시행령」 제53조의2를 준용한다.

제63조 (재무·회계) ① 원격대학에 속하는 회계(이하 "원격대학회계"라 한다)의 회계연도는 그 원격대학의 학년도에 따른다.

② 원격대학의 설치·경영자는 원격대학회계를 다른 회계와 구분하여 관리하여야 한다.

③ 원격대학의 모든 수입과 지출은 각각 원격대학회계의 예산에 편성되어야 한다.

④ 원격대학의 재무·회계에 필요한 사항은 교육과학기술부령으로 정한다. [개정 2008.2.29 대령 제20740호(「교육과학기술부와 그 소속기관 직제」)]

제64조 (사업장 부설 평생교육시설의 설치신고) ① 법 제35조제1항에서 "대통령으로 정하는 규모 이상의 사업장"이란 종업원이 200명 이상인 사업장을 말한다.

② 법 제35조제2항에 따른 사업장 부설 평생교육시설의 설치신고, 처리절차 및 폐쇄통보 등에 관하여는 제49조를 준용한다. 이 경우 "교육과학기술부장관"은 "교육감"으로 본다. [개정 2008.2.29 대령 제20740호(「교육과학기술부와 그 소속기관 직제」)]

제65조 (시민사회단체 부설 평생교육시설의 설치신고) ① 법 제36조제2항에서 "대통령령으로 정하는 시민사회단체"란 다음 각 호의 어느 하나에 해당하는 시민사회단체를 말한다.

1. 법인인 시민사회단체

2. 법령에 따라 주무관청에 등록된 시민사회단체
3. 회원이 300명 이상인 시민사회단체

② 법 제36조제3항에 따른 시민사회단체 부설 평생교육시설의 설치신고, 처리절차 및 폐쇄통보 등에 관하여는 제49조를 준용한다. 이 경우 "교육과학기술부장관"은 "교육감"으로 본다. [개정 2008.2.29 대령 제20740호(「교육과학기술부와 그 소속기관 직제」)]

제66조 (언론기관 부설 평생교육시설의 설치신고) ① 법 제37조제2항에서 "대통령령으로 정하는 언론기관"이란 다음 각 호의 어느 하나에 해당하는 기관을 말한다. [개정 2008.2.29 제20740호(「교육과학기술부와 그 소속기관 직제」), 2008.12.3 제21148호(잡지 등 정기간행물의 진흥에 관한 법률 시행령)] [[시행일 2008.12.6]]

1. 「신문 등의 자유와 기능보장에 관한 법률」 제12조제1항에 따라 등록한 일간신문·주간신문·인터넷신문 및 「잡지 등 정기간행물의 진흥에 관한 법률」 제15조제1항에 따라 등록한 월간잡지를 발행하는 자
2. 「방송법」 제2조제1호에 따른 방송을 하는 법인
3. 「뉴스·통신진흥에 관한 법률」 제8조에 따라 등록한 뉴스통신사업을 경영하는 법인

② 법 제37조제3항에 따른 언론기관 부설 평생교육시설의 설치신고, 처리절차 및 폐쇄통보 등에 관하여는 제49조를 준용한다. 이 경우 "교육과학기술부장관"은 "교육감"으로 본다. [개정 2008.2.29 제20740호(「교육과학기술부와 그 소속기관 직제」)]

제 6 장 문자해득교육

제68조 (문자해득교육 프로그램의 설치·운영 및 지정) ① 교육감은 법 제39조제2항에 따라 문자해득교육 프로그램을 법 제30조에 따른 초등학교·중학교 부설 평생교육시설에서 실시하거나, 기존의 학교시설을 활용한 문자해득교육 프로그램을 설치·운영할 수 있다.

② 법 제39조제2항에 따라 교육감이 지정할 수 있는 문자해득교육 프로그램은 다음 각 호와 같다.

1. 국가·지방자치단체 또는 그 소속 기관이 운영하는 문자해득교육 프로그램
2. 평생교육기관에서 운영하는 문자해득교육 프로그램
3. 문자해득교육을 주된 목적으로 하는 비영리 시설, 법인 또는 단체 등에서 운영하는 문자해득교육 프로그램
4. 그 밖에 교육감이 정하는 문자해득교육 프로그램

③ 제1항 및 제2항에 따른 문자해득교육 프로그램의 설치 및 지정, 그 밖에 필요한 사항은 교육감이 정한다.

제69조 (문자해득교육 프로그램의 지정) ① 법 제39조제2항에 따라 문자해득교육 프로그램으로 지정받으려는 자는 다음 각 호의 사항을 기재한 문자해득교육 프로그램 지정신청서에 교육과학기술부령으로 정하는 서류를 첨부하여 교육감에게 제출하여야 한다. [개정

2008.2.29 대령 제20740호(「교육과학기술부와 그 소속기관 직제」)]

1. 명칭
2. 목적
3. 위치
4. 과정별 학급수 · 정원 · 학습비
5. 교육과정 편성
6. 교원의 정수
7. 필요한 경비의 조달계획
8. 시설현황 및 시설확충계획
9. 교구와 그 밖의 설비현황 및 설비확충계획
10. 개설예정일

② 교육감은 제1항에 따른 지정신청을 받으면 이를 검토하여 지정기준에 맞는 경우 교육과학기술부령으로 정하는 지정서를 신청인에게 교부하여야 한다. [개정 2008.2.29 대령 제20740호(「교육과학기술부와 그 소속기관 직제」)]

제70조 (문자해득교육 프로그램의 설치 및 지정기준) ① 법 제39조에 따른 문자해득교육 프로그램의 설치 및 지정기준은 다음 각 호와 같다.

1. 초등학교과정의 교원은 대학 졸업 또는 이와 같은 수준의 학력을 가진 자, 중학교과정의 교원은 「초 · 중등교육법」 제21조제2항의 교사자격을 가진 자로서 각각 진흥원 또는 시 · 도진흥원에서 운영하는 문자해득교육 교원연수과정을 이수한 교원을 확보할 것. 다만, 초등학교과정의 교원은 고졸 이상 학력소지자로서 진흥원 또는 시 · 도진흥원에서 운영하는 문자해득교육 교원연수과정을 이수하고 제76조제1항에 따른 문자해득교육 심의위원회에서 인정하는 자로 확보할 수 있다.
2. 교육 활동에 적합한 시설 및 설비를 갖출 것
3. 초등학교 또는 중학교 수준에 상응하는 문자해득교육과정을 운영할 것

② 제1항에 따른 교원, 시설 · 설비 및 교육과정 등에 관한 세부기준은 교육과학기술부령으로 정한다. [개정 2008.2.29 대령 제20740호(「교육과학기술부와 그 소속기관 직제」)]

제71조 (문자해득교육 프로그램 지정의 취소 등) ① 교육감은 문자해득교육 프로그램 실시기관이 거짓 등 부정한 방법으로 문자해득교육 프로그램을 지정받아 운영하는 경우 그 지정을 취소할 수 있다.

② 교육감은 문자해득교육 프로그램을 운영하는 기관에 대하여 이 영에 따른 기준을 충족하는지를 정기적으로 평가하여 그 결과를 공개하여야 한다.

제72조 (문자해득교육의 지원) ① 관계 중앙행정기관의 장 및 지방자치단체는 법 제39조제3항에 따라 다음 각 호에 해당하는 경비를 지원할 수 있다.

1. 문자해득교육 프로그램 실시기관 운영비
2. 문자해득교육 교재비 및 교구비

3. 문자해득교육 교원의 인건비 및 연수비 등

② 제1항에 따른 문자해득교육 프로그램의 지원에 필요한 사항은 관계 중앙행정기관의 장 및 지방자치단체의 장이 정한다.

제73조 (문자해득교육 프로그램 운영자의 폐지 신고) 제70조에 따라 문자해득교육 프로그램을 지정받아 운영하는 자가 해당 과정을 폐지하려는 경우에는 그 사유, 폐지연월일 및 재학생 학적관리 등 남은 업무의 처리방법 등을 기재한 서류를 갖추어 폐지예정일 30일 전까지 교육감에게 신고하여야 한다.

제74조 (문자해득교육 프로그램 이수자의 학력인정절차) ① 법 제40조에 따른 문자해득교육 프로그램을 이수한 자가 학력인정을 받으려는 때에는 교육과학기술부령으로 정하는 신청서류를 교육감에게 제출하여야 한다. [개정 2008.2.29 대령 제20740호(「교육과학기술부와 그 소속기관 직제」)]

② 교육감은 제1항에 따른 신청을 받은 경우 학력인정 기준에 맞는지의 여부를 조사하여 학력 인정 여부를 결정한 후 신청인에게 교육과학기술부령으로 정하는 학력인정서를 교부하여야 한다. [개정 2008.2.29 대령 제20740호(「교육과학기술부와 그 소속기관 직제」)]

제75조 (문자해득교육 프로그램 이수자의 학력인정기준 등) ① 초등학교·중학교 학력인정 문자해득교육 프로그램에 입학할 수 있는 자는 만 18세 이상인 자로 한다.

② 학습자가 법 제40조에 따라 초등학교 또는 중학교 졸업자와 같은 수준의 학력을 인정받기 위하여는 제70조제1항제3호의 교육과정을 이수하여야 한다.

③ 제2항에 따른 교육과정 이수에는 제14조에 따른 학습계좌를 통한 과정이수를 학력인정기준의 3분의 2의 범위에서 인정할 수 있도록 하되, 학습계좌에 따른 인정 절차 등에 필요한 사항은 교육과학기술부장관이 정한다. [개정 2008.2.29 대령 제20740호(「교육과학기술부와 그 소속기관 직제」)]

④ 교육감은 제2항에 따른 문자해득교육 프로그램 이수자의 문자해득 수준을 측정하기 위한 평가제도를 수립·실시할 수 있다.

제76조 (문자해득교육심의위원회 등의 구성) ① 문자해득교육 제도의 개선, 문자해득교육 교원의 자격 인정 등에 관한 사항을 심의하기 위하여 진흥원에 문자해득교육심의위원회를 두며, 이에 필요한 사항은 진흥원장이 정한다.

② 문자해득교육 프로그램 설치·지정 기준 및 그 충족 여부, 문자해득교육 프로그램 이수자의 학력인정 기준 및 그 충족 여부 등을 심사하기 위하여 교육감 소속으로 문자해득교육 심사위원회를 두며, 이에 필요한 사항은 교육감이 정한다.

제77조 (권한의 위임) 교육과학기술부장관은 법 제44조에 따라 다음 각 호의 구분에 따라 그 권한을 대학기관의 장 또는 교육감에게 위임한다. [개정 2008.2.29 대령 제20740호(「교육과학기술부와 그 소속기관 직제」)]

1. 법 제24조제1항제1호 및 이 영 제15조제1호에 따른 평생교육사 자격증의 교부: 해당 대학기관의 장

2. 법 제33조제2항에 따른 원격평생교육시설의 신고의 수리 및 폐쇄통보의 접수: 그 원격평생교육시설 중 주된 시설의 소재지를 관할하는 교육감

제78조 (과태료의 부과징수 절차) ① 관할청은 법 제46조제2항에 따라 과태료를 부과할 때에는 해당 위반행위를 조사·확인한 후 위반사실과 과태료의 금액 등을 서면으로 밝혀 과태료를 납부할 것을 과태료처분 대상자에게 통지(과태료처분 대상자가 원하는 경우에는 전자문서에 의한 통지를 포함한다)하여야 한다.

② 관할청은 제1항에 따라 과태료를 부과하려는 경우에는 10일 이상의 기간을 정하여 과태료처분 대상자에게 구술 또는 서면(전자문서를 포함한다)으로 의견진술의 기회를 주어야 한다. 이 경우 지정된 날까지 의견을 진술하지 아니하면 의견이 없는 것으로 본다.

③ 관할청은 과태료의 금액을 정할 때에는 해당 위반행위의 동기와 그 결과 등을 고려하여야 한다.

④ 과태료의 징수절차는 교육과학기술부령으로 정한다. [개정 2008.2.29 대령 제20740호(「교육과학기술부와 그 소속기관 직제」)]

부 칙

① (시행일) 이 영은 공포한 날부터 시행한다.

② (사회교육전문요원에 관한 경과조치) 이 법 시행당시 종전의 규정에 의하여 취득한 사회교육전문요원 1급은 평생교육사 2급으로, 사회교육전문요원 2급은 평생교육사 3급으로 그 자격을 취득한 것으로 본다.

부칙 [2001.1.29. 대령 제17115호]

제1조(시행일) 이 영은 공포한 날부터 시행한다.

제2조 내지 제5조 생략

부칙 [2001·7·7.대령 제17296호]

제1조 (시행일) 이 영은 2001년 7월 8일부터 시행한다.

제2조 및 제3조 생략

부칙 [2002.5.13.]

이 영은 공포한 날부터 시행한다.

부칙 [2003.12.03.(뉴스통신진흥에관한법률시행령)]

제1조 (시행일) 이 영은 공포한 날부터 시행한다.
제2조 생략
제3조 (다른 법령의 개정) ①및 ②생략
③ 평생교육법시행령중 다음과 같이 개정한다.
제44조제1항제1호중 "일간신문통신"을 "일간신문"으로 하고, 동항에 제3호를 다음과 같이 신설한다.
3. 뉴스통신진흥에관한법률 제8조의 규정에 의하여 등록한 뉴스통신사업을 경영하는 법인

부칙 [2004.1.29.]

이 영은 공포한 날부터 시행한다.

부칙 [2004.3.17.]

이 영은 공포한 날부터 시행한다.

부칙 [2008.2.14, 제20607호]

제1조 (시행일) 이 영은 2008년 2월 15일부터 시행한다. 다만, 제68조부터 제75조까지의 개정규정 중 중학교 학력인정 문자해득교육 프로그램에 관한 사항은 2011년 2월 15일부터 시행한다.
제2조 (연령제한에 대한 적용례) 제27조제2항제1호의 개정규정은 이 영 시행 후 3년이 경과한 날부터 적용한다.
제3조 (평생교육사 등급별 자격요건에 관한 적용례) 별표 1의 개정규정 중 평생교육사 2급의 제1호 및 제2호, 평생교육사 3급의 제1호에 해당하는 자격기준은 2009학년도 3월 1일 이후 대학 또는 대학원에 입학하는 자부터 적용한다.
제4조 (평생교육사 등급별 자격요건에 대한 경과조치) 이 영 시행 당시 대학 또는 대학원에 재학 중이거나 2008학년도에 대학 또는 대학원에 입학하는 자에 대하여는 별표 1의 개정규정에도 불구하고 종전의 규정을 적용한다. 다만, 종전의 평생교육사 1급의 제1호에 관한 규정은 2007학년도 대학원 입학자까지만 적용한다.
제5조 (사회교육전문요원에 관한 경과조치) 2000년 3월 13일 당시 종전의 「사회교육법 시행령」에 따라 취득한 사회교육전문요원 1급은 평생교육사 2급으로, 사회교육전문요원 2급은 평생교육사 3급으로 그 자격을 취득한 것으로 본다.

제6조 (다른 법령의 개정) ① 학점인정 등에 관한 법률 시행령 일부를 다음과 같이 개정한다.

제4조제1항 중 "「정부출연연구기관 등의 설립·운영 및 육성에 관한 법률」 제8조의 규정에 의하여 설립된 한국교육개발원의 장(이하 "원장"이라 한다)"을 "「평생교육법」 제19조에 따른 평생교육진흥원의 장(이하 "원장"이라 한다)"으로 하고, 제20조제1항 각 호 외의 부분 중 "한국교육개발원"을 "평생교육진흥원"으로 한다.

② 독학에의한학위취득에관한법률시행령 일부를 다음과 같이 개정한다.

제4조의 제목, 같은 조 제1항 및 제2항 중 "위임"을 각각 "위탁"으로 하고, 같은 조 제1항 중 "한국방송통신대학교총장(이하 "총장"이라 한다)"을 "평생교육진흥원장(이하 "원장"이라 한다)"으로 한다.

제4조제2항·제3항, 제5조제3항·제5항, 제6조제5호, 제7조제3항, 제8조제3항, 제9조제1항제4호, 제10조제1항·제2항, 제11조 및 제15조 중 "총장"을 각각 "원장"으로 하고, 제5조제1항 중 "한국방송통신대학교"를 "평생교육진흥원"으로 한다.

③ 한국방송통신대학교 설치령 일부를 다음과 개정한다.

제8조제3항 전단 중 "범위(「독학에 의한 학위취득에 관한 법률 시행령」 제4조의 규정에 의하여 위임된 사무를 관장하는 부서를 포함한다)"를 "범위"로 한다.

제7조 (다른 법령과의 관계) 이 영 시행 당시 다른 법령에서 종전의 「평생교육법 시행령」 또는 그 규정을 인용한 경우에 이 영 중 그에 해당하는 규정이 있는 때에는 종전의 규정을 갈음하여 이 영 또는 이 영의 해당 조항을 인용한 것으로 본다.

부칙 [2008.2.29 제20740호(교육과학기술부와 그 소속기관 직제)]

제1조(시행일) 이 영은 공포한 날부터 시행한다.

제2조부터 제6조까지 생략

제7조(다른 법령의 개정) ①부터 〈52〉까지 생략

〈53〉 평생교육법시행령 일부를 다음과 같이 개정한다.

제3조제1항부터 제3항까지, 제7조제1항, 제8조제1항 각 호 외의 부분·제2항·제3항, 제10조, 제18조제2항, 제32조제1항 각 호 외의 부분·제2항, 제42조제2항 및 제3항, 제47조제1항 각 호 외의 부분·제2항, 제48조, 제52조제1항 각 호 외의 부분·제2항, 제54조제2항 후단, 제55조제4항, 제64조제2항 후단, 제65조제2항 후단, 제66조제2항 후단, 제67조제2항 후단, 제75조제3항, 제77조 각 호 외의 부분 중 "교육인적자원부장관"을 각각 "교육과학기술부장관"으로 한다.

제5조제1항 중 "국방부차관·행정자치부차관, 문화관광부차관, 농림부차관, 산업자원부차관, 정보통신부차관, 보건복지부차관·환경부차관·노동부차관·여성가족부차관·기획예산처차관·국가청소년위원회 위원장"을 "기획재정부차관·국방부차관·행정안전부차관, 문화체육관광부차관, 농림수산식품부차관, 지식경제부차관, 보건복지가족부차관·환경부차

관 · 노동부차관 · 여성부차관"으로, "교육인적자원부장관"을 "교육과학기술부장관"으로 하고, 같은 조 제8항 중 "교육인적자원부령"을 "교육과학기술부령"으로 한다.

제6조제1항, 제37조제1항 중 "교육인적자원부"를 각각 "교육과학기술부"로 한다.

제13조제1항 및 제3항 중 "교육인적자원부장관"을 각각 "교육과학기술부장관"으로 하고, 같은 조 제4항 중 "교육인적자원부령"을 "교육과학기술부령"으로 한다.

제14조제1항, 제3항 전단 및 제4항 중 "교육인적자원부장관"을 각각 "교육과학기술부장관"으로 하고, 같은 조 제5항 중 "교육인적자원부령"을 "교육과학기술부령"으로 한다.

제20조제1항 중 "교육인적자원부령"을 "교육과학기술부령"으로, "교육인적자원부장관"을 "교육과학기술부장관"으로 하고, 같은 조 제2항 중 "교육인적자원부령"을 "교육과학기술부령"으로, "교육인적자원부장관"을 "교육과학기술부장관"으로 한다.

제21조제2항 각 호 외의 부분 중 "교육인적자원부령"을 "교육과학기술부령"으로, "교육인적자원부장관"을 "교육과학기술부장관"으로 하고, 같은 조 제3항 중 "교육인적자원부장관"을 "교육과학기술부장관"으로, "교육인적자원부령"을 "교육과학기술부령"으로 한다.

제24조 전단, 제25조제2항, 제26조제1항 각 호 외의 부분 · 제3항, 제28조제1항 각 호 외의 부분 · 제2항, 제40조제2항 후단 · 제3항, 제41조제1항 후단 · 제2항 각 호 외의 부분 후단, 제61조제2항, 제63조제4항, 제69조제1항 각 호 외의 부분 · 제2항, 제70조제2항, 제74조제1항 · 제2항, 제78조제4항 중 "교육인적자원부령"을 각각 "교육과학기술부령"으로 한다.

제31조제1항 각 호 외의 부분 전단 중 "교육인적자원부령"을 "교육과학기술부령"으로, "교육인적자원부장관"을 "교육과학기술부장관"으로 하고, 같은 조 제4항 중 "교육인적자원부장관"을 "교육과학기술부장관"으로 한다.

제36조제1항 각 호 외의 부분 중 "교육인적자원부령"을 "교육과학기술부령"으로, "교육인적자원부장관"을 "교육과학기술부장관"으로 하고, 같은 조 제4항 본문, 제5항, 제6항, 제7항 전단 및 제8항 중 "교육인적자원부장관"을 각각 "교육과학기술부장관"으로 한다.

제49조제1항 각 호 외의 부분 중 "교육인적자원부령"을 "교육과학기술부령"으로, "교육인적자원부장관"을 "교육과학기술부장관"으로 하고, 같은 조 제3항 중 "교육인적자원부장관"을 "교육과학기술부장관"으로, "교육인적자원부령"을 "교육과학기술부령"으로 하며, 같은 조 제4항 중 "교육인적자원부령"을 "교육과학기술부령"으로, "교육인적자원부장관"을 "교육과학기술부장관"으로 하고, 같은 조 제5항 중 "교육인적자원부장관"을 "교육과학기술부장관"으로 한다.

제51조제1항 각 호 외의 부분 중 "교육인적자원부령"을 "교육과학기술부령"으로, "교육인적자원부장관"을 "교육과학기술부장관"으로 하고, 같은 조 제4항 중 "교육인적자원부장관"을 "교육과학기술부장관"으로 한다.

제66조제1항제1호 중 "문화관광부장관"을 "문화체육관광부장관"으로 한다.

별표 1의 평생교육사 1급 자격기준란 중 "교육인적자원부장관"을 "교육과학기술부장관"으로 하고, 평생교육사 2급 자격기준란 제1호 본문 중 "교육인적자원부령"을 "교육과학기술부령"으로 한다.
〈54〉부터 〈102〉까지 생략

부칙 [2008.6.5 제20799호]

제1조(시행일) 이 영은 공포한 날로부터 시행한다.

제2조(다른 법령의 개정) ① 고용보험법 시행령 일부를 다음과 같이 개정한다.
제45조제1항제2호 중 "제22조제3항"을 "제33조제3항"으로 한다.
② 무역거래기반 조성에 관한 법률 시행령 일부를 다음과 같이 개정한다.
제5조제5호의2 중 "제22조제3항"을 "제33조제3항"으로 한다.
③ 법인세법 시행령 일부를 다음과 같이 개정한다.
제2조제1항제3호 중 "원격대학"을 "원격대학 형태의 평생교육시설"로 한다.
④ 학점인정 등에 관한 법률 시행령 일부를 다음과 같이 개정한다.
제9조제1항제9호 중 "제21조의 규정에 의한"을 "제33조에 따른"으로, "동법 제22조제3항의 규정에 의한"을 "같은 법 제33조제3항에 따른"으로 한다.
⑤ 행정권한의 위임 및 위탁에 관한 규정 일부를 다음과 같이 개정 한다.
제26조제1항제3호다목 중 "제22조제3항의 규정에 의한"을 "제33조제3항에 따른"으로 한다.

부칙 [2008.10.20 제21087호(행정기관 소속 위원회의 정비를 위한 평생교육법 시행령 등 일부개정령)]

제1조(시행일) 이 영은 공포한 날부터 시행한다. 다만, 제10조는 2008년 11월 1일부터 시행하고, 제 24조부터 제26조까지는 2010년 1월 1일부터 시행하며, 제29조는 2009년 7월 1일부터 시행하고, 제48 조는 2013년 1월 1일부터 시행한다.

제2조(「공무원징계령」 개정에 따른 경과조치) ① 이 영 시행 당시 개정 전의 「공무원징계령」에 따른 제1중앙징계위원회 및 제2중앙징계위원회는 이 영에 따른 중앙징계위원회로 본다.
② 이 영 시행 당시 개정 전의 「공무원징계령」에 따라 제1중앙징계위원회 및 제2중앙징계위원회 에 접수된 징계의결요구서는 이 영에 따라 중앙징계위원회에 접수된 것으로 본다.
③ 이 영 시행 당시 개정 전의 「공무원징계령」에 따른 제1중앙징계위원회 및 제2중앙징계위원회 의 의결은 이 영에 따른 중앙징계위원회의 의결로 본다.
④ 이 영 시행 당시 개정 전의 「공무원징계령」에 따른 제2중앙징계위원회 위원은 이 영에 따라 중앙징계위원회 위원으로 임명 또는 위촉된 것으로 본다.

제3조(물류정책기본법 시행령」 개정에 따른 경과조치) 이 영 시행 당시 개정 전의 「물류정

책기 본법 시행령」에 따라 국토해양부장관이 물류관리사시험위원회의 심의의결을 거쳐 행한 사항은 이 영에 따라 국토해양부장관이 행한 것으로 본다.

제4조(다른 법령의 개정) ① 모범공무원규정 일부를 다음과 같이 개정한다.

제4조 중 "「정부표창규정」 제12조의 규정에 의한 중앙공적심사위원회의 심사"를 "행정안전부 장관과의 협의"로 한다.

② 법무부와 그 소속기관 직제 일부를 다음과 같이 개정한다.

제13조제3항제57호를 삭제한다.

③ 보건복지가족부와 그 소속기관 직제 일부를 다음과 같이 개정한다.

제14조제3항제37호마목을 삭제한다.

④ 행정안전부와 그 소속기관 직제 일부를 다음과 같이 개정한다.

제9조제2항제17호를 삭제한다.

⑤ 행정중심복합도시건설청과 그 소속기관 직제 일부를 다음과 같이 개정한다.

제10조제3항제4호를 삭제한다.

부칙 [2008.12.3 제21148호(잡지 등 정기간행물의 진흥에 관한 법률 시행령)]

제1조(시행일) 이 영은 2008년 12월 6일부터 시행한다.

제2조(다른 법령의 개정) ①부터 ⑬까지 생략

⑭ 평생교육법 시행령 일부를 다음과 같이 개정한다.

제66조제1항제1호를 다음과 같이 한다.

1. 「신문 등의 자유와 기능보장에 관한 법률」 제12조제1항에 따라 등록한 일간신문주간신문인터넷신문 및 「잡지 등 정기간행물의 진흥에 관한 법률」 제15조제1항에 따라 등록한 월간잡지를 발행하는 자

제3조 생략

별표1 평생교육사의등급별자격요건[제16조제2항관련]

별표2 평생교육사배치대상기관및배치기준[제22조관련]

별표3 학습비반환기준[제23조제2항관련]

별표4 사내대학의계열별구분[제39조제3항관련]

별표5 사내대학교사의구분[제40조제1항관련]

별표6 사내대학교사의기준면적[제40조제2항관련]

별표7 사내대학의교원산출기준[제41조제1항관련]

별표8 원격대학의교사[제54조제1항관련]

찾아보기

〈기타〉

평생교육학개론

2011년 2월 15일 중판인쇄
2011년 2월 20일 중판발행

저 자 성낙돈 · 가영희 · 안병환 · 임성우
발행인 유 성 열
발행처 **청목출판사**
서울특별시 영등포구 신길동 233-96
전화 (02) 849-6157(代) · 2820
FAX (02) 849-0817
등록 제318-1994-000090호

파본은 바꾸어 드립니다. 값 20,000원

http://www.chongmok.co.kr

ISBN 978-89-5565-285-7